经典
传家

经典回到生活　阅读从心开始

经典传家

『经典传家』丛书遴选了清代《四库全书》的精华，而且每一种书在注释、译文、解读等方面做了大量的、扎实的工作。

——傅璇琮

国学就是中国人的学问。『经典传家』是一套非常适合大众阅读的国学经典丛书。国学的传承和发展迫切需要好的大众读本。

——毛佩琦

《四库全书》浩如烟海，真正的必读经典就这百余部。

——任德山

国学是相互通融的，切忌断章或是割裂。今人只有从《周易》等原始经典入手，才能真正找到进入国学的门径。

——刘君祖

经典传家系列丛书

图解诸子百家

孔子等 著

崇贤书院 释译

黄山书社

《诸子百家》阅读指南

内容全面，引领阅读

题解、原文、注释、译文等面面俱到，帮助读者更好地理解经典内涵。

精美版画，内涵再现

精选二百余幅与文章内容相符的经典古代版画，直观形象地再现文章内容，使读者更加深入地理解文章内涵。

作者介绍

- 简要介绍作者生平及其思想。
- 对其所编著作进行简要介绍。

题　解

- 对文章内容以及文章主旨进行简要介绍。

选字注音

- 将文中的生僻字选出随文反复标注。
- 将文中的多音字、古今异读字选出随文反复标注。

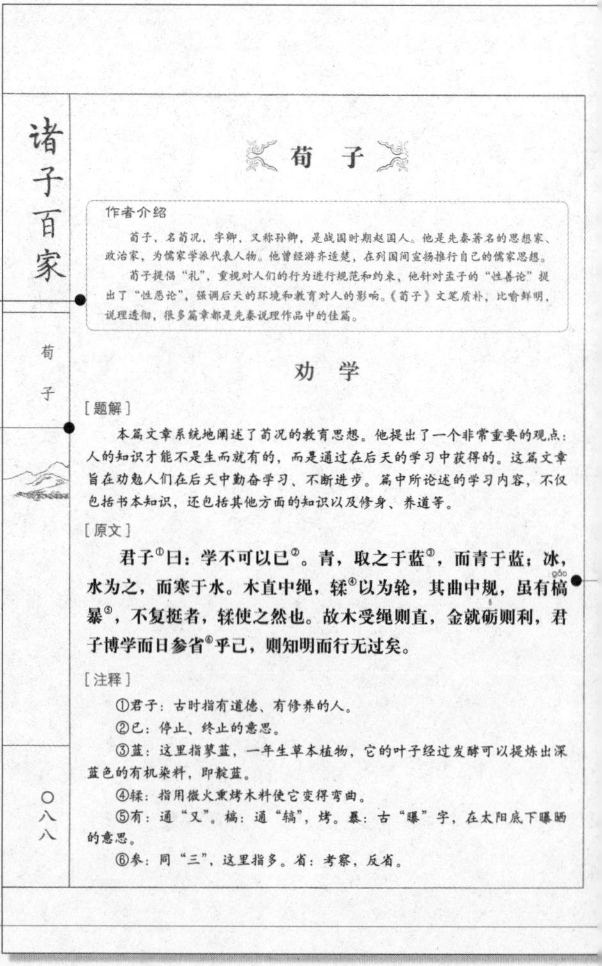

诸子百家　荀子

荀　子

作者介绍

荀子，名荀况，字卿，又称孙卿，是战国时期赵国人。他是先秦著名的思想家、政治家，为儒家学派代表人物。他曾经游齐适楚，在列国间宣扬推行自己的儒家思想。

荀子提倡“礼”，重视对人们的行为进行规范和约束，他针对孟子的“性善论”提出了“性恶论”，强调后天的环境和教育对人的影响。《荀子》文笔质朴，比喻鲜明，说理透彻，很多篇章都是先秦说理作品中的佳篇。

劝　学

[题解]

本篇文章系统地阐述了荀况的教育思想。他提出了一个非常重要的观点：人的知识才能不是生而就有的，而是通过在后天的学习中获得的。这篇文章旨在劝勉人们在后天中勤奋学习、不断进步。篇中所论述的学习内容，不仅包括书本知识，还包括其他方面的知识以及修身、养道等。

[原文]

君子①曰：学不可以已②。青，取之于蓝③，而青于蓝；冰，水为之，而寒于水。木直中绳，輮④以为轮，其曲中规，虽有槁(gǎo)暴⑤，不复挺者，輮使之然也。故木受绳则直，金就砺则利，君子博学而日参省⑥乎己，则知明而行无过矣。

[注释]

①君子：古时指有道德、有修养的人。

②已：停止、终止的意思。

③蓝：这里指蓼蓝，一年生草本植物，它的叶子经过发酵可以提炼出深蓝色的有机染料，即靛蓝。

④輮：指用微火熏烤木料使它变得弯曲。

⑤有：通“又”。槁：通“犒”，烤。暴：古“曝”字，在太阳底下曝晒的意思。

⑥参：同“三”，这里指多。省：考察，反省。

〇八八

《诸子百家》阅读指南

选字注音，顺畅阅读

对文中的生僻字、多音字等反复随文添加注音，为读者顺畅阅读扫清障碍。

注释译文，详细透彻

通过对生僻字词以及段落的详细解释，使读者对原文内容有更加透彻地理解。

[译文]

君子说：学习不可以停滞不前。靛青是从蓼蓝中提取炼制出来的，但是它却比蓼蓝更青；冰是由水变成的，但是它比水更冷。木料笔直得与墨线相吻合，但是把它熏烤可以弯曲，从而做成车轮，它的弯曲度就与圆规画出的圆相吻合，此时，即使木料经受曝晒，它也不能再伸直了，是熏烤弯曲使它变成这样的啊。因此，木料经过墨线的测量才能取直，金属做成的刀剑只有在磨刀石上磨过才能变得锋利无比，君子如果能广泛地学习知识而又能每天自我检查和反省，这样就会聪明智慧，而且行为也不会有过错了。

《荀子》书影

《荀子》，大部分为荀子自己的著作，涉及哲学、政治、道德等多方面内容，现存三十二篇。

[原文]

故不登高山，不知天之高也；不临深谿，不知地之厚也；不闻先王之遗言，不知学问之大也。干、越、夷、貉（mò）[①]之子，生而同声，长而异俗，教使之然也。《诗》[②]曰："嗟尔君子，无恒安息。靖共[③]尔位，好是正直。神之听之，介尔景福[④]。"神莫大于化道，福莫长于无祸。

[注释]

①干：同"邗"，春秋时期的一个小国，在今江苏扬州东北，后被吴国灭掉，成为吴国的一个邑，这里代指吴国。夷：我国古代对居住在东部的民族的泛称。貉：通"貊"，我国古代对居住在东北部的民族的泛称。

②《诗》：这里指《诗·小雅·小明》。

③靖：安宁，祥和。共：通"供"，这里是供职的意思。

④介：佐助。景：大的意思。

[译文]

因此，不登上巍峨的山峰，就不知道天有多高；不亲自到深谷，就不知道地有多厚；没有听到前代贤明的君王遗留下来的言论，就不知道学问有多博大。吴、越两国以及夷、貊两族的孩子，出生时啼哭的声音都一样，长大以后，习俗却不一样了，是教化使他们变成这样的啊。《诗经》说："你们这些君子啊，不要常常贪图安逸。恭谨地对待你们的本职工作，喜欢正直的行为。神灵知道这一切后，

诸子百家

荀子

〇八九

版画插图

- 二百余幅精美古代版画，确保清晰质感。
- 所选版画插图均出自历代名家之手，还原经典产生的年代。
- 以图释文，帮助读者更好地理解文章内涵。

注释译文

- 对文中的生僻字词进行解释，加深读者对生僻字词的认识。
- 对文中出现的人物、故事等进行说明，拓展读者的知识面。
- 用明白易懂的现代话语对原文进行翻译，帮助读者更好地理解经典。

总序

国学是什么？简单说，就是中国人之所以成为中国人的学问。因此，国学不仅包括数千年积累流传下来的经典，比如“四书五经”、《老子》《庄子》《孙子》《史记》《汉书》、唐诗、宋词，也包含研究中国人思维方式、生活方式、行为方式乃至娱乐方式的各种学问。广言之，国学研究的对象不仅包括文献，也包括实物；不仅包括物质文化遗产，也包括非物质文化遗产，如我国各民族的建筑、服饰、饮食、音乐、绘画、医药、戏曲等等。

国学是不断丰富、不断发展的学问。上面说的从“四书五经”到唐诗、宋词就是一个不断丰富发展的过程。近代以来，国学的研究范围还在不断地扩大，比如敦煌学、甲骨学，是随着有关文物的出土而兴起的；比如红学，是随着文学理论和学术风气的发展变化而兴起和发展的。随着时间的推移和学术的进步，必将有更多的学问被纳入国学研究的范围。

数千年来，中国人做学问形成了自己独特的理论和方法，比如思想理论、史学理论、文学理论，以及训诂学、考据学、音韵学等等。但这些理论和方法并不是一成不变的。比如，在史学研究领域，由于地下文物的出土，王国维等人提出了以地下文物与传世文献相补充互证的“二重证据法”。近代以来，西风劲吹。国人主动借鉴西方学术研究的理论和方法，研究中国学问。王国维借鉴尼采的哲学理论研究中国的文学戏剧，胡适以杜威的实验主义研究中国的“国故”。国学从来没有拒绝外国学问的融合，佛教传入中国后，经过改造，形成了中国独特的佛学、因明学；自明朝末年西学传入中国后，中国的天文学、数学等就已经融入了西学的因素。马克思主义传入中国后，不少人用马克思主义理论研究中国历史文化，它们自然也成为了国学的一部分。因此，国学又是开放的、随时代而进步的。那么，当今我们研究、振兴国学，不允许也不应该倒退，不允许也不应该僵化。

然而，国学又是与西学明显区分的。国学是西学的对应物，是与西学完全不同的学术体系。在近代，西学挟坚船利炮强势进入中国之后，中国人还视自我，对于中国固有之学问的称呼出现了中学、国故学、国粹、国学这样的名称。面对“帝国主义”的强大，中国人自愧不如，一方面拼命地学习、引进西学，另一方面拼命地贬低、抛弃国学。虽然也有一些人，如张之洞为保护中华文化之根本，提出“中学为体，西学为用”，如胡适，提出“整理国故”，以“再造文明”“建立民族自信心”，但其声音终被时代所淹没。国学一再被严重曲解和轻视，造成了中国历史文化的大断裂。也许，这一历史过程是必然的。但回顾过去，中国在走向独立富强的过程中，国学所付出的代价实在太大、太惨重了。

新中国成立后，饱受屈辱的中国人从此站立了起来，民族自信心大大加强，但没有能够及时认识到国学在新时代的重要性，甚至仅存的一点点国学遗产也进一步成为被抛弃的对象。改革开放三十年之后，走向富强的国人终于幡然醒悟，保护和振兴国学逐渐成为全民的共识。一个强大的自立于世界民族之林的国家，必然要有与之相匹配的伟大的民族文化。中国人，从领导者、学术界到普通百姓，都在重新发现国学的现代价值。同时，在走向全球化的进程中，东西方各国也把目光投向了中国。中国学问，中国的一切都在被重新评价。中国不仅为了自身的建设和发展需要从传统文化中汲取智慧，而且也面临着以优秀的中华文化向全人类贡献智慧的责任和挑战。

那么，这套经典传家丛书的编纂就是可喜的，编纂者的初衷和努力就是可敬的。希望这套丛书能发挥点滴作用，如同涓涓细水与千百万有志者的努力一道汇成大潮，去迎接中华民族的伟大复兴！

是为序。

毛佩琦

二〇一五年五月

前 言

春秋战国时代是一个虎气腾腾、风云变幻的时代—王权逐渐衰微，诸侯争霸的局面逐渐形成。面对这种“礼崩乐坏”的局面，这一时期的思想家们开始对现实的社会、人生等问题，提出自己的看法和主张，于是各种学说、思想纷纷出现，至战国中期，学派纷呈，学说丰富多彩，形成了“百家争鸣”的局面。此后两千多年，无论是在文化还是在思想方面，都不曾超越那时的辉煌。

所谓诸子百家之学主要包括儒家、道家、墨家、法家、兵家等诸家学说。在诸子百家中，儒家以孔子、孟子为代表，以“仁”为核心思想，维护“礼治”，提倡“德治”，重视“人治”。道家以老子、庄子为代表，主张“道法自然”、“清静无为”等思想。墨家以墨子为代表，提倡“兼爱”、“非攻”等主张。法家以慎子、韩非子为代表，反对礼制、提倡依法治国。兵家以孙子为代表，提出“兵贵胜，不贵久”、“不战而屈人之兵”等著名军事思想。……这些思想是我国古代人民智慧的结晶，至今仍闪烁着耀眼的光芒，留给后人深刻的启示。通过学习这些思想，我们的思维变得活跃，视野变得开阔。在整个中国历史长河中，没有哪个朝代的学说，能够像诸子百家之学那样在如此长的时间里影响着人们的思想和生活。

为了传承经典，让更多的人与先贤近距离接触，领略先贤智慧，我们策划编辑了本书。在编辑本书过程中，为了使读者在较短的时间内汲取精髓，我们精选了诸子百家学说中较有代表性的一些篇章。

另外，由于春秋战国时期与我们已相隔了两千余年，现在的人读起这些著作来不免艰涩，为了帮助读者最大限度地理解经典内涵，在编辑本书过程中，我们为每篇原文添加了题解、注释和译文。题解对文章内容以及文章主旨进行简要介绍，使读者对每篇内容有总体的把握。注释不仅对文中的生僻字词加以解释，还对文中出现的人物、故事等进行说明，拓展读者的知识面。译文则是用明白易懂的现代话语对原文进行翻译，使读者更好地理解经典内涵。

除此之外，为了缓解单纯的文字阅读为读者带来的视觉疲劳，我们翻阅了大量的中国古代刊刻资料，包括《飞影阁画集》、《诗经集传》、《尔雅音图》等，并从中精选了二百余幅与原文内容相契合的经典古代版画。在选图时，我们严格地按照图文相配、版画清晰的原则，以图释文，使读者在赏心悦目之余，更直观、更形象地理解文章的内涵，以期达到我们轻松阅读的目的。

最后，我们还考虑到，随着时代的变迁，语言文字也会随之发生变化，原文中难免会出现一些生僻字、多音字等，这将给读者的阅读造成障碍，影响读者的阅读情趣。为了方便读者顺畅阅读，更好地理解原文，我们对文中的这些字词反复随文注音，加深读者对于这些重复性标注字词印象的同时，也使读者实现真正地轻松阅读。

老子、孔子的时代已经离我们远去，但那一篇篇脍炙人口的故事，一个个响当当的名字，一些仍在闪光的智慧纷呈的思想，却仍旧展现出无穷的魅力。这些宝贵的思想文化遗产，是我们的生命茁壮、向上不可或缺的基础，它留给了我们建设家园的美好理想，应对变革的思想资源，它是指导我们人生的智慧结晶，让我们至今受益。诸子争鸣，岂能淡忘？

崇賢書院

目 录

老　子

庄　子

论　语

作者介绍

孔子，名丘，字仲尼，春秋末期鲁国（今山东曲阜）人，儒家学派创始人，我国古代伟大的思想家、政治家、教育家。孔子主张维护以家族血缘关系为纽带的宗法制，提出了“仁”和“礼”的学说，并希望人们以此作为最高的道德行为规范。

《论语》是孔子的弟子编订的孔子师生言论集，该书全面地反映了孔子的思想，其中不乏流传千古的名言名句。

学　而

[题解]

本篇是《论语》的第一篇。《论语》中各篇一般都是以第一章的前两三个字作为该篇的篇名。《学而》一篇内容涉及诸多方面，其中重点是“吾日三省吾身”、“节用而爱人，使民以时”、“礼之用，和为贵”，以及仁、孝、信等道德范畴。

[原文]

子曰①：“学②而时③习④之，不亦说⑤乎？有朋⑥自远方来，不亦乐乎？人⑦不知而不愠(yùn)⑧，不亦君子⑨乎？”

孔子乘辂图

孔子被誉为“千古圣人”，是春秋时期最博学的人之一。传说他有弟子三千，其中很多都成了各国的栋梁之材。

[注释]

①子曰：孔子说。《论语》中的“子曰”都是这个意思。子，先生、老师，是古代对男子的尊称。《论语》中“子曰”的“子”均指孔子。孔子弟子唯有子、曾子二人称子，闵子、冉子仅一见。宋理学家认为，《论语》成书于有子、曾子的门人，故除孔子外，独称这二人为子。

②学：学习，指学修己的道理和为人的知识。今人以求知识为学，

古人则以修养为学，学必兼诵行，其义乃全。

③时：古意指适时，一定的时候。宋以后注家有解作“时时”、“时常”的，非古义。

④习：一般译作复习、温习，引申为学习；古书中还有实习、演习的意义。

⑤说：通“悦”，高兴、喜悦。

⑥有朋：古本有作“朋友”、“友朋”的。旧注“同门曰朋”，“同志曰友”。此“朋”字即指弟子、志同道合者。

⑦人：当指人君，非一般概念的人，即在高位的诸侯或卿大夫。

⑧愠：恼怒、怨恨。意指心中稍有不平，而非指大怒。

⑨君子：《论语》中的君子，一般指有道德、有学问、有地位的人。常与被统治的所谓小人或野人相对称。

[译文]

孔子说：“学习以后，能在一定的时候温习它，不也感到很高兴吗？有志同道合的人从远方来，不也感到很快乐吗？君王不理解我，我却不埋怨，不也可以称得上君子吗？”

有若

有若，字子有，亦称有子，鲁国人。他认为人要守信，主张治理国家要“无为而治”。

[原文]

有子①曰：“其为人也孝弟②，而好犯③上者，鲜④矣；不好犯上而好作乱者，未之有也。君子务本⑤，本立而道⑥生。孝弟也者，其为仁⑦之本与⑧！”

[注释]

①有子：孔子学生有若。

②孝弟：孝顺父母，敬爱兄长。弟，通“悌”。

③犯：冒犯、触犯。

④鲜：少。

⑤务本：追求根本的道德规范。本，这里指孝悌。

⑥道：道德、道义。

⑦仁：这是孔子心目中的一种最高道德的名称，有多种解释，这里指仁爱。

⑧与：同“欤”，语气助词，表示疑问。《论语》中的“欤”都写成“与”。

[译文]

有子说：“如果一个人能够孝顺父母、尊敬兄长，却喜欢触犯上级，这种情况是很少有的；不喜欢犯上，却喜欢造反作乱，这种人是从来没有过的。君子专心致志于最根本的道德修养，基本的东西有了，道就由此而产生了。孝顺父母、尊敬兄长，这应该是仁爱的根本吧！”

[原文]

子曰：“巧言[1]令色[2]，鲜矣仁[3]！”

[注释]

①巧言：花言巧语。

②令色：伪善的面貌。令，善、美好。

③鲜矣仁：是“仁鲜矣”的倒装。

[译文]

孔子说：“花言巧语，面目伪善，这样的人是缺乏仁德的！”

[原文]

曾子[1]曰：“吾日三省[2]吾身：为人谋[3]而不忠[4]乎？与朋友交而不信[5]乎？传[6]不习[7]乎？”

[注释]

①曾子：孔子学生曾参，字子舆，南武城（今山东费县西南）人，比孔子小四十六岁。

②三省：多次省察、检讨。三，表示多次。在古书中，“三”、“九”等字一般表示次数之多。省，察看，检查，反省。

③谋：计议，计策，计谋。

④忠：忠诚，尽心竭力。《说文》：“尽心曰忠。”

⑤信：诚信、诚实。

⑥传：老师的传授。

⑦习：含有温习、复习、演习、实习之意。

孝经传曾

相传，孔子曾把“孝”的根本传授给了曾子，曾子便将“孝”上升到一种理论，并写成了《孝经》一书。

[译文]

曾子说：“我每天多次反省自己：替别人办事是否尽心尽力了呢？同朋友往来

是否真诚呢？老师传授的东西是否复习过呢？”

［原文］

子曰：“道①千乘之国②，敬事③而信，节用④而爱人⑤，使民以时⑥。”

［注释］

①道：通“导”，领导、治理。

②千乘之国：拥有一千辆兵车的国家。古代国力强弱按兵车的数目计算，拥有一千辆兵车，可以算是大国。乘，古代用四匹马拉着的战车。

③敬事：认真办事。敬，谨慎专一。

④节用：节约费用。

⑤爱人：爱护士大夫以上阶层的人。古代“人”字有广狭两义，广义指一切人；狭义指士大夫以上各阶层的人，也指官吏。这里指狭义的“人”。

⑥时：时间，这里指农闲时节。

［译文］

孔子说：“治理、领导一个具有千乘兵车规模的大国，就要严肃、认真、谨慎地进行工作，要守信无欺，节约费用，爱护官吏，让老百姓服劳役也要顾及他们的田地，不要在农忙时间进行。”

［原文］

子曰：“弟子①入②则孝，出③则弟④，谨而信，泛⑤爱众，而亲仁⑥。行有余力，则以学文⑦。”

［注释］

①弟子：有两种意义：对于长辈来说，是指年龄幼小为人子弟者；对于师长来说，是指受业的门人、学生。这里当泛指前者而言。

②入：在家。

③出：出门在外。

④弟：有的本子作“悌”。“弟”、“悌”同义。

⑤泛：广泛、普遍。

⑥亲仁：亲近有仁德的人。

⑦学文：即以读书为学。文，文献。

［译文］

孔子说：“后生小子在家就要孝顺父母，外出就要敬爱长辈，谨慎而且守信，

博爱众人，亲近有仁德的人。这样去修行实践之后，如果还有余力，就再在书本文字上下功夫好好学习。”

［原文］

子夏①曰：“贤贤易色②；事父母，能竭其力；事君，能致其身③；与朋友交，言而有信。虽曰未学，吾必谓之学矣。”

［注释］

①子夏：即孔子学生卜商，他是孔子晚年的学生，小孔子四十四岁，以文学著称。

②贤贤易色：前一贤字，用作动词，意为尊重。后一贤字，意指贤人。易，替代。色，美色，色貌。

③致其身：意指纳身于职守。致，送、奉献。

［译文］

子夏说：“尊重贤者，而不是看重人的相貌；侍奉父母，能尽心竭力；服侍君主，能忘己忘家全力以赴；结交朋友，说话诚实守信。这样的人即使自谦说没读过什么书，我也肯定要说他已经很有学问。”

［原文］

子曰：“君子不重①则不威②，学则不固③。主忠信④。无友不如己者⑤。过⑥，则勿惮(dàn)⑦改。”

［注释］

①重：庄重、稳重。

②威：威严。

③固：巩固、牢固。

④主忠信：主，以……为主。忠信，忠实诚恳。

⑤无友不如己者：不要跟比自己差的人交朋友。

⑥过：过失、错误。

⑦惮：害怕、畏惧。

［译文］

孔子说：“君子如果不稳重，就没有威严，读

卜商

卜商，字子夏，春秋末期晋国温地（今河南温县）人，一说卫国人，孔门七十二贤之一。他提出“学而优则仕，仕而优则学”、“大德不逾闲，小德出入可也”等观点。

书所学的东西也不会牢固。行事应当以忠和信为主。不要去和比自己差的人交朋友。有了过错，就要不怕改正。”

[原文]

曾子曰：“慎终①追远②，民德归厚③矣。”

[注释]

①慎终：慎重地办理父母的丧事。终，指刚死的人。

②追远：追思死去的祖先。此指祭祀祖先。远，指祭祀。

③归厚：归于淳朴厚道。

[译文]

曾子说：“对死者的丧葬之礼能慎重地对待，对过世已久的人能不断地追思怀念，这样自然会导致社会风俗道德的日趋淳厚。”

[原文]

子禽①问于子贡②曰：“夫子③至于是邦也，必闻其政，求之与？抑④与之与？”子贡曰：“夫子温、良、恭、俭、让⑤以得之。夫子之求之也，其诸⑥异乎人之求之与？”

[注释]

①子禽：姓陈名亢，字子禽，孔子学生。一说为子贡学生。

②子贡：孔子学生端木赐，字子贡。比孔子小三十一岁，以善于言辞著称。

③夫子：此处是对孔子的尊称，后代指老师。

④抑：还是，连词，表示抉择。

⑤温、良、恭、俭、让：温，温和、温厚。良，善良。恭，严肃、恭敬。俭，节俭、节制。让，谦让、谦逊。

⑥其诸：副词，表示恐怕、大概等不肯定语气。

子贡辞行

子贡，孔门七十二贤之一。他俐口巧辞，善于雄辩。此图反映的是子贡要去当信阳宰时，向老师孔子辞行的场景。

[译文]

子禽问子贡道：“孔夫子每到一国，必然听得到那个国家的政事。这是他有心求来的呢？还是别人主动告诉他的呢？”子贡说道：“孔夫子是靠温和、善良、恭敬、节俭和谦逊这五种品德来取得的。孔夫子获取的方法，大概与别人获取的方法不同吧！”

［原文］

子曰：“父在①，观其志；父没②，观其行③；三年无改于父之道④，可谓孝矣。”

［注释］

①在：在世、活着。

②没：死亡。

③行：行为、行动。

④道：准则。此指父亲生前的思想和行事。

［译文］

孔子说：“父亲健在的时候，观察他的志向；父亲死了，就要考察他的行为；如果他能长期地遵守父亲生前的行为准则而不加改变，就可以说是做到孝了。”

［原文］

有子曰：“礼之用①，和为贵②。先王之道，斯为美，小大由之③。有所不行，知和而和，不以礼节④之，亦不可行也。”

［注释］

①用：作用、功用。

②和为贵：遇事以和为可贵。和，适中。

③小大由之：小事、大事都以“和为贵”为出发点，按这个原则去做。

④节：节制、规范。

［译文］

有子说：“礼的运用，以遇事都能做得恰到好处为可贵。以前的圣明君主治理国家，最可贵的地方也在于此，无论事大事小都按这个原则去做，但是倘若遇到行不通的时候，只为求恰当而求恰当，不用一定的制度规矩去加以制约，也是不可行的。”

［原文］

有子曰：“信近①于义，言可复②也。恭近于礼，远③耻辱也。因④不失其亲，亦可宗⑤也。”

[注释]

①近：接近、靠近，引申为符合。

②复：兑现诺言。

③远：离开、避开。

④因：依靠、凭借。

⑤宗：主，引申为可以依靠。

[译文]

有子说："讲信用必须符合义，说的话就有可能兑现。对人的态度庄重尊敬，符合礼教，就可能不遭受侮辱。所依靠的人，必须选择自己亲族中的人，就可能靠得住。"

[原文]

子曰："君子食无求饱，居无求安①，敏②于事而慎于言，就③有道而正④焉，可谓好学也已⑤。"

[注释]

①安：安逸。

②敏：敏捷、迅速。

③就：靠近、接近。

④正：匡正、纠正。

⑤也已：语气词连用，表示肯定。

[译文]

孔子说："君子吃饭不要求满足，居住不要求舒适，做事勤劳敏捷，说话谨慎小心，能接近有道德的人，从而匡正自己的缺点，这样就可以说得上是好学了。"

[原文]

子贡曰："贫而无谄(chǎn)①，富而无骄，何如②？"子曰："可也，未若③贫而乐④，富而好礼者也。"

子贡曰："《诗》云'如切如磋(cuō)，如琢如磨⑤'，其斯之谓与？"子曰："赐⑥也，始可与言《诗》已矣！告诸往而知来者⑦。"

[注释]

①谄：谄媚奉承。

②何如：怎么样。《论语》中的"何如"，都可译为"怎么样"。

③未若：还不如。

④贫而乐：皇侃《论语义疏》中，“乐”下有“道”字。

⑤如切如磋，如琢如磨：语见《诗经·卫风·淇奥》，意思是切割骨角、象牙、玉石，然后加以细细磨制，成为器皿。后浓缩成成语“切磋琢磨”，含有研讨、探求之意。

⑥赐：子贡的名。《论语》中孔子对学生一般都称名。

⑦告诸往而知来者：诸，此处同“之”。往，过去的事，此处指已经教过的内容。来，未来的事，此处指尚未教的东西。

端木赐

端木赐，字子贡，孔子的得意门生，善言辞。

[译文]

子贡说：“虽然贫穷，却不去巴结逢迎；虽然有钱，却不傲慢自大，怎么样？”孔子说：“这样不错了，但是还不够，如果能做到贫穷仍然乐于道德的自我完善，有钱而又爱好礼义就更好了。”

子贡说：“《诗经》上说‘就像加工象牙、骨角、玉石一样，不停地切呀、磋呀、琢呀、磨呀’，说的是这个意思吗？”孔子回答说：“子贡呀，现在可以同你谈《诗经》了。因为告诉你一点，你能举一反三，触类旁通了。”

[原文]

子曰：“不患①人之不己知②，患不知人也。”

[注释]

①患：担心、忧虑。

②不己知：不了解自己。“不己知”是“不知己”的倒装，宾语前置。

[译文]

孔子说：“别人不了解我，我不犯愁，我担心的是自己不了解别人。”

为政

[题解]

本篇主要内容涉及孔子“为政以德”的思想、谋求官职和从政为官的基本原则、学习与思考的关系、孔子本人学习和修养的过程、温故而知新的

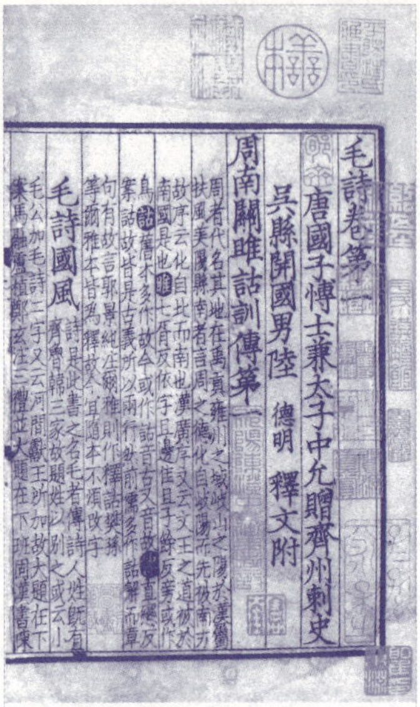
毛詩卷第一

唐國子博士兼太子中允贈齊州刺史

吳縣開國男陸 德明 釋文附

周南關雎詁訓傳第一

毛詩國風

《诗经》书影

《诗经》是我国最早的诗歌总集。它收集了从西周初至春秋中叶约五百年间的诗歌三百零五篇，被后人尊为儒家经典。

学习方法，以及对孝、悌等道德范畴的进一步阐述。

[原文]

子曰：“为政以德①，譬（pì）如北辰②，居其所③而众星共④之。”

[注释]

①为政以德：用道德来治理国家，即德治。以，介词，用、拿。

②北辰：北极星。古人称为天之中心。

③所：处所、位置。

④共：同“拱”，围绕、环抱。

[译文]

孔子说：“用道德去治理国家，自己就会像北极星那样，安然处在自己的位置上，其他众多的星辰都围绕着它转动。”

[原文]

子曰：“《诗》三百①，一言以蔽②之，曰‘思无邪③’。”

[注释]

①《诗》三百：指《诗经》的篇数。实际为三百零五篇，这里举其整数。

②蔽：概括。

③思无邪：思想纯正而无邪念。

[译文]

孔子说：“《诗经》三百篇，用一句话去概括它，就是‘思想纯正，没有邪念’。”

[原文]

子曰：“道①之以政②，齐③之以刑，民免而无耻④；道之以德，齐之以礼，有耻且格⑤。”

[注释]

①道：领导、治理。

②政：政令、律法。

③齐：规范、统制。

④民免而无耻：人民为了避免刑罚而无廉耻之心。免，避免。

⑤格：纠正，引申为归服、归化。

［译文］

孔子说："用行政命令来领导人民，用刑罚来约束他们，人民便只会求得暂时的免于罪过，但不会感到不服从统治是可耻的；用道德来统治人民，用礼教来约束他们，人民便不但有廉耻之心，而且人心归服。"

［原文］

子曰："吾十有[1]五而志于学[2]，三十而立[3]，四十而不惑[4]，五十而知天命[5]，六十而耳顺[6]，七十而从心所欲，不逾矩[7]。"

［注释］

①有：又。

②学：学问。立志向学，追求学问。

③立：站稳脚跟，引申为说话行事有独立见解，能立足于社会。

④不惑：不被异端邪说和外界的事物所迷惑。

⑤知天命：历代注疏家有不同解释，有的说："知天命之始终。"有的说："即天道之流行而赋予物者，乃事物所以当然之故也。"有的说："穷理尽性。"有的说："人受生于天，有哲命，有禄命。"有的说："命，使也。言天使己如此也。"

⑥耳顺：听人说话能判明是非。

⑦不逾矩：不会超越规矩。

［译文］

孔子说："我十五岁时，开始有志于学问。到三十岁，能坚定地自立了。四十岁时，我对一切道理能通达而不再感到迷惑了。到五十岁，我明白了什么是天命。六十岁，凡我所听到的一切，都能明白贯通、泰然对待了。到七十岁，我便随心所欲，也不会有越出规矩的可能了。"

［原文］

孟懿(yì)子[1]问孝，子曰："无违[2]。"

樊(fán)迟[3]御[4]，子告之曰："孟孙问孝于我，我对曰'无违'。"樊迟曰："何谓也？"子曰："生，事[5]之以礼；死，葬之以礼，祭之以礼。"

［注释］

①孟懿子：鲁国大夫仲孙何忌。"懿"是他的谥号。和季孙、叔孙并称鲁

国著名的三大家。

②无违：不要违背礼。

③樊迟：孔子学生樊须，字子迟。

④御：驾车。

⑤事：侍奉。

[译文]

孟懿子问："什么算是孝？"孔子说："不要违背礼仪。"

一天，樊迟为孔子赶车，孔子便告诉他说："孟孙向我请教孝道，我答复他说'不要违背礼仪'。"樊迟说："这是什么意思呢？"孔子说："父母活着的时候，应按规定的礼节侍奉他们；他们过世了，应按礼的要求安葬他们、祭奠他们。"

颜回

颜回，春秋末期鲁国（今山东曲阜）人，孔子的得意门生，以突出的德行修养著称。

[原文]

子曰："吾与回①言终日②，不违③，如愚。退而省④其私⑤，亦足以发⑥，回也不愚。"

[注释]

①回：孔子学生颜回，字子渊。鲁国人，小孔子三十岁。

②终日：整天、从早到晚。

③不违：不提出反对意见和问题。

④省：观察、省察。

⑤私：这里指个人的言行。

⑥发：发明、发挥。

[译文]

孔子说："我整天和颜回讲学，他从不提出反对意见和疑问，像个愚钝的人。等他退下，我暗中观察他私下同别人的讨论，他对我的话很能发挥，可见颜回他不愚钝呀！"

[原文]

子曰："温故①而知新，可以为师矣。"

[注释]

①故：旧，指以前学过的知识。

[译文]

孔子说："温习以前学过的知识，能从中有新的发现、新的收获，就可以去做别人的老师了。"

[原文]

子曰："君子不器①。"

[注释]

①器：器具、器皿。

[译文]

孔子说："君子不能像一件器具，只有某一特定的用途。"

[原文]

子贡问君子。子曰："先行其言①而后从②之。"

[注释]

①先行其言：先实行自己想要说的言论。

②从：跟从。这里指行而后言。

[译文]

子贡问怎样才是一个君子。孔子说："先实践你想说的，然后再说出来。"

[原文]

子曰："君子周①而不比②，小人比而不周。"

[注释]

①周：团结。此指用道义团结人。

②比：勾结。此指以利害关系结党营私。

[译文]

孔子说："君子是用道义团结人，而不是结党营私；小人是相互勾结，而不是团结。"

[原文]

子曰："学而不思则罔(wǎng)①，思而不学则殆(dài)②。"

[注释]

①罔：迷惘、迷惑。

②殆：疑惑、神思枯竭。

［译文］

孔子说："只知道读书，却不思考，就会迷惘；只知道空想，却不读书，就会神思疲殆。"

［原文］

子曰："攻[1]乎异端[2]，斯害也已[3]！"

［注释］

①攻：攻击。

②异端：背离正统的学说、观点。

③已：停止、消除。一说语气助词。

［译文］

孔子说："攻击那些背离正统的学说，它们的危害就可以消除了。"

［原文］

子曰："由[1]，诲[2]女[3]知之乎！知之为知之，不知为不知，是知也[4]。"

仲由为亲负米

仲由，字子路，春秋末期鲁国人，孔子的得意门生，以政事见称。他为人直率勇敢，事亲至孝。早年家中贫穷，自己常常以野菜为食，却从百里之外负米回家侍奉双亲。

［注释］

①由：孔子学生仲由，字子路。

②诲：教诲、教育。

③女：通"汝"，你。

④是知也：这就是对待知与不知的正确态度。

［译文］

孔子说："子路，我教导你怎样求知吧！知道就是知道，不知道就是不知道，这才是真正聪明的态度呀！"

［原文］

子张[1]学干禄[2]。子曰："多闻阙疑[3]，慎言其余，则寡尤[4]；多见阙殆(dài)[5]，慎行其余，则寡悔[6]。言寡尤，行寡悔，禄在其中矣。"

[注释]

①子张：孔子学生，姓颛孙，名师，字子张。

②干禄：谋求做官得俸禄。干，求。

③阙疑：存疑。阙，空，此指暂时放在一边。

④寡尤：减少过失、错误。尤，过失。

⑤阙殆：与“阙疑”对称，意也为存疑。殆，怀疑。

⑥寡悔：减少追悔。

[译文]

子张向孔子请教如何求得官职俸禄。孔子说：“多听一听别人的意见，把你觉得可疑的地方加以保留，其余的也要谨慎地谈论，这样就能减少过错；多看一看别人的行事，有怀疑的地方加以保留，其余的也要谨慎地做，这样就能减少懊悔。说话少过失，行动少懊悔，谋官求俸的途径就在这里面了。”

[原文]

哀公①问曰：“何为②则民服③？”孔子对曰：“举④直⑤错⑥诸枉⑦，则民服；举枉错诸直，则民不服。”

[注释]

①哀公：鲁国国君姬蒋。“哀”是他的谥号。孔子是鲁人，所以哀公上面不加鲁字。

②何为：做什么。

③服：服从。

④举：举用。

⑤直：正直，此处指正直的人。

⑥错：通“措”，置，安置，废弃之意。

⑦枉：不正之人。

[译文]

鲁哀公问道：“要做些什么才能让老百姓服从呢？”孔子答复说：“提拔使用正直的人，把他们安排在不正直的人上面，老百姓就服从了；要是提拔不正直的人，把他们放在正直的人上面，百姓就会不服从了。”

哀公立庙

公元前478年，也就是孔子死后的第二年，鲁哀公下令在曲阜阙里孔子旧宅立庙，并按岁时祭祀，开了祭祀孔子的先河。

［原文］

季康子[1]问："使民敬[2]、忠[3]以[4]劝[5]，如之何？"子曰："临[6]之以庄[7]，则敬；孝慈[8]，则忠；举[9]善而教不能[10]，则劝。"

［注释］

①季康子：鲁哀公时正卿季孙肥，"康"是他的谥号。

②敬：严肃认真。

③忠：忠诚。

④以：连词，或解为而，或解为和，均可通。

⑤劝：劝勉、勉励。此处是指自勉之意。

⑥临：靠近。上对下靠近为临。

⑦庄：庄重、严肃。

⑧孝慈：孝顺、慈爱。子女对父母孝，父母对子女慈。

⑨举：推举、提拔。

⑩不能：能力薄弱的人。

子张

子张，即孔子的门生颛孙师，春秋末期陈国阳城（今河南登封）人。其为人勇武，喜广交朋友。他主张"士见危致命，见得思义，祭思敬，丧思哀"。

［译文］

季康子问孔子："要使老百姓严肃认真、尽心竭力和相互勉励，应该怎么办呢？"孔子说："你对百姓态度严肃认真，他们对你自然会敬重；你孝敬老的、慈爱幼小的，他们自然会忠于你；你提拔任用正直善良的人，教导能力不足的人，百姓自然就会勤勉了。"

［原文］

子张问："十世[1]可知也？"子曰："殷因[2]于夏礼，所损益[3]，可知也；周因于殷礼，所损益，可知也。其或继周者，虽百世，可知也。"

［注释］

①十世：十代。古代以三十年为一世。

②因：因袭、沿袭、继承。

③损益：废除和增添。损，减去。益，增加。

［译文］

子张问孔子："十代以后的事情，可以预知吗？"

孔子说：“殷朝沿袭夏朝的礼仪制度，废除了哪些、增加了哪些，现在可以通过考察知道；周朝对殷朝礼仪制度的沿用，废除了哪些、增加了哪些，也是可以知道的。将来有继周朝而当政的人，就是以后一百代，也是可以预知的呀！”

［原文］

子曰：“非其鬼[①]而祭之，谄(chǎn)[②]也；见义不为，无勇也。”

［注释］

①鬼：这里指自己已故的祖先。

②谄：谄媚、奉承。

［译文］

孔子说：“不是自己的祖先而去祭他，这是谄媚；本应挺身而出主持正义而没有做，这是怯懦。”

八　佾

［题解］

本篇内容皆与礼、乐有关。有的反对僭越，有的阐述礼的实质，有的论述礼与政治的关系，有的谈射礼，有的谈祭礼，有的谈乐礼。总体上看，本篇可以说是《论语》中的礼乐专篇。另外值得注意的内容，还有孔子的华夷观念和复古思想。

［原文］

孔子谓[①]季氏[②]：“八佾(yì)[③]舞于庭，是可忍[④]也，孰不可忍也？”

［注释］

①谓：说、谈论。

②季氏：《论语》有数处提到季氏，均不指名，系为尊者讳。此处何所指，有三说：一指季平子，即季孙意如；一指季康子；一指季桓子。季平子当时放逐了鲁昭公，当从前说。

③八佾：古代奏乐舞蹈，每行八人称为一佾。天子可用八佾，六十四人舞，诸侯六佾，大夫四佾，士二佾。季孙氏是大夫，按礼只能用四佾，用八佾是僭越。

④忍：忍心、狠心。一说指容忍。

［译文］

孔子谈到季孙氏时说：“他在自己家庙中使用了周天子的八佾舞蹈，这种事

他都能忍心做得出来，还有什么事他做不出来呢？”

[原文]

三家①者以《雍(yōng)》②彻，子曰：“‘相维辟公③，天子穆穆④’，奚(xī)⑤取于三家之堂⑥？”

[注释]

①三家：指鲁国执政的大夫孟孙、叔孙、季孙三家。

②《雍》：《诗经·周颂》中的一篇。按礼制规定，天子祭祖时，唱这篇诗，撤除祭品。

③相维辟公：助祭的是诸侯。相，傧相、助祭者。维，语助词，无实义。辟公，诸侯。

④穆穆：庄重的样子。此处形容天子端庄安详的仪态。

⑤奚：怎么。

⑥堂：指庙堂。

[译文]

孟孙、叔孙、季孙三家，在祭祀他们祖先的时候，用天子的礼唱着《雍》诗来撤除祭品。孔子说：“《雍》诗里说‘四方的诸侯来助祭，主祭的天子静穆、庄重而美好’，这样的诗句在三家祭祖庙堂上怎么能用呢？”

[原文]

子曰：“人而不仁①，如礼②何？人而不仁，如乐③何？”

[注释]

①仁：仁德、仁心。

②礼：礼仪。

③乐：音乐。

[译文]

孔子说：“做人却没有仁心，礼仪对他有什么意义呢？做人却没有仁心，音乐对他有什么意义呢？”

[原文]

子曰：“夷狄(dí)①之有君，不如②诸夏③之亡④也。”

[注释]

①夷狄：泛指我国古代中原以外的少数民族。夷，指古代住在东方的少数民族。狄，指古代住在北方的少数民族。

②不如：不及。

③诸夏：古代指中原地区的国家。周代王室所分封的诸国，亦作华夏，汉族先民或中国（中原）的古称。

④亡：同“无”，没有。

［译文］

孔子说：“偏远落后之国虽有君主，仍不如中原各国无君主。”

［原文］

季氏旅[1]于泰山。子谓冉有[2]曰：“女弗能救[3]与？”对曰：“不能。”子曰：“呜呼！曾[4]谓泰山[5]不如林放[6]乎？”

冉求

冉求，字子有，亦称冉有，春秋末期鲁国（今山东曲阜）人，孔门七十二贤之一。年轻时曾做过季氏的家臣，后随孔子周游列国。

［注释］

①旅：指古代祭祀名山大川。古代礼制规定，只有天子和诸侯才有资格祭祀山川。

②冉有：孔子学生冉求，字子有，当时担任季氏家臣。

③救：劝阻、阻止。

④曾：竟、难道。

⑤泰山：指泰山之神。

⑥林放：鲁国人，林放曾向孔子询问礼之本。此处喻指知礼之人。

［译文］

季孙氏要去祭泰山。孔子对冉有说：“你不能阻止这件事吗？”冉有回答说：“不能。”孔子说：“哎呀！难道泰山之神竟比不上知礼的林放吗？”

［原文］

子曰：“君子无所争，必也射[1]乎！揖(yī)让[2]而升[3]，下而饮。其争也君子。”

［注释］

①射：射箭比赛，这里指射礼。古代的射礼有四种：大射、宾射、燕射、乡射。此处当指天子、诸侯、卿大夫用以选择其治下善射之士而升进使用的大射。

②揖让：宾主相见的礼仪。相互拱手作揖，表示谦让。

③升：登，指登阶入堂。

［译文］

孔子说："君子没有什么可争的事情。如果有所争，必定是比射箭吧！但一定会互相作揖然后上场，射完后，再互相揖让而后下场，然后一起饮酒。这样的争，也是君子之争啊！"

［原文］

子曰："夏礼吾能言之，杞（qǐ）①不足征②也；殷礼吾能言之，宋③不足征也。文献④不足故也，足则吾能征之矣。"

［注释］

①杞：国名。夏禹的后代周初被封于杞。故城在今河南杞县。

②征：作证、考证、验证。

③宋：商汤的后代周初被封于宋，故城在今河南商丘南。

④文献：文，指历史典籍。献，指贤人。与现代的文献含义不一样。

［译文］

孔子说："我能说出夏代的礼，夏的后代杞国就不足以作证了；我能说出殷代的礼，殷的后代宋国就不足以作证了。这是杞、宋两国现有的典籍和贤人不够的缘故，如果他们有足够的典籍和贤人，那我就可以验证它们了。"

［原文］

子曰："周监①于二代②，郁郁③乎文④哉！吾从周。"

［注释］

①监：通"鉴"，借鉴。

②二代：指夏、商两朝。

③郁郁：丰富、茂盛的样子。

④文：此指文章及一切礼乐制度。

［译文］

孔子说："周朝的典章制度借鉴了夏、商两代的，它的一切文章及礼乐制度是何等精彩完备啊！我主张遵从周代。"

［原文］

子入太庙①，每事问。或曰："孰谓鄹（zōu）人之子②知礼乎？入太庙，每事问。"子闻之，曰："是礼也。"

[注释]

①太庙：古代开国君主的庙。这里指周公庙。

②鄹人之子：指孔子。鄹，鲁国的一个小城邑。鄹人，指孔子父亲叔梁纥，因他曾做过鄹大夫，故称鄹人。

[译文]

孔子来到周公庙，每件事情都要发问。有人就说："谁说鄹大夫叔梁纥的这个儿子懂得礼呢？他跑进太庙，什么事都要问。"孔子听到这话，说："这正是礼啊！"

[原文]

子曰："射不主皮①，为力不同科②，古之道③也。"

[注释]

①射不主皮：意谓比箭时以中的为主，而不以贯穿皮革为主。射，射箭。皮，用兽皮做的箭靶。

②同科：同等。科，等级。

③道：规矩、准则。

[译文]

孔子说："比较射艺，主要不在射穿靶子，因为每个人的力气大小不一样，这是自古以来的规矩啊！"

[原文]

子贡欲去①告朔②之饩羊③，子曰："赐也，尔爱④其羊，我爱其礼。"

[注释]

①去：废除、去掉。

②告朔：古代每月初一祭祖庙的制度。朔，每月的第一天，即农历每月的初一。周时行告朔之礼，即每年秋冬之际，周天子向诸侯颁发第二年的历书，告知每个月的初一日和有无闰月，叫作"颁告朔"。诸侯将历书藏于祖庙，每逢初一亲临祖庙，杀一只活羊祭于庙，并向百姓颁告，这就叫"告朔"。鲁国自文公起即不行告朔之

周公庙

周公，周武王的弟弟，成王的叔父。他曾辅佐武王伐纣灭商，是周王朝的开国勋臣。武王死后，周公辅佐成王，为巩固新建的周王朝做出了贡献。周公庙就是专门为祭祀周公而建的。

礼，但每月初一照旧杀一只羊。子贡认为这样做徒具形式，不如连羊也不要杀了。孔子反驳之。

③饩羊：祭祀用的活羊。

④爱：爱惜。

［译文］

子贡要把每月初一在祖庙告朔所宰的那头活羊省去不用。孔子说：“赐呀！你爱惜那一头羊，我却珍惜那种礼制。”

［原文］

子曰：“事君尽①礼，人以为谄（chǎn）也。”

［注释］

①尽：竭力。

［译文］

孔子说：“侍奉君主能一切按照礼节去做的人，有的人却认为他是在谄媚。”

［原文］

定公①问：“君使臣，臣事君，如之何？”孔子对曰：“君使臣以②礼，臣事君以忠。”

［注释］

①定公：鲁国君，名宋，“定”是谥号。哀公之父，昭公之弟，继昭公而立，在位十五年。孔子任鲁国司寇，约在定公九年至十二年（前501－前498）。

②以：用、拿。

［译文］

鲁定公问：“君主使用臣子，臣子侍奉君主，该怎样做呢？”孔子回答道：“君主若能按礼节来使用臣子，臣子便会尽忠侍奉君主。”

［原文］

子曰：“《关雎（jū）》①，乐而不淫②，哀而不伤③。”

［注释］

①《关雎》：《诗经·国风》的第一篇诗歌，是一首欢快的爱情诗，写一位男青年追求一个美丽的姑娘，并渴望和她结为夫妇的恋歌。古乐也有《关雎》。

②淫：过分而至于不妥当的地步为淫。

③伤：痛苦、伤心。

[译文]

孔子说："《关雎》这首诗，欢乐而不流于放荡，悲哀而不至伤害身心。"

[原文]

子谓《韶(sháo)》[1]："尽美[2]矣，又尽善[3]也。"谓《武》[4]："尽美矣，未尽善也。"

周武王

周武王，姬姓，名发，周文王姬昌次子。周文王死后，他继承父亲遗志，于公元前十一世纪消灭殷商王朝，建立了西周王朝。

[注释]

①《韶》：相传为舜时的乐曲名，歌颂舜的功业。孔子在齐国学习韶乐，三月不知肉味。

②美：指声音美妙动听。

③善：指内容完善。

④《武》：相传为周武王时的乐曲名，歌颂武王的功业。武王用武力夺取殷纣王王位，故孔子不以为然，认为不符合礼，所以表示"未尽善"。

[译文]

孔子评论《韶》乐说："音律太美了，内容也非常好。"又评论《武》乐说："音律太美了，但内容上差一点。"

述　而

[题解]

本篇内容以论为学、修养、教育等问题为主。其中较多地反映了孔子作为教育家的生活侧面和相关教育理论。特别是有一些章节描述了孔子的生活习惯、外貌特征、行为举止，是我们今天了解孔子个人性格特点的重要资料。

[原文]

子曰："述而不作[1]，信而好古[2]，窃[3]比于我老彭[4]。"

[注释]

①述而不作：整理、阐述前人的著作而不创作。

②古：指古代文化。

③窃：私下，谦辞。

④老彭：人名。其人不详，一说为彭祖。

[译文]

孔子说："只传述旧章，不创始制作，相信并喜爱古代文化，我私下里把自己和老彭相比。"

[原文]

子曰："默而识(zhì)①之，学而不厌②，诲人不倦，何有于我哉？"

[注释]

①识：记住。

②厌：满足。

[译文]

孔子说："（把所见所闻）默记在心里，勤奋学习而不厌倦，教导别人而不倦怠，这些事我做到了哪些呢？"

[原文]

子之燕居①，申申②如也，夭(yāo)夭③如也。

[注释]

①燕居：在家闲居。

②申申：舒适的样子。

③夭夭：和乐的样子。

[译文]

孔子在家里闲居时，形态舒展自如，脸上显出和悦的表情。

[原文]

子曰："甚①矣吾衰②也！久矣吾不复梦见周公③。"

[注释]

①甚：极、严重。

②衰：衰老。

③周公：西周初年政治家。姬姓，名旦，亦称叔旦。周文王之子，武王之弟，曾助武王灭商。武王死后，成王年幼，由

周公居东图

他摄政。相传他创建了礼乐制度，因此成为孔子心目中的圣人。

［译文］

孔子说：“我衰老得多么厉害呀！我很长时间没再梦见周公了。”

［原文］

子曰：“志①于道，据②于德，依③于仁，游④于艺⑤。”

［注释］

①志：立志、志向。

②据：根据。

③依：依靠。

④游：游憩。

⑤艺：技艺，这里指礼、乐、射、御、书、数六艺。

［译文］

孔子说：“目标在‘道’上，根据在‘德’上，依靠在‘仁’上，游娱在‘艺’上。”

［原文］

子曰：“自行束脩（xiū）①以上，吾未尝无诲②焉。”

［注释］

①束脩：十条干肉。孔子办私学收徒时，学生送十条干肉为贽见礼。后亦泛指致送教师的酬金。

②诲：教诲。

［译文］

孔子说：“只要是主动带着薄礼来求见的，我没有不给予教诲的。”

［原文］

子曰：“不愤①不启②，不悱（fěi）③不发。举一隅（yú）④不以三隅反，则不复⑤也。”

［注释］

①愤：思考问题而未想通。

②启：启发。

③悱：想说话而表达不清楚。

④一隅：一个角落。

⑤复：再。

［译文］

孔子说："教导学生不到他想弄个明白而又不能的时候，我不会启发他；不到他想说出来而又阐述不清楚的时候，我不去开导他。教给他一个方面，他不能由此而推知其他三个方面，便不再教他了。"

［原文］

子食于有丧者之侧①，未尝饱也②。

［注释］

①子食于有丧者之侧：谓孔子在有丧事的人旁边吃饭。有丧者，办丧事的人家或有丧服在身的人。侧，旁边。

②未尝饱也：从来没有吃饱过。尝，曾经。

［译文］

孔子在死了亲属的人旁边吃饭，从来没有吃饱过。

［原文］

子于是日①哭，则不歌。

［注释］

①是日：这一天。《礼记·曲礼上》："哭日不歌。"《礼记·檀弓上》："里有殡，不巷歌。"这两者说的都是同一个意思。

［译文］

孔子在某一天哭过，这一天就不再唱歌了。

［原文］

子曰："富①而②可求也，虽执鞭之士③，吾亦为之。如不可求，从吾所好④。"

［注释］

①富：财富。

②而：假设连词，意同"如"。

③执鞭之士：指《周礼》有两种执鞭人。一是天子或诸侯外出，有二至八人拿着皮鞭清道；一是市场守门人，手执皮鞭维持秩序。此处是指贱职的意思，即指地位低下的职事。

④好：喜爱，爱好。

[译文]

孔子说："财富如果是可以追求到的话，即使是拿着鞭子守门、开路的事，我也去做。如果不能求得，则还是干我自己喜欢的事。"

[原文]

子之所慎[①]：齐[②]、战[③]、疾[④]。

[注释]

①慎：小心、谨慎。

②齐：通"斋"。古人在祭祀之前，沐浴更衣，戒荤戒酒，整洁身心，以示虔诚，叫作斋或斋戒。

③战：战争。

④疾：疾病。

[译文]

孔子小心谨慎的事有三种：一是斋戒，二是战争，三是疾病。

[原文]

子在齐[①]闻《韶(sháo)》[②]，三月不知肉味，曰："不图为乐之至于斯也[③]。"

[注释]

①齐：齐国。

②《韶》：韶乐，歌颂舜的乐章。

③不图为乐之至于斯也：指没有想到《韶》乐的美竟达到了这样的境界。不图，想不到。

[译文]

孔子在齐国听到《韶》乐，很长时间尝不出肉味，于是说："想不到《韶》乐的美竟达到如此境界。"

[原文]

子曰："饭[①]疏食[②]饮水，曲肱(gōng)而枕之[③]，乐亦在其中矣。不义而富且贵，于我如浮云。"

[注释]

①饭：吃，名词作动词用。

②疏食：粗糙的粮食。

帝舜

舜，姓姚，名重华，我国古代传说中与尧并称的圣王。因曾建国于虞，又称为虞舜。其为人正直，办事公道，深得人心。

③曲肱而枕之：弯起胳膊当枕头。曲肱，弯着胳膊。

[译文]

孔子说："吃粗粮，喝白水，弯着胳膊当枕头，乐趣也在这里头了。不行道义而得到的富贵，对我来说就像天上的浮云一样。"

[原文]

子曰："加[1]我数年，五十以学《易》[2]，可以无大过[3]矣。"

[注释]

①加：此处同"假"，给予。

②《易》：《易经》，我国古代一部用来占卜的书，儒家重要经典之一。相传系周人所作，故也称《周易》。

③大过：大错误。

[译文]

孔子说："让我多活几年，到五十岁时学习《易经》，就可以没有大错了。"

[原文]

子所[1]雅言[2]，《诗》、《书》、执礼，皆雅言也。

[注释]

①所：连词，据清焦循《论语补疏》："因此章承上章而来，'所'字即指《易》言。乃不独《易》也，若《诗》、《书》、执礼皆雅言也。"

②雅言：正。正言其音，相当于今天的普通话。

[译文]

孔子有说雅言的时候，读《诗经》、《尚书》和执行礼事，都说雅言。

[原文]

子曰："我非生[1]而知之者，好古[2]，敏[3]以求之者也。"

[注释]

①生：天生。

②好古：喜欢古代文献。

③敏：勤奋。

[译文]

孔子说："我并不是生来就知道一切的人，我是喜好古代文化，勤奋敏捷地去追求来的呀！"

[原文]

子不语怪①、力②、乱③、神④。

[注释]

①怪：怪异。

②力：暴力。

③乱：叛乱。

④神：神鬼。

[译文]

孔子不谈论怪异、暴力、叛乱和鬼神。

[原文]

子曰："三人①行，必有我师焉。择其善者而从之，其不善者而改之。"

[注释]

①三人：几个人，"三"并非实指。

[译文]

孔子说："几个人走在一起，其中必定有在某方面可以做我的老师的人。我选择他们的优点去学习，那些不好的地方便改正。"

[原文]

子以四教①：文②、行③、忠④、信⑤。

[注释]

①子以四教：指孔子以四项内容教育弟子。四教，四种教育内容。

②文：古代文献。

③行：躬行，引申为社会实践。

④忠：忠诚。

⑤信：守信，诚实不欺。

［译文］

孔子用四种东西教育学生：典籍文献、道德实践、对别人的忠诚以及守信。

［原文］

子钓而不纲①，弋(yì)②不射宿③。

［注释］

①子钓而不纲：孔子用鱼竿钓鱼，但不用大绳拉网捕鱼。这是孔子的中庸之道。钓，钓鱼。纲，网上的大绳。这里用作动词，指撒网捕鱼。

②弋：用带生丝的箭发射。

③宿：回巢歇宿的鸟。

［译文］

孔子钓鱼，但不撒网捕鱼；孔子也射鸟，但不射停歇在巢中的鸟。

［原文］

子与人歌而善①，必使反之②，而后和③之。

［注释］

①善：唱得好。

②反之：请他再唱一遍。反，重复。

③和：合唱。

［译文］

孔子与别人一起唱歌，如果别人唱得好，必定请他再唱一遍，然后再和他同唱。

［原文］

子曰："文①，莫②吾犹人也。躬行③君子，则吾未之有得。"

［注释］

①文：文献，指书本知识。

②莫：大约。

③躬行：亲身实践。

［译文］

孔子说："就文化知识来说，我大概和别人差不多。身体力行做君子方面，那我还没有达到。"

［原文］

子曰："若圣与仁①，则吾岂敢？抑②为之不厌，诲人不倦，则

可谓云尔已矣。”公西华曰：“正唯③弟子不能学也。”

[注释]

①圣与仁：圣人与仁人。

②抑：不过。

③正唯：这正是。

[译文]

孔子说：“谈到圣与仁，我怎么敢当？不过是在学问上不厌烦，在教诲别人上不倦怠，如此而已。”公西华说：“这正是我们做学生的还没学到的。”

[原文]

子曰：“奢(shē)①则不孙②，俭则固③。与其不孙也，宁固。”

[注释]

①奢：奢侈。

②不孙：不逊让，有越礼之意。孙，通“逊”，谦逊。

③固：寒碜、固陋。

[译文]

孔子说：“奢侈了就会不谦逊，节俭了则显得寒酸。但是与其不谦逊，宁可寒酸。”

[原文]

子曰：“君子坦荡荡①，小人长戚戚②。”

[注释]

①坦荡荡：襟怀坦白的样子。坦，平坦。荡荡，宽广的样子。

②长戚戚：经常忧愁不安的样子。戚戚，忧惧的样子。

[译文]

孔子说：“君子通常心气坦荡宽广，小人的心气则一般局促忧戚。”

[原文]

子温①而厉②，威而不猛③，恭④而安⑤。

[注释]

①温：温和。

②厉：严厉。

③威而不猛：指孔子威仪庄重而性情平易，符合中庸的态度。威，威严。猛，凶猛。

④恭：庄重。

⑤安：安详。

［译文］

孔子温和而又严厉，有威仪而又不凶猛，庄重而又安详。

颜　渊

［题解］

本篇中，孔子阐述了他对“仁”的理解。其中的名句有：“克己复礼为仁，一日克己复礼，天下归仁焉”；“非礼勿视，非礼勿听，非礼勿言，非礼勿动”；“己所不欲，勿施于人”；“死生有命，富贵在天”；“四海之内，皆兄弟也”；“君子成人之美，不成人之恶”；“君子以文会友，以友辅仁”。此外，孔子还谈到怎样算是君子等问题。

［原文］

颜渊问仁，子曰：“克己复礼①为仁。一日克己复礼，天下归仁②焉。为仁由己③，而由人乎哉？”颜渊曰：“请问其目④。”子曰：“非礼勿视，非礼勿听，非礼勿言，非礼勿动。”颜渊曰：“回虽不敏⑤，请事⑥斯语矣。”

［注释］

①克己复礼：克制自己，使言行都符合于礼。

②归仁：归仁于你，即称赞你有仁德。

③由己：全靠自己。

④目：具体的纲领。

⑤不敏：不聪明、不敏慧。

⑥事：实行、实践。

克复传颜

此图即反映了孔子的弟子颜渊向孔子询问“仁”的场景。

［译文］

颜渊询问仁，孔子说：“约束

自身使言行合乎礼，就是仁。一旦能约束自身使言行合乎礼，天下人就称赞你有仁德。成就仁在于自身，难道要仰仗他人吗？”颜渊说：“请问纲领是什么。”孔子说：“不合乎礼的不去看，不合乎礼的不去听，不合乎礼的不去说，不合乎礼的不去做。”颜渊说：“我虽然迟钝，也要奉行这些教导。”

[原文]

仲弓问仁，子曰：“出门如见大宾[1]，使民[2]如承[3]大祭。己所不欲[4]，勿施于人[5]。在邦[6]无怨，在家[7]无怨。”仲弓曰：“雍(yōng)虽不敏，请事斯语矣。”

[注释]

①大宾：贵宾、宾客。

②使民：役使人民、使用人民。

③承：承当、承办。

④己所不欲：自己所不喜欢的东西。

⑤勿施于人：不强加给别人。

⑥在邦：指在朝廷做官。邦，指诸侯的国。

⑦在家：在家赋闲。家，指卿大夫的家。

[译文]

仲弓询问仁，孔子说：“走出家门如同会见贵宾，役使民众如同承当大祭。自己所不想要的，不要施加于他人。在官府没有人怨恨，在家族里没有人怨恨。”仲弓说：“我虽然迟钝，也要奉行这些教导。”

[原文]

司马牛[1]忧曰：“人皆有兄弟，我独亡[2]。”子夏曰：“商[3]闻之矣：死生有命[4]，富贵在天。君子敬而无失[5]，与人恭而有礼，四海之内[6]皆兄弟也。君子何患乎无兄弟也？”

[注释]

①司马牛：名耕，字子牛，孔子弟子。

②亡：通“无”，没有。

③商：子夏的名字。

④死生有命：死和生都由命运安排。

⑤失：过失。

⑥四海之内：全国范围内、普天之下。

［译文］

司马牛忧伤地说："别人都有兄弟，唯独我没有。"子夏说："我听说：生死自有命运，富贵在于上天。君子敬慎而没有失误，待人谦恭而有礼，四海之内都是兄弟。君子何必担忧没有兄弟呢？"

［原文］

子贡问政[1]，子曰："足食，足兵，民信[2]之矣。"子贡曰："必不得已而去，于斯三者何先？"曰："去兵。"子贡曰："必不得已而去，于斯二者何先？"曰："去食。自古皆有死，民无信不立[3]。"

［注释］

①政：政事，指治理国家。

②民信：人民对国家信任。

③立：立国、存立。

［译文］

子贡询问政务，孔子说："使粮食富足，使武备充实，使民众信任。"子贡说："迫不得已而放弃一项，在这三项中先放弃哪项？"孔子说："放弃武备。"子贡说："迫不得已再放弃一项，在余下两项中先放弃哪项？"孔子说："放弃粮食。自古以来都有死亡，民众不信任就不能立国。"

［原文］

齐景公[1]问政于孔子，孔子对曰："君君[2]，臣臣，父父，子子。"公曰："善哉！信如[3]君不君、臣不臣、父不父、子不子，虽有粟(sù)[4]，吾得[5]而食诸[6]？"

［注释］

①齐景公：春秋时齐国国君，姓姜，名杵臼。

②君君：君要像君。

③信如：诚如。

④粟：小米，指粮食。

⑤得：能。

⑥诸："之乎"的合音。

［译文］

齐景公向孔子询问政务，孔子说："君主像君主，臣属像臣属，父亲像父亲，儿子像儿子。"景公说："是啊！如果真的君主不像君主、臣属不像臣属、父亲不像父亲、儿子不像儿子，即使拥有粮食，我能够吃得上吗？"

［原文］

子曰："片言可以折狱[①]者，其由也与？"子路无宿诺[②]。

［注释］

①片言可以折狱：指根据一方的话以判断讼案。片言，单方面的话，诉讼双方中一方的言辞，古时也叫"单辞"。折，断的意思。折狱，判案、断案。旧注，子路心高言信，说话决无虚假，故听讼者单听子路的一面之词即可断案。

②无宿诺：答应的事，没有过一夜才去办的。形容办事迅速、认真。宿，过夜。

［译文］

孔子说："能以片言只语断案的人，大概是仲由吧？"子路没有隔宿的许诺，答应的事从来没有过了一夜才去办的。

［原文］

子曰："听讼[①]，吾犹[②]人也。必也使无讼乎[③]。"

［注释］

①听讼：审理案件。

②犹：同。

③必也使无讼乎：指一定要使人间无讼事。

［译文］

孔子说："审理诉讼，我与他人一样。必须使诉讼不发生。"

［原文］

子张问政，子曰："居[①]之无倦，行[②]之以忠。"

晏婴沮封

孔子在齐国，齐景公向孔子询问如何治理国家，孔子说要节省财力，齐景公听后很高兴，想把尼谿的田地赐给孔子，但却遭到大臣晏婴的反对，景公说："吾老矣，不能用也。"于是，孔子离开齐国，返回鲁国。

[注释]

①居：在工作岗位上。

②行：执行政令。

[译文]

子张询问政务，孔子说："任职不懈怠，办事靠忠诚。"

[原文]

子曰："博[1]学于文，约之以礼，亦可以弗畔(pàn)[2]矣夫。"

[注释]

①博：广博、广阔。

②畔：通"叛"，离经叛道。

[译文]

孔子说："君子广博地学习典制，用礼仪来约束自己，也就可以不背离大道了。"

[原文]

子曰："君子成[1]人之美[2]，不成人之恶[3]；小人反是[4]。"

[注释]

①成：成全。

②美：善，好事。

③恶：坏事。

④反是：与这一个相反。

[译文]

孔子说："君子成就他人的好事，不促成他人的坏事；小人则与此相反。"

[原文]

季康子患盗[1]，问于孔子。孔子对曰："苟子之不欲[2]，虽赏[3]之不窃[4]。"

[注释]

①患盗：担心盗贼猖獗。

②欲：贪欲。

③赏：奖励。

④不窃：不干偷窃的事。

［译文］

季康子为盗贼担忧，向孔子求教。孔子答道：“如果你不贪得无厌，即使奖励也不会有人去偷盗。”

［原文］

季康子问政于孔子曰：“如杀无道[1]以就[2]有道，何如？”孔子对曰：“子为政，焉用杀[3]？子欲善而民善矣。君子之德风，小人之德草，草上之风必偃(yǎn)[4]。”

［注释］

①无道：没有道德的坏人。

②就：靠近、亲近。

③子为政，焉用杀：这是孔子法学思想的一个方面，倡导礼刑相反论，主张不用刑、不杀盗；另一个方面却提倡大刑用甲兵，主张把盗杀光。

④草上之风必偃：指风加在草上，草必随风倒下。上，一作“尚”，加的意思。偃，仆，倒。

［译文］

季康子向孔子询问政务说：“以杀戮无道的方式使国政趋向清明，怎么样啊？”孔子答道：“你治理国政，为什么要使用杀戮的手段呢？你企求善民众就会行善。君子的德行是风，小人的德行是草，草遇上风必定倒伏。”

［原文］

子张问：“士人何如斯可谓之达[1]矣？”子曰：“何哉尔所谓达者？”子张对曰：“在邦[2]必闻[3]，在家[4]必闻。”子曰：“是闻也，非达也。夫达也者，质直[5]而好义，察言而观色，虑以下人[6]。在邦必达，在家必达。夫闻也者，色取仁[7]而行违，居[8]之不疑。在邦必闻，在家必闻。”

［注释］

①达：通达、行得通。

②在邦：在朝廷做官。

③闻：名望、名声。

④在家：在卿大夫家做事。

⑤质直：品质正直。

⑥虑以下人：常常考虑对别人谦逊。

⑦色取仁：表面实行仁德。

⑧居：处，指以仁人自居。

［译文］

子张问道：“士人要怎样才能称为通达呢？”孔子说：“你所谓的通达是什么意思呢？”子张答道：“在国中做事必定闻名，在大夫家做事必定闻名。”孔子说：“这是闻名，不是通达。所谓通达，就是秉性正直而喜好义理，洞察言谈，观望神态，思虑自己不如他人之处。在国中做事必定通达，在大夫家做事必定通达。所谓闻名，则是神态上表现为仁而行动上却违背它，以此自居毫不疑惑。在国中做事必定闻名，在大夫家做事必定闻名。”

［原文］

樊(fán)迟问仁，子曰：“爱人。”问知，子曰：“知人。”樊迟未达[1]，子曰：“举直错[2]诸枉[3]，能使枉者直。”樊迟退，见子夏，曰：“乡[4]也吾见于夫子而问知，子曰‘举直错诸枉，能使枉者直’，何谓也？”子夏曰：“富哉言乎[5]！舜有天下，选于众，举皋陶[6]，不仁者远矣。汤有天下，选于众，举伊尹[7]，不仁者远矣。”

［注释］

①未达：没有完全理解。

②错：安置。

③枉：不正直。

④乡：通“向”，过去，从前。此处引申为刚才，不久前。

⑤富哉言乎：含义丰富的话。

⑥皋陶：舜的贤臣。

⑦伊尹：汤的大臣。

［译文］

樊迟询问仁，孔子说：“爱护他人。”樊迟询问智，孔子说：“了解他人。”樊迟未能完全理解，孔子说：“举用正直的人，罢黜不正直的人，能使不正直的人变得正直。”樊迟退出来，见到子夏，说：“刚才我去见夫子询问智，他说‘举用正直的人，罢黜不正直的人，能使不正直的人变得正直’，是什么意思呢？”子夏说：“这话含义丰富啊！舜拥有天下，在众人中挑选，举用了皋陶，不仁的人就离去了。汤拥有天下，在众人中挑选，举用了伊尹，不仁的人就离去了。”

［原文］

子贡问友[1]，子曰：“忠告[2]而善道[3]之，不可则止，毋自

辱焉。”

［注释］

①友：结交朋友。

②忠告：忠心地劝告。

③善道：善意地开导。道，通“导”。

［译文］

子贡询问如何结交朋友，孔子说：“忠心地劝告而好好地引导他，不能做到就停止，不要使自己遭受侮辱。”

［原文］

曾子曰：“君子以文会友，以友辅仁①。”

［注释］

①辅仁：辅助培养仁德。

［译文］

曾子说：“君子以学问来结交朋友，以朋友来辅助培养仁德。”

皋陶

皋陶，皋城（今安徽六安）人，传说舜时被任为掌管刑法的官。

季　氏

［题解］

本篇引用孔子言论多用“孔子曰”而不用“子曰”，与《论语》其他诸篇体例不合，一般认为非孔子及其门人所记。但本篇的史料价值仍然很高，内容涉及孔子的天道观、道德修养论、政治思想、教育思想等许多方面。

［原文］

季氏将伐颛臾(zhuān yú)①，冉有、季路见于孔子，曰：“季氏将有事②于颛臾。”孔子曰：“求，无乃③尔是过与？夫颛臾，昔者先王以为东蒙主④，且在邦域之中⑤矣，是社稷(jì)之臣⑥也。何以伐为⑦？”冉有曰：“夫子⑧欲之，吾二臣者皆不欲也。”孔子曰：“求，周任⑨有言曰：‘陈力⑩就列⑪，不能者止⑫。’危而不持，颠⑬而不扶，则将

焉用彼相[14]矣？且尔言过矣。虎兕(sì)[15]出于柙(xiá)[16]，龟玉毁于椟(dú)中，是谁之过[17]与？”冉有曰：“今夫颛臾固[18]而近于费[19]，今不取，后世必为子孙忧[20]。”孔子曰：“求，君子疾[21]夫舍曰[22]欲之而必为之辞[23]。丘也闻，有国有家者，不患贫而患不均，不患寡而患不安[24]。盖均无贫，和无寡，安无倾[25]。夫如是，故远人[26]不服则修文德以来[27]之，既来之，则安之。今由与求也相夫子，远人不服而不能来也，邦[28]分崩离析而不能守也，而谋动干戈[29]于邦内。吾恐季孙之忧[30]不在颛臾，而在萧墙之内[31]也。”

［注释］

①颛臾：鲁国的附庸国，在今山东费县西北。

②有事：指使用武力。

③无乃：莫不是，用于反诘。

④东蒙主：主持祭祀东蒙山的人。

⑤邦域之中：在鲁国国境之内。

⑥社稷之臣：与国家共存亡的大臣。社稷，指公家。其时鲁国分为四，季氏取其二，孟孙、叔孙各取其一，独附庸之国尚为公臣，为社稷之臣，季氏不当伐。

⑦何以伐为：为什么要攻打它。

⑧夫子：指季孙氏。

⑨周任：古代的一位史官。

⑩陈力：尽自己的力量。

⑪就列：进入朝臣行列，指担任职务。

⑫止：停止，指辞职。

⑬颠：跌倒。

⑭相：辅助。

⑮兕：雌的犀牛。

⑯柙：关猛兽的木笼。

⑰过：过失、错误。

⑱固：坚固。

⑲费：费邑，季孙氏的采邑，在今山东费县西南。

⑳忧：祸害。

㉑疾：厌恨。

㉒舍曰：不说。

㉓辞：借口。

㉔不安：不安定。

㉕倾：倾覆。

㉖远人：远方的人。

㉗来：招致。

㉘邦：国家。

㉙干戈：武力。

㉚季孙之忧：季氏是鲁公室的大夫，颛臾是天子的封国。季氏伐之，违反了周的分封制和征伐制，破坏了等级之礼。因此孔子认为，季氏之忧，不在颛臾，而在萧墙之内。

㉛萧墙之内：萧墙，鲁国国君在宫门内所设立的屏风，这里借指鲁君。季孙氏把持朝政，与鲁君矛盾很大。鲁君乘季氏攻打颛臾之机，可能会起兵收回政权。后世把“萧墙之内”作为内部发生祸乱的代称。

[译文]

季氏将要讨伐颛臾，冉有、子路去见孔子，说：“季氏将要对颛臾有所行动。”孔子说：“求啊，这不是你的过错吗？颛臾，过去先王任命他主持东蒙山的祭祀，而且在鲁国的疆域之内，是国家的臣属。为什么要讨伐他呢？”冉有说：“是季氏要这么做，我们两个都不愿意。”孔子说：“求啊，周任曾经说过：‘贡献力量担任职位，没有能力就止步。’危难时不支撑，跌倒时不扶持，何必要用辅佐呢？而且，你的说法是错的。老虎、犀牛从笼子里跑出来了，龟壳、美玉在匣子里毁坏了，这是谁的过错呢？”冉有说：“现在颛臾城邑坚固而接近季氏的封邑费，现在不去夺取，到了后世必定会成为子孙的忧患。”孔子说：“求啊，君子憎恶隐瞒欲望而非要进行辩解。我曾听说，拥有封国家族的人，不担忧贫困而担忧不平均，不担忧寡少而担忧不安定。因为平均了就没有贫困，和谐了就不会寡少，安定了就不会倾覆。如果这样，边远的人不归服就修养文德招来他们，既招来了就安定他们。现在你们两个辅佐季氏，边远的人不归服却不能招来他们，国家分崩离析却不

过蒲赞政

子路为蒲宰，孔子到了蒲地，发现田地沟渠治理得很好，房屋坚固，树木茂盛，人民安居乐业，再三地称赞子路。

能守护，反而图谋在国家之内兴师动众。我恐怕季氏的担忧不来自于颛臾，而会来自于自己的内部啊。”

［原文］

孔子曰：“天下有道，则礼乐征伐①自天子出；天下无道，则礼乐征伐自诸侯出。自诸侯出，盖十世希不失②矣；自大夫出，五世希不失矣；陪臣③执国命④，三世希不失矣。天下有道，则政不在大夫；天下有道，则庶人⑤不议。”

［注释］

①礼乐征伐：制礼作乐和出兵讨伐。

②十世希不失：指传到十代很少不丧失权位的。十世，十代，古代三十年为一世。希，少。

③陪臣：大夫的家臣。

④执国命：把持国家政权。

⑤庶人：老百姓。

［译文］

孔子说：“天下清平，制礼作乐、出兵征伐出自天子；天下无道，制礼作乐、出兵征伐出自诸侯。出自诸侯，大概传到十代很少有权位不丧失的；出自大夫，传到五代很少有权位不丧失的；家臣执掌了国家命运，传到三代很少有权位不丧失的。天下清平，国政就不会落在大夫手中；天下清平，老百姓就不会议论纷纷。”

［原文］

孔子曰：“禄之去公室①五世②矣，政逮于大夫③四世④矣，故夫三桓(huán)⑤之子孙微⑥矣。”

［注释］

①禄之去公室：指爵禄不从君出。禄，俸禄，这里指代国家政权。去，丧失、离开。公室，鲁国王室。

②五世：指宣公、成公、襄公、昭公、定公五代。

③逮于大夫：指政权落到大夫手中。逮，及。

④四世：指季孙氏文子、武子、平子、桓子四代。

⑤三桓：鲁国仲孙、叔孙、季孙氏三卿，他们都是鲁桓公之后，故称三桓。

⑥微：衰微。

［译文］

孔子说：“鲁国君主失去权力已经五代了，国政被大夫攫夺已经四代了，所以仲孙、叔孙、季孙的子孙要衰微了。”

［原文］

孔子曰：“益者三友，损者三友。友直、友谅①、友多闻，益矣；友便辟②、友善柔③、友便佞(nìng)④，损矣。”

［注释］

①谅：信实。

②便辟：阿谀奉承。

③善柔：当面恭维，背后诽谤。

④便佞：花言巧语。便，辩也。

［译文］

孔子说：“三种朋友有益，三种朋友有害。朋友正直、朋友诚实、朋友见识广博，是有益的；朋友奉承、朋友谄媚、朋友圆滑善辩，是有害的。”

［原文］

孔子曰：“益者三乐，损者三乐。乐节礼乐①、乐道人之善②、乐多贤友③，益矣；乐骄乐④、乐佚(yì)游⑤、乐宴乐⑥，损矣。”

［注释］

①乐节礼乐：指以礼乐调节自己为乐。节，调节、节制。

②道人之善：指称道别人的好处。善，优点、好处。

③贤友：好朋友。

④骄乐：骄纵不知节制，恣放自骄为乐。

⑤佚游：游荡。佚，同“逸”。

⑥宴乐：以吃喝为乐。宴，宴会。

［译文］

孔子说：“三种乐趣有益，三种乐趣有害。乐于以礼乐来节制行为、乐于称道别人的优点、乐于多

鲁桓公

鲁桓公，姬姓，名允，鲁惠公之子，鲁隐公之弟。鲁隐公被杀后，其于公元前711年即位，共在位十八年。

结交贤明的朋友，是有益的；乐于骄奢淫乐、乐于游荡无度、乐于吃吃喝喝，是有害的。”

［原文］

孔子曰：“君子有三戒[1]：少之时，血气未定，戒之在色[2]；及其壮也，血气方刚，戒之在斗[3]；及其老也，血气既衰，戒之在得[4]。”

［注释］

①三戒：三种禁戒。

②色：女色。

③斗：争强好斗。

④得：贪，指贪求名利。

［译文］

孔子说：“君子有三项禁戒：年轻时，血气尚未稳定，要禁戒女色；到了壮年，血气方刚，要禁戒斗殴；到了老年，血气衰微，要禁戒贪婪。”

［原文］

孔子曰：“君子有三畏：畏天命，畏大人[1]，畏圣人之言。小人不知天命而不畏也，狎(xiá)[2]大人，侮[3]圣人之言。”

［注释］

①大人：有道德的人。

②狎：轻视。

③侮：侮慢。

［译文］

孔子说：“君子有三项敬畏：敬畏天命，敬畏有道德的人，敬畏圣人的话。小人因为不知道天命而不敬畏，轻慢有道德的人，亵渎圣人的言语。”

［原文］

孔子曰：“君子有九思[1]：视思明[2]，听思聪[3]，色思温[4]，貌思恭[5]，言思忠[6]，事思敬[7]，疑思问[8]，忿[9]思难[10]，见得[11]思义[12]。”

［注释］

①九思：九种思考。

②明：明白。

③聪：清楚。

④温：温和。

⑤恭：恭敬。

⑥忠：忠诚。

⑦敬：认真。

⑧问：询问。

⑨忿：愤恨、发怒。

⑩难：急难、后患。

⑪得：名、利。

⑫义：道义。

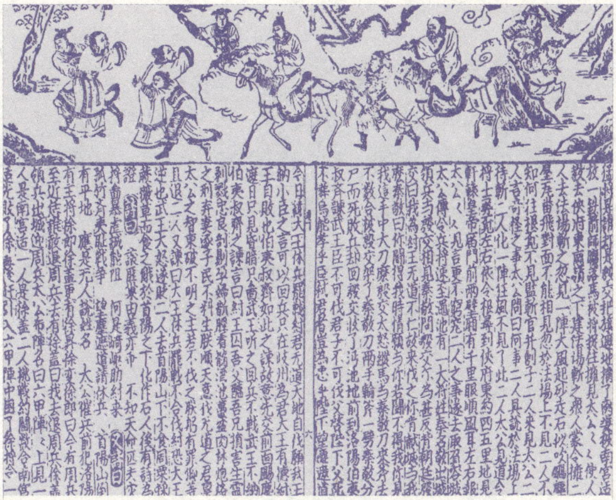

伯夷、叔齐谏武王

伯夷、叔齐均为商末孤竹君的儿子，两人均因不愿继承王位而逃走，在路上遇到武王兴兵伐纣，二人叩马而谏。武王灭商后，伯夷、叔齐因耻食周粟，饿死在首阳山上。

［译文］

孔子说："君子有九件要想到的事：看要想到明白，听要想到清楚，神态要想到温和，容貌要想到恭敬，言谈要想到诚实，处事要想到尽心，疑难要想到询问，愤怒要想到后患，见到名利要想到大义。"

［原文］

齐景公有马千驷(sì)[1]，死之日，民无德而称[2]焉；伯夷、叔齐饿于首阳[3]之下，民到于今称之。其斯之谓与[4]？

［注释］

①千驷：即千乘，四千匹马。古代用四匹马驾一辆车，所以一驷就是四匹马。

②称：称道。

③首阳：首阳山，现在何处，众说纷纭，已不可考。

④其斯之谓与：似有缺文，"斯"不知所指。

［译文］

齐景公有马四千匹，去世的时候，民众不觉得他有什么德行值得称赞；伯夷、叔齐饿死在首阳山下，民众到现在仍然称赞他们。大概就是这个意思吗？

［原文］

邦君[1]之妻，君称之曰夫人，夫人自称曰小童；邦人[2]称之曰君夫人，称诸异邦[3]曰寡小君；异邦人称之亦曰君夫人。

[注释]

①邦君：国君。

②邦人：国内人民。

③异邦：外国、别的国家。

[译文]

国君的妻子，国君称她为夫人，夫人自称为小童；本国的人称她为君夫人，对别国的人则称她为寡小君；别国的人也称她为君夫人。

阳　货

[题解]

本篇杂用“子”或“孔子”，体例不一。内容兼有政治和教育两方面。政治方面集中述及了春秋后期一些叛乱、窃权家臣的情况，教育方面则提出了“性相近、习相远”、“上智与下愚不移”等著名命题。

[原文]

阳货[1]欲见孔子，孔子不见，归[2]孔子豚(tún)[3]。孔子时[4]其亡[5]也，而往拜[6]之，遇诸涂[7]。谓孔子曰：“来，予与尔言。”曰：“怀其宝[8]而迷[9]其邦，可谓仁乎？”曰：“不可。”“好从事[10]而亟失时[11]，可谓知[12]乎”？曰：“不可。”“日月[13]逝矣，岁不我与[14]！”孔子曰：“诺[15]，吾将仕[16]矣。”

[注释]

①阳货：又作阳虎，季氏的家臣，当时把持季氏政权。

②归：通“馈”，赠送。

③豚：蒸熟的小猪。

④时：通“伺”，窥伺。

⑤亡：不在家。

⑥拜：回拜、拜谢。

⑦涂：通“途”，路上。

⑧宝：借指本领、才能。

⑨迷：迷惑、混乱。

⑩从事：做工作。

⑪失时：失去机会。

⑫知：聪明。

⑬日月：指时光。

⑭岁不我与：岁月不待人。“岁不与我”的倒装句。

⑮诺：应答声。

⑯仕：做官。

［译文］

阳货想会见孔子，孔子不去见，于是他就赠给孔子蒸熟的小猪。孔子趁他不在家的时候去拜谢他，却在路上遇到了他。阳货招呼孔子说：“过来，我有话同你说。”阳货说：“怀藏自己的本领却听任国家迷乱，能称为仁吗？”孔子说：“不能。”“喜好从事政务却屡次失去机会，能称为智吗？”孔子说：“也不能。”“岁月流逝，时光不等人啊！”孔子说：“是啊，我将要出来任职了。”

［原文］

子曰：“性①相近也，习②相远③也。”

［注释］

①性：本性。

②习：学习、教育。

③远：拉大差距。

［译文］

孔子说：“人的天性相互接近，经过后天传习、教育就相差甚远了。”

［原文］

子曰：“唯上知①与下愚②不移③。”

［注释］

①上知：上等的智慧。知，通“智”。

②下愚：下等的愚笨。

③不移：不能改变。

［译文］

孔子说：“只有上等的智者和下等的愚人不可改变。”

［原文］

子之武城①，闻弦歌②之声。夫子莞(wǎn)尔③而笑，曰：“割鸡焉用牛刀④？”子游对曰：“昔者偃也闻诸夫子曰：‘君子学道则爱人，小人学道则易使也。’”子曰：“二三子，偃(yǎn)之言是也！前言戏⑤

之耳。”

[注释]

①武城：鲁国的城邑，在今山东费县西南。子游在此当行政长官。

②弦歌：以琴瑟伴奏歌唱。此处指子游用礼乐来教化百姓。弦，琴瑟。

③莞尔：微笑的样子。

④割鸡焉用牛刀：一种比喻。指治理小地方，何须动用大道理。

⑤戏：开玩笑。

[译文]

孔子来到武城，听到奏乐唱歌的声音。他微笑着说：“宰鸡何必要用牛刀呢？”子游答道：“过去我曾听到夫子说：‘做官的学了道就爱护别人，百姓学了道就容易役使。’”孔子说：“后生们，言偃说得对！我刚才的话只是开玩笑罢了。”

[原文]

子张问仁于孔子，孔子曰：“能行五者于天下为仁矣。”请问之，曰：“恭①、宽②、信③、敏④、惠⑤。恭则不侮⑥，宽则得众，信则人任⑦焉，敏则有功，惠则足以使人。”

[注释]

①恭：谦恭。

②宽：宽容。

③信：诚实。

④敏：勤敏。

⑤惠：慈惠。

⑥侮：欺侮、侮辱。

⑦人任：受到人们的信任。

[译文]

子张向孔子询问仁，孔子说：“能在天下施行五项德行就是仁了。”子张请教是哪五项，孔子说：“恭敬、宽厚、诚实、敏捷、慈惠。恭敬就不受侮辱，宽厚就能得到众人的拥护，诚实就会受到信任，敏捷就有成绩，慈惠就足以役使他人。”

命名荣贶

鲁昭公十年（前532），孔子的儿子出生时，鲁昭公赏赐了鲤鱼。孔子因国君的赏赐给儿子取名鲤，字伯鱼。

［原文］

子谓伯鱼[1]曰："女为[2]《周南》、《召南》[3]矣乎？人而不为《周南》、《召南》，其犹正墙面而立[4]也与！"

［注释］

①伯鱼：即孔子的长子孔鲤，字伯鱼。

②为：学习、研究。

③《周南》、《召南》：《诗经》篇目名，现存《诗经·国风》中，有乐有舞。古人认为它是"正道之始，王化之基"，寓意深刻。

④正墙面而立：旧注："言一物无所见，一步不可行。"

［译文］

孔子告诉伯鱼说："你学过《周南》、《召南》了吗？人假如不学《周南》、《召南》，就好比面对着墙壁站在那里，一步也前进不得啊！"

［原文］

子曰："色厉而内荏（rěn）[1]，譬（pì）诸小人，其犹穿窬（yú）之盗[2]也与！"

［注释］

①色厉而内荏：脸色严厉，内心怯弱。厉，威严。荏，软弱。

②穿窬之盗：穿壁翻墙的窃贼。穿窬，指盗窃行为。窬，通"逾"，翻越。

［译文］

孔子说："神色严厉而内心虚弱，用小人来作比喻，大概就像穿壁翻墙的盗贼吧！"

［原文］

子曰："道听而途说[1]，德之弃[2]也。"

［注释］

①途说：四处传播。

②德之弃：背弃道德。

［译文］

孔子说："道听途说，是背弃道德。"

［原文］

子曰："鄙夫[1]可与[2]事君也与[3]哉？其未得[4]之也，患得之[5]；

既得之，患失之。苟患失之，无所不至[⑥]矣。”

［注释］

①鄙夫：鄙陋的小人。

②与：义同“以”。

③与：同“欤”。

④未得：没有得到禄位。

⑤患得之：怕得不到。

⑥无所不至：什么事都做得出来。

［译文］

孔子说：“鄙陋的家伙能和他一起事奉国君吗？他在尚未得到禄位时担忧得不到，已经得到了又担忧失去。倘若担忧失去禄位，就什么事都会做得出来。”

［原文］

孺悲[①]欲见孔子，孔子辞以疾。将命者出户，取瑟而歌，使之闻之。

［注释］

①孺悲：鲁国人，曾向孔子学礼。

［译文］

孺悲想见孔子，孔子推说得了病。传话的人出了房门，孔子取来瑟弹唱，故意让孺悲听见。

［原文］

宰我问：“三年之丧，期[①]已久矣！君子三年不为礼，礼必坏[②]；三年不为乐，乐必崩[③]。旧谷既没[④]，新谷既升[⑤]，钻燧(suì)改火[⑥]，期[⑦]可已矣。”子曰：“食夫稻，衣夫锦[⑧]，于女安乎？”曰：“安。”“女

瑟儆孺悲

安则为之！夫君子之居丧⑨，食旨不甘⑩，闻乐不乐，居处不安，故不为也。今女安，则为之！”宰我出，子曰：“予⑪之不仁也！子生三年，然后免于父母之怀⑫。夫三年之丧，天下之通丧也，予也有三年之爱⑬于其父母乎？”

［注释］

①期：为期、日期。

②坏：破坏，这里指废弃。

③崩：崩溃，这里指荒疏。

④没：吃完。

⑤升：登场。

⑥改火：古代钻木取火，所用木头四时不同，大致春用榆柳，夏用枣杏，秋用桑柘，冬用槐檀，一年轮换一次。这里借指一年。

⑦期：一年。

⑧锦：丝织品。

⑨居丧：守孝。

⑩食旨不甘：内心悲哀，吃东西都不知道滋味。

⑪予：宰我的名字。

⑫怀：怀抱。

⑬爱：受到父母爱抚。

［译文］

宰我问道：“守丧三年，时间太久了吧！君子三年不去习礼，礼必定会荒废；三年不去习乐，乐必定会荒疏。陈米已经吃完，新谷已经上场，过了一年，时间也够了。”孔子说：“吃着那稻米，穿着那锦衣，你心安吗？”宰我说：“心安。”孔子说：“你心安，就去做吧！君子在守丧时，吃美味的食物不可口，听到音乐不快乐，住在家里不觉得舒适，所以不去做。现在你心安，就去做吧！”宰我退了出去，孔子说：“宰我不仁啊！子女出生三年，才能脱离父母的怀抱。守丧三年，是天下通行的丧期，宰我给了他父母三年的爱吗？”

［原文］

子曰：“饱食终日，无所用心，难矣哉①！不有博弈②者乎？为之犹贤③乎已。”

［注释］

①难矣哉：指难以成就。难，难有成就。

②博弈：掷骰子，下围棋。博，六博，古代一种游戏，已失传。弈，围棋。

③贤：好、胜过。

［译文］

孔子说："整天吃得饱饱的，一点不动脑筋，真难以教诲啊！不是有六博、弈棋吗？去玩玩也比闲着好。"

［原文］

子路曰："君子尚勇①乎？" 子曰："君子义以为上。君子有勇而无义为乱，小人有勇而无义为盗。"

［注释］

①尚勇：崇尚勇武。

［译文］

子路说："君子崇尚勇吗？" 孔子说："君子把义作为最高准则。君子有勇无义会闹出乱子，小人有勇无义就会去做盗贼。"

［原文］

子曰："唯女子与小人为难养①也，近之则不孙②，远之则怨③。"

［注释］

①难养：难以相处、难以侍候。

②不孙：无礼、不恭顺。

③怨：怨恨。

［译文］

孔子说："女子和小人可算是难以相处了，亲近了就放肆，疏远了就抱怨。"

［原文］

子曰："年四十而见①恶焉，其终也已②。"

［注释］

①见：被。

②终：一生、一辈子。

［译文］

孔子说："到了四十岁还被人厌恶，这辈子就没希望了。"

孟子

作者介绍

孟子，名轲，字子舆，战国中期邹国（今山东邹城）人，相传是鲁国贵族孟孙氏的后裔，我国古代伟大的思想家，儒家学说嫡派传人，战国时期儒家的重要代表人物。

孟子吸收各家所长，全面系统地阐明了君仁臣义、尊贤使能、以民为本、统一天下等“仁政”理论。他的人性论是性善论，对后世儒家思想的发展影响深远。《孟子》一书记述了孟子一生的主要言论、活动及其思想学说，文字异彩纷呈，内涵博大精深。

梁惠王

[题解]

《梁惠王》上下篇记载了孟子在魏国和齐国的主要活动。本文遴选了孟子与魏惠王、齐宣王的几次会谈。孟子在谈话过程中不失时机地劝对方施行仁政。在本文中，孟子的仁政学说主要体现在戒骄戒躁、与民同乐，此外还谈到了义和利的关系问题。

[原文]

孟子见梁惠王①。王曰：“叟②，不远千里而来，亦将有以利吾国乎？”

孟子对曰：“王何必曰利？亦③有仁义而已矣。王曰：‘何以利吾国？’大夫曰：‘何以利吾家？’士庶人④曰：‘何以利吾身？’上下交征⑤利，而国危矣。万乘⑥之国，弑（shì）⑦其君者，必千乘之家；千乘之国，弑其君者，必百乘之家。万取千焉，千取百焉，不为不多矣。苟⑧为后义而先利，不夺不餍（yàn）⑨。未有仁而遗⑩其亲者也，未有义而后其君者也。王亦曰仁义而已矣，何必曰利？”

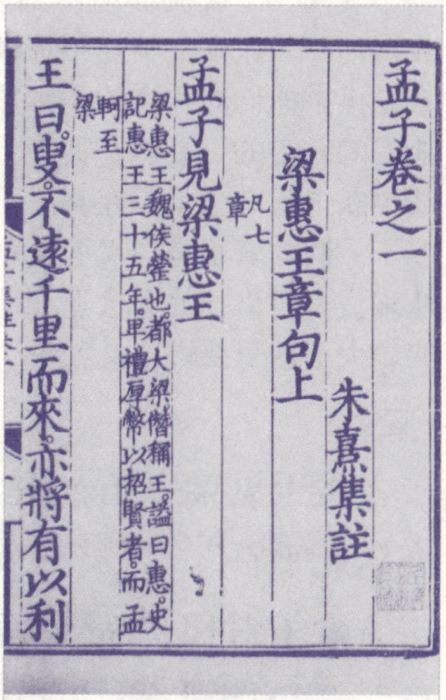

孟子卷之一

梁惠王章句上 朱熹集註

凡七章

孟子見梁惠王

梁惠王魏侯罃也都大梁僭稱王謚曰惠史記惠王三十五年卑禮厚幣以招賢者而孟軻至梁

王曰叟不遠千里而來亦將有以利

《孟子》书影

[注释]

①梁惠王：就是魏惠王，惠是他的谥号。公元前361年，他将国都由旧安邑（今山西夏县）迁至大梁（今河南开封），所以又叫梁惠王。

②叟：对长者的尊称。

③亦：只。

④士庶人：士和庶人。庶人，老百姓。

⑤交征：互相争夺。征，取。

⑥乘：古代用四匹马拉的一辆兵车叫一乘，诸侯国的大小以兵车的多少来衡量。战国末期的万乘之国有韩、赵、魏、燕、齐、楚、秦七国，千乘之国有宋、卫、中山以及东周、西周。至于下句中千乘、百乘之家的“家”，则是指拥有封邑的公卿大夫。公卿封邑大，有兵车千乘；大夫封邑小，有兵车百乘。

⑦弑：下杀上，卑杀尊，臣杀君叫“弑”。

⑧苟：如果。

⑨餍：满足。

⑩遗：遗弃，抛弃。

[译文]

孟子拜见梁惠王，惠王说：“老先生，您不远千里而来，将能够有利于我国吗？”

孟子回答道：“大王为什么要讲‘利’？有仁义就够了。大王说：‘有什么有利于我国？’大夫们说：‘有什么有利于我家？’士和庶人们说：‘有什么有利于我自己？’这样上下互相追求私利，那么，国家就危险了。在拥有兵车万乘的国家，谋杀他们的君主的，必然是拥有兵车千乘的诸侯；在兵车千乘的国家，谋杀他们的君主的，必然是拥有兵车百乘的大夫之家。在兵车万乘的国家里，诸侯能从中获得兵车千乘，在兵车千乘国家里，大夫能从中获得兵车百乘，不能说是不多了。假如真正是轻义而重利，那就非闹到篡夺君位的地步是不能满足的。可是从来没有讲仁德的人会遗弃他的双亲的，从来没有讲道义的人会不尊重他的君王的。大王您只要讲仁义就够了，为什么要讲利呢？”

[原文]

孟子见梁惠王。王立于沼上，顾鸿、雁、麋(mí)、鹿，曰：“贤者亦乐此乎？”

孟子对曰：“贤者而后乐此，不贤者虽有此，不乐也。《诗》云[①]：‘经始灵台[②]，经之营之。庶民攻[③]之，不日[④]成之。经始勿亟[⑤]，庶民子来[⑥]。王在灵囿(yòu)[⑦]，麀鹿攸(yōu)伏，麀鹿濯濯[⑧]，白鸟

鹤鹤[⑨]。王在灵沼[⑩]，於牣[⑪]鱼跃。’文王以民力为台为沼，而民欢乐之，谓其台曰灵台，谓其沼曰灵沼，乐其有麋鹿鱼鳖。古之人与民偕乐，故能乐也。《汤誓》[⑫]曰：‘时日害丧[⑬]，予及女[⑭]皆亡。’民欲与之偕亡，虽有台池鸟兽，岂能独乐哉？”

[注释]

①《诗》云：下面所引的是《诗经·大雅·灵台》，全诗共四章，文中引的是前两章。

②经始灵台：开始规划营造灵台。灵台，台名，故址在今陕西西安西北。

③攻：建造。

④不日：不几天。

⑤亟：急。

⑥庶民子来：老百姓像儿子似的来修建灵台。

⑦囿：古代帝王蓄养禽兽的园林。

⑧濯濯：肥胖而光滑的样子。

⑨鹤鹤：羽毛洁白的样子。

⑩灵沼：池名。

⑪牣：满。

⑫《汤誓》：《尚书》中的一篇，记载商汤讨伐夏桀时的誓师词。

⑬时日害丧：这太阳什么时候毁灭呢？时，这。日，太阳。害，何，何时。丧，毁灭。

⑭予及女：我和你。女，同“汝”，你。

[译文]

孟子谒见梁惠王，惠王站在水沼上，望着那许多鸿、雁、麋、鹿，得意扬扬地问孟子道：“贤德的人也喜欢享受这些东西吗？”

孟子回答说：“是贤德的人才能享受到这些东西，不是贤德的人，尽管拥有这些东西也享受不到。《诗》里面说：‘开始筹建灵台，又是测量又经营。百姓一齐来建造它，很快便建成了。动工不用多督促，

成汤

成汤，又称商汤，商王朝的建立者。汤建立商朝后，减轻征敛，鼓励生产，安抚民心，从而扩展了统治区域。

灵台

百姓都如子女一样自愿前来。文王来到灵囿，母鹿伏地自悠悠。母鹿长得肥又美，白色的鸟洁白又美丽！文王来到灵沼旁。啊！满池鱼跳跃！’文王用百姓的劳力建高台挖深池，百姓却欢欢喜喜，称他的台为灵台，称他的沼为灵沼，为他能享受到麋鹿鱼鳖的奉养而高兴。古时的贤者能够与民同乐，所以能得到快乐。《汤誓》记载着百姓诅咒暴君夏桀的话道：‘这个太阳什么时候灭亡呢？我们愿意跟你一同灭亡。’百姓要跟他一同灭亡，那他即使有台池鸟兽，难道能够独自享受吗？”

[原文]

庄暴[①]见孟子，曰：“暴见于王[②]，王语暴以好乐，暴未有以对也。”曰：“好乐何如？”孟子曰：“王之好乐甚，则齐国其庶几乎！”他日见于王，曰：“王尝语庄子以好乐，有诸？”王变乎色，曰：“寡人非能好先王之乐也，直好世俗之乐耳。”

[注释]

①庄暴：齐国大臣。

②王：指齐宣王。

[译文]

庄暴见到孟子，说：“齐王召见我，告诉我他喜欢音乐，我一时想不到用什么话来回答他。”庄暴稍停一会儿，接着问孟子道：“一个做国君的人喜欢音乐，到底应不应该呢？”孟子说：“齐王要喜欢音乐到了极点，那么，齐国差不多就可以治理好了啊！”后来有一天，孟子被齐宣王召见时，说：“大王曾经告诉过庄暴您喜欢音乐，有这回事吗？”齐宣王一听，惭愧得脸上都变了颜色，说：“我喜欢的并不是先代帝王遗留下来的古乐，只不过是一些世俗流行的音乐罢了。”

[原文]

曰：“王之好乐甚，则齐其庶几乎！今之乐，由古之乐也[①]。”曰：“可得闻与[②]？”曰：“独乐乐[③]，与人乐乐，孰乐？”曰：“不若与人。”曰：“与少[④]乐乐，与众乐乐，孰乐？”曰：“不若与众。”

[注释]

①今之乐，由古之乐也：当代的音乐犹如古代的音乐。

②可得闻与：(这道理)可以让我听听吗？与，通“欤”。

③独乐乐：独自一人娱乐的快乐。前一个“乐”作动词用。以下几句也类似。

④少：少数人。

[译文]

孟子说：“大王您要是喜欢音乐到了极点，那么，齐国就治理得差不多了吧！时下流行的音乐和古代的音乐都一样啊。”齐宣王说：“您可以把这个道理说给我听听吗？”孟子没有正面回答齐宣王，却反问道：“一个人独自享受听音乐的乐趣，和跟别人一道享受听音乐的乐趣相比，哪一种更令人快乐些呢？”齐宣王说：“一个人不如跟别人一道听音乐更快乐。”孟子继续问道：“跟少数人一道享受听音乐的乐趣，和跟多数人享受听音乐的乐趣相比，哪一种更令人快乐些呢？”齐宣王说：“跟少数人不如跟多数人听音乐更快乐。”

[原文]

“臣请为王言乐。今王鼓乐于此，百姓闻王钟鼓之声，管龠(yuè)①之音，举疾首蹙(cù)頞②而相告曰：‘吾王之好鼓乐，夫何使我至于此极也？父子不相见，兄弟妻子离散！’今王田猎于此，百姓闻王车马之音，见羽旄(máo)③之美，举疾首蹙頞而相告曰：‘吾王之好田猎，夫何使我至于此极也？父子不相见，兄弟妻子离散！’此无他，不与民同乐也。

“今王鼓乐于此，百姓闻王钟鼓之声，管龠(yuè)之音，举欣欣然有喜色而相告曰：‘吾王庶几无疾病与，何以能鼓乐也？’今王田猎于此，百姓闻王车马之音，见羽旄之美，举欣欣然有喜色而相告曰：‘吾王庶几无疾病与，何以能田猎也？’此无他，与民同乐也。今王与百姓同乐，则王矣。”

[注释]

①管龠：古代一种吹奏乐器。龠，似笛而短小。

②蹙頞：形容愁眉苦脸的样子。蹙，紧缩。頞，鼻梁。

③羽旄：鸟羽和旄牛尾。古人用作旗帜上的装饰，故可代指旗帜。

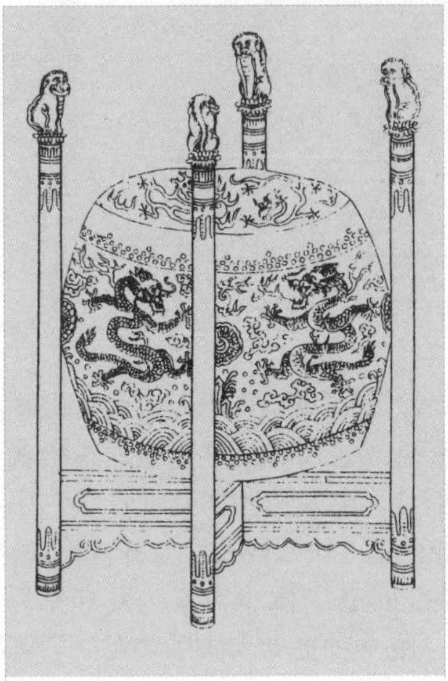

鼓

[译文]

"请让我为您陈述一下应该怎样来享受欣赏音乐的乐趣吧。假如现在大王在这里演奏音乐，老百姓一听到您钟鼓的声音和箫管吹出的曲调，大家全都皱眉，痛苦地说：'我们大王光顾自己听音乐，怎么把我们弄到妻离子散、父母兄弟天各一方这样困苦不堪的地步呢？'现在大王在这里打猎，老百姓听到您的车子和马的声音，看见装饰得美丽的旗帜，大家全都皱眉，痛苦地说：'我们大王光顾自己打猎开心，却把我们弄到妻离子散、父母兄弟天各一方这样困苦不堪的地步呢？'这没有别的原因，只是由于不与老百姓一同享受乐趣。

"假如现在大王您在这里奏乐，老百姓一听到您钟鼓的声音和箫管吹出的曲调，大家都喜形于色地奔走相告道：'我们大王应该没有什么疾病吧，不然，怎么能奏乐呢？'现在大王在这里打猎，老百姓一听到大王您车子和马的声音，看见装饰得美丽的旗帜，大家都喜形于色地奔走相告：'我们大王应该没有什么疾病吧，不然，怎么能打猎呢？'这没有别的原因，只是由于与老百姓一同享受乐趣。现在只要大王您能跟老百姓一同享受乐趣，就能够使人民归附于您，天下就会得到统一了。"

公孙丑

[题解]

公孙丑是孟子的弟子，并参与了《孟子》一书的编订，因此，书中有以公孙丑命名的章句，分为上下两篇。孟子在本文中论述了著名的"性善论"，他认为仁、义、礼、智这四种伦理道德"人皆有之"。推行"仁政"仍然是孟子不变的话题，在本文中主要表现在"尊贤使能"和"人和"上。

[原文]

孟子曰："尊贤使能，俊杰在位，则天下之士皆悦而愿立于其朝矣。市，廛(chán)①而不征②，法而不廛③，则天下之商皆悦而愿藏于其市矣。关，讥而不征④，则天下之旅皆悦而愿出于其路矣。耕者，助而不税⑤，则天下之农皆悦而愿耕于其野矣。廛⑥，无夫里

之布[7]，则天下之民皆悦，而愿为之氓[8]矣。信能行此五者，则邻国之民仰之若父母矣。率其子弟，攻其父母，自有生民以来未有能济者也。如此，则无敌于天下。无敌于天下者，天吏[9]也，然而不王者，未之有也。”

［注释］

①廛：市中储藏、堆放货物的场所。

②征：征税。

③法而不廛：指官方依据法规收购长期积压于货栈的货物，以保证商人的利益。

④讥而不征：只稽查不征税。讥，查问。

⑤助而不税：相传殷周时代实行一种叫“井田制”的土地制度。一里见方的土地划作“井”字形，成九块，每块百亩，其中一块作为公田，其余八块分给八家，八家同养公田。“助而不税”指“耕者九一”的井田制，只帮助种公田而不再收税。助，指助耕公田。

⑥廛：这里指民居，与“廛而不征”的“廛”所指不同。

⑦夫里之布：古代的一种税收名称，即“夫布”、“里布”，大致相当于后世的土地税、劳役税。布，古代的一种货币。

⑧氓：指从别处移居来的移民。

⑨天吏：顺从上天旨意的执政者。这里的“吏”不是指小官，而指执行者。

［译文］

孟子说：“尊重贤士，使用能者，让才德出众的人各在其位，那么天下的士子们，都会感到衷心喜悦而愿意到那个朝廷里来做官了。在市场上，提供储藏货物的货栈而不征收货物税，遇上货物滞销，便由国家按法定价格征购，不让它们长期积压在货栈中，那么天下的商人都会感到衷心喜悦而愿意把货物藏在那个市场上了。关卡上，只稽查并不征税，那么天下的旅客，都会感到衷心喜悦而愿意取道于那个国家了。耕田的人，只需帮着耕种井田制中的公田而不用再另交租税，那么天下的农民，都会感到衷心喜悦而愿意到那里去种地了。里弄的居民们，不管在什么情况下，即使无正当职业或不在屋旁种桑麻，都给豁免附加的赋税，那么天下的人们，都会感到衷心喜悦而愿意到那里去做子民了。要是真的能做到上面五点，那么邻国的老百姓，便会对那里的国君像对父母般地仰望爱慕了。别国的国君如果妄图进犯这样的国家，就好像是率领儿女们去攻打他们自己的父母，从有人类以来，从没有能够获得成功的。这样，在天下就找不到敌手了。天下无敌的人，就是上天派遣到下界来的管理者。要是做到了这样却还不能统一天下的，

那是没有的事。”

［原文］

孟子曰：“人皆有不忍人之心[1]。先王有不忍人之心，斯有不忍人之政矣。以不忍人之心，行不忍人之政，治天下可运之掌上。所以谓‘人皆有不忍人之心’者，今人乍[2]见孺子将入于井，皆有怵(chù)惕[3]恻隐[4]之心，非所以内交[5]于孺子之父母也，非所以要誉[6]于乡党朋友也，非恶其声而然也。由是观之，无恻隐之心，非人也；无羞恶之心，非人也；无辞让之心；非人也；无是非之心，非人也。恻隐之心，仁之端[7]也；羞恶之心，义之端也；辞让之心，礼之端也；是非之心，智之端也。人之有是四端也，犹其有四体也。有是四端而自谓不能者，自贼者也；谓其君不能者，贼其君者也。凡有四端于我[8]者，知皆扩而充之矣，若火之始然[9]，泉之始达。苟能充之，足以保[10]四海；苟不充之，不足以事父母。”

孟子

相传，孟子师承孔子之孙孔伋。他继承并发扬了孔子的思想，成为仅次于孔子的儒学大师，与孔子并称为“孔孟”。

［注释］

①不忍人之心：怜悯心，同情心。

②乍：突然、忽然。

③怵惕：惊惧。

④恻隐：哀痛，同情。

⑤内交：即结交。内，同“纳”。

⑥要誉：博取名誉。要，同“邀”，求。

⑦端：开端，源头。

⑧我：同“己”。

⑨然：同“燃”。

⑩保：定，安定。

［译文］

孟子说：“人们都有一颗怜悯之心。古代帝王由于有这种怜悯别人的心，这样才有了怜悯下面百姓的仁政。拿这种怜悯别人的好心，去施行怜悯下面百姓的仁政，治理天下就可以像把一件小东西放在手掌上翻转那么容易了。之所以说‘每个人都有一颗怜悯的心’的缘故，譬如人们突然看见无知的小孩将要跌到井里去，都会立即产生一种惊恐、伤痛不忍的心情，这不是为了想跟这孩子的爹娘攀交情，不是为了要在邻里朋友中获得个好名声，也不是由于不喜欢孩子的啼哭声才这样做的。从这件事看起来，任何一个人，要是没有同情别人的心，就称不上是人；没有羞耻的心，也算不了人；没有礼让的心，算不了人；没有是非之心，也算不了人。同情人的心，是仁的开端；羞耻的心，是义的开端；礼让的心，是礼的开端；是非的心，是智的开端。一个人有这四端，就好像他的身体有四肢一样，这是他本身固有的。有这四个开端却自认无所作为的人，是自家害自家的人；说他的君主无所作为的人，是陷害他的君主的人。凡是在自己本身具有这四个开端的人，要是知道把它们都扩大开去，那就会像火刚开始点着，泉水刚开始流出，它的前景是无可限量的。一个从事政治的人，假使能够扩大这四端，就可以保护天下的人民，使他们安居乐业；假使不去扩大的话，那就连自身的爹娘也无法奉养了。”

［原文］

孟子曰：“天时不如地利，地利不如人和。三里之城，七里之郭[1]，环而攻之而不胜。夫环而攻之，必有得天时者矣；然而不胜者，是天时不如地利也。城非不高也，池[2]非不深也，兵[3]革[4]非不坚利也，米粟（sù）非不多也，委[5]而去之，是地利不如人和也。故曰：域民[6]不以封疆之界，固国不以山溪之险，威天下不以兵革之利。得道者多助，失道者寡助。寡助之至，亲戚畔（pàn）[7]之；多助之至，天下顺之。以天下之所顺攻亲戚之所畔，故君子有[8]不战，战必胜矣。”

［注释］

①三里之城，七里之郭：内城叫“城”，外城叫“郭”。内外城比例一般是三里之城，七里之郭。

②池：即护城河。

③兵：武器，指戈、矛、刀、箭等攻击性武器。

④革：皮革，指甲胄。古代甲胄有用皮革做的，也有用铜铁做的。

⑤委：弃。

⑥域民：限制人民。域，界限。

⑦畔：同“叛”。

⑧有：或，要么。

[译文]

孟子说："得天时不如得地利好，得地利又不及得人和好。譬如这里有座内城三里、外城七里的城邑，敌人包围攻打却无法取胜。敌人既来围攻，一定是挑选过天时的了；然而却无法取胜，这正说明得天时不如得地利好。又譬如这里有另一座城邑，它的城墙筑得并不是不高，护城壕挖得并不是不深，士卒们的兵器和盔甲并不是不锐利、坚固，粮食也并不是不多，可是，当敌人一来进犯，守兵们便弃城而逃，这正足以说明得地利又不及得人和好。因此说：限制人民不必靠国家的疆界，巩固国防不必凭借山河的险要，威慑天下不必凭借武力的强大。得到正义帮助他的人就会多，失掉正义帮助他的人就会少。帮助的人少到了极点时，连自己的亲人朋友都会背叛他；帮助的人多到了极点时，普天下的人都愿意顺从他。让天下都顺从他的人去攻打连他的亲戚也背叛他的人，因此，那些正义的君主要么不去攻打，只要一去攻打立即就会获得胜利。"

[原文]

孟子去齐，充虞(yú)①路问曰："夫子若有不豫②色然。前日虞闻诸夫子曰：'君子不怨天，不尤人③。'"曰："彼一时，此一时也。五百年必有王者兴，其间必有名世者④。由周而来，七百有余岁矣。以其数，则过矣；以其时考之，则可矣。夫天未欲平治天下也，如欲平治天下，当今之世，舍我其谁也？吾何为不豫哉？"

[注释]

①充虞：孟子的弟子。

②豫：快乐，愉快。

③不怨天，不尤人：这是孔子的话，见《论语·宪问》。尤，责怪，抱怨。

④名世者：有名望而辅佐君王的人。

[译文]

孟子离开齐国，充虞在路上问他道："先生好像有点不愉快的样子。以前我听见您说过：'一个道德修养高的君子是不会怨天尤人的。'"孟子说："那时是那时，现在是现在。每隔五百年就一定会有一位推行王道的圣君降生，这中间一定会有一些以才德闻名于世的人出现。从周朝开国以来，到现在已有七百多年了。拿时数来说，就超过了五百年；拿时势来考察一下，就该有诞生圣君贤相的可能了。上天要是不想让天下太平，那就没有什么说的了；上天要是想使天下获得太平，那当今的世上，除了我还有谁能担当这份重任呢？我为什么不愉快呢？"

滕文公

［题解］

滕文公是姬姓小国滕国的国君，曾与孟子探讨治国之道。在本文中，孟子主要阐述了道德教化的巨大作用，是儒家思想的典型体现。孟子通过列举古代圣人尧、舜、禹的事迹，论证了仁政学说的合理性。孟子还抨击了在当时影响力极大的墨家学派。

［原文］

“然则治天下独可耕且为与？有大人①之事，有小人之事。且一人之身，而百工之所为备，如必自为而后用之，是率天下而路②也。故曰，或劳心，或劳力。劳心者治人，劳力者治于人；治于人者食人，治人者食于人：天下之通义也。

“当尧之时，天下犹未平，洪水横流，泛滥于天下，草木畅茂，禽兽繁殖，五谷不登，禽兽逼人，兽蹄鸟迹之道交于中国。尧独忧之，举舜而敷(fū)③治焉。舜使益④掌火，益烈山泽而焚之，禽兽逃匿。禹疏九河，瀹(yuè)⑤济、漯(tà)⑥而注诸海，决汝、汉，排淮、泗(sì)而注之江，然后中国可得而食也。当是时也，禹八年于外，三过其门而不入，虽欲耕，得乎？

帝尧

尧，我国传说中的上古圣贤帝王。其在位百年，有德政，常征求四岳的意见，后让位于舜。

［注释］

①大人：这里指有地位的人，与下文“小人”相对。

②路：指奔波、劳累。

③敷：遍。

④益：舜的臣子。

⑤瀹：疏导。

⑥济、漯：济水和漯水。

［译文］

“那么治理天下的事难道独独可以在种地的同时干吗？做官的有做官的应做的事情，当百姓的有当百姓的应做的事情。况且一个人身上所需用的东西，是所有工匠给做的，假如一定要自己制造的东西才去用，这简直是率领普天下的人全都奔忙于路途之上，永无停息了。所以说，有的人动脑筋，有的人卖力气。动脑筋的人统治别人，卖力气的人受别人统治；受人统治的人得养活别人，统治人的人受别人供养：这是天下通行的法则。

“当唐尧在位的时候，天下还没有整治好，洪水乱流，到处泛滥成灾，草木生长茂盛，禽兽成倍地增长，谷物没有收成，恶禽猛兽危害人们，它们的足迹遍布于中原各地。尧独自对这种情况感到忧虑，因此就选拔舜来分管治理工作。舜又派伯益充任火正官，伯益放火焚烧山林和草泽地带，禽兽无地藏身，只得往四处奔逃躲避。舜又派禹修浚九条河的河道，疏通济水、漯水，让河水流入海中，导引汝水和汉水，疏通淮水和泗水，把积水注入江中。然后中原地带的人们才有可能种上庄稼，得到饭吃。在这个时候，禹在外面奔忙了八年，三次经过家门都没有进去，在这种情况下，就算他想耕种，又哪能成呢？

［原文］

“后稷（jì）①教民稼穑（sè），树艺②五谷，五谷熟而民人育。人之有道也，饱食、暖衣、逸居而无教，则近于禽兽。圣人有忧之，使契③为司徒，教以人伦：父子有亲，君臣有义，夫妇有别，长幼有序，朋友有信。放勋（xūn）④曰：‘劳之来之⑤，匡之直之，辅之翼之，使自得之，又从而振德之。’圣人之忧民如此，而暇耕乎？

“尧以不得舜为己忧，舜以不得禹、皋陶⑥为己忧。夫以百亩之不易为己忧者，农夫也。分人以财谓之惠，教人以善谓之忠，为天下得人者谓之仁。是故以天下与人易⑦，为天下得人难。孔子曰：‘大哉尧之为君！惟天为大，惟尧则之，荡荡乎民无能名焉！君哉舜也！巍巍（wēi）乎有天下而不与焉！’尧舜之治天下，岂无所用其心哉？亦不用于耕耳。”

［注释］

①后稷：相传为周的始祖，名弃。善于种植各种粮食作物，曾在尧、舜

时代做农官，教民耕种。

②树艺：种植。

③契：人名，传说中商的始祖，姓子。曾任舜的司徒，掌管教化。

④放勋：尧的称号，放是大，勋是功劳，原本是史官的赞誉之辞，后来成为尧的称号。

⑤劳之来之：劝勉，慰劳。

⑥皋陶：人名，相传为虞舜时掌管刑法的官。

⑦易：治。

[译文]

“后稷教导老百姓耕种收割，栽培粮食，粮食成熟了，百姓也就得到了养育。人类的生活规律往往是这样，吃得饱、穿得暖、住得舒适，要是没有教育，那他们的生活情趣就会接近于禽兽。圣人对此又深感忧虑，便派契做掌管教育的司徒官，教给人们人与人之间的伦理：父子之间要亲爱，君臣之间要有礼义，夫妇之间必须有内外之别，长幼之间必须有尊卑次序，朋友之间得有信用。尧说：‘对百姓天天慰劳他们，纠正他们，帮助他们，使他们各得其所，遇到困难，又援救他们，对他们施以恩德。’圣人这样辛勤地为百姓操劳，还有多余时间去耕田吗？

“尧把得不到舜这样有力的助手看作是自己心中的忧虑，舜也把得不到禹和皋陶这样有力的助手看作是自己心中的忧虑。那些把分管的百亩田地没有耕种好看作是自己忧虑的大事的，是农民。把财物分送给人只能算是小惠，教导别人行善可说是一片忠心，只有为天下得到杰出的人才，才真正称得上是恩德广被的仁。所以把天下让给别人倒容易，为天下挑选到有能力治理天下的人才却是天大的难事。孔子说：‘尧作为帝王的确是伟大啊！世上只有天最伟大，只有尧能够效法天，对尧的无边圣德，百姓们简直找不到恰当的词语来形容它！了不起的帝王舜呀！他如此崇高地被拥戴登上帝位，却丝毫不以为乐呢！’尧舜治理天下，难道不要动脑筋吗？只是也不可能把脑筋用到耕田上去罢了。”

后稷

后稷为尧舜时代的农官。相传其母姜嫄到野外，见巨人足迹，踏之，感而有孕生子，即是后稷。

[原文]

“世衰道微，邪说暴行有作，臣弑(shì)其君者有之，子弑其父者有之。孔子惧，作《春秋》[①]。《春秋》，天子之事也。是故孔子曰：

‘知我者其惟《春秋》乎！罪我者其惟《春秋》乎！’

“圣王不作，诸侯放恣，处士横议，杨朱②、墨翟之言盈天下。天下之言不归杨则归墨。杨氏为我，是无君也；墨氏兼爱，是无父也。无父无君，是禽兽也。公明仪曰：‘庖(páo)有肥肉，厩(jiù)有肥马，民有饥色，野有饿莩(piǎo)。此率兽而食人也。’杨墨之道不息，孔子之道不著，是邪说诬民，充塞仁义也。仁义充塞，则率兽食人，人将相食。吾为此惧，闲先圣之道，距杨墨，放淫辞，邪说者不得作。作于其心，害于其事；作于其事，害于其政。圣人复起，不易吾言矣。

“昔者禹抑洪水而天下平，周公兼夷狄(dí)、驱猛兽而百姓宁，孔子成《春秋》而乱臣贼子惧。《诗》云：‘戎狄是膺(yīng)，荆舒是惩，则莫我敢承。’无父无君，是周公所膺也。我亦欲正人心，息邪说，距诐(bì)行，放淫辞，以承三圣者。岂好辩哉？予不得已也！能言距杨、墨者，圣人之徒也。”

［注释］

①《春秋》：春秋时期鲁国史官按年记载历史的书，孔子晚年曾对它进行删定。

②杨朱：战国初期思想家，魏国人，字子居，又称杨子、阳子或阳生。他主张“为我”、“全性葆真”，不为拔一毛以利天下之事，与墨翟的“兼爱”主张相反。

［译文］

“世风日下，王道衰微，荒谬的学说和残暴的行为又出现了，臣子杀害君主的事有，儿子杀害父亲的事也有。孔子对此深感忧惧，便写了《春秋》这部书。著作《春秋》褒善贬恶，是天子做的事。所以孔子说：‘了解我的，恐怕只因为《春秋》这部书吧！责怪我的，恐怕也是因为《春秋》这部书吧！’

“圣明的帝王没有产生，诸侯们横行无忌，士人们乱发议论，杨朱、墨翟的学说盛极一时。一般人的论调不属杨派，就属墨派。杨派一切为了自己，这是目无君主；墨派主张不分亲疏，一视同仁，这是目无父母。目无君主和父母，这是禽兽的行为。公明仪说：‘厨房里摆着肥肉，马栏里喂着肥马，可是，老百姓却饿得面黄肌瘦，野外到处是饿死者的尸体，这无异于带领着野兽去吃人。’杨派、墨派的学说不停止流行，孔子的学说便得不到发扬光大，这简直是任凭邪说坑害老百姓，阻塞仁义的道路。仁义的道路一被阻塞，这就等于是带领野兽去吃人，一定会出现人吃人的惨状。我对这个深感忧惧，所以，挺身而出，学习和捍卫先代圣人的学说，抨击杨派和墨派，驳斥那些乌七八糟的言论，使荒谬学说不再兴风作浪。这种荒谬的学说，从心里产生出来，便要给工作带来危害；工作受了危害，也就危害了整个政治。我想后世再有圣人出现，也不会改变我这些话的。

“从前，大禹治好了洪水，天下就太平了；周公征服了夷狄，赶走了猛兽，老百姓便安宁了；孔子著成了《春秋》，褒善贬恶，那些胡作非为的乱臣贼子便感到十分害怕。《诗经》里说：‘我一攻打戎狄，惩罚荆舒，就没有人敢抵挡我了。’那些目无君主父母的人，便正是周公所要惩罚的对象。我也要端正人心，根绝谬论，反对阴险的行径，驳斥无耻的谎言，来继承大禹、周公、孔子三位大圣人的业绩。我难道是喜欢辩论吗？实在是为情所逼啊。只要是能够著书立言以反对杨、墨学派的人，便是圣人的门徒。”

大禹

禹，姓姒，号文命，相传为“黄帝之玄孙而帝颛顼之孙也”。禹的父亲鲧因治水无功被放逐，后禹接续父亲未完的事业，终于使水患消除。

离 娄

[题解]

本篇中，孟子阐述了仁、义、礼、智的含义，并在孔子学说的基础上加以发展。在礼和义之间，孟子主张选择后者，这种变通有一定的进步性，但也有很大的随意性。在孟子看来，效法古代圣王的做法本身就是一种仁政，这种“法先王”的思想对后世影响很大。

[原文]

孟子曰：“自暴[1]者，不可与有言也；自弃者，不可与有为也。言非[2]礼义，谓之自暴也；吾身不能居仁由义，谓之自弃也。仁，人之安宅也；义，人之正路也。旷安宅而弗居，舍正路而不由，哀哉！”

［注释］

①暴：损害，糟蹋。

②非：诋毁。

［译文］

孟子说："一个自暴的人，不能跟他谈正经话；一个自弃的人，不可以跟他有所作为。一个人讲起话来诋毁礼义，叫作'自暴'；自认为不能心怀仁德、行合正道，叫作'自弃'。仁，是人平安居住的住宅；义，是人应走的正路。空着住宅而不居住，舍弃了正路而不走，这是多么令人悲哀的事情啊！"

［原文］

孟子曰："道在迩[①]而求诸远，事在易而求诸难。人人亲其亲，长其长[②]，而天下平。"

［注释］

①迩：近。

②亲其亲，长其长：亲爱自己的双亲，尊敬自己的长辈。

［译文］

孟子说："治理天下的方法本来就在近处，却要丢下它向远处去求；治理天下的事本是轻而易举的，却要向难处去寻找。其实只要人人各自亲爱自己的双亲，各自尊敬自己的长辈，那么天下自然就可以治理好了。"

［原文］

孟子曰："居下位而不获于上[①]，民不可得而治也。获于上有道，不信于友，弗获于上矣。信于友有道，事亲弗悦，弗信于友矣。悦亲有道，反身不诚，不悦于亲矣。诚身有道，不明乎善，不诚其身矣。是故诚者，天之道也；思诚者，人之道也。至诚而不动者未之有也；不诚，未有能动者也。"

［注释］

①获于上：获得上级的信任之意。《礼记》、《中庸》也有这几句，郑玄注云："获，得也。"

［译文］

孟子说："身处在下面的职位却不能得到上司的信任，便不可能治理好百姓。获得上司的信任有它的方法，一个人不被朋友所信任，便得不到上司的信任了。

得到朋友的信任有它的方法，一个人侍奉父母却不能得到父母的欢心，便不会得到朋友信任了。得到父母的欢心有它的方法，一个人反省自身，缺乏诚意，便得不到父母的欢心了。要使本身具备诚心有它的方法，一个人不懂得什么是善，本身也就不会具备诚心了。所以诚心善性是天所赋予人的优良本性；考虑保持和发扬这种诚心善性是人为努力。一个人做到了至诚无伪而人们却不被感动，是绝对没有的事；缺乏诚心的人是不能感动别人的。”

[原文]

孟子曰：“伯夷辟纣（zhòu），居北海之滨①，闻文王作，兴曰：‘盍（hé）归乎来！吾闻西伯②善养老者。’太公③辟纣，居东海之滨④，闻文王作，兴曰：‘盍归乎来！吾闻西伯善养老者。’二老者，天下之大老也，而归之，是天下之父归之也。天下之父归之，其子焉往？诸侯有行文王之政者，七年之内，必为政于天下矣。”

[注释]

①北海之滨：在今濒临渤海的河北昌黎一带。

②西伯：周文王。

③太公：姜太公，因祖先曾封于吕地，故又称吕尚，字子牙，号太公望。曾辅佐文王、武王灭商建立周朝。

④东海之滨：在今山东莒县东部。

[译文]

孟子说：“伯夷逃避暴君纣王的统治，隐居在北海边上，听说文王兴盛起来了，精神振奋地说：‘我何不归到那里去呢！我听说西伯是善于奉养老人的人。’太公姜尚逃避暴君纣王的统治，隐居在东海边上，听说文王兴盛起来了，精神振奋地说：‘我何不归到那里去呢！我听说西伯是善于奉养老人的人。’伯夷和太公两位老人，是天下德高望重的老人，而他们都归到文王那里去，这就等于是天下的父老归向文王了。天下的父老都归向他，他们的儿子不归向他又归向谁呢？当今的诸侯们中如果有效

吕尚磻溪垂钓

吕尚大半生穷困卑贱，直到老年垂钓时遇见周文王后，抱负才得以施展。此图即反映了吕尚磻溪垂钓的情景。

法文王愿意实行仁政的，用不了七年时间，就一定能统一天下了。”

［原文］

淳于髡(kūn)①曰：“男女授受不亲，礼与？”

孟子曰：“礼也。”

曰：“嫂溺，则援之以手乎？”

曰：“嫂溺不援，是豺(chái)狼也。男女授受不亲，礼也；嫂溺，援之以手者，权②也。”

曰：“今天下溺矣，夫子之不援，何也？”

曰：“天下溺，援之以道；嫂溺，援之以手。子欲手援天下乎？”

［注释］

①淳于髡：齐国著名辩士，曾在齐威王、齐宣王和梁惠王的朝廷做官。事迹见于《战国策·齐策》、《史记·孟荀列传》、《史记·滑稽列传》等。

②权：本指秤锤，衡量轻重。引申为衡量轻重而变通处理，即变通之意。

［译文］

淳于髡问道：“男女之间不亲手递接东西，这是礼制规定的吗？”

孟子说：“是礼制的规定。”

淳于髡又说：“要是自己的嫂嫂掉进河里，那么，是不是要用手去援救她上岸呢？”

孟子说：“自己的嫂嫂掉进河里而不用手去援救，这是豺狼的行为。男女之间不亲手递接东西，这是礼制的规定；自己的嫂嫂掉进河里，可以直接用手去拉她上岸，这是变通的办法。”

淳于髡说：“现在天下百姓像掉进了深渊，你却不救助，为什么呢？”

孟子说：“现在天下的人就像掉进了深渊中，得用道去援救；自己的嫂嫂掉进了河里，要用手去拉她。难道您要用手去救援掉进深渊中的天下老百姓吗？”

［原文］

孟子曰：“舜生于诸冯①，迁于负夏，卒于鸣条，东夷之人也；文王生于岐(qí)周②，卒于毕郢(yǐng)③，西夷之人也。地之相去也，千有余里；世之相后也，千有余岁。得志行乎中国，若合符节④，先圣后圣，其揆(kuí)⑤一也。”

[注释]

①诸冯：与下文的负夏、鸣条，皆古地名，具体所在已无法确指，传说都在今山东。

②岐周：岐，即今陕西岐山县东北的岐山。周，国名。

③毕郢：地名，在今陕西咸阳东部。

④符节：古代朝廷用作凭证的信物，用金、玉、竹、铜、木等制作，形状不一，上写文字，剖分为二，双方各执一半，使用时将两半相合以验真假。

⑤揆：尺度，准则。

[译文]

孟子说："舜出生在诸冯，迁居到负夏，死在鸣条，是东方边远地区人。文王出生在岐周，死在毕郢，是西方边远地区人。地域相距一千多里，时代相隔一千多年。当他们得志后在中国实现他们的抱负，简直没有两样，前代的圣人和后代的圣人，他们的准则都是一个样。"

[原文]

子产[1]听郑国之政，以其乘舆(yú)[2]济人于溱洧(zhēn wěi)[3]。孟子曰："惠而不知为政。岁十一月[4]，徒杠[5]成；十二月，舆梁[6]成，民未病涉也。君子平其政，行辟[7]人可也，焉得人人而济之？故为政者，每人而悦之，日亦不足矣。"

[注释]

①子产：姓公孙，名侨，字子产，春秋时郑国的宰相。

②乘舆：指子产乘坐的车子。

③溱洧：两条河水的名称，会合于河南密县。

④十一月：周历十一月为夏历九月，下文十二月为夏历十月。

⑤徒杠：可供人徒步行走的小桥。

⑥舆梁：能通车马的大桥。

⑦辟：辟除，使行人躲避，即开道的意思。

子产

子产，春秋时期郑国（今河南新郑）人，著名的政治家和思想家。他在郑国执政期间，实行了一系列政治改革：承认私田的合法性，向土地私有者征收军赋等。这些政策的实施促进了郑国的社会稳定和生产发展。

[译文]

子产在郑国当政，用他自己乘坐的车子在溱水和洧水那里把行人渡过去。孟子说：“这只是小恩小惠，却并不懂得如何办好政事。要是十一月走人的小桥修成了，十二月走车辆的大桥修成了，老百姓便不会再为渡河的事担忧了。在上面做官的君子如果办好了政事，哪怕是出去时叫行人回避自己也是行得通的，又怎能去一个一个地帮助行人渡河呢？所以办理政事的人要讨得每个人欢心，那时间也是不够用的呢。”

[原文]

孟子告齐宣王曰：“君之视臣如手足，则臣视君如腹心；君之视臣如犬马，则臣视君如国人；君之视臣如土芥（jiè），则臣视君如寇雠（chóu）。”

王曰：“礼，为旧君有服①。何如斯可为服矣？”

曰：“谏行言听，膏泽下于民；有故而去，则君使人导之出疆，又先于其所往；去三年不反，然后收其田里。此之谓三有礼焉。如此，则为之服矣。今也为臣，谏则不行，言则不听，膏泽不下于民；有故而去，则君搏执之，又极②之于其所往；去之日，遂收其田里。此之谓寇雠。寇雠，何服之有？”

[注释]

①为旧君有服：指离职的臣子为原先的君主服孝。

②极：穷困，这里作使动用法，意思是使其处境极端困难。

[译文]

孟子告诉齐宣王说：“君主把臣下看得如同自己的手足，臣下就会把君主看得如同自己的腹心；君主把臣下看得如同狗马，臣下就会把君主看得如同普通国人；君主把臣下看得如同土块草芥一样不值钱，臣下就会把君主看得像仇敌一样。”

宣王问道：“礼制规定：不在职了的臣下还得为旧日的君主穿一定的孝服，在什么情况下才可以为旧日的君主服孝呢？”

孟子说：“如果臣下劝善规过的话他照办了，好的建议他听取了，因而恩惠下达到了老百姓身上；臣下因故必须离国时，君主就派人引导护送他安全出境，又事先打发人到他所要去的地方布置妥善；离国三年之后还没有回来，然后才收回他的采地和房屋。这就叫作三有礼。君主能做到这样，臣下在他死了后就会为他服孝。现在做臣下的人，劝善规过的话不被接受，正确的建议不被采纳，因而恩惠也不能达到老百姓身上；臣下因故离国时，君主就派人逮捕他的家人亲属，又故意在他所要去的地方制造种种困难，置他于死地；刚一离开，便没收他的采地和房屋。这便叫作仇敌。既然是仇敌，还服什么孝呢？”

万 章

［题解］

万章是孟子比较欣赏的弟子之一，曾与公孙丑等人共同编订《孟子》一书。本文所选内容为孟子与万章师生二人的问答，内容涉及礼、义、天命等问题。孟子的天命观为后来的“天人合一”学说的形成奠定了基础。孟子认为，圣人行仁政，必定感动上天，因此得天下就是受命于天。

［原文］

万章曰：“尧以天下与舜，有诸？”

孟子曰：“否。天子不能以天下与人。”

“然则舜有天下也，孰与之？”

曰：“天与之。”

“天与之者，谆谆(zhūn)①然命之乎？”

曰：“否。天不言，以行与事示之而已矣。”

曰：“以行与事示之者，如之何？”

曰：“天子能荐人于天，不能使天与之天下；诸侯能荐人于天子，不能使天子与之诸侯；大夫能荐人于诸侯，不能使诸侯与之大夫。昔者尧荐舜于天而天受之；暴②之于民而民受之。故曰：天不言，以行与事示之而已矣。”

曰：“敢问荐之于天而天受之；暴之于民而民受之，如何？”

曰：“使之主祭，而百神享之，是天受之；使之主事而事治，百姓安之，是民受之也。天与之，人与之，故曰：天子不能以天下与人。舜相尧二十有八载，非人之所能为也，天也。尧崩，三年之丧毕，舜避尧之子于南河③之南，天下诸侯朝觐(jìn)者，不之尧

之子而之舜；讼(sòng)狱者，不之尧之子而之舜；讴(ōu)歌者，不讴歌尧之子而讴歌舜，故曰天也。夫然后之中国[④]，践天子位焉。而[⑤]居尧之宫，逼尧之子，是篡(cuàn)也，非天与也。《泰誓》[⑥]曰，‘天视自我民视，天听自我民听。’此之谓也。”

[注释]

①谆谆：反复叮咛。

②暴：显露，公开。

③南河：即漯河，舜避居处，在今山东濮县东二十五里，因在尧都濮州的南面，故称南河。

④中国：这里指帝都。

⑤而：如。

⑥《泰誓》:《尚书》篇名。下引两句是《泰誓》逸文。

[译文]

万章问：“尧将天下给舜，有这样的事吗？”

任贤图治

帝尧在位时，任用贤臣。他任用羲仲、羲叔、和仲、和叔四人负责掌管农事季节时令。同时他又访问四岳之官，于是四岳举荐舜为尧的继承人。

孟子说：“不。天子不能将天下送给别人。”

万章说：“那么，舜获得天下，是谁给他的呢？”

孟子说：“天给他的。”

万章紧接着问：“所谓天给他，是不是上天恳切地叫他接受天下呢？”

孟子说：“不。天不会说话，只不过是用行为和事实表示它的意旨罢了。”

万章说：“用行为或事实来表示它的意旨，怎么样呢？”

孟子说：“天子能够将人才推荐给天，却不能叫天送给他天下；诸侯能够将人才推荐给天子，却不能叫天子让他做诸侯；大夫能够将人才推荐给诸侯，却不能叫诸侯让他做大夫。从前，尧将舜推荐给天，天接受了；又将他公开向老百姓介绍，老百姓也接受了；所以说，天不会说话，不过是用行为和事实向人们传达它的意旨罢了。”

万章又问：“请问所谓推荐给天，天接受；公开介绍给老百姓，老百姓接受，怎么可以见得是这样呢？”

孟子说：“派他去主持祭祀，一切神灵便都来享用，这就是天接受了；派他去主持政事，政事治理得井井有条，老百姓安居乐业，这就是老百姓接受了。天给他，人给他，所以说，天子不能将天下给予人。舜辅佐尧二十八年，不是人的力量所能办到，这就是天意。尧逝世后，守孝三年后，舜到南河之南去回避尧的儿子，好让他继承帝位，天下的诸侯来见天子的，不到尧的儿子那里去，却到舜那里去；进行诉讼的不到尧的儿子那里去，却到舜那里去；歌功颂德的不歌颂尧的儿子却歌颂舜，所以说，这是天意。这样舜才回到帝都，坐上天子的位子。要是舜住在尧的宫廷里，逼迫尧的儿子让位，这是篡夺，不是天给予的。《泰誓》说过，‘天看事物是通过老百姓的眼睛来看的，天听语言是通过老百姓的耳朵来听的。’说的正是这个意思。”

[原文]

万章曰：“敢问不见诸侯，何义也？”

孟子曰：“在国曰市井之臣，在野曰草莽之臣，皆谓庶人。庶人不传质[①]为臣，不敢见于诸侯，礼也。”

万章曰：“庶人，召之役，则往役；君欲见之，召之，则不往见之，何也？”

曰：“往役，义也；往见，不义也。且君之欲见之也，何为也哉？”

曰：“为其多闻也，为其贤也。”

曰：“为其多闻也，则天子不召师，而况诸侯乎？为其贤也，则吾未闻欲见贤而召之也。缪公亟见于子思，曰：‘古千乘之国以友士，何如？’子思不悦，曰：‘古之人有言曰：事之云乎，岂曰友之云乎？’子思之不悦也，岂不曰：‘以位，则子，君也；我，臣也；何敢与君友也？以德，则子事我者也，奚(xī)可以与我友？’千乘之君求与之友而不可得也，而况可召与？齐景公田，招虞(yú)人以旌(jīng)，不至，将杀之。志士不忘在沟壑(hè)，勇士不忘丧其元。

子思

子思，名孔伋，孔子之孙，战国初期鲁国人，儒家的主要代表之一。据说他曾师事曾参。

孔子

孔子，春秋末期鲁国人，儒家学派的创始人。相传他曾带领弟子周游列国十四年。

孔子奚取焉哉？取非其招不往也。”

[注释]

①传质：求见君主的人，将献给君主的见面礼品交给通报的人，由他传送进去，称为“传质”。

[译文]

万章问道：“请问作为一个士人不愿意去谒见诸侯，这是什么意思呢？”

孟子回答说：“不在职的士人住在都城的叫作市井之臣，住在农村的叫作草莽之臣，统称为庶人。庶人没有传送见面礼成为臣属，不敢谒见诸侯，这是合乎礼的。”

万章继续问：“庶人，国君召他服役，就去服役；国君要见他，召他，却不去见国君，是什么缘故呢？”

孟子答道：“去服役，是应该的；去谒见，是不应该的。而且国君要见他，这是为什么呢？”

万章说：“是因为他见多识广，是因为他德高望重。”

孟子说：“假如因为他见多识广，国君要拜他做老师，那么就算是天子也不便召见老师的，更何况是诸侯呢？如果因为他德高望重，那么我就从没有听说过想和德高望重的贤士会晤却去召见他的。鲁缪公多次去访问子思，问道：‘古代能出兵车千辆的大国之君跟士人交朋友，情况会怎么样呢？’子思心里不高兴，答道：‘古代人的话是说，对于士人，国君应该拜他做老师，难道是说跟他交朋友吗？’子思不高兴的原因，难道不是这样的意思：‘论地位，那么你是君主，我是臣子。臣子岂敢和君主交朋友呢？论品德，那你就该是拜我做老师的人，怎么可以跟我交朋友呢？’千乘的大国之君想跟他交朋友都办不到，更何况要他服从召唤呢？从前齐景公去打猎，拿饰有羽毛的旗子召唤管猎场的小吏，小吏不来见，景公将要杀掉他。一个有志之士正直不苟，不怕尸填沟壑，一个勇敢的人临危不乱，不怕要掉脑袋。这不是孔子当年赞颂这个小吏的话吗？孔子取他哪一点呢？就是取他敢于坚守礼义，不接受不合乎礼仪的召唤。”

告　子

[题解]

告子与孟子都是同时代的学者，他反对孟子的“性善论”，并曾与之辩论，本文节选了二人的谈话内容。告子认为，人性无所谓善恶，现在看来，这种说法似乎更有道理。而孟子将儒家伦理视作人类与生俱来的，并呼吁不要违背天性。

[原文]

告子[1]曰："性犹杞(qǐ)柳[2]也，义犹桮棬(bēi quān)[3]也；以人性为仁义，犹以杞柳为桮棬。"

孟子曰："子能顺杞柳之性而以为桮棬乎？将戕(qiāng)贼杞柳而后以为桮棬也？如将戕贼杞柳而以为桮棬，则亦将戕贼人以为仁义与？率天下之人而祸仁义者，必子之言夫！"

[注释]

①告子：生平不详，大约做过墨子的学生，较孟子年长。

②杞柳：树名，枝条柔韧，可以编制箱筐等器物。

③桮棬：器名。先用枝条编成杯盘之形，再以漆加工制成杯盘。

[译文]

告子说："人性好比是杞柳树，仁义好比是木做的杯盘；使人性具备仁义，就像是把杞柳树做成杯盘，靠的是人为的力量。"

孟子说："你能顺着杞柳树的本性去做成杯盘呢？还是得要残害杞柳树的本性然后才能做成杯盘呢？假如说要残害杞柳树的本性才能做成杯盘，那么你也要残害人的本性才能使它具备仁义吗？带领天下的人共同来祸害仁义的，一定是你这种论调啊！"

[原文]

告子曰："性犹湍(tuān)水[1]也，决诸东方则东流，决诸西方则西流。人性之无分于善、不善也，犹水之无分于东西也。"

孟子曰："水信[2]无分于东西，无分于上下乎？人性之善也，犹水之就[3]下也。人无有不善，水无有不下。今夫水，搏而跃之，可使过颡(sǎng)[4]；激而行之，可使在山。是岂水之性哉？其势则然也。人之可使为不善，其性亦犹是也。"

[注释]

①湍水：急流的水。

②信：确实。

牛

牛在中国文化中象征着吃苦耐劳，被历代文学者所青睐，鲁迅有诗“俯首甘为孺子牛”，又把牛那种甘于奉献的精神表现了出来。

③就：趋向。

④颡：额头。

[译文]

告子说：“人性就像急流的水一样，在东方冲开了个缺口便向东方流去，在西方冲开了缺口便向西方流去。人性没有善和不善，就好像水流本不分东西流向一样。”

孟子说：“水的确本不分东西流向，但是水也不分上下一定的流向吗？人性的向善，便和水爱向低处流一样。人的本性是没有不善良的，水的本性是没有不向下流的。水，拍打它使它溅起，可以使它比人的额头还高，你设法阻挡它，一时也可以使它飞流上山。这难道是水的本性吗？这是形势逼着它如此。人的本性可以使之干坏事，他的本性的变化也和用外力改变水的本性一样。”

[原文]

告子曰：“生之谓性。”

孟子曰：“生之谓性也，犹白之谓白与？”

曰：“然①。”

“白羽之白也，犹白雪之白；白雪之白，犹白玉之白与？”

曰：“然。”

“然则犬之性，犹牛之性，牛之性，犹人之性与？”

[注释]

①然：表肯定的语气。

[译文]

告子说：“天生的禀赋就叫性。”

孟子说：“天生的禀赋就叫性，就像白色的东西就叫白吗？”

告子说：“是。”

“白羽毛的白，和白雪的白一样；白雪的白和白玉的白一样吗？”

告子说：“是。”

“那么狗的本性和牛的本性一样，牛的本性和人的本性一样吗？”

[原文]

告子曰：“食、色，性也。仁，内也，非外也；义，外也，非内也。”

孟子曰：“何以谓仁内义外也？”

曰：“彼长而我长之，非有长于我也；犹彼白而我白之，从其白于外也，故谓之外也。”

曰：“异于白马之白也，无以异于白人之白也。不识长马之长也，无以异于长人之长与？且谓长者义乎？长之者义乎？”

曰：“吾弟则爱之，秦人之弟则不爱也，是以我为悦者也，故谓之内。长楚人之长，亦长吾之长，是以长为悦者也，故谓之外也。”

曰：“耆(shì)[1]秦人之炙(zhì)[2]，无以异于耆吾炙，夫物则亦有然者也，然则耆炙亦有外与？”

[注释]

①耆：同“嗜”。

②炙：烤肉。

[译文]

告子说：“饮食和男女两件事，是人的本性。仁，存在于人本身之内，不是显现在本身之外；义，存在于人本身之外，不是在本身之内。”

孟子说：“凭什么说仁在身内义在身外呢？”

告子答道：“由于他年长所以我将他看作长者加以尊敬，年长在他不在于我；就好像白色的东西之所以我认为它白，这是由于物体外在的白色所决定的，所以说它是外在的东西。”

孟子问道：“白马的白无异于白人的白。那么对老马的尊敬跟对年长者的尊敬是不是一样呢？而且你所说的义，是指长者呢，还是指尊敬长者的心呢？”

告子继续辩解：“对于我自己的弟弟就爱，对于秦人的弟弟就不爱，这就可见爱不爱在于我自己，所以我把仁叫作内在的东西。尊敬楚人的长者，也尊敬我的长者，这可见爱不爱决定于他人的年长，所以我把义叫作外在的东西。”

孟子说：“爱吃秦人的烤肉和爱吃我们自己的烤肉是没有多少区别的，看来各种事物也都有相类似的情况，那么喜爱吃烤肉的心思难道也是存在于身外吗？”

[原文]

孟子曰："鱼，我所欲也；熊掌，亦我所欲也。二者不可得兼，舍鱼而取熊掌者也。生，亦我所欲也；义，亦我所欲也。二者不可得兼，舍生而取义者也。生亦我所欲，所欲有甚于生者，故不为苟得也；死亦我所恶，所恶有甚于死者，故患有所不辟[1]也。如使人之所欲莫甚于生，则凡可以得生者，何不用也？使人之所恶莫甚于死者，则凡可以辟患者，何不为也？由是则生而有不用也，由是则可以辟患而有不为也。是故所欲有甚于生者，所恶有甚于死者，非独贤者有是心也，人皆有之，贤者能勿丧耳。一箪(dān)食，一豆[2]羹(gēng)，得之则生，弗得则死，嘑尔[3]而与之，行道之人弗受；蹴(cù)尔[4]而与之，乞人不屑也。万钟[5]则不辩礼义而受之。万钟于我何加焉？为宫室之美、妻妾之奉、所识穷乏者得[6]我与？乡[7]为身死而不受，今为宫室之美为之；乡为身死而不受，今为妻妾之奉为之；乡为身死而不受，今为所识穷乏者得我而为之：是亦不可以已乎？此之谓失其本心。"

[注释]

①辟：同"避"。

②豆：古代盛羹汤的器具。

③嘑尔：轻蔑地呼喝。

④蹴尔：以脚践踏。

⑤钟：古代量器，六石四斗为一钟。

⑥得：通"德"，这里指以我为德，即感激的意思。

⑦乡：同"向"，向来，从前。

[译文]

孟子说："鱼是我想得到的东西，熊掌也是我想得到的东西。要是两样东西不能同时得到，我就宁愿不要鱼而要熊掌。生命是我所珍爱的，义也是我所珍爱的。要是两者不能同时得到，我就宁愿牺牲生命而取得义。生命也是我所珍爱的，但所珍爱的东西有的超过了生命，所以就不能干苟且偷生的勾当；死也是我所不愿意的，但所厌恶的东西有的超过了死，所以对于有的灾祸不能逃避。假如使人们所珍爱的东西没有超过生命的，那就凡是可以保存生命的手段，哪样不会用上呢？如果使人们所厌恶的东西没有超过死的，那就凡是可以逃避灾祸的事情，哪种不会做呢？通过这样的手段就可以保存生命，可是有的人却不采用；只要这样做就可以逃避祸灾，可是有的人却不愿意干。所以，人们所喜爱的东西有超过生命的，所厌恶的东西有超过死的，不单是贤德的人有这种心，人们都有，不过贤德的人不会丧失它罢了。一小筐饭，一小碗汤，得到它就可以活，得不到它就可能要死，可是吆喝着施舍给别人，哪怕是过路人也不会接受；用脚踢着施舍给别人，那就连乞丐也不屑要。可现在有的人却对万钟的俸禄不问是否合乎礼义便收下它。万钟究竟对于我能增加些什么呢？是为了住宅的豪华、妻妾的侍奉和所熟识的穷朋友对我感恩戴德吗？过去为了不蒙受耻辱宁愿身死也不愿接受，今天却为着要得到妻妾的侍奉而甘心这样做；过去为了不蒙受耻辱宁愿身死也不愿接受，今天却为着要使所熟识的穷朋友对自己感恩戴德而甘心这样做：这些事难道不可以罢手吗？这就叫作迷失了他的本性。”

鱼

鱼与熊掌代表了两种珍贵的东西，二者若不可兼得，在取舍下，孟子宁愿舍弃鱼而要熊掌。在这里，孟子把生命比作鱼，把义比作熊掌，认为义比生命更珍贵就像熊掌比鱼更珍贵一样。

[原文]

孟子曰：“仁，人心也；义，人路也。舍其路而弗由，放其心而不知求，哀哉！人有鸡犬放，则知求之；有放①心，而不知求。学问之道无他，求其放心而已矣。”

[注释]

①放：丢失，失去。

[译文]

孟子说：“仁，是人心的本质；义，是人所必由的大道。舍弃人所必由的大道而不走，丢失了人的善心而不知道去找回，真可悲呀！有些人的鸡狗走失了，便知道要去找回来；可善心丢失了，却不知道去寻找。做学问的秘诀没有别的，只不过是将已丢失的善心找回来而已。”

鸡

鸡狗代表了物质方面的东西，物质方面的东西重要，没有了应当去找寻，但像良心这样精神方面的东西更重要，更不能丢失。

[原文]

任①人有问屋庐子②曰："礼与食孰重？"

曰："礼重。"

"色与礼孰重？"

曰："礼重。"

曰："以礼食，则饥而死；不以礼食，则得食，必以礼乎？亲迎③，则不得妻；不亲迎，则得妻，必亲迎乎？"

屋庐子不能对，明日之邹(zōu)以告孟子。

孟子曰："于答是也何有？不揣其本而齐其末，方寸之木可使高于岑(cén)楼④。金重于羽者，岂谓一钩⑤金与一舆(yú)羽之谓哉？取食之重者与礼之轻者而比之，奚(xī)翅⑥食重？取色之重者，与礼之轻者而比之，奚翅色重！往应之曰：'紾(zhěn)⑦兄之臂而夺之食，则得食；不紾，则不得食，则将紾之乎？逾(yú)东家墙而搂其处子⑧，则得妻；不搂，则不得妻，则将搂之乎？'"

[注释]

①任：春秋时国名，故址在今山东济宁。

②屋庐子：孟子的学生。

③亲迎：古代结婚六礼之一，新郎亲自至女家，迎新娘入室，行交拜合卺之礼。

④岑楼：尖顶高楼。

⑤钩：衣带钩。一钩金即一衣带钩那样一点点金。

⑥翅：通"啻"，只，止，但。

⑦紾：扭转。

⑧处子：处女。

[译文]

有位任国人问屋庐子道："礼和食哪样更重要？"

答道："礼重要。"

这个人又问道："色和礼哪样重要？"

答道："礼重要。"

问道："要是按照礼节去找食物，就得饿死；不按照礼节去找食物，就能得到食物，是不是一定要按照礼节行事呢？要是行亲迎礼，就得不到妻子；不行亲迎礼，就能得到妻子，是不是一定得行亲迎礼呢？"

屋庐子不能回答这个问题，第二天便跑到邹国去把这些问题告诉孟子。

孟子说："对于回答这些问题又有什么难处呢？如果不去度量它们的下面长短是一致，却一味地去比它们上面的高低，那么即使仅是块寸把厚的木板，把它搁在高地方，你便可以使它比尖顶的高楼还要高。我们说金子比羽毛更重，难道是说一个小小金带钩的重量比一大车子羽毛还要重吗？拿关系重大的吃的问题与无足轻重的礼的细枝末节去比较，难道仅是吃的问题重要吗？拿有关男女结合的重要问题与无足轻重的礼的细枝末节去比较，难道仅是男女问题重要吗？你去回答他说：'扭伤哥哥的胳膊夺去他的食物，就可以得到吃的；不扭，就得不到吃的，那你会去扭伤他的胳膊吗？跳过东家的墙去搂抱他家的姑娘，就可以得到老婆；不搂抱，就得不到老婆，那你会去搂抱她吗？'"

尽心

[题解]

《尽心》章句分上下两篇，收录了孟子关于施行仁政、推己及人，以及"义"的含义的解释。孟子认为，统治者勿夺农时，让人民衣食无忧、得享天年就是最大的仁慈。对于"义"的诠释，孟子同样是以传统的儒家学说为立足点，并由此加以变通的发展，使其更适应时代发展的需要。

[原文]

孟子曰："伯夷辟[1]纣(zhòu)，居北海之滨，闻文王作[2]，兴[3]曰：'盍(hé)[4]归乎来，吾闻西伯善养老者。'大公辟纣，居东海之滨，闻文王作，兴曰：'盍归乎来，吾闻西伯善养老者。'天下有善养老，则仁人以为己归矣。五亩之宅，树墙下以桑，匹妇蚕之，则老者足以衣帛矣。五母鸡，二母彘(zhì)，无失其时，老者足以无失肉矣。百亩之田，匹夫耕之，八口之家足以无饥矣。所谓西伯善养老者，制[5]其田

太公姜尚

里[6]，教之树、畜，导其妻子，使养其老。五十非帛不暖，七十非肉不饱。不暖不饱，谓之冻馁(něi)。文王之民无冻馁之老者，此之谓也。”

[注释]

①辟：通“避”，避开，逃避。

②作：兴盛。

③兴：精神振奋的样子。

④盍：为什么不。

⑤制：规定。

⑥里：住宅。

[译文]

孟子说：“伯夷逃避纣王，住在北海边上，听说文王兴盛起来了，便精神振奋地说：‘为什么不归依到那里去呢？我听说西伯是善于奉养老人的人。’太公姜尚逃避纣王，住在东海边上，听说文王兴盛起来了，便精神振奋地说：‘为什么不归依到那里去呢！我听说西伯是善于奉养老人的人。’只要天下有善于奉养老人的人，那么仁人们便把他当作自己的归宿了。五亩大小的住宅，把桑树种在墙脚下，让一个妇女养蚕缫丝，那么老年人就能够穿上丝绵袄了。每户人家养五只母鸡、两头母猪，不要耽误了它们饲养和繁殖的时机，老年人就不会没有肉吃了。百亩田地，一个农夫耕种，八口人的家庭就足够吃饱了。人们所说的西伯善于养老，指的是他按规定分配给百姓土地和住宅，指导他们栽种和畜牧，教导他们的妻子儿女奉养他们家的老人。人到了五十岁，不着丝绵便不能暖身子，到了七十岁，没有肉食便不能饱肚子。身子不暖肚子不饱，便叫作受冻挨饿。所谓文王的老百姓没有受冻挨饿的老人，说的就是这个意思。”

[原文]

孟子曰：“易[1]其田畴(chóu)[2]，薄其税敛，民可使富也。食之以时，用之以礼，财不可胜用也。民非水火不生活，昏暮叩人之门户求水火，无弗与者，至足矣[3]。圣人治天下，使有菽粟(shū sù)如水火。菽粟如水火，而民焉有不仁者乎？”

[注释]

①易：治，耕种。

②田畴：田地。

③矣：这里的用法同“也”。

[译文]

孟子说：“只要整治好耕地，赋税减轻，是可以使百姓富足的。食用要有时节，用钱不超过礼数，财物便用不尽了。百姓没有水和火是活不下去的，要是黑夜敲门向别人讨碗水或要个火，是没有人会不给的，这是因为水火家家都多极了。圣人治理天下，就要使百姓家有粮食像水火那样充足。百姓家的粮食像水火那样充足了，怎么还会有不仁爱的呢？”

[原文]

孟子曰：“孔子登东山①而小鲁，登泰山而小天下，故观于海者难为水，游于圣人之门者难为言。观水有术，必观其澜（lán）。日月有明，容光②必照焉。流水之为物也，不盈科不行；君子之志于道也，不成章③不达。”

[注释]

①东山：即蒙山，在今山东蒙阴南。

②容光：指能够容纳光线的小缝隙。

③成章：《说文》解释：“乐竟为一章。”由此引申，指事物达到一定阶段或有一定规模。

[译文]

孟子说：“孔子登上东山便觉得鲁国小了，登上泰山就觉得天下也小了，所以对于观看过大海的人，就很难再赞叹河水，对于曾到圣人门下游学过的人，就难以再为一般的言谈打动。观看水有观看水的方法，一定得观看它无比壮阔的波澜。太阳和月亮都有耀目的光辉，凡是能容纳光线的小小缝隙都一定能够照到。流水这个东西，不填满地面上坎

泰山

泰山，位于山东中部，与衡山、恒山、华山、嵩山合称五岳，并居五岳之首。

坎洼洼，它是不会前进的；君子有志于追求大道，不达到一定的程度，就不能通达事理。”

[原文]

孟子曰：“春秋无义战。彼善于此，则有之矣。征者，上伐下也，敌国[1]不相征也。”

[注释]

①敌国：指地位相等的国家。“敌”在这里不是“敌对”的意思。

[译文]

孟子说：“春秋那个时代几乎没有合乎义的战争。那一国的君主比这一国的君主好一点，还是有的。征讨这个词，是指上面的天子讨伐下面违反王命的诸侯，地位相等的国家是不得互相征伐的。”

[原文]

孟子曰：“尽信《书》，则不如无《书》。吾于《武成》[1]，取二三策[2]而已矣。仁人无敌于天下，以至仁伐至不仁，而何其血之流杵(chǔ)[3]也？”

[注释]

①《武成》：《尚书》篇名，早已亡佚。现存《武成》篇是后人伪作。东汉王充《论衡·艺增》上说：“夫《武成》之篇，言武王伐纣，血流浮杵，助战者多，故至血流如此。”

②策：竹简。

③杵：舂米或捶衣的木棒。

[译文]

孟子说：“完全相信《书》，就还不如没有《书》。我对于《武成》这篇文章，只不过采用它两三段文字罢了。一个仁德的人在天下是没有敌手的，以周武王这样天下极其仁爱的贤君去讨伐商纣那样最不仁爱的暴君，又怎么会发生血流成河，连舂米的大木棒都给漂走的事呢？”

[原文]

孟子曰：“仁也者，人也。合而言之[1]，道也。”

[注释]

①合而言之：合起来讲。

［译文］

孟子说："'仁'这个字的含义就是'人'。把'仁'和'人'合并起来讲，就是道。"

［原文］

孟子曰："贤者以其昭昭①，使人昭昭；今以其昏昏②，使人昭昭。"

［注释］

①昭昭：明白。

②昏昏：模糊，糊涂。

［译文］

孟子说："贤明的人教人，凭着自己的透彻明了，帮助别人也透彻明了；现在那些教人的人，却凭自己糊里糊涂的头脑，要让别人透彻明了。"

荀　子

作者介绍

荀子，名荀况，字卿，又称孙卿，是战国时期赵国人。他是先秦著名的思想家、政治家，为儒家学派代表人物。他曾经游齐适楚，在列国间宣扬推行自己的儒家思想。

荀子提倡“礼”，重视对人们的行为进行规范和约束，他针对孟子的“性善论”提出了“性恶论”，强调后天的环境和教育对人的影响。《荀子》文笔质朴，比喻鲜明，说理透彻，很多篇章都是先秦说理作品中的佳篇。

劝　学

[题解]

本篇文章系统地阐述了荀况的教育思想。他提出了一个非常重要的观点：人的知识才能不是生而就有的，而是通过在后天的学习中获得的。这篇文章旨在劝勉人们在后天中勤奋学习、不断进步。篇中所论述的学习内容，不仅包括书本知识，还包括其他方面的知识以及修身、养道等。

[原文]

君子①曰：学不可以已②。青，取之于蓝③，而青于蓝；冰，水为之，而寒于水。木直中绳，輮(róu)④以为轮，其曲中规，虽有槁(gǎo)暴⑤，不复挺者，輮使之然也。故木受绳则直，金就砺(lì)则利，君子博学而日参省⑥乎己，则知明而行无过矣。

[注释]

①君子：古时指有道德、有修养的人。

②已：停止、终止的意思。

③蓝：这里指蓼蓝，一年生草本植物，它的叶子经过发酵可以提炼出深蓝色的有机染料，即靛蓝。

④輮：通“煣”，指用微火熏烤木料使它变得弯曲。

⑤有：通“又”。槁：通“熇”，烤。暴：古“曝”字，在太阳底下曝晒的意思。

⑥参：同“三”，这里指多。省：考察，反省。

［译文］

君子说：学习是不能停止的。靛青是从蓼蓝中提取炼制出来的，但是它却比蓼蓝更青；冰是由水变成的，但是它比水更冷。木料笔直得与墨线相吻合，但是把它熏烤可以弯曲，从而做成车轮，它的弯曲度就与圆规画出的圆相吻合，此时，即使木料经受烘烤曝晒，它也不能再伸直了，这是熏烤弯曲使它变成这样的啊。因此，木料经过墨线的测量才能取直，金属做成的刀剑只有在磨刀石上磨过才能变得锋利无比，君子如果能广泛地学习知识而又能每天自我检查和反省，这样就会聪明智慧，而且行为也不会有过错了。

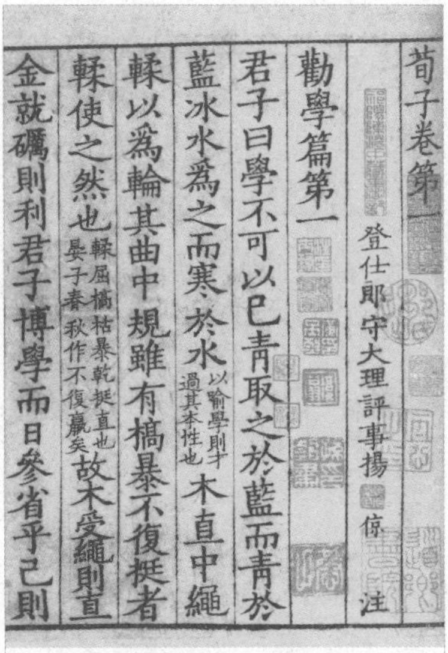
荀子卷第一
登仕郎守大理評事楊倞注
勸學篇第一
君子曰學不可以已青取之於藍而青於
藍冰水爲之而寒於水以喻學則才過其本性也木直中繩
輮以爲輪其曲中規雖有槁暴不復挺者
輮使之然也輮屈槁枯暴乾挺直也晏子春秋作不復贏矣故木受繩則直
金就礪則利君子博學而日參省乎己則

《荀子》书影

《荀子》，大部分为荀子自己的著作，涉及哲学、政治、道德等多方面内容，现存三十二篇。

［原文］

故不登高山，不知天之高也；不临深谿，不知地之厚也；不闻先王之遗言，不知学问之大也。干、越、夷、貉(mò)[1]之子，生而同声，长而异俗，教使之然也。《诗》[2]曰：“嗟尔君子，无恒安息。靖共[3]尔位，好是正直。神之听之，介尔景福[4]。”神莫大于化道，福莫长于无祸。

［注释］

①干：春秋时期的一个小国，在今江苏扬州东北，后被吴国灭掉，成为吴国的一个邑，这里代指吴国。夷：我国古代对居住在东部的民族的泛称。貉：通“貊”，我国古代对居住在东北部的民族的泛称。

②《诗》：这里指《诗·小雅·小明》。

③靖：安宁，祥和。共：通“供”，这里是供职的意思。

④介：佐助。景：大的意思。

［译文］

因此，不登上巍峨的山峰，就不知道天有多高；不亲自到深谷，就不知道地有多厚；没有听到前代贤明的君王遗留下来的言论，就不知道学问有多博大。吴、越两国以及夷、貊两族的孩子，出生时啼哭的声音都一样，长大以后，习俗却不一样了，是教化使他们变成这样的啊。《诗经》说：“你们这些君子啊，不要常常贪图安逸。恭谨地对待你们的本职工作，喜欢正直的行为。神灵知道这一切后，

就会赐给你们莫大的福气。”对于精神修养来说，没有比受到圣贤道德的教化更神圣的了，对于幸福来说，没有比无灾无难更大的幸福了。

［原文］

吾尝终日而思矣，不如须臾之所学也；吾尝跂[①]而望矣，不如登高之博见也。登高而招，臂非加长也，而见者远；顺风而呼，声非加疾也，而闻者彰。假舆(yú)马者，非利足也，而致千里；假舟楫(jí)者，非能水也，而绝江河。君子生[②]非异也，善假于物[③]也。

［注释］

①跂：踮起脚后跟。

②生：通“性”，指人的资质潜能。

③善假于物：善于凭借外物的力量。

［译文］

我曾经整天地思考，却不如片刻学习得到的多；我曾经踮起脚跟向远处眺望，却不如登上高处看得广阔。登上高处向别人招手，手臂并没有增长，远处的人却能看到；顺着风向大声呼喊，声音并没有更加洪亮，但是听的人却听得非常清楚。凭借车马而行的人，并不是擅长行走，却能到达千里之外的地方；使用船只的人，并不是擅长游泳，却能渡过大江大河。君子的本性和一般人并没有什么不同，只不过善于凭借、利用外物来提高自己罢了。

［原文］

南方有鸟焉，名曰蒙鸠[①]。以羽为巢，而编之以发，系之苇(wěi)苕(tiáo)[②]，风至苕折，卵破子死。巢非不完也，所系者然也。西方有木焉，名曰射干[③]，茎长四寸，生于高山之上，而临百仞(rèn)之渊。木茎非能长也，所立者然也。蓬生麻中，不扶而直；白沙在涅，与之俱黑[④]。兰槐[⑤]之根是为芷(zhǐ)，其渐之滫(xiǔ)[⑥]，君子不近，庶人不服。其质非不美也，所渐者然也。故君子居必择乡，游[⑦]必就士，所以防邪僻(pì)[⑧]而近中正也。

［注释］

①蒙鸠：即鹪鹩，俗称巧妇鸟，一种毛色呈褐色，体长约三寸的小鸟，常取茅苇羽毛为巢。

②苕：苇花，可作笤帚。

③射干：又名乌扇，一种多年生草本植物，叶子呈剑形，花为黄褐色，带有红色斑点，果实为蒴果，种子呈黑色，根可入药，有解热、解毒的作用。多生于山崖之间，形似树木，所以荀子称它为“木”，其实是一种草。

④白沙在涅，与之俱黑：《集解》本来没有这句话，根据《尚书·洪范》“时人斯其惟皇之极”《正义》引文补。

⑤兰槐：香草名，又叫白芷。多年生草本植物，开白花，味香，果实呈椭圆形，根部粗大，呈圆锥形，可以入药，有镇痛的作用。古人称其苗为“兰”、其根为“芷”。

⑥渐：浸渍。滫：指臭水。

⑦游：交游。

⑧邪僻：这里指邪恶的人。

白芷

［译文］

南方有一种叫蒙鸠的鸟，它用自己的羽毛垒巢，还用细毛把窝编起来，然后把它系在芦苇的花穗上，风吹来的时候，苇花就会被折断，鸟蛋被打破，小鸟被摔死。鸟窝并不是做得不完善，而是窝所系的地方不好造成这样的后果的。西方有一种叫射干的草，茎有四寸长，生长在高山上，下临百仞的深渊。它的茎并不能长到这么长，而是它所处的位置地势高。蓬草生长在大麻中，不用人去扶持也能长得挺直；雪白的沙子混在黑泥中，就和黑泥一起变成了黑色。兰槐的根就是白芷，如果把它浸在臭水中，君子就不会再靠近它，老百姓也不会再佩带它。它的本质并不是不好，而是浸入臭水里使它变成这样的。所以，君子定居某地时一定要选择好的地方，外出交游时一定要接近有学问的贤人，这是防止自己受到邪恶者的影响并接近于正道的方法。

［原文］

物类之起，必有所始；荣辱之来，必象其德。肉腐出虫，鱼枯生蠹（dù）。怠慢忘身，祸灾乃作。强自取柱[1]，柔自取束。邪秽在身，怨之所构[2]。施薪若一，火就燥也；平地若一，水就湿也。草木畴（chóu）[3]生，禽兽群焉，物各从其类也。是故质的（shǐ）[4]张而弓矢至

焉，林木茂而斧斤⑤至焉，树成阴而众鸟息焉，醯(xī)酸而蜹(ruì)聚焉⑥。故言有招祸也，行有招辱也。君子慎其所立乎！

［注释］

①柱：通“祝”，在这里是折断的意思。《大戴礼记·劝学》记载为“折”。

②构：结成，造成。

③畴：通“俦”，同类。

④质：古代的一种箭靶。的：箭靶的中心，射击的目标。

⑤斤：古代指斧子。

⑥醯：醋。蜹：蚊子。

［译文］

各种事物的产生，一定有它的原因；人的荣辱的降临必定与他的德行相应。肉腐烂了以后就会生蛆，鱼枯死了以后就会生蛀虫。行为懈怠散漫以至于忘记了自身的职责，灾祸就会发生。质地坚硬的东西自己就会导致自身的折断，质地柔软的东西自然就会导致自身被束缚。自己身上如果存在邪恶污秽的东西，就会成为人们憎恨自己的根源。放在地上的柴草看起来好像一样，但是火总是朝着干燥的柴草燃去；平整的地面看起来好像一样，但是水总是朝着低湿的地方流去。草木总是按照类别聚在一起生长，飞禽走兽总是成群生活在一起，万物总是各自依附于自己的同类。因此，箭靶只要一张设，就会有弓箭向这里射来；森林的树木只要一茂盛，就会有斧头来这里砍伐；树木只要一成荫，就会有群鸟来这里栖息了；醋是酸的，才会有蚊虫汇集到这里。因此，言语有时候会招来灾祸，行为有时候会招来侮辱。君子啊，要小心自己的立身行事！

［原文］

积土成山，风雨兴焉；积水成渊，蛟龙生焉；积善成德，而神明自得，圣心备焉。故不积跬(kuǐ)步①，无以至千里；不积小流，无以成江海。骐(qí)骥②一跃，不能十步③；驽马十驾④，功在不舍⑤。锲(qiè)而舍之，朽木不折；锲而不舍，金石可镂(lòu)。螾(yǐn)无爪牙之利、筋骨之强，上食埃土，下饮黄泉，用心一也；蟹六跪而二螯(áo)⑥，非蛇、鳝⑦之穴无可寄托者，用心躁也。是故无冥冥之志者，无昭昭之明；无惛惛之事者⑧，无赫赫之功。行衢(qú)道者不至，事两君者不容。目不能两视而明，耳不能两听而聪。螣(téng)蛇⑨无足而飞，

鼫(shí)鼠五技而穷[10]。《诗》[11]曰："尸鸠在桑，其子七兮。淑人君子，其仪[12]一兮。其仪一兮，心如结[13]兮。"故君子结于一也。

［注释］

①跬步：古时指半步，是人在行走时两脚之间的距离，相当于我们现在所说的一步，而古人称其为半步。

②骐骥：指骏马。

③步：古时指一步，是人在行走时左右脚都向前迈一次的距离，相当于我们现在的两步。

④驾：古时马拉车时，把马套上车叫驾，一般都是早上被套上车，晚上被卸掉，所以这里用"驾"指代马车一天的行程。十驾就是套十次车，指十天的行程。

⑤舍：放弃，舍弃。

⑥跪：指足、脚，有时也特指蟹足。螯：指螃蟹等节肢动物身前的两只钳形大爪。

⑦鳝：同"鳝"，指黄鳝。

⑧惽惽：本意指幽暗不明的样子，这里比喻人做事专心致志、埋头苦干。

⑨螣蛇：古代传说中的一种能在空中飞翔的神蛇。

⑩鼫鼠：鼫鼠能飞，但是不能飞上屋顶；能爬树，但是不能爬到树梢；能游泳，但是渡不过山谷；能挖洞，但是挖出的洞却不能藏身；能奔跑，但是追不上别的动物，所以说它"五技而穷"。穷：处境困难、窘困的意思。

⑪《诗》：这里指《诗·曹风·尸鸠》。

⑫仪：仪表，举止。这里是行动的意思。

⑬结：凝结在一起不散开，这里比喻做事专心一致，意志坚定不移。

螃蟹

［译文］

泥土堆积成高山，风雨就会在这里兴起；流水汇集成深潭，蛟龙就会在那里生长；积累善行养成高尚的德行，人就会具备最高的智慧，从而也就会达到圣人的思想境界。因此，不一步两步地走下去，就

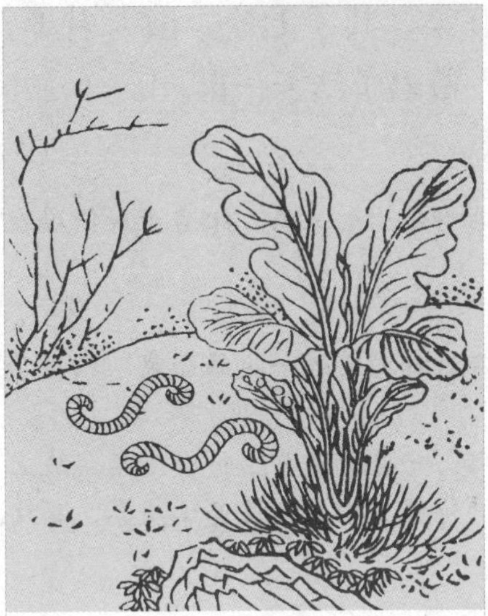
蚯蚓

不能到达千里之外的地方；不汇集细小的溪流，就不能形成大江大河。骏马跳一下，不会超过十步；劣马跑十天也能到达千里之外的地方，它的成功就在于不停下、不放弃。雕刻东西，如果中途就放弃了，把它放在一边，那么，即使是腐烂的木头也不会被折断；如果不停地刻下去，那么，即使是金属和石头也可以被雕成形。蚯蚓既没有锋利的爪牙，也没有强劲的筋骨，但是它上能吃到地上的尘土，下能喝到地下的泉水，这是它用心专一的缘故；螃蟹生有六只脚、两只螯，但是，除了蛇、鳝的洞穴，它不能栖身在别的地方，这是它用心浮躁的缘故。因此，如果没有埋头钻研的志向，就不会有洞察一切的智慧；不能默默专心地工作，就不会取得显著卓越的功绩。在歧路徘徊的人永远都到不了目的地，同时侍奉两个君主的人不能被双方所容忍。眼睛不可能同时把两个东西都看清楚，耳朵不可能同时把两种声音都听明白。螣蛇没有脚却能在空中飞行，鼫鼠怀有五种技能却陷于困窘的处境。《诗经》说："布谷鸟住在桑树上，喂养它的七只雏鸟。那些善人君子啊，行为要专一。行为专一，其意志就会坚定不移。"因此，君子做事时总是把心志集中在一点上。

非　相

［题解］

本篇旨在批判、否定了相面术，并揭开了它虚假的外衣。此外，还论述了道德修养、"法后王"以及有关辩说的问题。荀子的思想带有朴素唯物主义色彩，在强调天命、象数的当时社会里，他的这种反迷信、反宗教思想无疑具有很大的进步性，在我国唯物主义思想史上占有着极高的地位。

［原文］

相人[1]，古之人无有也，学者不道也。

古者有姑布子卿[2]，今之世，梁有唐举[3]，相人之形状、颜色而知其吉凶、妖祥，世俗称之。古之人无有也，学者不道也。

［注释］

①相人：给人看相。一种占卜术，就是根据人的容貌体态来推测他的吉凶祸福贵贱。

②姑布子卿：春秋时郑国大夫，曾经给孔子和赵襄子看过相。

③梁：即魏国。公元前361年，魏惠王迁都大梁（今河南开封），从此魏也称为梁。唐举：战国时相士，曾经给李兑、蔡泽看过相。

［译文］

通过观察人的相貌体态来推测他的祸福，古代的人没有这种占卜术，有学识的人也不探讨这种事。

古时候有个叫姑布子卿的人，现在魏国有个叫唐举的人，他们观察人的容貌、体态、面色就能知道他的吉凶、祸福，世人都称赞他们。古时候的人不懂这种卜术，有学识的人也不探讨这种占卜术。

［原文］

故相形不如论心[1]，论心不如择[2]术。形不胜心，心不胜术[3]。术正[4]而心顺之，则形相虽恶而心术善，无害为君子也；形相虽善而心术恶，无害为小人也。君子之谓吉，小人之谓凶。故长短、小大、善恶形相，非吉凶也。古之人无有也，学者不道也。

［注释］

①故：犹“夫”，发语词。相形：观察人的相貌、体态。论：考察，研究。

②择：区别，辨别，引申为鉴别。

③心不胜术：思想不如礼义之道重要。荀子认为人性本恶，必须经常用礼义之道（术）来改造思想（心）。

④正：正确，这里指合乎礼义。

［译文］

观察人的相貌体态不如研究他的思想，研究他的思想不如鉴别他立身处世的原则。相貌不如思想重要，思想不如立身处世的原则重要。立身处世的原则正确，而且思想又顺应了原则，虽然形体相貌非常丑陋，但是思想和立身处世的原则是好的，不会妨碍他成为君子；虽然，形体相貌非常好看，但是思想与立身处世原则非常丑恶，也不能阻挡他成为小人。对于君子来说是吉，对于小人来说是凶。所以高矮、大小、美丑等形体相貌上的特点，并不是判断吉凶的标准。古代的人没有给人看相的，有学识的人也不探讨这种卜术。

[原文]

盖帝尧长，帝舜短；文王[1]长，周公[2]短；仲尼[3]长，子弓[4]短。昔者卫灵公[5]有臣曰公孙吕，身长七尺，面长三尺，焉[6]广三寸，鼻、目、耳具，而名动天下。楚之孙叔敖[7]，期思[8]之鄙人也，突秃长左，轩较[9]之下，而以楚霸。叶公子高[10]，微小短瘠，行若将不胜其衣。然白公[11]之乱也，令尹子西、司马子期[12]皆死焉，叶公子高人据楚，诛白公，定楚国，如反手尔，仁义功名善于后世。故事[13]不揣长，不揳(xié)[14]大，不权轻重，亦将志乎尔。长短、小大、美恶形相，岂论也哉？

[注释]

①文王：周文王，姓姬，名昌，商朝时周部落的首领，周武王的父亲，在当时以贤明著称。

泽及枯骨

周文王有一次在野外行走，看见死人的枯骨暴露于外，于是命人把枯骨埋掉。天下的人听说了这件事，都认为周文王仁德。

②周公：即周公旦，周文王之子，武王之弟，曾辅佐年幼的周成王，是历史上著名的贤臣。

③仲尼：即孔子。

④子弓：孔子的弟子，姓冉，名雍，字仲弓。

⑤卫灵公：春秋时卫国国君。

⑥焉：通“颜”，额头。

⑦孙叔敖：春秋时楚庄王的令尹（宰相），辅助楚庄王成就霸业。

⑧期思：古代地名，在今河南淮滨东南。

⑨轩：指卿、大夫乘坐的车子。较：车前的横木。

⑩叶公子高：姓沈，名诸梁，字子高，春秋时期楚国大夫，因为其封地在叶（今河南叶县南），楚国大夫都被称为公，所以称其为叶公子高。

⑪白公：名胜，楚平王太子建的儿子，逃难到吴国，后被召回，留在白邑（今河

南息县东北），被称为白公。公元前479年，他发动政变，杀掉子西、子期，劫持了楚惠王，控制了楚国的都城，后来被叶公打败，自缢而死。

⑫令尹：楚国官名，相当于宰相。子西：即公子申，春秋时期楚平王的长庶子、昭王庶兄，楚昭王、惠王时任令尹。司马：楚国官名，掌管军事政务。子期：即公子结，楚平王之子、子西之弟。

⑬事：通“士”。

⑭揳：通“絜”，估量。

孙叔敖

孙叔敖，楚国令尹，以贤能闻名于世。他辅佐楚庄王施教导民，宽缓刑政，发展经济，使楚国逐渐强大。

［译文］

据说尧帝身材高大，舜帝身材矮小；周文王身材高大，周公旦身材矮小；孔子身材高大，冉雍身材矮小。从前，卫灵公有个名叫公孙吕的大臣，身高七尺，脸有三尺长，额头有三寸宽，鼻子、眼睛、耳朵齐全，他的名声震撼天下。楚国的孙叔敖，是期思这个地方的粗野的乡下人，头发稀少且秃顶，左腿偏长，身材矮小，以至于高不过车前的横木，但是他却辅佐楚庄王，使楚国称霸于诸侯。楚国大夫叶公子高，身材矮小瘦弱，走起路来好像连自己的衣服也撑不起来似的。但是在白公胜作乱的时候，令尹子西、司马子期都死在这场战乱中，叶公子高却带领兵士进入楚国都城，杀死白公，使楚国安定了下来，他做这件事就像把手掌翻过来一样容易，他的仁义功名一直被后人所敬仰、赞美。因此，对于士人，不要去测量他的个子的高矮，不要去揣度他的身材的大小，不要去称量他的身体的轻重，而只能看他的志向和修养。高矮、大小、美丑等形体相貌，怎么能用来评判一个人呢？

［原文］

且徐偃（yǎn）王[1]之状，目可瞻焉[2]；仲尼之状，面如蒙倛[3]；周公之状，身如断菑（zī）[4]；皋陶[5]之状，色如削瓜；闳（hóng）夭[6]之状，面无见肤；傅说[7]之状，身如植鳍（qí）[8]；伊尹[9]之状，面无须麋[10]。禹跳，汤偏，尧、舜参牟[11]子。从者将论志意、比类文学邪？直将差长短[12]、辨美恶而相欺傲邪？

［注释］

①徐偃王：西周时徐国君主，据说他抬起眼睛向上能看到自己的额头，

而且不能俯下身体，所以被称为偃王。他以仁义著称，又自称为王，所以周王使楚国灭了徐国。徐，诸侯国名，在今安徽泗县一带。

②焉：《集解》作“马”，后根据世德堂本改为“焉”，通“颜”，额头。

③蒙倛：古时人们祛鬼辟邪时蒙在脸上的一种狰狞丑恶的面具。其中四眼者被称为“方相”，两眼者被称为“倛”。

④菑：通“椔”，指立着的枯树。

⑤皋陶：传说是舜帝时掌管刑法的官员。后助禹有功，被禹选为继承人，因为死得早，没能继位。

⑥闳夭：周文王的臣子。传说他脸上长满了胡须，看不到皮肤。文王被纣囚于羑里时，他曾设法解救文王。

⑦傅说：商王武丁的宰相。

⑧植鳍：身上的皮肤好像鱼鳍，指驼背。

⑨伊尹：商汤的宰相。他辅助汤灭了夏桀。

⑩麋：通“眉”，眉毛。

⑪牟：通“眸”，眼睛。

⑫直将：还是。差：区别，辨别。

［译文］

再说徐偃王的长相，眼睛向上翻起可以看到自己的前额；再说孔子的长相，脸上好像蒙上了一个狰狞丑恶的祛邪辟鬼的面具；而周公旦的样子，好像一棵被折断的枯树；皋陶的相貌，脸色就像削了皮的瓜，呈现青绿色；再看看闳夭的长相，脸上的鬓须非常多，以至于看不见他脸上的皮肤；傅说的样子，是一个驼背；伊尹的相貌，脸上不长胡须和眉毛。禹的腿是瘸的，走起路来一跳一跳的；汤的一半身体瘫痪；尧和舜的眼睛里有两个瞳仁相互重叠。你们是研究他们的思想抱负、比较他们的学问呢？还是只分辨他们的高矮、辨别他们的美丑来欺骗、傲视他人呢？

［原文］

古者，桀(jié)、纣(zhòu)长巨姣美，天下之杰[①]也；筋力越劲[②]，百人之敌也。然而身死国亡，为天下大僇(lù)[③]，后世言恶，则必稽[④]焉。是非容貌之患也，闻见之不众，论议之卑尔！

［注释］

①杰：这里指相貌出众。

②越劲：行为敏捷有力。

③僇：同“戮”，耻辱的意思。

④稽：考察，引证。

［译文］

古时候，夏桀和商纣都是身材高大、长相俊美的人，他们的相貌是天下最超群出众的；他们的体魄敏捷有力，足可以对抗上百人。但是他们身死国亡，成为全天下最可耻的人，后世的人一说到坏人，就一定会拿他们做例子。这并不是由长相身材造成的祸患啊，而是他们的见闻不广，思想言论卑下造成的。

［原文］

今世俗之乱君①，乡曲之儇（xuān）子②，莫不美丽姚冶③，奇衣妇饰，血气态度拟于女子；妇人莫不愿得以为夫，处女莫不愿得以为士④，弃其亲家而欲奔之者，比肩并起。然而中⑤君羞以为臣，中父羞以为子，中兄羞以为弟，中人羞以为友。俄则束乎有司而戮（lù）乎大市，莫不呼天啼哭，苦伤其今而后悔其始。是非容貌之患也，闻见之不众，论议之卑尔。然则从者将孰可也？

［注释］

①乱君：犯上作乱的人。

②儇子：指轻薄巧言的人。儇，轻薄巧慧。

③姚冶：形容人长相妖艳。

④士：这里指未婚夫。

⑤中：指一般的，普通的。

［译文］

当今世上犯上作乱的人，乡间的轻薄巧言少年，没有一个不长得美丽妖艳的，他们穿着怪异的衣服，打扮得像妇女一样，连神情态度都和女人相似；没有一个女人不想找这样的人做丈夫，没有一个未婚的姑娘不想找这样的人做未婚夫，抛弃自己的亲人和家庭而想跟这些人私奔的女人，一个接一个，多得不可胜数。可是一般的君主以有这种臣子为耻，一般的父亲以有这种儿子为耻，一般的哥哥以有这种弟弟为耻，一般的人以有这种朋友为耻。不久以后，这种人就会被官府逮走而且死于大街闹市，他们这些人没有一个不呼天喊地号啕大哭，都为自己有今天这样的下场而感到痛心，都为自己当初的行为感到后悔。这并不是由长相造成的祸患啊，而是他们的见闻不广，思想言论卑下造成的。既然这样，那么你是赞同以相貌论人的观点还是赞同以思想论人的观点呢？

天　论

［题解］

该篇探讨了一系列关于自然的问题，荀子认为“天行有常”，是不以人的意志为转移的；还阐释了人间福祸的产生之源是“人”而并非“天”，因此要“明于天人之分”；同时又提出人类可以“制天命而用之”的辩证思想，在当时具有很强的启发意义。

［原文］

天行有常[1]，不为尧存，不为桀(jié)亡。应之[2]以治[3]则吉，应之以乱则凶。强本而节用，则天不能贫；养备而动时，则天不能病；循道而不忒[4]，则天不能祸。故水旱不能使之饥渴，寒暑不能使之疾，祆怪不能使之凶。本荒而用侈，则天不能使之富；养略而动罕，则天不能使之全；倍道而妄行，则天不能使之吉。故水旱未至而饥，寒暑未薄而疾，祆怪未至而凶。受时与治世同，而殃祸与治世异，不可以怨天，其道[5]然也。故明于天人之分[6]，则可谓至人矣。

［注释］

①行：运行。常：不变、定数。

②应：应用。之：这里指“天行”，即天道。

③治：治世，太平安定之世。

④循道而不忒：这里依据《群书治要》之文而来。道，在这里指的是自然和社会的运行规律。忒，逆行、相悖的意思。

⑤道：指的是施行的方法。

⑥天人之分：自然与社会相区别的地方。两者各自独立，社会中发生的事只能是和人有关，而与天无关。

［译文］

自然界的变化规律是永恒不变的，并不会因为尧而存在，也不会因为桀而灭亡。用适当的措施加以适应就会吉利，相反，用不合适的措施去适应就会招致凶险。加强农业生产同时节约用度，那么天自然不会使他贫穷；衣食充足而让百姓按时令劳作，同时进行适时地活动，那么天自然不会使他困苦；按照规律办事同时又不出差错，那么天自然不会使他遭殃。这样的话，水旱灾害都不能使他挨饿，酷暑严寒都不能让他生病，自然界的异常变化不能使他遭殃。荒废农业同时又奢侈无度，那么天自然不会使他富裕；衣食没有充足的供给同时又懒于劳作，那么天自然不会使他健康地生存下去；背离规律同时又肆意而为，那么天自然不会使他吉利。因此水旱灾害没有来临他就挨饿了，酷暑严寒没有降临他就生病了，自然界异常的变化还没有出现他就遭殃了。遇到的天时与治世相同，遭到的祸殃却与治世相异，这不可以埋怨天，这是人施行了不合理的措施造成的。因此懂得了大自然与人类社会的区分，就能够算得上是一个思想修养很高的人了。

脯林酒池

夏史记载，夏桀打败了有施氏，有施氏向他进献了美女妺喜，夏桀对妺喜特别宠爱，在宫中建造了脯林、酒池以供玩乐。由于夏桀贪图享乐、不思朝政，以致国灭。

［原文］

不为而成，不求而得，夫是之谓天职①。如是者，虽深，其人不加虑焉②；虽大，不加能③焉。虽精，不加察焉；夫是之谓不与天争职。天有其时，地有其财④，人有其治，夫是之谓能参⑤。舍其所以参，而愿其所参⑥，则惑矣！

［注释］

①天职：自然的职能。

②其人：就是上面讲到的“至人”。焉：于之。

③能：这里做动词，尽力参与的意思。

④财：通“材”。

⑤参：并举。

⑥舍其所以参，而愿其所参：放弃了人本身的治理能动性，单单依靠天地的恩赐。

［译文］

不去行动就能获得成功，不去索求就能得到，这可以称其为自然的天职。类似这样的事情，就算是很有意义，思想境界高深的人对它也不会加以思考；就算影响力很大，思想境界高深的人对它也不会加以干预；就算是道理十分的精妙，思想境界高深的人对它也不会加以发掘。这种状态称之为不与自然争职能。天有

时令和季节，地有资源和物产，人能根据条件加以治理，这就叫人与天地参与配合。假使人舍弃了自己与天、地相生的治理能力，而只是一味地寄希望于和自己并列的天、地，就太糊涂了。

［原文］

列星①随旋，日月递炤，四时代御②，阴阳大化③，风雨博施。万物各得其和④以生，各得其⑤养以成。不见其事而见其功，夫是之谓神。皆知其所以⑥成，莫知其无形，夫是之谓天⑦。唯圣人为不求知天⑧。

［注释］

①列星：在天空有固定的位置，同时又会定时出现的星，即通常所说的二十八宿。

②代：更迭、轮换之意。御：控制、掌握之意。这里指的是控制每一季中的节气。

③阴阳大化：古代的思想家大多认为，宇宙中所有的事物都是由阴阳二气间相互作用产生的，这就是所说的大化。“化”即变化生成之意。

④和：和气，是我国古代的哲学概念，它是阴阳二气到达和谐水平后处在稳定位置的基因，这是构成具体事物的最为物质化的东西。

⑤其：在这里指的是“风雨”。

⑥以：通“已”。

⑦天：据上下文，应为“天功”，即自然界的功绩。

⑧不求知天：不强求非要了解天，不去刻意地探究自然生成万物的缘由和过程。荀子认为天道是出于人想象之外的，人是很难参透其中的奥秘的。圣人不去做那些无谓的探索，而探求的重心放在治理社会的道理上。

太极图

太极图中的黑白二色代表阴阳两方，白中黑点表示阳中有阴，黑方白点表示阴中有阳。

［译文］

天空中的繁星互相伴随旋转，太阳和月亮轮流照耀大地，四季接替控制着节气，阴阳二气生成万物，风雨施惠于万物生灵。万物在阴阳和气中不断地产生，得到了风雨的滋养并且不断地成长。万物由阴阳之气转化生成的过程我们难以看到，看到的只有万物形成的成果，这叫作神。人们知道的只是阴阳生成的万物，却对万物生成的过程知之甚少，这叫作天的生成之功。只有圣人才知道只尽人事而不寻求去通晓天。

［原文］

天职既立，天功既成，形具而神生，好恶、喜怒、哀乐臧焉，夫是之谓天情。耳、目、鼻、口、形，能各有接[1]而不相能也，夫是之谓天官。心居中虚，以治五官[2]，夫是之谓天君。财[3]非其类，以养其类，夫是之谓天养。顺其类者谓之福，逆其类者谓之祸，夫是之谓天政。暗其天君[4]，乱其天官，弃其天养，逆其天政，背其天情[5]，以丧天功，夫是之谓大凶。圣人清其天君，正其天官，备其天养，顺其天政，养其天情，以全其天功。如是，则知其所为[6]、知其所不为矣，则天地官[7]而万物役矣，其行曲[8]治，其养曲适，其生不伤，夫是之谓知天。

［注释］

①能各有接：指的是五官不同的感知力，即耳感知声、目感知色、口感知味、鼻感知臭、身感知寒热痛痒。

②心居中虚，以治五官：心统治着人的五种感官。五官，在古代通用的说法中指的是耳、目、口、鼻、身体五种感官。

③财：通“裁”，控制。

④暗其天君：古时人们认为心脏是思维的器官，所以此句指使自己混乱。

⑤乱、弃、逆、背：在这里与暗意义相近，都有搅乱、叛乱之意。

⑥所为：在这里指的是人的所作所为。

⑦官：职守。

⑧曲：周全，兼顾各个方面。

［译文］

自然的能力已经确立，自然的功绩已经显现，人的形体诞生，精神也就随之产生了，喜爱与讨厌、兴奋与压抑、哀伤与快乐都在人的形体和精神里面蕴藏着，这是人天生具有的情感。耳朵、眼睛、鼻子、嘴巴、身体，根据它们的功能来看，它们的感受对象各不相同而且不能互相替代，这些都是天生的感官。心脏位于身体的胸腔内，它的职能是管理这五种感官，这就是天生的主宰者。人能够利用与自己不同类的万物，用它们来供养自己的同类，这种供养是源自于天然的。有能力让自己的同类听从自己的意志叫作福，招致同类的攻击叫作祸，这种政治原则也是源自于天然的。天生的主宰者被弄混乱，天生的感官被扰乱，天然的供养被丢弃，天然的政治原则被违反，天生的情感被背离，天的生成之功也就随之丧失了，这称之为大凶。圣人能够清楚地认识到自己那天生的主宰，有能力运用好自己那天生的感官，尽力完备那些天然的供养，自觉地去顺应天然的政治原则，细心保护那天生的情感，以此来保全天的生成之功。这样的话，才是真正明白了什么事情是自己应该做的，明白了什么事情是自己不应该做的，就能做到利用天地从而操纵万物了，他的行动也就开始变得有条理，他的保养也就能应时地产生，他的生命就能由此保全，这就能称之为了解了天。

［原文］

故大巧在所不为[①]，大智在所不虑[②]。所志[③]于天者，已其见象之可以期者矣[④]；所志于地者，已其见宜之可以息者矣[⑤]；所志于四时者，已其见数[⑥]之可以事者矣；所志于阴阳者，已其见和之可以治者矣。官人[⑦]守天而自为守道[⑧]也。

［注释］

①大巧在所不为：顺应自然规律不蛮干的是最有技巧的。大巧，最能干，技艺最高。

②不虑：不加考虑的意思。

③志：通“识”，明白。

④已：通“以”，根据。见：通“现”，显现。期：预期。

⑤宜：适宜，这里指的是适宜作物生长的条件。息：繁殖、生长之意。

⑥数：季节、时令的更迭变化。

⑦官人：将官职授给某人。

⑧守道：遵守道德之意。

［译文］

因此，最高超的技巧在于顺应自然不蛮干，最高超的智慧在于顺应自然不多想。对上天来说，所要了解的，只是天象中呈现出来的那些可以测定气候变化的天文数据而已；对大地来说，所要了解的，只是大地呈现出的适宜条件中利于种植庄稼的地理资料而已；对四季来说，所要了解的，只是四季呈现出的规律中可以用来安排农业生产的节气而已；对阴阳来说，所要了解的，只是阴阳呈现出的和气中能有利于事物的因素而已。圣人完全可以让其他的人来掌握这些自然现象，让自己专心去研究治理国家的原则。

［原文］

治乱，天邪[①]？曰：日月、星辰[②]、瑞历[③]，是禹、桀（jié）之所同也。禹以治，桀以乱，治乱非天也。时邪？曰：繁启、蕃长于春夏[④]，畜[⑤]积、收藏于秋冬，是又禹、桀之所同也。禹以治，桀以乱，治乱非时也。地邪？曰：得地[⑥]则生，失地则死，是又禹、桀之所同也，禹以治，桀以乱，治乱非地也。《诗》[⑦]曰："天作高山，大王荒[⑧]之；彼作矣，文王康之。"此之谓也。

［注释］

①邪：至于句末，表疑问。

②星辰：两词皆指星。还有将其分开而论的，即星指金、木、水、火、土五大行星，辰则指二十八宿。

③瑞历：历象。古代制造璇、玑、玉衡以象征日月星辰运行，故称瑞历。

④繁启、蕃长：都是生长之意。

⑤畜：通"蓄"，储备。

⑥得地：庄稼有了能够生长的土壤。

⑦《诗》：指《诗·周颂·天作》。

⑧荒：开辟之意。

［译文］

一个社会的治与乱，是上天决定的吗？回答说：太阳、月亮、星辰、历象，这在禹与桀的时代是完全一样的。禹运用他们让天下安定，桀运用他们让天下混乱，这可以看出，社会的安定或是混乱，上天并不是决定性因素。那是季节的原因吗？回答说：庄稼在春夏两季相继发芽，并且茂盛地生长，在秋冬两季收获、储藏，这在禹与桀的时代又是完全相同的。然而，禹使得天下安定，桀使得天下混乱，由此可以看出，社会的安定或混乱，季节并不是决定性因素。那是大地的原因吗？回答说：庄稼拥有了大地就会生长，离开了大地就会死亡，这一道理在禹与桀的时代又是相同的，禹使得天下安定，桀使得天下混乱，

周文王

周文王，姬姓，名昌，商纣时为西伯侯。相传西伯在位五十年，积善行仁，使得政化大行。

由此可知，社会的安定或混乱，大地并不是决定性因素。《诗经》中曾说：“天生高耸的岐山，太王让它得以发展；太王已经建造了这座都城，文王给了它长久的平安。”说的就是这个意思。

[原文]

天不为人之恶寒也辍(chuò)[①]冬，地不为人之恶辽远[②]也辍广，君子不为小人之匈匈[③]也辍行。天有常道矣，地有常数矣，君子有常体[④]矣。君子道其常，而小人计其功[⑤]。《诗》曰：“礼义之不愆[⑥]兮，何恤(xù)人之言兮？”此之谓也。

[注释]

①辍：终止、停止。

②辽远：远大广阔之意。

③匈匈：同“讻讻”，指的是喧哗争论的声音。

④常体：指最普遍一般的状态。体，规律，准则。

⑤计其功：计较功利得失之意。

⑥愆：错误、失误、过失。

[译文]

上苍不会因为人们讨厌寒冷就隐藏冬季，土地不会因为人们讨厌辽远就损失宽广，君子不会因为小人的奚落误解就停止自己前进的脚步。上天的规律是无法改变的，大地的法则是无法改变的，君子的规矩也是无法改变的。君子遵循的是常规，小人看中的是功利。《诗经》中讲道：“礼义上没有犯任何的错误，何必为人们的议论而烦心？”说的就是这个意思。

性　恶

[题解]

本篇是针对孟子的性善论而作，阐明关于人性本恶的社会观。荀子和孟子虽同为儒家代表人物，但是观点并不一致。“性恶论”是荀子思想中最著名的观点，也是他政治思想的出发点。与孔孟一样，荀子也强调教化的作用，他主张通过“化性起伪”，通过后天的学习来改造人的本性。

[原文]

人之性恶，其善者伪[①]也。今人之性，生而有好利焉，顺是，故争夺生而辞让亡焉；生而有疾[②]恶焉，顺是，故残贼生而忠信

亡焉；生而有耳目之欲，有好声色焉，顺是，故淫乱生而礼义文理[3]亡焉。然则从[4]人之性，顺人之情，必出于争夺，合于犯分乱理，而归于暴。故必将有师法之化、礼义之道[5]，然后出于辞让，合于文理，而归于治。用此观之，人之性恶明矣，其善者伪也。

［注释］

①伪：通“为”，人为。

②疾：嫉妒，憎恶。

③文理：礼法。

④从：通“纵”，纵容。

⑤化：教化。道：同“导”，引导。

［译文］

人的本性是邪恶的，那些善良的行为是后天的作为。人的本性一生下来就喜好财利，依从这种本性，因此人们都争抢掠夺，谦让的品德就消失了；一生下来就有妒忌憎恨的心理，依从这种本性，因此就会残杀陷害他人，忠诚守信的品德就消失了；一生下来就有声色的欲望，有喜欢美声、美色的本能，依从这种本性，因此就会产生淫荡混乱，礼义法度就消失了。那么，放纵人的本性，依从人的情欲，就一定导致争抢掠夺，一定出现违犯等级名分、扰乱礼义法度的行为，而最终出现暴乱。因此一定需要师长和法度的教化、礼义的引导，然后人们才会推辞谦让，遵守礼法，而国家最终走向安定太平。那么人的本性是邪恶的道理就很明显了，那些善良的行为是人们后天的作为。

［原文］

故枸(gōu)木必将待檃栝(yǐn kuò)、烝、矫然后直[1]，钝金必将待砻(lóng)、厉然后利[2]。今人之性恶，必将待师法然后正，得礼义然后治。今人无师法，则偏险而不正；无礼义，则悖(bèi)乱而不治。古者圣王以人之性恶，以为偏险而不正、悖乱而不治，是以为之起礼义、制法度，以矫饰[3]人之情性而正之，以扰化[4]人之情性而导之也。使皆出于治、合于道者也。今之人，化师法、积文学[5]、道礼义者为君子；纵性情、安恣睢(suī)[6]而违礼义者为小人。用此观之，然则人之性恶明矣，其善者伪也。

［注释］

①枸：弯曲。檃栝：矫正弯木的工具。烝：同“蒸”，用蒸气加热，这是为了使被矫正的木材柔软以便矫正。

②金：金属器具，指有锋刃的武器或工具。砻：磨。厉：同“砺”，磨刀石，引申为磨。

③饰：通“饬”，整治。

④扰化：教化。

⑤文学：文化典籍知识。

⑥安恣睢：习惯于任意胡作非为。

［译文］

因此弯曲的木料一定要经过檃栝、矫正加热，才能变直；钝的金属器具一定要经过磨砺，然后才能锋利。人的本性邪恶，一定要经过师长和法度的教化后才能端正，用礼义加以引导才能矫正。人们如果没有师长和法度的教化，就会偏邪而不端正；没有礼义的引导，就会悖乱而得不到管理。古代圣明的君王认为人的本性是邪恶的，认为人们是偏邪而不端正的、悖乱而得不到治理的，因此建立了礼义、制定了法度，用它们来矫正整治人们的性情让他们端正，用来教化人们的性情以便引导他们。让他们都能遵守秩序、从而行为合乎道德原则。现在的人，被师长和法度所感化、积累文献经典方面的知识、遵行礼义的人，就是君子；放纵情性、习惯于胡作非为而违背礼义的人，就是小人。由此看来，那么人的本性是邪恶的道理就很明显了，那些善良的行为是人后天的作为。

［原文］

孟子[①]曰：“人之学者，其性善。”曰：是不然。是不及知人之性[②]，而不察乎人之性、伪之分者也。凡性者，天之就也，不可学，不可事[③]。礼义者，圣人之所生也，人之所学而能、所事而成者也。不可学、不可事而在人者，谓之性；可学而能、可事而成之在人者，谓之伪；是性、伪之分也。今人之性，目可以见，耳可以听。夫可以见之明不离目，可以听之聪不离耳。目明而耳聪，不可学明矣。

［注释］

①孟子：继孔子之后的儒家代表人物，名轲。这里的引语，不见于今本《孟子》。《孟子·告子上》说：“人无有不善。”“学问之道无他，求其放心而已矣。”意思与此相似。

②是：这。及：达到，够。

③事：从事，人为。

[译文]

孟子说：“人们之所以能学习，是因为本性是善良的。”我说：这是不对的。这是还不了解人的本性，也不明白人的先天本性和后天人为之间的区别。一般来说，本性是与生俱来的，是学习不来的，不是努力就能得到的。礼义是圣人创建的，是人们能够学习、努力实践做到的。人身上那种不能学习、不能努力就能做到的东西，叫本性；人可以学会、通过努力实践做到的，叫人为；这就是本性和后天人为的区别。人的本性，比如说眼睛可以用来看，耳朵可以用来听。那可以看见东西的视力离不开眼睛，可以听声音的听力离不开耳朵。视力和听力是不可能学到，这是很明显的。

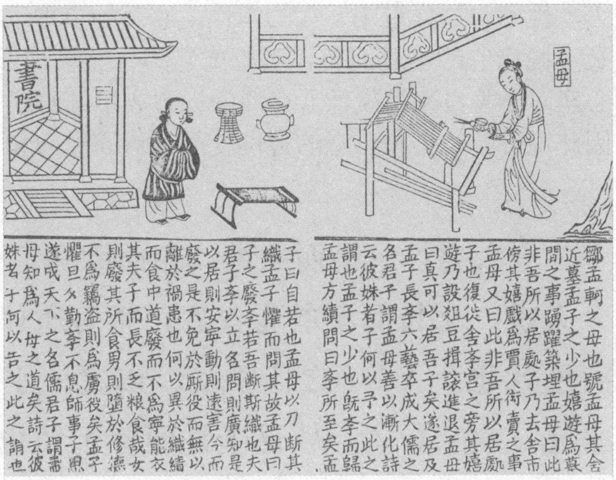

孟 母

传说，孟轲的母亲为了使孟轲能够有好的教育环境，曾三次搬家，最后将家搬到了书院旁，为孟轲长大后学成六艺，获得大儒名望奠定了基础。

[原文]

孟子曰：“今人之性善，将皆失丧其性故也[1]。”曰：若是则过矣。今人之性，生而离其朴、离其资[2]，必失而丧之，用此观之，然则人之性恶明矣。所谓性善者，不离其朴而美之，不离其资而利之也。使[3]夫资朴之于美、心意之于善，若夫可以见之明不离目、可以听之聪不离耳，故曰目明而耳聪也。

[注释]

①将：必、一定。“故”下应有“恶”字。一说上句“性善”当作“性恶”。

②资：资质，指所谓天生的才能、性情。

③使：提示之词。

[译文]

孟子说：“现在人的本性是善良的，一定是他们丧失了本性因此才会作恶的。”我说：这样来解释是错误的。人们的本性，生来就离开它自然的素质，一定会失去本性的，这样看来，人的本性是邪恶的道理很明显。所谓本性是善良的，应该是不脱离它的本真而美，不脱离它的自然属性而好。那天生的资质对于美来说、心意对于善良来说就像看东西的视力离不开眼睛、听声音的听力离不开耳朵一样，因此说资质的美和心意的善良就像眼睛的视力和耳朵的听力一样。

[原文]

今人之性，饥而欲饱，寒而欲暖，劳而欲休，此人之情性也。今人饥，见长而不敢先食者，将有所让也；劳而不敢求息者，将有所代也。夫[①]子之让乎父，弟之让乎兄；子之代乎父，弟之代乎兄。此二行者，皆反于性而悖(bèi)于情也，然而孝子之道、礼义之文理也。故顺情性则不辞让矣，辞让则悖于情性矣。用此观之，然则人之性恶明矣，其善者伪也。

[注释]

①夫：句首发语词。

孔融让梨

孔融，字文举，鲁国（今山东曲阜）人，东汉文学家。相传孔融小的时候就很有德行，懂得谦让，有一次和兄长们一块吃梨，孔融专拣小的，将大梨让给兄长，因此为人们所称道。

[译文]

人的本性，饿就想吃饱，冷就想穿暖，累就想休息，这是人本来的性情。饿了，看见父亲兄长在而不敢先吃，这是因为要谦让；累了，却不敢去休息，这是因为要代长者劳动。儿子要对父亲谦让，弟弟要对哥哥谦让；儿子代替父亲劳作，弟弟代替哥哥劳作。这两种德行，都是违反本性而背离欲望的做法，但却是孝子应该的做法、礼义的规定。因此依从情欲本性就不会有谦让的品行，推辞谦让是违背情欲本性的。由此看来，那么人的本性是邪恶的就很明显了，那些善良的行为是后天人为的。

[原文]

问者曰：“人之性恶，则礼义恶生[①]？”应之曰：凡礼义者，是生于圣人之伪，非故[②]生于人之性也。故陶人埏埴(shān zhí)[③]而为器，然则器生于

陶人之伪，非故生于人之性也。故工人斫(zhuó)[4]木而成器，然则器生于工人之伪，非故生于人之性也。圣人积思虑、习伪故[5]，以生礼义而起法度，然则礼义法度者，是生于圣人之伪，非故生于人之性也。若夫目好色，耳好声，口好味，心好利，骨体肤理好愉佚(yì)[6]，是皆生于人之情性者也，感而自然、不待事而后生之者也。夫感而不能然、必且待事而后然者，谓之生于伪。是性伪之所生、其不同之征[7]也。故圣人化性而起伪[8]，伪起而生礼义，礼义生而制法度。然则礼义法度者，是圣人之所生也。故圣人之所以同于众、其不异于众者，性也；所以异而过众者，伪也。夫好利而欲得者，此人之情性也。假之人有弟兄资财而分者，且顺情性，好利而欲得，若是则兄弟相拂[9]夺矣；且化礼义之文理，若是则让乎国人矣。故顺情性，则弟兄争矣；化礼义，则让乎国人矣。

［注释］

①恶生：怎么产生。

②故：通“固”，本来，原先。

③埏埴：调和黏土。

④斫：砍削。

⑤习伪故：熟悉人为的事理。

⑥骨体肤理：指身体。肤理，皮肤的纹理。佚：同“逸”，安闲。

⑦征：征验、证据、特征。

⑧起伪：倡导人为的努力。起，兴起。

⑨拂：违抗，不顺。

［译文］

有人问：“如果人的本性是邪恶的，那么礼义是怎么产生的呢？”答道：所有的礼义，都是圣人人为创造的，而不是由人的本性生发出来的。制作陶器的人调和黏土而制成陶器，那么陶器是工人人为造成的，而不是原本产生于工人的本性。木工砍削木材做成木器，那么木器是工人人为造成的，而不是原本产生于人的本性。圣人努力思考、熟悉人为的事理，从而制定了礼义、建立了法度，那么礼义法度是圣人人为努力的成果，而不是原先产生于人的本性。至于眼睛喜好美色，耳朵喜好美声，嘴巴喜好美味，内心爱好财利，身体喜欢舒适安逸，这都产生于人的本性，是感受到了就自然生成、不经过人为努力就会产生的。那些感受到了却不能生成、一定要经过努力才能形成的东西，就是产生于人为。这就是先天本性和后天人为所产生的东西以及它们不同的特征。因此，圣人改变了人们邪恶的本性而倡导人为的努力，经过人为的努力后礼义就产生了，礼义产生后就制定了法度。那么礼义法度是圣人创造的。因此圣人和众人相同而跟众人没有什么不同，就是人先天的本性；圣人和众人不同而且又超过了众人，是他们后天的人为努力。爱好财物并且希望得到，这是人的本性。假如弟兄之间有财产要分，并且依从本性，爱好财物并且希望得到，那么兄弟之间也会反目为仇、互相争夺了；如果受到礼义规范的教化，那人们就会相互推让了。因此顺从本性，就会兄弟相争；受礼义教化，人们就会相互推让了。

老子

作者介绍

老子，姓李名耳，又名老聃，春秋时期楚国苦县（今河南鹿邑）人，我国古代伟大的哲学家和思想家，道家学派创始人。相传，老子晚年乘青牛西去，并在出函谷关之前留下了五千言的著作，即《老子》一书，后来被道教徒尊奉为经典，取名《道德经》。

《老子》饱含辩证思想，建立起以“道”为核心的哲学思想体系，主张“清静无为”，是一部优美的哲学诗。

道可道，非常道

[题解]

《老子》第一章即提出了“道”这一概念。“道”是老子哲学的专有名词和核心概念，指的是宇宙间万物存在的本源与实质，任何事物的发展，都以它为原动力。老子指出，“道”是不能用任何语言完美地表述出来的，故曰“道可道，非常道”。

[原文]

道可道①，非常道②。名可名③，非常名。无，名天地之始④；有，名万物之母⑤。故常无欲⑥，以观其妙⑦；常有欲，以观其微⑧。此两者同出而异名⑨，同谓之玄⑩，玄之又玄，众妙之门⑪。

老子出关图

传说老子想要隐居，当他骑着牛到达函谷关时，守关的长官尹喜强迫老子写下《道德经》才放老子出关。这本《道德经》即《老子》这部思想著作。

[注释]

①可道：可以言说。道，老子的核心哲学范畴，是宇宙的本原和最高法则。

②常道：永恒的道。

③可名：与“可道”意思相同。名，指“道”的真相。

④无：老子的重要哲学范畴之一，“道”虚无缥缈，可以理解成“无”，与“有”相对，高于“有”。天地之始：指天地混沌未开之时。

⑤万物之母：万物的本原。《老子》有“天下万物生于有，有生于无”一句。

⑥无欲：指清静无为，无所欲求。

⑦其：代指“道”。妙：微妙、奥妙。

⑧徼：原意指边界，引申为事物的端倪。

⑨此两者：“有”和“无”。同出而异名：同出于“道”，名称却不同。

⑩玄：深奥、幽远、不可测。

⑪众妙之门：指一切事物深奥幽远的本原。

［译文］

“道”这种东西可以表述出来，但表述出来的就不是永恒的“道”。“名”也可以说出来，但说出来的就不是永恒的“名”。我们可以称它为“无”，因为它是天地的本始；也可称它为“有”，因为它是万物产生的根源。因此，从欲望消解的角度，能够揣摩出它的奥妙；从功利性角度，可以探寻它的踪迹。这二者实际上出于同一源头，而名称不同，它们都是很玄秘的。它们玄秘至深，这正是宇宙间一切奥妙的源头。

天下皆知美之为美

［题解］

本章中，老子用万物相生的辩证思想来解释我们所看到的这个世界，并将这一观点推及到人类社会的发展上来。他认为，世间的一切价值取向都是人为设定的，其中必然充斥着不同个体之间互不相同的主观判断。于是老子提出了“处无为之事”，“行不言之教”的观点，这正是老子“清静无为”思想的体现。

［原文］

天下皆知美之为美，斯恶已[1]。皆知善之为善，斯不善[2]已。故有无相生[3]，难易相成，长短相形[4]，高下相倾[5]，音声相和，前后相随，恒也。是以圣人[6]处无为之事，行不言之教[7]；万物作而弗始[8]，生而弗有，为而弗恃，功成而弗居[9]。夫唯弗居，是以不去。

[注释]

①斯：则、就。恶：丑。已：同"矣"。

②不善：恶。

③有无：本章的"有"、"无"仅指具体事物的存在和不存在，不涉及宇宙本体的问题。相生：相对而产生。

④相形：相互体现、相互比较。

⑤倾：也作"盈"，包含、依靠。

⑥圣人：老子思想中最高的理想人物，也指理想化的统治者，主张"无为"、"不争"，其具体人格形态不同于儒家。

⑦不言：不发号施令。教：教化。

⑧作：兴起。始：创始，引申为干预。

⑨居：自居，夸耀。

老子骑牛图

[译文]

如果天下人都知道美之所以为美，那么丑的观念就产生了。都知道善之所以为善，那么恶的观念也就产生了。所以说有和无相互依赖而产生，难和易相互对立而促成，长和短相互比较而存在，高和下相互包含而形成，音和声相互协调，前与后相互依伴，这是永恒不变的客观现象。因此，圣人排除一切人为的努力而从事"无为"的事业，圣人超越一切言语施行"不言"的教化；他任由世间万物振兴却不加以干涉，生养万物而不占为己有，培育万物却不自恃其能，功成名就也不居功自傲。正因为他不居功自傲，所以他的功绩永恒不灭。

不尚贤，使民不争

[题解]

一般来说，财富、权力和地位是人们在整个生命过程中所追求的重要目标，这种欲望为人类的发展提供了强大的内在动力，但同时也引发了社会上争名逐利的混乱局面。老子从源头上分析了欲望带来的祸患，提出了解决方法，即"不尚贤"、"不贵难得之货"。然而，老子虽然看到了争斗的弊端，但"尚贤"和"贵难得之货"绝对不是争斗的根源。

[原文]

不尚贤[1]，使民不争；不贵难得之货，使民不为盗；不见可

欲②，使民心不乱。是以圣人之治：虚其心③，实其腹，弱其志，强其骨。常使民无知④无欲，使夫智者不敢为也。为无为⑤，则无不治。

[注释]

①尚贤：推崇贤能之人。尚，崇尚，推崇。

②见：通“现”，显露，引申为炫耀。可欲：可以引起贪欲的东西。

③虚其心：使其心虚，虚，指清静。

④知：通“智”，心智。

⑤为无为：第一个“为”是以、用的意思，就是以“无为”的方式处事。

[译文]

不标榜奇异的才能，就不会使人民为此而争名夺利；不看重珍稀昂贵之物，就不会使人民去偷盗；不炫耀那些能引起人们贪欲的东西，就不会扰乱人民的内心。因此，圣人治理天下所遵循的原则就是：净化人民的内心，满足百姓基本的温饱需求，削弱人民的欲求，增强人民的体魄。永远使人民不怀有成见、不心生贪欲，使那些聪明的人不敢任意妄为。遵循“无为”的原则，就可以使天下得到最为全面的治理。

天地不仁

[题解]

“天地不仁”和“圣人不仁”这两句话，历来争议颇多，但联系其他章的内容，我们不难看到，“天地不仁”包含了自然界当中万物平等的思想，而“圣人不仁”则反映了人类社会中人人平等的思想。老子认为，从“道”的角度来看，人的生死荣辱没有什么特别之处。同理，在人类社会当中，王侯将相与市井百姓也毫无二致。在此基础上，老子提出了统治者所应该秉承的治世之道，“多言数穷，不如守中”，这也进一步阐明了“无为”之道。

[原文]

天地不仁①，以万物为刍(chú)狗②；圣人不仁③，以百姓为刍狗。天地之间，其犹橐龠(tuó yuè)④乎？虚而不屈，动而愈出。多言数穷⑤，不如守中⑥。

[注释]

①天地不仁：指“道”无所偏私，没有所谓的仁爱之心。

②刍狗：用草扎成的狗，用于祭祀。

③圣人不仁：圣人效法天地之道，顺其自然。

④橐籥：风箱。

⑤多言：政令繁多。数：通“速”。

⑥中：指虚静的状态。

[译文]

天地是无所谓仁慈偏爱的，它对待万物就像对待刍狗一样；圣人也是无所谓仁慈偏爱的，他对待百姓也像对待刍狗一样，任凭百姓自作自息。天地之间，不正像一个大风箱吗？静止的时候，它只是一个空虚的世界，一旦运动起来，就会运转不息，永远不会枯竭。政令过多反而会行不通，不如保持内心的虚静。

风箱

图为一人在拉动风箱。当风箱被拉动时，火就会一直燃烧着。

天长地久

[题解]

本章主要阐述了老子理想中圣人的处世哲学。人们本来都是以自我为中心来对待事物的，每个人都把自己的一切存在看作是合理的，但人们也正是因为自我的狭隘而束缚了身心的自由。而老子却一反常规，提出“后其身”、“外其身”、“无私”的观点。在“无为”思想中，欲取故予才是最高境界。

[原文]

天长地久。天地所以能长且久者，以其不自生①，故能长生。是以圣人后其身而身先，外其身而身存。非以其无私邪？故能成其私。

[注释]

①自生：独求自己的生存。

[译文]

天地是长久存在的。天地能够长久存在的原因是，它们在运行中不去强求自己的生存，因此才能够长久存在。因此，圣人总是把自己的利益放在后面，结果自己反而成了首领；把自己的身体、生死置之度外，反而能够使自己的身家性命得到保护。这不正是由于他不自私吗？所以这样做反而有助于实现他自己的目标。

上善若水

［题解］

在老子看来，崇高的德行应该具有水一样的品格。水自身柔弱至极，甘愿居于低处，且与世无争，但又能滋养世间万物，因此水的本性是最接近“道”的。本章的核心，就是通过“不争”，使自己对自身所处环境泰然处之。

［原文］

上①善若水。水善利万物而不争，处众人之所恶②，故几于道③。居善地④，心善渊⑤，与善仁，言善信，政善治，事善能，动善时。夫唯不争，故无尤。

老子观井

《老子》里说：“上善若水。水善利万物而不争。”老子认为，有道德的上善之人，有像水一样的柔性：滋养万物而不与万物相争，有功于万物而又甘心屈尊于万物之下。

［注释］

①上：最。

②恶：厌恶，指水所处的卑下潮湿之地。

③几于道：接近于道。

④居善地：居住时善于选择处所。善，善于，这几句中的“善”都是此义。

⑤渊：深沉。

［译文］

最接近于善的人就好像水一样。水善于滋润万物从而有利于万物的生长，但它却不与万物相争，总是停留在众人都厌恶的低洼之地，因此也最接近于“道”。至善的人能够像水一样善于选择居所，心胸善于保持幽静并且深不可测，善于以真诚无私的态度与人交往，说话诚实守信，从政善于简化处理，做事善于发挥长处，行动善于抓住时机。正因为他有与世无争的美德，因此才没有过失。

持而盈之

[题解]

“水满则盈，月满将亏”，虽然人们都明白这个道理，但是在实际行动中，往往还是不会放弃对过多的名利的竭力追逐，本章对这一问题进行了阐述。老子认为，事物矛盾的转化都符合自然之“道”的界限，一旦超越了这个界限，事物就会朝它的对立面转化。因此，他要求为人处世应当适可而止，千万不要过度地追求完美。这也是我国传统的中庸思想的反映。

[原文]

持而盈①之，不如其已；揣②而锐之，不可长保。金玉满堂，莫之能守③；富贵而骄，自遗其咎（jiù）。功遂身退，天之道也。

[注释]

①盈：满，引申为自骄自傲。

②揣：锤打。

③莫之能守：即莫能守之，没有人能守持住。

[译文]

个人的所得将要满溢，不如及时停止追求；锤炼金属使其锋芒毕露，锐利的势头难以保持长久。金玉满堂，不会长久守持住；富贵而又骄横的人，自寻灾祸。功成名就之后，自己便归隐离去，这才符合天道。

五色令人目盲

[题解]

本章指出了声色犬马之娱对人的伤害，从而引出老子崇尚“为腹不为目”的自然状态的观点。老子认为，清心寡欲，让人们的感官保持住为维持基本生存而服务的功能就足够了。

[原文]

五色令人目盲①，五音令人耳聋②，五味令人口爽③，驰骋畋（tián）猎令人心发狂，难得之货令人行妨④。是以圣人为腹不为目⑤，故去彼取此。

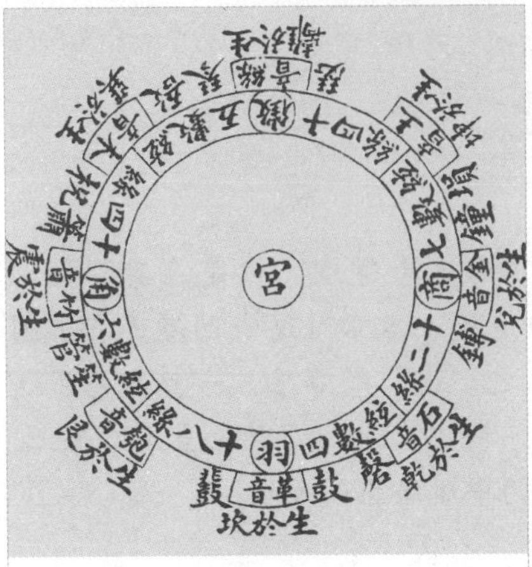

宫商角徵羽

[注释]

①五色：青、黄、赤、白、黑，比喻色彩繁多。目盲：比喻眼花缭乱。

②五音：宫、商、角、徵、羽，比喻声调嘈杂。耳聋：比喻听觉失去灵敏性。

③五味：酸、苦、甘、辛、咸，比喻丰盛的美味。口爽：味觉变迟钝。

④行妨：操行变得败坏。行，行为。妨，妨害。

⑤为腹不为目：只求果腹，不求声色之娱。腹，代指一切基本生存需求。目，代指一切感官享受。

[译文]

缤纷绚丽的五色使人们眼花缭乱，嘈杂纷乱的声调使人听觉不敏感，食物当中浓厚的味道使人的味觉受到伤害，纵情于狩猎使人的内心狂乱，稀有的货品使人行不轨之事。所以，圣人只求维持基本的生存需要，而不沉湎于感官的享乐，因此要有所取舍。

大道废，有仁义

[题解]

本章充分地阐述了老子的辩证思想，他认为，在大道兴盛之时，仁义就存在于人们的内心深处，因此人们反而感觉不到它的存在，也就没有了倡导的必要。在大道荒废之时，人们才会刻意对已经泯灭的仁义大加倡导。老子并不反“仁义”，他正是希望通过撕开人世间仁义的假面具，实现大道之下真正的仁义的回归。

[原文]

大道[1]废，有仁义；智慧出，有大伪；六亲[2]不和，有孝慈；国家昏乱，有忠臣。

[注释]

①大道：老子所提倡的自然之道，也指维持社会秩序的政治制度及法律规章。

②六亲：父、子、兄、弟、夫、妇，泛指亲人。

［译文］

当大“道”被人为废弃了，才出现了所谓的仁义；当智慧出现时，虚伪也就随之而来了；六亲不和的时候，父不慈、子不孝、兄弟不友爱，这时孝悌规范就会显现出来；国家混乱之际，才会有所谓的忠臣出现。

绝圣弃智

［题解］

“圣”和“智”是人们所赞颂的，“巧”和“利”是人们所追求的。正因为如此，才导致了社会上的纷争和混乱，所以老子主张“绝圣弃智”。在他看来，人的本性应该是纯真质朴、淡泊宁静的，而社会文化在丰富人类智慧的同时，也使人类的天性被腐蚀掉了，于是产生了诸如争名逐利、偷盗欺诈的恶习。老子认为，如果抛弃这些文明社会当中的糟粕，使人民重返最初那种无知无欲的自然状态，那么孝慈、善良等品德就会在人类淳朴的人性中得到复苏。

［原文］

绝圣弃智，民利百倍；绝仁弃义，民复孝慈；绝巧弃利，盗贼无有。此三者以为文不足①，故令有所属：见素抱朴②，少私寡欲，绝学无忧③。

［注释］

①文：文饰。不足：不足以治理。

②见素抱朴：保持原有的朴素本色。见，通“现”，表现。

③无忧：免于忧患。

［译文］

抛弃聪明和智巧，人民就会百倍得利；抛弃仁和义，人民都会恢复孝慈；抛弃巧诈和利益，盗贼就会消失。智、义、利这三样东西都是用来文饰的，因此不足以治天下，所以要使人懂得最根本的归属：保持朴实，减少私欲，抛弃圣智礼法之学，从而达到没有忧虑的境界。

孔德之容

［题解］

本章开宗明义地阐述了“道”和“德”之间的关系，认为即使“德”是广大和无所不包的，也不过是受“道”所支配的，“惟道是从”。本章上承“道可道，非常道”一章，下启“独立而不改，周行而不殆，可以为天下母”一章，突出了“道”在大自然中的非凡作用，又指出人世间的“德”是由“道”所生成的。

［原文］

孔德[①]之容，惟道是从[②]。道之为物，惟恍惟惚。惚兮恍兮，其中有象[③]；恍兮惚兮，其中有物。窈(yǎo)兮冥兮，其中有精[④]；其精甚真，其中有信。自今及古，其名不去，以阅众甫[⑤]。吾何以知众甫之状哉？以此。

［注释］

①孔：大，甚。德：“道”的具体表现及其作用。

②惟道是从：惟从道，由道决定。

③象：形象。

④精：精气。

⑤甫：开始。

［译文］

大“德”的形态和运行，是遵循于“道”来变化的。“道”作为一种存在，是恍恍惚惚的。它是那样恍恍惚惚啊，其中却有形象。它是那样恍恍惚惚啊，其中却有物质。它是那样悠远模糊啊，其中却有精气；这精气非常真实，是值得信赖的。从古至今，它的名字一直不曾消亡，根据它才能认识万物的初始状态。我凭借什么知道万物之始的呢？凭借的是“道”。

曲则全

［题解］

“木秀于林，风必摧之”和“塞翁失马，焉知非福”反映了事物都存在着对立统一的两面性。辩证思想是老子思想的精髓之一，本章就反映了老子的辩证思想。老子用曲与全、枉与直、洼与盈、敝与新、少与得以及多与惑来阐述“道”顺其自然的理论和“不争”的主张。

［原文］

曲则全，枉则直，洼(wā)则盈，敝则新，少则得，多则惑。是以圣人抱一为天下式[①]。不自见故明，不自是故彰，不自伐[②]故有功，

不自矜故长。夫唯不争，故天下莫能与之争。古之所谓“曲则全”者，岂虚言哉！诚全而归之。

［注释］

①抱一：持守“道”的原则。式：法式，法则。

②伐：夸耀。

［译文］

委曲反能保全，绕弯反能直达，空洼反能充盈，陈旧反能返新，少取反能多得，贪多反能迷乱。所以，“圣人”持守唯一的“道”作为天下的规范。不自我显示，反能彰明；不自以为是，反能明辨；不自我夸耀，反能有功；不妄自尊大，反能长久。只有不与他人争斗，天下之人才无人能与之争斗。古人所说的“委曲反能保全”这样的话，怎么会是假话呢？确实是一个全面的概括。

勾践三战灭东吴

勾践是春秋末期越国的国君，曾败于吴国。战败后勾践屈服求和，忍辱负重，后发愤图强，终于在公元前473年灭吴。

有物混成

［题解］

老子是世界思想史上较早地阐述天地万物起源的哲学家。本章解释了老子哲学思想的核心概念“道”的含义。老子认为，“道”是天地万物的起源，无声无形，先于天地产生。这种思想在生产力以及科学技术极度落后的两千多年前是非常难得的。“道”是宇宙间的最高规律，由此，老子提出“道法自然”的学说。

［原文］

有物混成，先天地生。寂兮寥（liáo）兮，独立而不改，周行而不殆（dài），可以为天地母①。吾不知其名，强字之曰道，强为之名，曰大②。大曰逝，逝曰远，远曰反③。故道大，天大，地大，人亦大。域中④有四大，而人居其一焉。人法⑤地，地法天，天法道，道法自然。

［注释］

①天地母：天地的本原。

②大：指“道”的无所不包，无所不在。

③反：通“返”，就是返回到初始状态，返璞归真。

④域中：指宇宙间，天地间。

⑤法：效法。

［译文］

有一种浑然一体的东西，在天地形成之前就产生了。它无声无形啊，独立存在而不消亡，循环往复而不停歇，可以称之为天地的本原。我不知道它的名字，勉强称其为“道”，再勉强加个“大”字。大就是运行不止，运行不止就是延伸悠远，延伸悠远就是会回到初始状态。所以，道大，天大，地大，人也大。宇宙间有四大，人就是四大之一。人效法地，地效法天，天效法道，道效法自然。

知其雄，守其雌

［题解］

本章开篇即提出“知其雄，守其雌”，阐述了老子对阴阳的理解，并再次强调“道”的深刻内涵。人生在世，要理解“雄”的含义，但又要使自己处在“雌”的一方，这样做并非表示对“雄”的妥协退让，而是以“无为”来实现“无不为”，通过“守其雌”来达到“雄”的目的。

［原文］

知其雄，守其雌，为天下谿（xī）。为天下谿，常德[①]不离，复归于婴儿。知其白，守其黑，为天下式。为天下式，常德不忒[②]，复归于无极[③]。知其荣，守其辱，为天下谷。为天下谷，常德乃足，复归于朴。朴散则为器[④]，圣人用之，则为官长，故大制不割[⑤]。

［注释］

①常德：永恒的德。

②忒：差错，过失。

③无极：“无”的极限，即万物的原初状态，可以理解为“道”。

④器：器物，代指万物。

⑤大制：符合“道”的制度。不割：不割裂，引申为完整。

[译文]

知道何为阳刚，却安于阴柔的位置，甘愿做天下的山溪。甘愿做天下的山溪，永恒的“德”就不会离他而去，使其回到婴儿一般的质朴中。知道何为明晰，却安于晦暗的位置，甘愿做天下的规范。甘愿做天下的规范，永恒的“德”就不会有差错，使其回归于原初的大道。知道何为尊贵，却安于卑微的位置，甘愿做天下的峡谷。甘愿做天下的峡谷，永恒的“德”就会得到满足，使其返璞归真。淳朴的大道化为世间万物，被有道的圣人所采用，成为天下的管理者，所以符合大道的制度是完整的。

以道佐人主者

[题解]

在本章中，老子提出了他对战争的看法，在开篇即点明主旨：“以道佐人主者，不以兵强天下。”春秋时期，各诸侯国为了争夺天下霸主的地位而互相征战，但是却没有一个诸侯可以永远占据霸主的位置。老子正是敏锐地看到了“穷兵黩武”与“身败名裂”之间的因果联系，才得出了“其事好还”这一精辟论断。老子并不反对战争，而是反对“穷兵黩武”，他认为，只有不得已时才能发动战争。所以，以“道”来辅佐君主的人，是不会凭借武力称雄于天下的。

“道”的自然天性和人性都不赞成打仗，但现实政治中又少不了战争，所以老子以中国传统的中庸之道试图解决这一矛盾。

[原文]

以道佐人主者，不以兵强天下。其事好还①。师之所处，荆棘(jí)生焉。大军之后，必有凶年。善有果②而已，不敢以取强。果而勿矜，果而勿伐，果而勿骄，果而不得已，果而勿强。物壮则老，是谓不道。不道早已③。

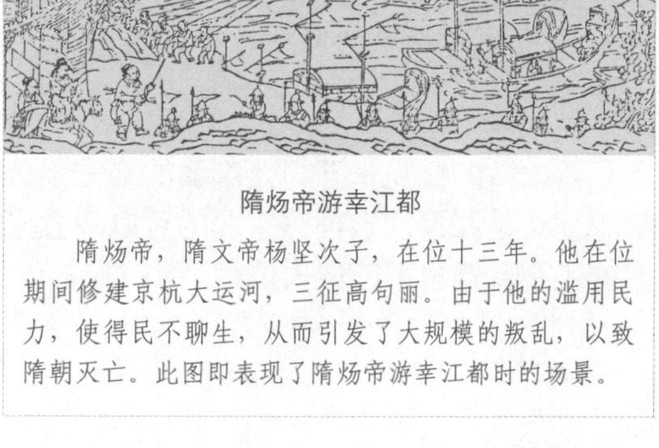

隋炀帝游幸江都

隋炀帝，隋文帝杨坚次子，在位十三年。他在位期间修建京杭大运河，三征高句丽。由于他的滥用民力，使得民不聊生，从而引发了大规模的叛乱，以致隋朝灭亡。此图即表现了隋炀帝游幸江都时的场景。

[注释]

①还：报应。

②善有果：善于带兵之人。果，取得胜利的目的。

③早已：过早地衰亡。已，停止。

[译文]

遵循“道”的原则去辅佐君主的人，不凭借武力在天下逞强。穷兵黩武是必定遭报应的。军队所到之处，民生凋敝。战乱之后，必定是灾荒之年。善于用兵的人只求达到获胜的目的，不敢以武力逞强。达到目的不要妄自尊大，不要自我夸耀，不要骄傲自满，达到目的是出于不得已，达到目的不要逞强。事物强大到极点就会走向衰亡，这就是无道。无道就会灭亡得很早。

将欲歙之

[题解]

无论是做人还是治国，老子都主张“知强守弱”，使自己永远处于一个低调和弱势的位置，这样就能伸缩自如，为自己赢得更大的发展空间。歙和张、弱和强、废和兴、夺和与，这些看似对立的关系，其实又存在着密切相连的因果联系。在失去之前，必定要先拥有，不拥有就谈不上失去。人们常说的“希望越大失望就越大”和“置之死地而后生”，说的就是这个道理，分别从不同的角度解释了希望与失望的关系。

[原文]

将欲歙（xī）[①]之，必固张之[②]；将欲弱之，必固强之；将欲废之，必固兴之；将欲夺之，必固与之。是谓微明[③]。柔弱胜刚强。鱼不可脱于渊，国之利器不可以示人。

[注释]

①歙：收敛。

②必固张之：必定先使它张开。固，同“姑”，暂且。

③微明：微暗的聪明，即深邃的智慧。

[译文]

要收敛的必先张开，要削弱的必先强大，要荒废的必先兴盛，要夺取的必先给予。这是深邃的道理。柔弱的可以战胜刚强的。就像鱼不能离开河流一样，国家的尖端武器也不能向人炫耀。

上德不德

［题解］

在本章中，老子谈到了深为儒家推崇的“仁”、“义”和“礼”，但他对这些道德规范及行为准则的态度与儒家却大相径庭。老子将本章中提到的哲学或伦理道德概念排了次序，“道”当然是处于第一位的，之后依次是“德”、“仁”、“义”和“礼”，其中“德”又有“上德”和“下德”之分。“上德不德”就如同“天地不仁”和“圣人不仁”，因为大道顺其自然，不需要用仁义来人为地修饰。

［原文］

上德①不德，是以有德；下德不失德②，是以无德。上德无为而无以为③，下德无为而有以为。上仁为之而无以为，上义为之而有以为。上礼为之而莫之应，则攘(rǎng)臂而扔之④。故失道而后德，失德而后仁，失仁而后义，失义而后礼。夫礼者，忠信之薄而乱之首。前识者⑤，道之华，而愚之始。是以大丈夫处其厚，不居其薄；处其实，不居其华。故去彼取此。

［注释］

①上德：最高的德，符合“道”的德。

②不失德：形式上不脱离德，刻意表现德。

③无以为：无心作为。

④攘：伸出。扔：用力牵引，引申为强迫。

⑤前识者：有先见之明者。

［译文］

具有上德者不刻意表现德，所以符合“德”；具有下德者刻意表现德，所以不符合“德”。具有上德者顺其自然无为而治，具有下德者刻意有所作为。崇尚仁的人有所

萧曹尊神

西汉初年，汉高祖任萧何为相。萧何为大汉朝制定了一系列律令制度，使得西汉逐渐稳定兴盛。萧何之后，曹参接任丞相，他继续实行萧何留下来的政策，使得西汉王朝进一步强大。

作为，却不是刻意而为，崇尚义的人有所作为，却是刻意而为。崇尚礼的人有所作为却无人响应，于是伸出胳膊强迫他人。所以“道”失去后才有“德”，“德”失去后才有“仁”，“仁”失去后才有“义”，“义”失去后才有“礼”。礼是忠信的欠缺，祸乱的开始。所谓有先见之明的人，只是“道”的浮华部分，是愚昧的开始。所以大丈夫要敦厚处世，不拘泥于浅陋；脚踏实地，不崇尚浮华。所以要去浮华而取敦厚之“道”。

反者道之动

[题解]

“有”和“无”也是老子经常提到的哲学概念。天地万物属于有形的物质，所以理解为“天下万物生于有”，而“道”是恍惚、寂寥的，无声无形的，因为老子认为“道”是世界的本原，所以可以理解为“有生于无”。大道“独立而不改，周行而不殆”，其运行是永恒的，并且与世间万物相互转化，真正的强者常常是居于弱势的。

[原文]

反①者道之动，弱②者道之用。天下万物生于有③，有生于无④。

[注释]

①反：同“返”，循环往复。

②弱：指“道”居弱、处下的本性。

③有：老子重要的哲学概念，指有形物质。

④无：老子重要的哲学概念，“道”虚无缥缈，通常表现为“无”。

[译文]

“道”的运动是循环往复的，它的作用表现为柔弱无力。天下万物产生于有形物质，有形物质又产生于无形的“道”。

道生一

[题解]

本章首先论述了天地万物的生成过程。老子认为天地的本原就在于“道”。由“道”推衍开来，才有了“一”，有了“二”，有了“三”，进而有了“万物”。本章后一部分同样是辩证思想的体现，人性所恶的“孤、寡、不榖”这

些状态，帝王们居然用这些来称呼自己，这也许是现代人精神困境产生的源头，值得引起我们的思考。

［原文］

道生一①，一生二②，二生三③，三生万物。万物负阴而抱阳④，冲气以为和。人之所恶，唯孤⑤、寡⑥、不穀⑦，而王公以为称。故物或损之而益，或益之而损。人之所教，我亦教之。强梁⑧者不得其死，吾将以为教父⑨。

［注释］

①一：唯一，指“道”是独一无二的。

②二：指阴和阳。

③三：阴阳二气相合而产生“和”，下文有“冲气以为和”。也有人认为“三”指天、地、人，或指概数。

④负阴而抱阳：背阴而向阳。

⑤孤：古时君主制父死子继，新君一即位就是孤儿，所以帝王自称“孤”。

⑥寡：寡德之人，是古代帝王常用的谦称。

⑦不穀：不善之人，《尔雅·释诂》：“穀，善也。”“不穀”也是古代帝王的谦称。

⑧强梁：强悍。

⑨教父：教化的根本。父，初始、根本。

［译文］

“道”，先天地而生，独立统一，“道”这个统一体中再生出阴阳二气，这阴阳二气相交而形成更多的事物，由这些事物推衍开来形成世间的万事万物。万物背阴而向阳，就是在这阴阳二气的互相激荡中产成新的和谐统一体。人们最厌恶的就是“孤”“寡”“不穀”这些状态，但统治者却用这些名称来称呼自己。所以这世上的万事万物，有时候减损它反而得到增加，有时候增加它反而有所减少。别人用这样的人生道理教导我，我也用那些话去教导别人。争强好胜的人不能寿终正寝，我将把这作为教人的最基本的道理。

为学日益

［题解］

本章借分析“为学”和“为道”的区别，论述“无为而治”的道理。“为学”就是索求外在的经验知识，老子认为这种知识掌握得越多，私欲妄见也

韦编三绝

孔子曾经非常努力用心地反复读《易经》，以致编连竹简的皮绳断了好多次，孔子也因此掌握了《易经》的精神和实质。

就层出不穷。“为道”是透过直观体悟的方式以把握事物本来的状态或自我内心体悟，它不断地除去人们的私欲妄见，使人日渐返璞归真，最终可以达到“无为”的境界。

［原文］

为学①日益，为道日损。损之又损，以至于无为。无为而无不为。取天下常以无事，及其有事，不足以取天下。

［注释］

①为学：指学习仁义礼法等一般性外在知识。

［译文］

研究一般性质的学问，所学的知识会越来越多；而研究“道”的学问，所学的知识会越来越少。逐渐地减少以后，最后就到了道法自然的“无为”境界。如果能够做到不盲目行动，那么任何事情都可以有所作为。治理天下，最好是用清静无为的方式，这样就可以对万事万物都有所作为了。如果经常采取繁杂的措施治理，那么就不能够拥有天下了。

以正治国

［题解］

“正”就是“道”，可见老子对“道”推崇备至。本章中，老子集中论述他的“无为而治”的政治主张，他通过自己对社会现象的观察和思考描绘出了他的治国蓝图。在老子看来，社会上出现混乱局面的根本原因是统治者过多地运用政治手段干扰了原本应该正常的社会秩序，所以老子提出“以无事取天下”的观点。

［原文］

以正①治国，以奇用兵，以无事取天下。吾何以知其然哉？

以此：天下多忌讳，而民弥贫；人多利器，国家滋昏[2]；人多伎巧，奇物滋起；法令滋彰[3]，盗贼多有。故圣人云："我无为而民自化，我好静而民自正，我无事而民自富，我无欲而民自朴。"

［注释］

①正：就是"道"，老子认为清静无为是治国的正道。

②滋昏：更加昏乱。滋，更加。

③彰：彰显，引申为法律的严明。

［译文］

用清静无为之道治理国家，用出奇制胜的谋略用兵，以不干扰百姓的方法来治理天下。我凭什么认为是这样的呢？就是根据当今的现状：天下的禁令越多，人民就越贫困；民众的锐利武器越多，国家就越混乱；人们的技巧越多，邪恶之事就会层出不穷；法令越繁苛森严，盗贼就越来越多。所以圣人说："我无为而治，民众自然会和谐；我喜欢清静，民众自然会端正；我不无事生非，民众自然会殷实富足；我不贪得无厌，民众自然会淳朴自然。"

治大国，若烹小鲜

［题解］

"治大国，若烹小鲜"是一句流传甚广的极能代表老子政治思想的话。唐玄宗在《御注道德真经》中对这句话加以评述："烹小鲜者不可挠，治大国者不可烦。烦则人劳，挠则鱼烂矣。"我们可以看到，历史上有很多帝王将相信奉这个道理，并且实践了这个道理，但是有的成功了，有的失败了，所以关键还是在于是否能够把握好"无为"和"有为"之间的区别。

［原文］

治大国，若烹小鲜[1]。以道莅天下，其鬼不神；非其鬼不神，其神不伤人；非其神不伤人，圣人亦不伤人。夫两不相伤，故德交归焉。

［注释］

①小鲜：小鱼。

［译文］

治理大国的方法与烹调小鱼的方法是相通的。以"道"治理天下，各种鬼怪就不会作祟了。不是它们不再显灵，而是即使它们显灵也不伤人。不但鬼怪不伤人，有道的圣人也不会去伤人。鬼怪和圣人都不伤人，所以“德”就归于天下的人了。

勇于敢则杀

[题解]

本章老子主张以自然之理来应对人世，为人处世应当顺天道而行之。老子认为，“道”本身就是柔弱的，只有顺应“道”，才能做到不战而屈人之兵，不用语言表述就能做出回应，不必呼吁召唤就会自动出现，内心坦荡不存智谋却能做好安排和谋划。

[原文]

勇于敢[①]则杀，勇于不敢则活。此两者，或利或害。天之所恶，孰知其故？是以圣人犹难之。

天之道，不争而善胜，不言而善应，不召而自来，繟(chǎn)[②]然而善谋。天网恢恢[③]，疏而不失[④]。

孔融

孔融由于与曹操在政治上多有分歧，每多乖忤，故为曹操所杀。

[注释]

①勇于敢：勇于表现刚强的一面。敢，勇敢，刚强。

②繟：舒缓。

③天网恢恢：天网宽大无边。

④疏而不失：稀疏而不遗漏。

[译文]

行事鲁莽、无所顾忌就会招来杀身之祸，而勇于柔弱处世就可以自保。这两种方式，一种有益，一种有害。上天所厌恶的，有谁知道是什么缘故呢？所以有道的圣人也难以阐明其中的道理。

自然的法则是，无须争夺却能够取胜，不用言语却能做好回应，无须召唤自然而来，舒缓却能做好谋划。天网广阔无边，看似宽疏却绝无一丝漏失。

天之道

[题解]

老子在本章中将“天之道”和“人之道”同时列出，并进行了具体的比较。

“天之道”是真正的“道”，是柔顺而公平的自然法则；而“人之道”却完全违背了本应效法的“天之道”，充斥着争斗和不公。可见，所谓的“人之道”并不是真正的“道”，而恰恰与之背道而驰。《庄子 · 箧》中所说的“窃钩者诛，窃国者为诸侯”就是这个道理。

[原文]

天之道，其犹张弓与？高者抑之，下者举之；有余者损之，不足者补之。天之道，损有余而补不足①。人之道则不然，损不足以奉有余②。孰能有余以奉天下？唯有道者。是以圣人为而不恃，功成而不处，其不欲见贤。

[注释]

①损有余：减少多余的。补不足：补充不足的。

②奉有余：奉献给多余的。这里指现实社会中，统治者物质富足，还要剥削贫穷的百姓。

[译文]

自然的规律，难道不是像拉弓射箭一样吗？抬得过高就把它压低一些，压得过低就再把它抬高一些，弦拉得过满就放松一些，用力不足就再加力拉满一些。自然法则是减少过剩的用以补给不足。但人世的情况却并非如此，是减少本已不足的来奉给有余。谁能减少有余用以补给天下的不足呢？只有明于大道的人。因此，有道的圣人虽然有所作为但却不占有，有所成就但却不居功，他不想显示自己的才能。

小国寡民

[题解]

“小国寡民”是老子典型的政治理想，也是他保守思想的具体反映。在战乱频繁的春秋时代，广大民众都生活在水深火热之中，对战争和尔虞我诈的

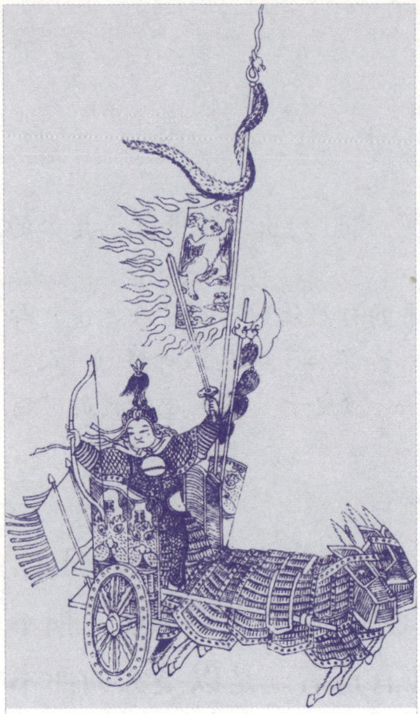

兵士

此图中兵士身着盔甲，手拿兵器，乘着战车，似要出征。老子“小国寡民”的思想反对战争、暴政，希望回归自然。

厌倦自然而然地令他们梦想着回归到宁静致远的生活中去。老子的这一思想反衬了战争、暴政的残酷，但回归原始社会是历史的倒退，因此只是一种幻想，不可能实现的。

［原文］

小国寡民。使有什伯之器[①]而不用，使民重死而不远徙。虽有舟舆(yú)，无所乘之，虽有甲兵，无所陈[②]之。使民复结绳而用之。甘其食，美其服，安其居，乐其俗。邻国相望，鸡犬之声相闻，民至老死，不相往来。

［注释］

①什伯之器：很多器具。什伯，十百，泛指很多。

②陈：排兵布阵，发动战争。

［译文］

国家很小，人民也很少。虽然有很多工具也不必使用，让民众珍视生命，不冒险向远处迁移；虽有船只车辆等交通工具，却都根本无须乘坐；虽然有盔甲和兵器，却都根本没必要使用。使民众回归到结绳记事的远古生活之中。民众都认为自己吃得香甜、穿得漂亮、住得安稳，满足于宁静而平凡的生活。虽然国与国之间相互都望得见，各国的鸡鸣犬吠之声也能相互听见，但人民从生到死从不相互往来。

庄　子

作者介绍

庄子，名周，战国时期宋国蒙（今安徽蒙城）人，我国古代著名的思想家、哲学家、文学家，是道家学派重要代表人物之一。庄子继承和发展了老子的哲学思想，所以后世将他与老子并称为“老庄”，故而道家哲学也称“老庄哲学”。

庄子及其门人著有《庄子》一书，是道家经典之一，今存三十三篇，一般认为，内篇的七篇是庄子本人所作。《庄子》文字俊秀飘逸，充满浪漫主义气息。

逍遥游

[题解]

“逍遥游”反映了庄子追求自由自在的生活，幻想遨游于大自然的精神。本篇通过鲲、鹏、大椿与蜩、学鸠、朝菌的对比，体现庄子的超世主义人生哲学，进而阐述他无名、无功、无己的人生追求。

[原文]

北冥有鱼①，其名为鲲（kūn）②。鲲之大，不知其几千里也。化③而为鸟，其名为鹏④。鹏之背，不知其几千里也。怒⑤而飞，其翼若垂天⑥之云。是鸟也，海运⑦则将徙于南冥。南冥者，天池⑧也。

[注释]

①北冥：北海。冥，通“溟”，浩瀚无边。

②鲲：一种大鱼。

③化：变化。

④鹏：一种大鸟。

⑤怒：奋起，振翅高飞。《广雅》：“怒，勉也，健也。”

⑥垂天：挂在天边。垂，边。

⑦海运：海水的运动、震荡。

⑧天池：通天之池，就是海。海水浩大，上与天接，故言“天池”。

[译文]

北海有一条鱼，它的名字叫“鲲”。鲲的身形巨大，不知道有几千里。鲲变

庄子

化成一只大鸟，它的名字叫“鹏”。鹏的脊背宽阔，不知道有几千里。它振翅而飞，翅膀就像挂在天边的云彩。这只鸟，海水震荡之时就要迁移到南海。南极的大海，是通天的大池。

［原文］

《齐谐》[1]者，志怪[2]者也。《谐》之言曰：“鹏之徙于南冥也，水击三千里[3]，抟(tuán)扶摇而上者九万里[4]，去以六月息[5]者也。”野马[6]也，尘埃也，生物之以息相吹也[7]。天之苍苍，其[8]正色邪？其远而无所至极[9]邪？其视下[10]也，亦若是则已[11]矣。

［注释］

①《齐谐》：齐国记载诙谐怪异之事的书。

②志怪：记载怪异的事情。志，记述。怪，怪异。

③水击三千里：说明鹏起飞时的声势浩大。水击，拍打水面。

④抟：盘旋。扶摇：自下而上所起的暴风。九万里：说明大鹏眼界极远，是真正的逍遥与自在。

⑤去以六月息：大鹏徙南冥，六个月停歇一次。郭象《庄子注》：“大鸟一去，半岁，至天池而息。”

⑥野马：游动的气息，形容气的运动如同野马奔驰一样。

⑦生物：指在空间游动的一切物质。以息相吹：气息相互吹动。息，气息。

⑧其：同“岂”。

⑨极：尽头。

⑩视下：向下看。

⑪则已：而已。

［译文］

《齐谐》是一本记载怪异事情的书。《齐谐》上说：“当大鹏迁往南海时，海水被它的翅膀拍击起三千里的波涛，盘旋而起的暴风直冲九万里的高空，它这一去就要经历六个月的时间才能停歇。”天地间奔驰的游气，弥漫的飞尘，都是由生物的气息相互吹动形成的。天空的湛蓝，难道是它的本色吗？天空的高远难道就没有穷尽吗？大鹏向下看，也不过是这个样子罢了。

[原文]

且夫水之积也不厚①，则其负②大舟也无力。覆杯水于坳堂之上③，则芥(jiè)④为之舟，置杯焉则胶⑤，水浅而舟大也。风之积也不厚，则其负大翼⑥也无力。故九万里，则风斯⑦在下矣，而后乃今培风⑧；背负青天而莫之夭阏(è)⑨者，而后乃今将图南⑩。

[注释]

①且夫：况且，即表示要进一步论述，引起下文。厚：厚重，深厚。“水之积也不厚”与下文“风之积也不厚”主旨相同。

②负：载。

③覆：倾倒。坳堂：也作“堂坳”，堂上的洼陷之处。坳，洼坑。

④芥：小草。

⑤胶：胶着，粘住。这句话的意思是，水浅杯子就不会浮起来，杯底紧贴地面。

⑥大翼：大鹏巨大的翅膀，这里代指大鹏。

⑦斯：乃，就。

⑧而后乃今：即“乃今而后”。而后，然后才。乃今，这时。培风：凭风，乘风。培，通“凭”，凭借。

⑨夭阏：阻碍。

⑩图南：飞向南海。

[译文]

况且，如果水积蓄的深度不够，那么它就没有力量承载大船。倒一杯水在堂前低洼的地上，一根小草就可以当船，放置一个杯子就会粘住不动，这是因为水浅而船大。如果风积蓄的强度不够，那么它就没有力量承载大鹏。大鹏能飞九万里是因为大风在它的下面，然后才乘风而起；背负着青天而没有什么能阻挡它，这时才能飞向南海。

[原文]

蜩(tiáo)与学鸠笑之曰①：“我决②起而飞，抢榆枋(fāng)③，时则不至而控于地而已矣④，奚(xī)以之九万里而南为⑤？”适莽苍(cāng)⑥者，三飡而反⑦，腹犹果然⑧；适百里者，宿舂(chōng)粮⑨；适千里者，三月聚粮。

蝉

之二虫又何知⑩？

[注释]

①蜩：蝉。学鸠：斑鸠。

②决：迅速的样子。

③抢：疾速到达。枋：檀树。此句有的版本也作“枪榆枋而止”。

④时则不至：有的时候达不到。则，或。控：投，落地，落下来。

⑤奚以之九万里而南为：即“奚为以之九万里而南”，表示疑问。奚为，何为，为什么。

⑥适：往，到。莽苍：近郊的景色。

⑦飡：也作“湌”，即餐。反：通“返”。

⑧果然：吃饱的样子。

⑨宿：过夜，指一夜。舂：在臼内捣谷物。

⑩之：这。二虫：指蜩和学鸠。

[译文]

蝉和斑鸠嘲笑大鹏说：“我们猛地飞起来，就可以迅速地越过榆树和檀树，有的时候飞不上去，那就落在地上罢了，为什么偏要飞到九万里的高空再往南海飞呢？”到近郊去，只需带足三餐而当天就可返回，肚子还是饱饱的；到百里远的地方去，要花一夜的时间准备粮米；到千里远的地方去，就要用三个月的时间积攒粮食。这两个小动物又怎么会知道这个道理呢？

[原文]

小知不及大知①，小年不及大年②。奚(xī)③以知其然也？朝菌不知晦朔④，蟪蛄(huì gū)不知春秋⑤，此小年也。楚之南有冥灵者⑥，以五百岁为春，五百岁为秋；上古有大椿(chūn)⑦者，以八千岁为春，八千岁为秋，此大年也。而彭祖乃今以久特闻⑧，众人匹⑨之，不亦悲乎！

[注释]

①知：同“智”。不及，不了解。

②小年：短命。年，寿命。大知和大年，都是指精神绝对自由的境界。

③奚：何，为什么。

④朝菌：也作“朝秀”，一说是朝生暮死的菌类植物，一说是一种寿命短的小虫。晦朔：月终为晦，月旦为朔，指一个月。

⑤蟪蛄：寒蝉，春生夏死，夏生秋死。春秋：指一年。

⑥楚：春秋战国时期的南方大国，在长江流域。冥灵：传说中的一种大树。

⑦大椿：树名。

⑧彭祖：传说人物，名铿，尧之臣，封于彭城，寿八百，以长寿而被称为彭祖。特：独。闻：名声，此处引申为著称。

⑨匹：比。

彭祖

彭祖，一作彭铿，以长寿见称。传说帝尧的时候，他因进献雉羹，尧便把彭城封给他，因此后世称其为彭祖。

[译文]

智慧小的不了解智慧大的，寿命短的不了解寿命长的。怎么知道是这样的呢？朝菌不可能知道一个月的长度，寒蝉不可能知道一年的长度，这就是短寿。楚国的南方有一种叫冥灵的大树，把五百年作为一个春天，五百年作为一个秋天；远古时代有一种大椿树，更是把八千年作为一个春天，八千年作为一个秋天，这是因为它们的寿命太长了。彭祖至今还以长寿著称于世，众人与他相比，不也是很可悲的吗？

[原文]

汤之问棘(jí)也是已①：穷发②之北有冥海者，天池也。有鱼焉，其广数千里，未有知其修③者，其名为鲲(kūn)。有鸟焉，其名为鹏，背若太山④，翼若垂天之云，抟(tuán)扶摇羊角⑤而上者九万里，绝⑥云气，负青天，然后图南，且⑦适南冥也。斥鴳(yàn)⑧笑之曰：“彼且奚(xī)适也？我腾跃而上，不过数仞(rèn)⑨而下，翱(áo)翔蓬蒿之间⑩，此亦飞之至⑪也。而彼且奚适也？”此小大之辩⑫也。

[注释]

①汤：商朝开国君主，又称商汤、成汤。棘：即夏革，商汤的大臣。已：此，这。

②穷发：北极附近的不毛之地。

③修：长。

④太山：即泰山，在今山东省境内。

⑤羊角：风盘旋上行。

⑥绝：穿过。

⑦且：将。

⑧斥鴳：小池泽旁边的燕雀。

⑨仞：周制八尺为一仞，一周尺约为23厘米。

⑩翱翔：展翅飞翔。蓬蒿：野草。

⑪至：最，极点。

⑫辩：同“辨”，区别。

[译文]

商汤询问夏棘时有这样一段话：不毛的荒漠以北有一片茫茫大海，是通天的大池。那里有一条鱼，它的宽度数千里，没有人知道它有多长，它的名字叫“鲲”。有一只鸟，它的名字叫“鹏”，脊背如同泰山，翅膀就像垂在天边的云彩，乘着盘旋的风飞向九万里高空，穿过云层，背负青天，然后向南飞翔，即将达到南海。小池泽边的燕雀嘲笑大鹏说：“它将飞往什么地方呀？我跳跃起来向上飞，不过几丈高就落下来了，在野草丛中飞来飞去，这也就是飞翔的极致了。可是它究竟要飞到什么地方呢？”这就是小和大的区别。

[原文]

故夫知效[1]一官，行比[2]一乡，德合[3]一君，而征[4]一国者，其自视也，亦若此矣。而宋荣子犹然笑之[5]。且举世而誉之而不加劝[6]，举世而非[7]之而不加沮，定乎内外之分[8]，辩乎荣辱之境[9]，斯已矣。彼其于世未数数然也[10]。虽然[11]，犹有未树[12]也。夫列子御风而行[13]，泠（líng）然[14]善也，旬有五日[15]而后反。彼于致福[16]者未数数然也。此虽免乎行[17]，犹有所待[18]者也。若夫乘天地之正[19]，而御六气之辩[20]，以游无穷者，彼且恶[21]乎待哉！故曰：至人无己[22]，神人无功[23]，圣人无名[24]。

[注释]

①知：通“智”。效：功效，引申为胜任。

②行：行为，作为。比：符合。

③德：品德，道德。合：适合，符合。

④而：同“能”，才能，能力。征：征服，使人信服。

⑤宋荣子：即宋钘，齐国稷下学宫的学者，与尹文同属稷下道家学派。犹然：嘲笑的样子。

⑥誉：赞誉。劝：劝勉，努力。

⑦非：责难，非议。

⑧内外之分：内在的自我和外在的事物之间的区别。能做到“举世而誉之不加劝”和“举世而非之而不加沮”，就是达到了“定乎内外之分”的境界。

列子御风

⑨辩：通“辨”，辨别。境：界限。

⑩世：世上的一切事物，就是上文所说的“外”。数数：汲汲，即着急，急迫。

⑪虽然：即使是这样。虽，即使。然，这样，如此。

⑫树：立，建树。

⑬列子：列御寇，郑国人，庄子之前的道家学派代表人物。御风：驾驭风，乘风。

⑭泠然：轻妙的样子。

⑮旬有五日：旬为十天，旬有五日就是十五天。

⑯致福：求福。

⑰免：避免。行：步行。

⑱待：凭借，依靠。“有待”是庄子重要的哲学范畴，指没有完全超脱于外物的状态。

⑲乘：因。天地：指万物。正：本性。

⑳御：驾驭，引申为顺从、顺应。六气：指阴、阳、雨、风、晦、明。辩：同“变”，指变化。

㉑恶：通“何”，什么。

㉒至人：指思想道德达到最高境界的人。无己：忘掉自己。

㉓神人：庄子理想中得道而神妙莫测的人。无功：不追求功绩。

㉔圣人：道德智能高尚的人。无名：不追求名誉。

［译文］

所以，智慧能胜任一官之职的，行为能符合乡里人心的，品德能迎合一国之

君的，能力能够取信于民的，他们自以为了不起，就像渺小的燕雀一样。所以宋荣子嘲笑这种人。全社会都赞美他，可他并不因此更加勤勉；全社会都非议他，可他也并不因此而更加沮丧，这就是划定了内在的自我和外在的事物之间的区别，分清了光荣和耻辱之间的界限，这样就可以了！他对世上的身外之物并不急迫地去追求。即使是这样，他还是不能独立存在。列子能够乘风而走，样子轻妙极了，走了十五天之后返回。他对于求福的事，从来不急迫地追求。这样他虽然可以免去走路带来的劳累，但他还是有所依凭的。如果能因循自然的本性，顺应六气的变化，而遨游于无边无际的境域，他还有什么必须凭借的呢？所以说：至人能够忘掉自己，神人不求功业，圣人不重名誉。

齐物论

［题解］

本篇是庄子相对主义哲学思想的具体体现，其宗旨在于论述万物齐一和是非相对。本篇包含三部分：第一部分，南郭子綦谈“天籁”，论述了“吾丧我”的精神境界，指出百家争鸣都是各持己见的结果，要想停止纷争，就得做到“忘我”；第二部分，主要论述了各种思想纷争都是迷失自我的表现，是主观成见所致；第三部分，用“罔两问景”和“庄周梦胡蝶”两则寓言来阐述“物化”的万物齐一理论。

［原文］

南郭子綦(qí)隐机而坐①，仰天而嘘，荅(tà)焉②似丧其耦。颜成子游③立侍乎前，曰：“何居④乎？形固可使如槁(gǎo)木，而心固可使如死灰乎？今之隐机者，非昔之隐机者也。”

子綦曰：“偃，不亦善乎，而问之也！今者吾丧我⑤，汝知之乎？女闻人籁而未闻地籁⑥；女闻地籁而未闻天籁⑦夫！”

［注释］

①南郭子綦：楚昭王庶弟，楚庄王司马。居住在南郭，故以此作为称号。隐：凭靠。机：案。

②荅焉：形体死寂的样子。故下文问“形固可使如槁木”。丧其耦：即忘其形。

③颜成子游：姓颜成，名偃，字子游，故称颜成子游。

④居：故，缘由。

⑤吾：指今日得道的我。我：指没有忘功、忘名的我。

⑥籁：箫，古代的一种管状乐器，这里泛指从空虚的地方发出的声响。人吹而能成为乐音的竹管叫人籁，风吹而能发出声响的洞穴叫地籁。

⑦天籁：指各物因其各自的自然状态而自鸣。

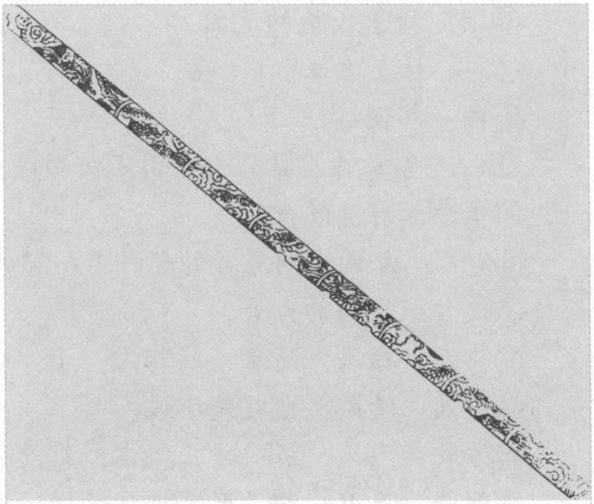

箫

[译文]

南郭子綦靠几静坐，仰面朝天，缓慢吐气，形体木然，仿佛精神脱离了身躯。颜成子游立侍在跟前，问道："怎么这个样子啊？形体岂能使它像枯干的树木，而精神岂能使它像熄灭的灰烬呢？现在靠几而坐的人，不是过去靠几而坐的人了。"

子綦回答说："偃，你问的问题，不也很好吗！如今我是忘掉了我自己，你知道这一点吗？你听到过人籁，却没听到过地籁，你听到过地籁，却没听到过天籁！"

[原文]

子游曰："敢问其方①。"

子綦曰："夫大块噫(qí)气②，其名为风。是唯无作，作则万窍怒呺(háo)③。而独不闻之翏翏乎④？山林之畏佳⑤，大木百围⑥之窍穴，似鼻，似口，似耳，似枅(jī)⑦，似圈⑧，似臼(jiù)⑨，似洼者，似污者；激者，謞(xiào)者⑩，叱者，吸者，叫者，譹者，宎(yǎo)者⑪，咬者⑫。前者唱于而随者唱喁(yú)⑬。泠(líng)风⑭则小和，飘风则大和，厉风济则众窍为虚⑮。而独不见之调调、之刁刁乎⑯？"

[注释]

①方：道理。

②大块：指大地。噫气：本指人呃逆出气，这里说天地吐气，与《逍遥游》篇"以息相吹"意近，是一种形象的说法。

③窍：洞穴。呺：通"号"，吼叫。

④而：你。翏翏：悠长的风声。

⑤畏佳：高大参差的样子。

⑥围：两手合抱的范围。
⑦枅：柱上方木。
⑧圈：杯圈。
⑨臼：舂米的器具，一般用石头制成。
⑩謞者：射箭的声音。
⑪宎者：像风吹到深谷的那种深而沉的声响。
⑫咬者：哀切的声音。
⑬前者：指风。随者：指窍穴。于、喁：表示相应和的声音。
⑭泠风：清风，也就是小风。
⑮厉风：烈风。济：停止。虚：指没有声。
⑯调调、刁刁：都是形容摇动的样子。

［译文］

子游说："请问其中的道理？"

子綦说："大地发出的气，它的名字叫风。这风不发作则已，一发作则上万种不同的孔穴都会怒吼起来。你没有听过长风呼啸的声音吗？山林高大参差不齐的地方，百围大树上的孔穴，有的像鼻孔，有的像嘴，有的像耳朵，有的像柱上的方木，有的像杯圈，有的像舂臼，有的像深大的洼地，有的像浅小的池塘；长风吹这些孔穴所发出的声音，有的像湍急的流水声，有的像箭射出的声音，有的像呵斥声，有的像抽气声，有的像叫喊声，有的像号哭声，有的声音深沉，有的声音哀切，前面的风声唱着，后面的风声随应着。微风则相和的声音小，疾风则相和的声音大，烈风停止了，则所有的孔穴就都空寂无声了，你难道没看见风吹林木枝叶还在摇摇曳曳地摆动着吗？"

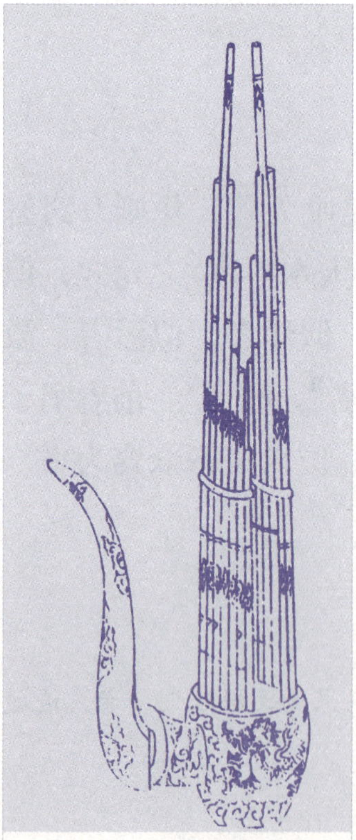
笙

［原文］

子游曰："地籁则众窍是已，人籁则比竹[①]是已。敢问天籁。"

子綦曰："夫吹万不同，而使其自已也，咸其自取，怒[②]者其谁邪！"

［注释］

①比竹：多支竹管并列而成的乐器，如笙、竽之类。比，并。

②怒：发动。

[译文]

子游说："地籁不过是从众多的孔穴中发出来的罢了，人籁不过是从用多种竹管并起来所制作的乐器中发出来的罢了。请问天籁是怎么回事呢？"

子綦说："风吹万窍而声音不同，然而使它们发动或停止的都是它们自己，发动它们的还能是谁呢！"

[原文]

以指喻指之非指，不若以非指喻指之非指也；以马喻马之非马，不若以非马喻马之非马也。

天地一指也，万物一马也。

可乎可，不可乎不可。道行之而成，物谓之而然。恶乎然？然于然。恶乎不然？不然于不然。物固有所然，物固有所可。无物不然，无物不可。故为是举，莛(tíng)与楹(yíng)[1]，厉与西施[2]，恢恑憰怪[3]，道通为一。其分也，成也；其成也，毁也。凡物无成与毁，复通为一。唯达者知通为一，为是不用而寓诸庸[4]；庸也者，用也；用也者，通也；通也者，得也。适得而几矣。因是已。已而不知其然谓之道。

西施

[注释]

①莛：草茎。楹：房柱。

②厉：丑陋的女人。西施：春秋时越国人，以美貌著称，代指美女。

③恢：诙谐。恑：通"诡"，狡猾。憰：通"谲"，欺诈。怪：奇异。

④为是：因此。不用：指不用成或毁的观点去看问题。寓诸庸：托付于循环往复的变化。寓，托付。

[译文]

用手指的概念来说明具体的手指不是手指，不如用不是手指的概念来说明一般的手指不是具体的手指；用马的概念来说明具体的马不是马，不如用不是马的概念来说明一般的马不是具体的马。

其实天地之大就是一手指，万物千差万别不过就是一马。

别人认可的自己也跟着认可，别人不认可的自己也跟着不认可。道路是人走出来的，事物的名称是人叫出来的。怎样才算对的？对的就是自己认为对的。怎样算是不对的？不对的就是自己认为不对的。万物本来各有其存在的依据，万物各有其合理性，没有什么事物是不对的，没有什么事物是不可肯定的。所以为了说明这个道理，可举草茎和大柱子、丑厉和西施的例子，千奇百怪一切情态，从道的观点来看，都是齐一无别的。万物有分必有成，有成必有毁。从根本上说，万物不存在所谓的成与毁，始终是浑然一体的。只有通达的人才知道万物浑然相通的道理，为此他们不用固执常人的成见，而寄托在万物各自的功用上。这就是顺其自然，顺其自然而不知所以然，这就叫作道。

［原文］

劳神明①为一，而不知其同也，谓之朝三。何谓朝三？狙(jū)公赋芧(xù)②，曰："朝三而暮四③。"众狙皆怒。曰："然则朝四而暮三。"众狙皆悦。名实未亏而喜怒为用④，亦因是也。是以圣人和之以是非而休乎天钧⑤，是之谓两行。

［注释］

①神明：精神。

②狙：猕猴。赋：给，分发。芧：橡子。

③朝三而暮四：早上发三个，傍晚发四个。

④名：橡子的数目。实：实际给的橡子。亏：减少。

⑤和：调和。休：本义为人依靠在树下休息，故有无为任之的意思。天钧：自然调和的意思。

［译文］

耗费精神了解万物齐一，却不知道万物本来就是一样的，这可以叫作"朝三"。什么叫"朝三"呢？养猕猴的老人在分给猕猴橡子时说："早晨三个而晚上四个。"所有的猴子都非常愤怒。老人又说："那么就早晨四个而晚上三个吧。"所有的猴子都非常喜悦。其实名义和实际都没有什么亏损，然而却使猴子喜怒不同，这就是顺应猴子的心理作用罢了。所以，圣人调和是非，休息于自然均平之地，物与我各得其所，所以称之为两行。

［原文］

古之人，其知有所至矣①。恶乎至？有以为未始有物者，至

矣，尽矣，不可以加矣。其次，以为有物矣，而未始有封[②]也。其次，以为有封焉，而未始有是非也。是非之彰[③]也，道之所以亏也。道之所以亏，爱之所以成。果且有成与亏乎哉？果且无成与亏乎哉？有成与亏，故昭文之鼓琴也；无成与亏，故昭文之不鼓琴也。昭文之鼓琴也，师旷之枝策也[④]，惠子之据梧也[⑤]，三子之知，几乎皆其盛者也，故载之末年。唯其好之也，以异于彼。其好之也，欲以明之。彼非所明而明之，故以坚白之昧终。而其子又以文之纶[⑥]终，终身无成。若是而可谓成乎，虽我亦成也。若是而不可谓成乎，物与我无成也。是故滑疑之耀[⑦]，圣人之所图[⑧]也。为是不用而寓诸庸，此之谓以明。

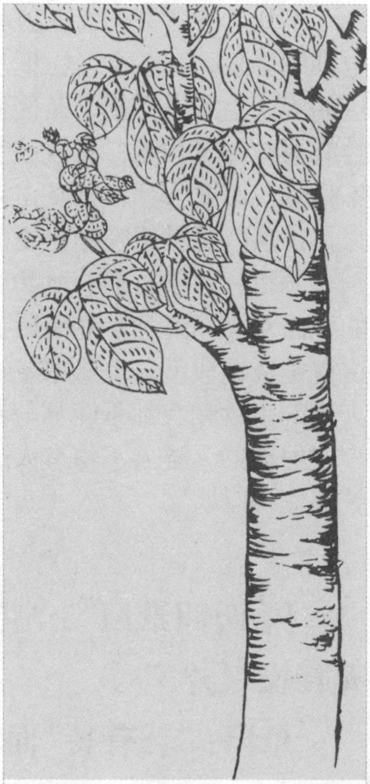

梧桐

[注释]

①知：认识。有所至：达到最高的境界。

②封：界限。

③彰：明。

④师旷：字子野，精通音律，晋平公的乐师。枝策：指举杖敲击乐器。

⑤惠子：惠施。据：依靠。梧：梧桐。

⑥纶：琴弦，指代琴。

⑦滑疑：即能言善辩、能乱是非异同。滑，乱。疑，同“稽”，同的意思。耀：炫耀。

⑧图：革除。

[译文]

古时候的人，他们的认识有最高境界。什么是最高境界？他们认为宇宙未曾形成万物的初始时刻，认识是最高的，尽美尽善的，再不能增加什么认识了。其次，则认为宇宙开始有了万物时，万物之间是没有分别界限的。再次，认为有了分别的界限，但未曾有是非之别。是非观念明显了，道的观念也就因此而亏损了。道的观念之所以亏损，是因偏私观念的形成。果真有所谓成就和亏损，还是果真没有成就和亏损呢？有成就和亏损，犹如昭文的琴；没有成就和亏损，犹如昭文不弹琴。昭文弹琴，师旷击乐，惠施依靠着梧桐树，这三位先生的才智接近最高峰了，所以载誉于晚年。正因为他们各有所好，而异于别人。他们各以所好去让别人领悟。用不是别人所非了解不可的东西而硬让别人去了解，因此以“坚白论”的糊涂观念而终身。然而昭文的儿子继续昭文的事业，而终生无所成就。如果说这就是所谓成就，那么像我这样也算有成就了。如果说这不可以称为成就，那么天下的事物和我都不能算是有成就。所以，那些迷乱世人的炫耀的言论，圣人是一定摒弃的。圣人不将个人的一己之见向人夸耀，而寄托于事物自身的功用，这就叫作“以明”。

[原文]

罔(wǎng)两问景曰①：“曩(nǎng)②子行，今子止；曩子坐，今子起；何其无特操③与？”

景曰：“吾有待④而然者邪！吾所待又有待而然者邪！吾待蛇蚹⑤、蜩(tiáo)翼邪！恶识所以然！恶识所以不然？”

[注释]

①罔两：影外之微阴。景：古“影”字。

②曩：从前。

③无特操：指影子随物而动，缺乏独立性。

④有待：有所依赖。

⑤蛇蚹：蛇腹下的横鳞。

庄周梦蝶

[译文]

罔两问影子说：“过去你行走，现在你又停下；过去你坐着，现在你又站起来；为什么你没有独立的意志呢？”

影子回答说：“我是有所依赖才这样的呀！我所依赖的东西又有所依赖才这样的呀！我就像蛇依赖腹下的横鳞爬行和蝉依赖翅膀飞动一样！我怎能知道为什么会是这样的？我怎能知道为什么不

会是这样的？”

［原文］

昔者庄周梦为胡蝶，栩栩然①胡蝶也，自喻适志与②！不知周也。俄然觉，则蘧(qú)蘧然③周也。不知周之梦为胡蝶与，胡蝶之梦为周与？周与胡蝶，则必有分矣。此之谓“物化”。

［注释］

①栩栩然：生动活泼的样子。栩栩，即翩翩。

②喻：晓，觉得。适志：快意。与：通“欤”，句尾助词。

③蘧蘧然：惊疑的样子。梦醒之后，想到自己又是庄周，故感到惊奇而又可疑。

［译文］

过去庄周梦见自己变为蝴蝶，一只翩翩飞舞的蝴蝶，自己为适合心意而感到愉快，竟然忘掉自己是庄周了。顷刻间他醒来，惊奇地意识到自己仍然是庄周。不知道是庄周在梦中变成了蝴蝶呢，还是蝴蝶在梦中变为庄周呢？庄周和蝴蝶毕竟是有区别的。这种物我的变化就叫作物化。

养生主

［题解］

庄子的养生之道既是修身养性之道，又是为人处世之道，其中的主旨是顺应事物的自然之理，不拘泥于外在的物欲。本篇也由三部分构成：第一部分，通过“生也有涯”和“知也无涯”论述“缘督以为经”的养生之道；第二部分，以庖丁解牛的寓言故事阐述“因其自然”的道理，从而“游刃有余”地避开是非矛盾的纠缠；第三部分，提出崇尚自然，反对人为的观点，主张听任命运的安排和天性的延展。

［原文］

吾生也有涯①，而知也无涯。以有涯随无涯，殆(dài)已②；已而为知者③，殆而已矣。为善无近名，为恶无近刑。缘督以为经④，可以保身，可以全生⑤，可以养亲⑥，可以尽年⑦。

［注释］

①涯：限，边界。

②殆：危险。已：句末助词，犹“了”。

③已：指已经如此。为知：追求知识。

④缘：因循，沿着。督：督脉，沿背脊中央贯彻人体上下，人体中奇经八脉之一，为人体阳脉之总纲。

⑤全生：保全自己的生命。

⑥亲：指“真君”，即精神。

⑦年：年寿。指自然寿命。

[译文]

我们的生命有限，然而知识却是无穷的，用有限的生命去追求无穷的知识，那是很危险的。只知道追求知识的人，也就只有危困不安地结束一生了。做好事不要求取名声，做坏事不要触及刑罚。依循自然之理来作为常则，可因此保养身体，可因此具全生命，可因此养护精神，可因此享尽天赋的寿命。

[原文]

庖(páo)丁为文惠君解牛[1]，手之所触，肩之所倚，足之所履，膝之所踦(yǐ)[2]，砉(huā)然响然[3]，奏刀騞(huō)然[4]，莫不中音。合于《桑林》[5]之舞，乃中《经首》之会[6]。

文惠君曰：“嘻，善哉！技盖至此乎？”

庖丁释刀对曰：“臣之所好者道也，进乎技矣。始臣之解牛之时，所见无非全牛者。三年之后，未尝见全牛也。方今之时，臣以神遇[7]而不以目视，官知止而神欲行[8]。依乎天理[9]，批大郤(xì)，导大窾(kuǎn)，因其固然[10]，技经肯綮(qìng)[11]之未尝，而况大軱(gū)[12]乎！良庖岁更刀，割也；族庖[13]月更刀，折也。今臣之刀十九年矣，所解数千牛矣，而刀刃若新发于硎(xíng)[14]。彼节者有间，而刀刃者无厚；以无厚入有间，恢恢乎其于游刃必有余地矣[15]。是以十九年而刀刃若新发于硎。虽然，每至于族[16]，吾见其难为，怵(chù)然为戒[17]，视为止[18]，行为迟。动刀甚微，謋(huò)

牛

然[19]已解，如土委地。提刀而立，为之四顾，为之踌躇满志，善[20]刀而藏之。”

文惠君曰：“善哉！吾闻庖丁之言，得养生焉。”

［注释］

①庖丁：厨工。文惠君：即梁惠王。解：分解，宰。

②踦：通“倚”，抵住。

③砉、响：都是状声词，形容解牛的声音。

④奏刀：进刀。騞：状声词，牛身体被解开时发出的声音。

⑤《桑林》：商汤王时的乐曲名。用这个曲配乐的舞蹈则叫《桑林之舞》。

⑥《经首》：尧时咸池乐曲中的一章。会：音律，节奏。

⑦神：神气。遇：指接触牛。

⑧官：器官。神欲行：喻心神自运，而随心所欲。

⑨依：按照。天理：自然的生理结构。

⑩批：击。郤：指筋骨间的空隙。道：引刀而入。窾：洞穴，指骨节间的窍穴。

⑪肯：附在骨头上的肉。綮：筋骨联结的地方。

⑫大軱：大骨，即髀骨。

⑬族庖：指一般的厨子。

⑭新发于硎：刚从磨刀石上磨过。发，磨出。硎，磨刀石。

⑮恢恢乎：宽绰的样子。游刃：刀口的运转。

⑯族：指骨头结聚的地方。

⑰怵然：小心谨慎的样子。为戒：为之警戒。

⑱视为止：视力因此而集中，喻眼神专注。

⑲謋然：象声词，形容牛身体被解开时发出的声音。

⑳善：擦拭。

［译文］

庖丁替梁惠王宰牛，手所接触的地方，肩膀所靠着的地方，脚所踩着的地方，膝盖所顶着的地方，都发出皮骨相离的声音，刀子刺进去时发出更大的响声，这些声音没有不合乎音节的。那声音和《桑林》的舞乐相合拍，和《经首》的节奏同调。

梁惠王说：“嘻，好啊！你的技术怎么能达到这样的地步啊？”

庖丁放下刀子回答说：“臣下所喜好的是宰牛的道，已经超过技巧了。刚开始我在宰牛的时候，看见的都是整头的牛。三年以后，看见的再也不是整头的牛了。到了现在这个时候，臣下只是用心神去接触，不必用眼睛去看，感官的知觉

停止了，全靠精神意念在活动。顺着牛自然的肌理结构，劈开筋骨间大的空隙，再引向骨节间大的空隙，顺着牛身体本来的结构使刀，从来没有碰到过经络相连或筋骨联结的地方，更何况大的骨头呢！技术高明的厨工每年换一把刀，因为他用刀子去割肉；一般的厨工每月换一把刀，因为他用刀子去砍骨头。现在臣下的这把刀用了十九年了，宰杀过的牛有好几千头了，可是刀锋却像刚从磨刀石上磨出来的一样。牛身上的骨节是有空隙的，而刀锋并不厚，用这样薄的刀锋刺入有空隙的骨节中，当然是可以宽绰而有余地运转刀锋了。因此用了十九年，刀锋仍像刚从磨刀石上磨出来的一样。虽然这样，可是每当碰到筋骨交错的地方，我知道那里难以下刀，就小心翼翼，目光凝聚，动作缓慢地进行着。当刀子轻轻地动了一下，哗啦一声，骨肉就已经分离，像一堆泥土一样散落在地上了。我抽回刀子站立着，四下环顾，也因此感到扬扬得意，心满意足。然后把刀擦拭干净，收藏起来。”

梁惠王说：“好啊！我听了庖丁的话，领悟到养生的道理了。”

［原文］

公文轩见右师而惊曰[1]：“是何人也？恶乎[2]介也？天与？其人与？”曰：“天也，非人也。天之生是使独也，人之貌有与也。以是知其天也，非人也。”

泽雉(zhì)[3]十步一啄，百步一饮，不蕲(qí)畜乎樊[4]中。神虽王[5]，不善[6]也。

老聃[7]死，秦失[8]吊之，三号而出。弟子曰：“非夫子之友邪？”曰：“然。”“然则吊焉若此，可乎？”曰：“然。始也吾以为其人也，而今非也。向[9]吾入而吊焉，有老者哭之，如哭其子；少者哭之，如哭其母。彼其所以会之[10]，必有不蕲言而言[11]，不蕲哭而哭者。是遁(dùn)天倍情[12]，忘其所受[13]，古者谓之遁天之刑。适来，夫子时也[14]；适去，夫子顺也。安时而处顺，哀乐不能入也，古者谓是帝之县解[15]。”

老子

指穷于为薪，火传也，不知其尽也。

［注释］

①公文轩：姓公文，名轩，传说是宋国人。右师：本是官职，这里指的是当过右师的一个人。

②恶乎：何以。

③泽雉：生活在草泽中的野鸡。

④樊：笼。

⑤王：通“旺”，旺盛，饱满。

⑥不善：不乐，因为被关着而无自由。

⑦老聃：即老子。

⑧秦失：又作“秦佚”。老子的朋友。

⑨向：刚才。

⑩彼：指哭者。会：聚集。

⑪言：借为唁。

⑫遁天：逃避自然。倍情：违背真情。

⑬所受：指禀受的本性。

⑭适：偶然。时：应时。

⑮县解：自然地解除。

［译文］

公文轩看见右师惊讶地说：“这是什么人？为什么少了一只脚呢？是天造成的呢？还是人造成的呢？”右师说：“这是天造成的，不是人造成的。天生注定我只有一只脚，因为人的形体是有两只脚的。所以我知道是天造成的，不是人造成的。”

沼泽里的野鸡，走十步才能啄取一口食物，走一百步才能喝到一口水，可是它并不希望被蓄养在笼子里。那样虽然神气十足，生活却不愉快。

老聃死了，秦失前去吊唁，只哭了几声就出来了。老聃的弟子问他说：“你不是我老师的朋友吗？”秦失说：“是的。”老聃的弟子又问：“那么，像你这样吊唁可以吗？”秦失说：“是的。起先我把他当作是个人，可是现在不是了。刚才我进去吊唁的时候，有老年人哭他，如同哭自己的儿子；有年轻人哭他，如同哭自己的母亲一般。他们来这里致祭所表现出来的种种情状，必然有不想说却又说出的话，不想哭却又哭的情形。这就是逃遁天理，违背实情，忘记了他所秉受的天性。古时候把这种情形叫作‘遁天之刑’。先生来到世间，是最好的时机；先生离开世间，是顺应天理的结果。安于时遇，随顺自处，喜怒哀乐的情感自不能入于胸中，古时候把它叫作‘帝之县解’。”

柴薪有烧完的时候，火却永远传下去，不会有穷尽的时候。

马蹄

[题解]

本篇宗旨在于阐述无为而治的道家政治思想。庄子认为，伯乐治马，陶工治泥土，木工治木料，为政者治天下，都是对自然本性的破坏。因此，他提出，善于治理天下者，应当无为而治，并描述了“至德之世”的理想状态。

[原文]

马，蹄可以践霜雪，毛可以御风寒，龁(hé)草饮水，翘足而陆[1]，此马之真性也。虽有义台路寝[2]，无所用之。及至伯乐[3]，曰：“我善治[4]马。”烧之[5]，剔[6]之，刻[7]之，雒(luò)之[8]，连之以羁馽(zhí)[9]，编之以皁(zào)栈[10]，马之死者十二三[11]矣；饥之，渴之，驰之，骤之[12]，整之，齐之，前有橛(jué)饰[13]之患，而后有鞭筴[14]之威，而马之死者已过半矣。陶者[15]曰：“我善治埴(zhí)[16]，圆者中[17]规，方者中矩。”匠人曰：“我善治木，曲者中钩，直者应[18]绳。”夫埴木之性，岂欲中规矩钩绳哉？然且世世称之曰：“伯乐善治马，而陶、匠善治埴木。”此亦治天下者之过也。

伯乐相马

[注释]

①陆：跳。

②义台：即仪台，用来举行礼的仪式的台。路寝：正室。

③伯乐：姓孙，名阳，字伯乐。秦穆公时人，以善相马而著称。

④治：训练。

⑤烧之：指把铁烧红，在马身上打火印作为标志。

⑥剔：剪，指剪马毛。

⑦刻：刻削马蹄。

⑧雒之：给马戴上笼头。雒，通“络”。

⑨连：绑上。羁：带嚼子的马

笼头。馽：用来绊住马的前足的绳索。

⑩编：架搭。皁：马槽。栈：马棚。

⑪十二三：十分之二三。

⑫骤之：使马快跑。

⑬橛：马口所含的横木，叫马嚼子。饰：指马缨。

⑭鞭筴：打马的工具，带皮的叫鞭，无皮的叫筴。

⑮陶者：做陶器的人。

⑯埴：黏土。

⑰中：符合。

⑱应：适合。

[译文]

马，蹄可以践踏霜雪，毛可以抵御风寒，饿了吃草，渴了喝水，性起时扬起蹄奋力跳跃，这就是马的天性。即使有高台正殿，对马来说没有什么用处。后来世上出了伯乐，说："我善于管理马。"于是用烧红的烙铁在马身上打下烙印，用剪刀修剪马鬃，凿削马蹄，用笼头和绊绳来拴连它们，用马槽和马棚来编排它们，这样一来马便死掉十分之二三了；饿了不给吃，渴了不给喝，驱赶它们奔驰，让它们急骤奔跑，让它们步伐整齐，让它们行动划一，前有马嚼子和马笼头装饰的限制，后有皮鞭和竹条的威逼，这样一来马就死过半数了。制陶工匠说："我最善于整治黏土，我用黏土制成的器皿，圆的合乎圆规，方的应于角尺。"木匠说："我最善于整治木材，我用木材制成的器皿，能使弯曲的合于钩弧的要求，笔直的跟墨线吻合。"黏土和木材的本性难道就是希望去迎合圆规、角尺、钩弧、墨线吗？然而世世代代都称赞他们说："伯乐善于管理马，陶匠、木匠善于整治黏土和木材。"这也就是治理天下的人的过错啊！

[原文]

吾意[1]善治天下者不然。彼民有常性，织而衣，耕而食，是谓同德[2]；一而不党[3]，命曰天放[4]。故至德之世，其行填填[5]，其视颠颠[6]。当是时也，山无蹊隧[7]，泽无舟梁；万物群生，连属其乡[8]；禽兽成群，草木遂长。是故禽兽可系羁而游[9]，乌鹊之巢可攀援而窥[10]。

[注释]

①意：想，认为。

②同德：共同得于自然。

③党：偏。

④天放：自然放任。

⑤填填：质朴纯真的样子。

⑥颠颠：专一。

⑦蹊：小路。隧：隧道。

⑧连属其乡：居处相连而不分彼此。

⑨系羁而游：牵系着来游玩。

⑩援：拉。窥：探视。

［译文］

我认为善于治理天下的人就不是这样。黎民百姓有他们固有不变的本能和天性，织布而后穿衣，耕种而后吃饭，这就是人类共有的德行和本能；人们的思想和行为浑然一体没有一点儿偏私，这就叫作任其自然。所以人类天性保留最完善的时代，人们的行动总是那么持重自然，人们的目光又是那么专一而无所顾盼。正是在这个年代，山野里没有路径和隧道，水面上没有船只和桥梁；各种物类共同生活，人类的居所相通相连而没有什么乡、县差别，禽兽成群结队，草木遂心地生长。因此禽兽可以用绳子牵引着游玩，鸟鹊的巢窠可以攀登上去探望。

［原文］

夫至德之世，同与禽兽居，族与万物并①，恶乎知君子小人哉？同乎无知，其德不离；同乎无欲，是谓素朴。素朴而民性得矣。

［注释］

①族：聚在一块。并：共处。

［译文］

在那人类天性保留最完善的年代，人类跟禽兽一起居住，跟各种物类相互聚合并存，哪里知道什么君子、小人呢？人人都相同而无智慧，人类的本能和天性也就不会丧失；人人都相同而无私欲，这就叫作素朴。如果能够素朴，人类的本能和天性就会完整地留传下来。

［原文］

及至圣人，蹩躠(bié xiè)①为仁，踶跂(dè qì)②为义，而天下始疑矣；澶(dàn)漫③为乐，摘僻④为礼，而天下始分矣。故纯朴不残，孰为牺尊⑤！白玉不毁，孰为珪璋⑥！道德不废，安取仁义！性情不离，安用礼乐！五色不乱，孰为文采！五声不乱，孰应六律！夫残朴以为器，

工匠之罪也；毁道德以为仁义，圣人之过也！

[注释]

①蹩躠：本来形容跛者走路的样子，引申为费劲的样子。

②踶跂：用心力的样子。

③澶漫：放纵。

④摘僻：烦琐的样子。

⑤尊：通“樽”，是祭神用的木制酒器，上面刻画着牛头图形的称作牺尊。

⑥珪璋：名贵的玉器。珪，上圆（或剑头形）下方，是古代君臣在举行典礼时拿的一种玉器。璋，形状为纵剖开的半个珪。

琢玉图

庄子以玉为喻，探究了仁义。玉石不被毁灭雕琢，就不会有成形的玉器。以毁弃人的自然本性来推行仁义，就是圣人的罪过。

[译文]

等到世上出了圣人，勉为其难地去倡导所谓仁，竭心尽力地去追求所谓义，于是天下开始出现迷惑与猜疑。放纵无度地追求逸乐的曲章，繁杂琐碎地制定礼仪和法度，于是天下开始分离了。所以说，木头如果没被分割，谁还能用它雕刻为酒器！白玉如果没破裂，谁还能用它雕刻出玉器！人类原始的自然本性不被废弃，哪里用得着仁义！人类固有的天性和真情不被背离，哪里用得着礼乐！五色不被错乱，谁能够调出文采！五声不被搭配，谁能够应和六律！分解原木做成各种器皿，这是木工的罪过，毁弃人的自然本性以推行所谓仁义，这就是圣人的罪过！

[原文]

夫马，居则食草饮水，喜则交颈相靡[①]，怒则分背相踶(dì)[②]，马知已此矣。夫加之以衡扼(è)[③]，齐之以月题[④]，而马知介倪[⑤]、闉扼[⑥]、鸷(zhì)曼[⑦]、诡衔[⑧]、窃辔(pèi)[⑨]。故马之知而态至盗者，伯乐之罪也。

夫赫胥(xū)氏[⑩]之时，民居不知所为，行不知所之，含哺而熙[⑪]，鼓腹[⑫]而游，民能以此矣。及至圣人，屈折礼乐以匡天下之形，县企仁义以慰天下之心[⑬]，而民乃始踶跂好知[⑭]，争归于利，不可止也。此亦圣人之过也。

[注释]

①靡：通“摩”，亲顺之意。

②踶：通“踢”。

③衡：车辕前端的横木。扼：通“轭”。

④月题：马额上的佩饰，形状如月。

⑤介倪：指马不服驾驶。

⑥闉扼：马曲着脖子，企图把轭摆脱。

⑦鸷：抵。曼：借为幔，覆盖在车的前后和两旁，用来遮挡风尘的。

⑧诡衔：诡诈地吐掉嚼子。

⑨窃辔：偷偷地咬坏缰绳。

⑩赫胥氏：传说中上古时代的帝王。

⑪哺：口中含着的食物。熙：通“嬉”，游戏。

⑫鼓腹：肚子吃得饱饱的样子。

⑬县企：悬举，提倡。慰：安。

⑭踶跂好知：相竞相高，逞其私智。

[译文]

再说马，生活在陆地上，吃草饮水，高兴时就交颈相互摩擦，生气时背对背相互踢撞，马的智巧就只是这样了。等到后来把车衡和颈轭加在它身上，把配着月牙形的佩饰戴在它头上，那么马就会不服驾驶，曲着脖子企图把轭摆脱，折断车幔，或诡谲地吐出嘴里的嚼子，或偷偷地咬坏缰绳。所以，马的智巧和情态竟相似于盗贼，这完全是伯乐的罪过。

上古赫胥氏的时代，黎民百姓居家不知道做些什么，外出活动也不知道去哪里，口里含着食物嬉戏，鼓着吃饱的肚子游玩，人们所能做的就只是这样了。等到圣人出现，矫造礼乐来匡正天下百姓的形象，标榜不可企及的仁义来慰藉天下百姓的心，于是人们便开始千方百计地去寻求智巧，争先恐后地去竞逐私利，而不能终止。这也是圣人的罪过啊！

秋 水

[题解]

本篇主要讲的是自性复归的道德修养问题，在论述返璞归真的道家理论时，还吸收和杂糅了其他学派的思想主张。本文节选了河伯与北海若的对话这一部分，提出要自性复初，“以恬养知”，有知而不用知，持守自性，并且认为礼乐遍行，天下就会大乱。

［原文］

秋水时[①]至，百川灌河[②]，泾[③]流之大，两涘渚崖[④]之间，不辩牛马。于是焉河伯[⑤]欣然自喜，以天下之美为尽在己。顺流而东行，至于北海，东面而视，不见水端，于是焉河伯始旋[⑥]其面目，望洋向若而叹曰[⑦]："野语[⑧]有之曰，'闻道百，以为莫己若者'，我之谓也。且夫我尝闻少[⑨]仲尼之闻而轻伯夷之义者，始吾弗信。今我睹子之难穷也，吾非至于子之门，则殆矣，吾长见笑于大方之家[⑩]。"

（涘 sì；殆 dài）

［注释］

①时：按时。

②百川：许多河流。灌：注入。河：黄河。

③泾：通"巠"，直流的水波。

④两涘：河的两边。涘，水边。渚：水中间的小块陆地。崖：岸。

⑤河伯：河神。传说姓冯，名夷。

⑥旋：转变。

⑦望洋：眼睛迷茫的样子。若：海神名。

⑧野语：俗语。

⑨少：贬低。

⑩见：被。大方之家：得大道的人。方，道。

河伯

河伯，原名冯夷，中国古代神话传说中的黄河水神。

［译文］

秋天，山洪按照时令汹涌而至，众多大川的水流汇入黄河，河面宽阔，波涛汹涌，两岸和水中沙洲之间连牛马都不能分辨。于是河神欣然自喜，认为天下一切美好的东西全都聚集在自己这里。河神顺着水流向东而去，来到北海边，面朝东边一望，看不见大海的尽头。于是河神方才改变先前扬扬自得的面孔，面对着海神仰首慨叹道："俗语有这样的说法，'听到了上百条道理，便认为天下再没有谁能比得上自己'，说的就是我这样的人了。而且我还曾听说过孔丘懂得的东西太少、伯夷的高义不值得看重之类的话语，开始我不敢相信。如今我亲眼看到了你是这样的浩渺博大、无边无际，我要不是因为来到你的门前，真可就危险了，我必定会永远受到修养极高的人的耻笑。”

[原文]

北海若曰：“井蛙不可以语于海者，拘于虚也①；夏虫不可以语于冰者，笃②于时也；曲士③不可以语于道者，束于教④也。今尔出于崖涘(sì)，观于大海，乃知尔丑，尔将可与语大理矣。天下之水，莫大于海，万川归之，不知何时止而不盈；尾闾⑤泄之，不知何时已而不虚⑥；春秋不变，水旱不知。此其过江河之流，不可为量数。而吾未尝以此自多⑦者，自以比形⑧于天地，而受气于阴阳，吾在于天地之间，犹小石小木之在大山也，方存乎见少⑨，又奚(xī)以自多？计四海之在天地之间也，不似礨空⑩之在大泽乎？计中国之在海内，不似稊米之在大仓乎⑪？号⑫物之数谓之万，人处一焉；人卒九州⑬，谷食之所生，舟车之所通，人处一焉。此其比万物也，不似豪末之在于马体乎？五帝之所连⑭，三王之所争，仁人⑮之所忧，任士⑯之所劳，尽此矣。伯夷辞之⑰以为名，仲尼语之⑱以为博，此其自多也，不似尔向之自多于水乎？”

伯夷

伯夷，商末孤竹君的长子。商朝灭亡后，因耻食周粟，与其弟叔齐一起逃亡隐居于首阳山，后饿死在山上。

[注释]

①虚：同“墟”。指蛙所生活的地方。

②笃：守，限制。

③曲士：乡曲之士。

④教：所受的教育。

⑤尾闾：排泄海水的地方，传说在海的东边。

⑥已：止。虚：指水尽。

⑦多：赞美。

⑧比形：具形，寄形。

⑨存：察，看到。见少：显得太少。

⑩礨空：石块上的小孔。礨，石块。

⑪稊米：像稗籽一样小的米。大仓：储粮的大仓库。

⑫号：称。

⑬人卒：众人。九州：天下。

⑭连：续，继承。

⑮仁人：指儒家者流。

⑯任士：指墨家者流。

⑰辞之：指拒绝当孤竹之君。

⑱语之：指谈论帝王的故事。

[译文]

海神说："井里的青蛙，不可能跟它们谈论大海，是因为它们受到生活空间的限制；夏天的虫子，不可能跟它们谈论冰冻，是因为它们受到生命时间的限制；乡曲之士，不可能跟他们谈论大道，是因为他们受到教养的束缚。如今你从河岸边出来，看到了大海，方才知道自己的鄙陋，你将可以参与谈论大道了。天下的水，没有什么比海更大的，千万条河川流归大海，不知道什么时候才会停歇，而大海却从不会满溢；海底的尾闾泄漏海水，不知道什么时候才会停止，而海水却从不曾减少；无论春天还是秋天不见有变化，无论水涝还是干旱不会有知觉。这说明大海远远超过了江河的水流，不能够用数量来计算。可是我从不曾因此而自满，自认为寄形体于天地并且从阴和阳那里秉承到元气，我存在于天地之间，就好像一小块石子、一小块木屑存在于大山之中，我正以为自身的存在实在渺小，又哪里会自以为满足而自负呢？想一想，四海存在于天地之间，不就像小小的石间孔隙存在于大泽之中吗？再想一想，中原大地存在于四海之内，不就像细碎的米粒存在于大粮仓里吗？号称事物的数字叫作万，人只是万物中的一种；人们聚集于九州，粮食在这里生长，舟车在这里通行，而每个人只是众多人群中的一员。一个人比起万物，不就像是毫毛之末存在于整个马体吗？五帝所续连的，三王所争夺的，仁人所

孔子

忧患的，贤才所操劳的，全在于这毫末般的天下！伯夷辞让王位而博取名声，孔丘游说四海而显示渊博，这大概就是他们的自满与自傲，不就像你先前在河水暴涨时的扬扬自得一样吗？”

［原文］

河伯曰：“然则吾大天地而小毫末，可乎？”

北海若曰：“否，夫物，量①无穷，时无止，分②无常，终始无故③。是故大知④观于远近，故小而不寡，大而不多，知量无穷；证曏(xiàng)今故⑤，故遥而不闷，掇而不跂⑥，知时无止；察乎盈虚⑦，故得而不喜，失而不忧，知分⑧之无常也；明乎坦涂⑨，故生而不说⑩，死而不祸，知终始之不可故也。计人之所知，不若其所不知；其生之时，不若未生之时；以其至小求穷其至大之域⑪，是故迷乱而不能自得也。由此观之，又何以知毫末之足以定至细之倪⑫！又何以知天地之足以穷至大之域！”

［注释］

①量：容积。

②分：分际，界限。

③故：通“固”，固定。

④大知：指得道的人。知，通“智”。

⑤曏：明。今故：今古。

⑥掇：捡取。跂：通“企”。

⑦察：看清楚。盈：满。虚：空。

⑧分：指得失的界限。

⑨坦涂：大道。涂，通“途”。

⑩说：通“悦”。

⑪至大之域：指未生之时、未知之事。

⑫倪：界限，标准。

［译文］

河神说：“这样，那么我把天地看作是最大，把毫毛之末看作是最小，可以吗？”

海神回答：“不可以，万物不可穷尽，时间没有止境，得失没有不变的常规，事物的终结和起始也没有定因。所以具有大智的人观察事物从不局限于一隅，因而体积小却不看作就是少，体积大却不看作就是多，这是因为知道事物的量是不可穷尽的；证验并明察古往今来的各种情况，因而寿命久远却不感到厌倦，生命只在近前却不会企求寿延，这是因为知道时间的推移是没有止境的；洞悉事物有盈有虚的规律，因而有所得却不欢欣喜悦，有所失也不悔恨忧愁，这是因为知道得与失是没有定规的；明了生与死之间犹如一条没有阻隔的平坦大道，因而生于世间不会倍加欢喜，死离人世不觉祸患加身，这是因为知道终了和起始是不会一成不变的。算算人所懂得的知识，远远不如他所不知道的东西多；他生存的时间，也远远不如他不在人世的时间长；用极为有限的智慧去探究没有穷尽的境域，所以内心迷乱而必然不能有所得！由此看来，又怎么知道毫毛的末端就可以判定是最为细小的限度呢？又怎么知道天与地就可以看作是最大的境域呢？”

[原文]

河伯曰：“世之议者皆曰：‘至精无形，至大不可围。’是信情乎？”

北海若曰：“夫自细视大[1]者不尽，自大视细[2]者不明。夫精，小之微也；垺，大之殷也[3]。故异便，此势之有也。夫精粗者，期于有形者也；无形者，数之所不能分也；不可围者，数之所不能穷也。可以言论者，物之粗也；可以意致者，物之精也；言之所不能论，意之所不能察致者，不期精粗焉。是故大人之行，不出乎害人，不多仁恩；动不为利，不贱门隶[4]。货财弗争，不多辞让。事焉不借人，不多食乎力[5]，不贱贫污。行殊乎俗，不多辟异[6]。为在从众，不贱佞谄（nìng chǎn）。世之爵禄不足以为劝，戮（lù）耻不足以为辱[7]。知是非之不可为分，细大之不可为倪[8]。闻曰：‘道人不闻，至

秦始皇遣使求仙

寿命长久却不感到厌倦，秦始皇做了皇帝之后，总渴望自己能够长生不老，于是千方百计地寻求仙丹妙药。此图表现的就是方士徐福拜别秦始皇，带领三千童男童女一起出发的情景。

德不得，大人无己。’约分之至⑨也。”

［注释］

①自细视大：如人看宇宙。

②自大视细：如人看细菌。

③垺：同“郛”，外城。这里指宽大的领域。殷：盛大。

④门隶：家奴。

⑤食乎力：自食其力。

⑥辟异：偏异，犹今说标新立异。辟，通“僻”，偏。

⑦戮耻：刑罚、耻辱。辱：羞耻。

⑧倪：标准，引申为量度。

⑨约分之至：缩小分别到了极点。

［译文］

河神说：“世间议论的人们总是说：‘最细小的东西没有形体可寻，最巨大的东西不可限定范围’。这样的话是真实可信的吗？”

海神回答：“从细小的角度看巨大的东西不可能全面，从巨大的角度看细小的东西不可能真切。精细，是小中之小；巨大，是大中之大。所以各物大小不相同却有着自己的相宜之处，这是事物固有的态势。所谓精细与粗大，仅限于有形的东西；没有形体的事物，是不能用计算数量的办法来加以剖解的；不可限定范围的东西，更不是用数量能够精确计算的。可以用言语来谈论的东西，是事物粗浅的外在表象；可以用心意来传告的东西，则是事物精细的内在实质。言语所不能谈论的，心意所不能传告的，也就不限于精细和粗浅的范围了。所以修养高尚者的行动，不会出于害人之心，也不会给人以仁慈和恩惠；无论干什么都不是为了私利，也不会轻视从事守门差役之类的人。无论什么财物都不去争夺，也不推重谦和与辞让。凡事从不借助他人的力气，但也不提倡自食其力，同时也不鄙夷贪婪与污秽。行动与世俗不同，但不主张邪僻乖异。行为追随一般的人，也不以奉承和谄媚为卑贱。人世间的所谓高官厚禄不足以作为劝勉，刑戮和侮辱不足以看作是羞耻。知道是与非的界限不能清楚地划分，也懂得细小和巨大不可能确定清晰的界限。听人说：‘能体察大道的人不求闻达于世，修养高尚的人不会计较得失，清虚宁寂的人能够忘却自己。’这就是约束自己而达到适得其分的境界。”

［原文］

河伯曰：“若物之外，若物之内，恶至而倪①贵贱？恶至而倪小大？”

北海若曰：“以道观之，物无贵贱；以物观之，自贵而相贱；

以俗观之，贵贱不在己；以差观之，因其所大而大之，则万物莫不大；因其所小而小之，则万物莫不小；知天地之为稊米也，知毫末之为丘山也，则差数睹[2]矣。以功观之，因其所有而有之，则万物莫不有；因其所无而无之，则万物莫不无；知东西之相反而不可以相无，则功分定矣。以趣[3]观之，因其所然而然之，则万物莫不然；因其所非而非之，则万物莫不非；知尧、桀(jié)之自然而相非，则趣操[4]睹矣。昔者尧、舜让而帝[5]，之、哙让而绝[6]；汤、武争而王，白公争而灭[7]。由此观之，争让之礼，尧、桀之行，贵贱有时[8]，未可以为常也。梁丽[9]可以冲城，而不可以窒穴[10]，言殊器[11]也；骐骥(qí jì)、骅骝(huá liú)[12]，一日而驰千里，捕鼠不如狸狌[13]，言殊技也；鸱鸺(chī xiū)夜撮蚤[14]，察毫末，昼出瞋(chēn)[15]目，而不见丘山，言殊性也。故曰，盖师是而无非，师治而无乱乎[16]？是未明天地之理，万物之情者也。是犹师天而无地，师阴而无阳，其不可行明矣。然且语而不舍，非愚则诬[17]也。帝王殊禅[18]，三代殊继[19]。差其时[20]，逆其俗者，谓之篡夫[21]；当其时，顺其俗者，谓之义徒[22]。默默乎河伯！女恶知贵贱之门，小大之家！”

［注释］

①倪：区，分。

②睹：看清楚。

③趣：通“趋”，倾向。

④趣操：志趣和操守。

⑤让而帝：因禅让而做了帝王。

⑥之、哙让而绝：燕王哙十分信任国相子之。在公元前316年还学习尧、舜，把王位让给了子之。燕人不服，大乱。齐国乘机伐燕，杀哙与子之。燕国也差点亡国。

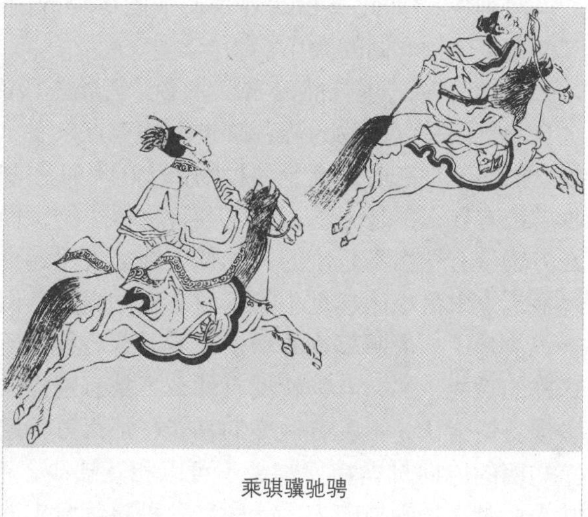
乘骐骥驰骋

⑦白公争而灭：白公，即白公胜，楚平王的孙子。他父亲太子建因受别人陷害而流亡国外，生白公胜。后来白公胜回国，决心争夺政权，发动了武装政变，杀掉令尹子西与司马子期，控制了国都。但结果被叶公镇压了。白公出走，在山里上吊自杀。

⑧有时：有一定的时宜。

⑨梁丽：房屋的栋梁。

⑩窒：塞。穴：小孔。

⑪殊器：指用场不同，所用的器具也不同。

⑫骐骥、骅骝：皆为骏马。骐，青黑色，花纹如棋子。骥，河北所产。骅，所谓桃花马。骝，紫黑色的。

⑬狸：野猫。狌：鼬，即黄鼠狼。

⑭鸱鸺：猫头鹰。撮：抓。蚤：跳蚤。

⑮瞋：张大眼睛。

⑯盖：通“盍”，何，怎能。师是：以是为师，认为正确是绝对可信的。师治：以治为师，认为安定是绝对可信的。

⑰诬：骗。

⑱帝：五帝。殊禅：禅让的方式不同。

⑲三代：指夏、商、周。殊继：继承的方式不同。

⑳差其时：不合时机。

㉑篡夫：篡权的人。

㉒义徒：如舜、禹、汤、武。

[译文]

河神说：“如此事物的外表，如此事物的内在，从何处来区分它们的贵贱？又怎么来区别它们的大小？”

海神回答：“用自然的常理来看，万物本没有贵贱的区别；从万物自身来看，各自为贵而又以他物为贱；拿世俗的观点来看，贵贱不在于事物自身；按照物与物之间的差别来看，顺着各种物体大的一面去观察便会认为物体是大的，那么万物就没有什么不是大的；顺着各种物体小的一面去观察便会认为物体是小的，那么万物没有什么不是小的；知晓天地虽大比起更大的东西来也如小小的米粒，知晓毫毛之末虽小比起更小的东西来也如高大的山丘，而万物的差别和数量也就看得很清楚了。依照事物的功用来看，顺着物体所具有的一面去观察便会认为具有这样的功能，那么万物就没有什么不具有这样的功能；顺着物体所不具有的一面去观察便会认为不具有这样的功能，那么万物就没有什么具有这样的功能；可知东与西的方向对立相反却又不可以相互缺少，而事物的功用与本分便得以确定。从人们对事物的趋向来看，顺着各种事物肯定的一面去观察便会认为是对的，那

猫头鹰

么万物没有什么不是对的；顺着各种事物否定的一面去观察便会认为是不对的，那么万物没有什么不是错的；知晓唐尧和夏桀都自以为正确又相互否定对方，而人们的趋向与持守也就看得很清楚了。当年唐尧、虞舜禅让而称帝，宰相子之与燕王哙禅让而燕国几乎灭亡；商汤、周武王都争夺天下而成为帝王，白公胜争夺王位却招致杀身。由此看来，争斗与禅让的礼制，唐尧与夏桀的做法，无论认可还是鄙夷都会因时而异，不可以把它们看作是不变的规律。栋梁之材可以用来冲击城门，却不可以用来堵塞洞穴，说的是器物的用处不一样；骏马良驹一天奔驰上千里，捕捉老鼠却不如野猫与黄鼠狼，说的是技能不一样；猫头鹰夜里能抓住小小的跳蚤，细察毫毛之末，可是大白天即使睁大眼睛也看不见高大的山丘，说的是禀性不一样。所以说，怎么能只看重对的一面而忽略不对的一面、只看重治而忽略乱呢？这是因为不明了自然存在的道理和万物自身的实情。这就像是重视天而轻视地、重视阴而轻视阳，那不可行是十分明白的了。然而人们还是谈论不休，不是愚昧便是欺骗！远古帝王的禅让各不相同，夏、商、周三代的继承也各不一样。不合时代、背逆世俗的人，称他为篡逆之徒；合于时代、顺应世俗的人，称他为高义之士。沉默下来吧，河神！你怎么会懂得万物间贵贱的门庭和大小的流别！”

[原文]

河伯曰：“然则我何为乎，何不为乎？吾辞受趣[1]舍，吾终奈何？”

北海若曰：“以道观之，何贵何贱，是谓反衍[2]；无拘[3]而志，与道大蹇(jiǎn)[4]。何少何多，是谓谢施[5]；无一而行，与道参差。严乎[6]若国之有君，其无私德；繇(yóu)繇乎若祭之有社[7]，其无私福；泛泛[8]乎其若四方之无穷，其无所畛(zhěn)域。兼怀[9]万物，其孰承翼[10]？是谓无方[11]。万物一齐，孰短孰长？道无终始，物有死生，不恃其成；一虚一满，不位乎其形。年不可举[12]，时不可止；消息[13]盈虚，终则有始。是所以语大义之方[14]，论万物之理也。物之生也，若骤若驰，无动而不变，无时而不移。何为乎，何不为乎？夫固

将自化。”

［注释］

①趣：进取。

②反衍：向相反方向发展，即今说转化。衍，通“延”，发展。

③拘：固守。

④蹇：阻塞，引申为抵触。

⑤谢施：相互转化。

⑥严乎：俨然，庄重的样子。严，通“俨”。

⑦繇繇：通“悠悠”，自得的样子。社：土地神。

⑧泛泛：广阔的样子。

⑨怀：容。

⑩翼：庇护。

⑪无方：没有定见。

⑫举：提取。

⑬消：消亡。息：生息。

⑭大义之方：大道的方向、原则。

［译文］

河神说：“既然这样，那么我应该做些什么呢？又应该不做什么呢？我将怎样推辞或接纳、趋就或舍弃，我终究将怎么办？”

海神回答：“用道的观点来观察，什么是贵什么是贱，这可称之为循环往复；不必束缚你的心志，而跟大道相违碍。什么是少，什么是多，这可称之为更替续延；不要偏执于事物的某一方面行事，而跟大道不相一致。端庄、威严的样子像是一国的国君，确实没有一点儿偏私的恩惠；悠然自得的样子像是祭祀中的土地神，确实没有任何偏私的赐福；浩瀚无边的样子像是通达四方而又旷远无穷，确实没有什么区分界限。兼蓄并且包藏万物，难道谁专门有所承受或者有所庇护？这就称作不偏执于事物的任何一个方面。宇宙万物本是混同齐一的，谁优谁劣呢？大道没有终结和起始，万物却都有死有生，因而不可能依仗一时的成功；时而空虚时而充实，万物从不固守于某一不变的形态。岁月不可以挽留，时间从不会停息；消退、生长、充实、空虚，宇宙万物终结便又有了开始。这样也就可以谈论大道的准则，评说万物的道理了。万物的生长，像是马飞奔，像是车疾行，没有什么举动不在变化，没有什么时刻不在迁移。应该做些什么呢？又应该不做什么呢？一切必定都将自然地变化！”

［原文］

河伯曰：“然则何贵于道耶？”

北海若曰：“知道者必达于理，达于理者必明于权[1]，明于权者不以物害己。至德者，火弗能热，水弗能溺，寒暑弗能害，禽兽弗能贼。非谓其薄[2]之也，言察乎安危，宁于祸福，谨于去就，莫之能害也。故曰，天在内，人在外，德在乎天。知天人之行，本乎天[3]，位乎得[4]，蹢躅(zhí zhú)[5]而屈伸，反要而语极[6]。”

［注释］

①权：变。

②薄：迫切，引申为触犯。

③本乎天：以天性为根本。

④得：通“德”。

⑤蹢躅：进退不定的样子。

⑥语极：言语至此而尽，意即沉默无言。

［译文］

河神说：“既然如此，那么为什么还要那么看重大道呢？”

海神回答：“懂得大道的人必定通达事理，通达事理的人必定明白应变，明白应变的人定然不会因为外物而损伤自己。道德修养高尚的人烈焰不能烧灼他们，洪水不能沉溺他们，严寒酷暑不能侵扰他们，飞禽走兽不能伤害他们。不是说他们逼近水火、寒暑的侵扰和禽兽的伤害而能幸免，而是说他们明察安危，安于祸福，慎于离弃与追求，因而没有什么东西能够伤害他们。所以说，天然蕴涵于内里，人为显露于外在，高尚的修养则顺应自然。懂得人的行止，立足于自然的规律，居处于自得的环境，徘徊不定，屈伸无常，返归大道的要冲而可谈论至极的道理。”

［原文］

曰：“何谓天？何谓人？”

北海若曰：“牛马四足，是谓天；落[1]马首，穿牛鼻，是谓人[2]。故曰，无以人灭天，无以故灭命，无以得殉名。谨守而勿失，是谓反其真。”

［注释］

①落：通“络”，笼住。

②人：人为。

[译文]

河神说："什么是天然，什么又是人为？"

海神回答："牛马生来就四只脚，这就叫天然；用笼头套住马头，用绳子穿过牛鼻，这就叫人为。所以说，不要人为去毁灭天然，不要有意作为去毁灭自然的禀性，不要为获取虚名而不遗余力。谨慎地持守自然的禀性而不丧失，这就叫返归本真。"

盗　跖

[题解]

"盗跖"是一个名叫跖的大盗。本文节选了盗跖批判孔子的言论，庄子借盗跖之口揭露和批判了社会的黑暗，以及儒家道德伦理规范的欺骗性和虚伪性，宣扬因循自然本性的道家思想。

[原文]

盗跖(zhí)大怒曰："丘来前！夫可规①以利而可谏以言者，皆愚陋恒民②之谓耳。今长大美好，人见而悦者，此吾父母之遗德③也。丘虽不吾誉，吾独不自知邪？

庄周

[注释]

①规：劝。

②恒民：亦作"顺民"，常人。

③遗德：遗传的品性。

[译文]

盗跖大怒说："孔丘上前来！凡是可以用利禄来规劝、用言语来谏正的人，都只是愚昧、浅陋的普通顺民。如今我身材高大魁梧，面目英俊美好，人人见了都喜欢，这是我的父母遗传给我的。你孔丘即使不当面吹捧我，我难道不知道吗？

[原文]

"且吾闻之，好面誉①人者，亦好背而毁之②。今丘告我以大城众民，是欲规我以利而恒民畜③我也，安可

久长也！城之大者，莫过乎天下矣。尧舜有天下，子孙无置锥之地④；汤武立为天子，而后世绝灭⑤；非以其利大故邪⑥？

［注释］

①面誉：当面说好话。

②背：背后。毁：诋毁。

③畜：养，对待。

④“尧舜”二句：尧、舜时代属原始社会，没有私有财产，没有后世的世袭制，自然他们的子孙都没有继承什么，史书上也没有任何记载。

⑤“汤武”二句：商王朝早已过去，周室也已经衰微，故称“绝灭”。汤，商汤。武，周武王。

⑥“非以”句：说明占有利益太多就会被人谋算。

［译文］

“而且我听说，喜好当面夸奖别人的人，也好背地里诋毁别人。如今你把建造大城、汇聚众多百姓的意图告诉给我，这是用功利来诱惑我，而且是用对待普通顺民的态度来对待我，这怎么可以长久呢！城池最大的，莫过于整个天下。尧舜拥有天下，子孙却没有立锥之地；商汤与周武王成为天子，可是后代却遭灭绝；这不是因为他们贪求占有天下的缘故吗？

周武王问政

周武王，西周王朝的开国之君。此图描绘了周武王伐纣后，在安抚殷商遗民问题上听取姜太公意见的故事。

［原文］

“且吾闻之，古者禽兽多而人少，于是民皆巢居以避之，昼拾橡栗①，暮栖其上，故命之曰有巢氏之民。古者民不知衣服，夏多积薪，冬则炀②之，故命之曰知生之民。神农之世，卧则居居，起则于于③，民知其母，不知其父④，与麋（mí）鹿共处，耕而食，织而衣，无有相害之心，此至德之隆⑤也。然而黄帝不能致德⑥，与蚩（chī）尤战于涿鹿之野⑦，血流百里。尧舜作⑧，立群臣⑨，汤放其主⑩，武

王伐纣（zhòu）[11]。自是以后，以强凌弱，以众暴[12]寡。汤、武以来，皆乱人之徒也。

［注释］

①橡栗：橡子，栎树的果实，可充饥。

②炀：焚烧，烧火取暖。

③于于：混混沌沌的样子。

④“民知”二句：那时是母系社会，故知母不知父。

⑤至德之隆：最高尚的道德。隆，盛。

⑥致德：做到至德。

⑦蚩尤：人名，古代部落酋长。涿鹿：地名。在今河北涿州。

⑧作：指称帝。

⑨立群臣：设立百官。这只是传说。尧、舜时未有国家，那时的首领不同于后代的君臣。

⑩汤放其主：商汤起兵讨伐夏桀，桀流窜于南巢，如同流放，故云。

⑪武王伐纣：周武王伐商纣王，纣自焚于鹿台。

⑫暴：残害。

［译文］

“况且我还听说，古时候禽兽多而人少，于是人们都在树上筑巢而居以躲避野兽，白天拾取橡子，晚上住在树上，所以称他们为有巢氏之民。古时候人们不知道穿衣，夏天多存积柴草，冬天就烧火取暖，所以称他们为懂得生存的人。到了神农时代，居处是多么安静闲暇，行动是多么悠然自得，人们只知道母亲，不知道父亲，跟麋鹿生活在一起，自己耕种自己吃，自己织布自己穿，没有伤害别人的心思，这就是道德鼎盛的时代。然而到了黄帝时期，人们就不再具有这样的德行，跟蚩尤在涿鹿的郊野上争战，血流百里。尧舜称帝，设置百官，商汤放逐他的君主，武王讨伐纣王。从此以后，世上总是依仗强权，欺凌弱小，依仗势众，侵害寡少。商汤、武王以来，就都是篡逆叛乱的人了。

蚩尤始乱图

［原文］

“今子修文、武之道①，掌天下

之辩[②]，以教后世，缝衣[③]浅带，矫言伪行[④]，以迷惑天下之主，而欲求富贵焉，盗莫大于子。天下何故不谓子为盗丘，而乃谓我为盗跖(zhí)？子以甘辞[⑤]说子路而使从之，使子路去其危冠，解其长剑，而受教于子[⑥]，天下皆曰孔丘能止暴禁非[⑦]。其卒[⑧]之也，子路欲杀卫君而事不成，身菹于卫东门之上[⑨]，子教子路菹(zū)此患，上无以为身，下无以为人，是子教之不至也[⑩]。子自谓才士圣人邪？则再逐于鲁，削迹于卫，穷于齐[⑪]，围于陈、蔡，不容身于天下。子之道岂足贵邪？

[注释]

①文、武之道：周文王、武王的政治礼制。

②辩：舆论。

③缝衣：宽大而长的儒服。

④矫言伪行：言行造作虚伪。

⑤甘辞：一作“甘言”，甜言蜜语。

⑥“使子路”三句：子路初见孔子时，戴着很高的帽子，佩着长剑，对孔子很粗暴，而孔子以礼义教育了他，使他顺从自己，脱了高帽，除掉长剑。危，高。

⑦止暴禁非：禁止残暴、错误的行为。

⑧卒：后来，结果。

⑨“子路”二句：卫君指蒯聩。原来卫灵公赶走了蒯聩，立公子辄为继承人。灵公死后，辄立为卫君，蒯聩从晋国回去作乱，并强迫卫大夫孔悝协助自己。子路当时是孔悝的家臣，想把孔悝救出而攻打蒯聩，结果被蒯聩指挥人夹攻打死。菹，剁成肉酱。

⑩教：令，使得。不至：不成功。

⑪穷于齐：鲁乱，孔子跑到齐国去，做高昭子的家臣，被齐景公所认识。

[译文]

“如今你研修文王、武王的治国方略，控制天下的舆论，一心想用你的主张传教后世子孙，穿着宽衣博带的儒式服装，说话与行动矫揉造作，用以迷惑天下的诸侯，而且一心想用这样的办法追求高官厚禄，要说大盗再没有比你大的了。天下为什么不叫你作盗丘，反而竟称我是盗跖呢？你用甜言蜜语说服了子路让他死心塌地跟随你，使子路去掉了勇武的高冠，解除了长长的佩剑，受教于你的门下，天下人都说你孔子能够制止暴力禁绝不轨。可是后来，子路想要杀掉篡逆的卫君却不能成功，而且自己还在卫国东门上被剁成了肉酱，这就是你那套说教的失败。你不是自称才智、圣哲之人吗？却两次被逐出鲁国，隐匿在卫国，在齐国被逼得走投无路，在陈国、蔡国之间遭受围困，不能容身于天下。你的那套主张难道还有可贵之处吗？

［原文］

“世之所高[1]，莫若黄帝，黄帝尚不能全德[2]，而战涿鹿之野，血流百里。尧不慈[3]，舜不孝[4]，禹偏枯[5]，汤放其主，武王伐纣(zhòu)，文王拘羑(yǒu)里[6]。此六子[7]者，世之所高也，孰论[8]之，皆以利惑其真而强反其情性[9]，其行乃甚可羞也。

商纣王

商纣王，中国历史上有名的暴君。公元前 1046 年，周武王率兵与商军在牧野展开激战，最终周军胜利并攻占朝歌，商纣王见大势尽去，于鹿台自焚而死。

［注释］

①高：推崇。

②全德：指具有完美的道德。

③尧不慈：传说尧杀长子考监明。

④舜不孝：舜不能服侍父母，而且没有禀告父母就结婚。这些都是以奴隶、封建社会的道德标准去看尧、舜的表现。尧、舜时代根本没有孝慈等观念。

⑤偏枯：亦作“半枯”，偏瘫，半身不遂。过分劳苦，指禹为治水而奔波。

⑥“文王”句：羑里，商代监狱名，在今河南的牖城。商纣王无道，周文王为之感叹，后被崇侯告状，于是纣王把他抓起来关在羑里。

⑦六子：指尧、舜、禹、汤、文、武。

⑧孰论：认真说来。孰，通“熟”。

⑨惑：迷惑。其真：他们的本性。反：违背。情性：指所谓天然的本性。

［译文］

“世上所尊崇的，莫过于黄帝，黄帝尚且不能保全德行，而征战于涿鹿的郊野，血流百里。唐尧不慈爱，虞舜不孝顺，大禹半身不遂，商汤放逐了他的君主，武王出兵征讨商纣，文王曾经被囚禁在羑里。这以上六个人，都是世人所尊崇的，但是仔细评论起来，都是因为他们追求功利迷惑了真性而强迫自己违反了自然的禀赋，他们的做法实在是很可耻的。

［原文］

“世之所谓贤士，伯夷、叔齐。伯夷、叔齐辞孤竹之君，而饿死于首阳之山，骨肉不葬。鲍焦饰行非世[1]，抱木而死。申徒狄谏而不听，负石自投于河，为鱼鳖所食。介子推至忠也，自割其股以食[2]文公，文公后背之[3]，子推怒而去，抱木而燔(fán)死。尾生与女子期于梁下[4]，女子不来，水至不去，抱梁柱而死。此六子者，无异于磔(zhé)犬、流豕(shǐ)、操瓢而乞者[5]，皆离名[6]轻死，不念本养寿命者也。

［注释］

①饰行：粉饰自己的所为，意即装作清高。非世：不满当时社会。

②食：给人东西吃。

③文公：晋文公。背之：忘恩负义。

④尾生：人名。期：约会。梁：桥。

⑤磔犬：被抛弃在野外的死狗。流豕：漂流在江河里的死猪。操瓢而乞：拿着瓢讨饭。

⑥离名：被追求名声的思想所蒙蔽。离，通“罹”。

［译文］

“世人所称道的贤士，就如伯夷、叔齐。伯夷、叔齐辞让了孤竹国的君位，却饿死在首阳山，尸体都未能埋葬。鲍焦着意清高非议世事，竟抱着树木而死去。申徒狄多次进谏不被采纳，背着石块投河而死，尸体被鱼鳖吃掉。介子推算是最忠诚的了，割下自己大腿上的肉给晋文公吃，晋文公返国后却背弃了他，介子推一怒之下逃出都城，隐居山林，抱着树木被烧死。尾生跟一女子在桥下约会，女子没有如期赴约，河水涌来尾生却不离去，竟抱着桥柱淹死。这以上六个人，与被抛弃在野外的死狗、沉入河中的猪以及

晋文公

晋文公，姓姬，名重耳，春秋时期著名的政治家，春秋五霸之一。

拿着瓢到处乞讨的乞丐相比没有什么不同，都是重视名节，轻生赴死，不顾念身体和寿命的人。

［原文］

“世之所谓忠臣者，莫若王子比干、伍子胥。子胥沉江，比干剖心，此二子者，世谓忠臣也，然卒为天下笑。自上观之[①]，至于子胥比干，皆不足贵也。

［注释］

①自上观之：从上述黄帝等人看来。

［译文］

“世人所称道的忠臣，没有超过王子比干和伍子胥的了。伍子胥被抛尸江中，比干被剖心而死，这两个人，世人都称作忠臣，然而最终被天下人耻笑。从上述事实看来，像伍子胥、王子比干之流，都是不值得推崇的。

［原文］

“丘之所以说我者，若告我以鬼事，则我不能知[①]也；若告我以人事者，不过此[②]矣，皆吾所闻知也。

［注释］

①不能知：表示不信鬼神。

②此：指上述历史上的各种人物、事件。

［译文］

“你孔丘用来说服我的话，假如告诉我怪诞离奇的事，那我是不可能知道的；假如告诉我人世间实实在在的事，不过如此而已，都是我所听闻的事。

［原文］

“今吾告子以人之情，目欲视色，耳欲听声，口欲察味，志气欲盈[①]。人上寿百岁，中寿八十，下寿六十，除病瘐(yǔ)[②]、死丧、忧患，其中开口而笑者，

比干

比干，商王太丁之子，被誉为“亘古第一忠臣”。

一月之中不过四五日而已矣。天与地无穷，人死者有时，操有时之具而托于无穷之间[3]，忽然无异骐骥(qí jì)之驰过隙也。不能说其志意，养其寿命者，皆非通道者也。

［注释］

①盈：充沛。

②瘐：指病。

③操：掌握。有时之具：指人的形体。无穷之间：指天地。

［译文］

“现在让我来告诉你人之常情，眼睛想要看到色彩，耳朵想要听到声音，嘴巴想要品尝滋味，志气想要满足、充沛。人生在世高寿为一百岁，中寿为八十岁，低寿为六十岁，除掉疾病、死丧、忧患的岁月，其中开口欢笑的时光，一月之中不过四五天罢了。天与地是无穷尽的，人的生命却是有时限的，将有时限的生命托付给无穷尽的天地之间，迅速地消逝就像是千里良驹从缝隙中骤然驰去一样。凡是不能够使自己心境获得愉快而颐养寿命的人，都不能算是通晓常理的人。

［原文］

“丘之所言，皆吾之所弃也，亟[1]去走归，无复言之！子之道，狂狂汲汲[2]，诈巧虚伪事也，非可以全真[3]也，奚(xī)足论哉！”

［注释］

①亟：急。

②汲汲：急于追求的样子。

③全真：保养天真的本性。

［译文］

“你孔丘所说的，全都是我想要废弃的，你赶快离开这里滚回去，不要再说了！你的那套主张，癫狂失性、钻营奔逐，全都是巧诈、虚伪的东西，不可能用来保全真性，有什么好谈论的呢！”

天　下

［题解］

本篇是《庄子》杂篇的最后一篇，但可以看作是全书的导言。篇中分别介绍和评价了儒、墨、道、名等学派的思想学说。本文节选了篇中对以公孙龙和惠施为代表的名辩学派的看法，其中列举了名家的一些著名辩题和观点，有很高的学术价值。因为本篇涉及晚于庄子的学术内容，因此可以推断，《天下》不是庄子本人所作，但它仍可以称得上是我国最早的一部哲学思想简史。

［原文］

惠施以此为大，观于天下而晓辩者[①]，天下之辩者相与乐之[②]。卵有毛[③]；鸡三足[④]；郢[⑤]有天下；犬可以为羊；马有卵；丁子[⑥]有尾；火不热；山出口；轮不蹍地[⑦]；目不见；指不至，至不绝；龟长于蛇[⑧]；矩不方，规不可以为圆；凿不围枘(ruì)[⑨]；飞鸟之景未尝动也；镞矢(zú shǐ)[⑩]之疾而有不行、不止之时；狗非犬；黄马骊牛三；白狗黑[⑪]；孤驹未尝有母；一尺之捶(chuí)[⑫]，日取其半，万世不竭。辩者以此与惠施相应[⑬]，终身无穷。

［注释］

①观：显示，炫耀。晓：晓喻。

②乐之：乐意和他论辩。

③卵有毛：鸡蛋可以孵化成带毛的小鸡。

④鸡三足：鸡足之实为二，鸡足之名（概念）为一，合名与实为三。

⑤郢：楚国都城，在今湖北江陵。

⑥丁子：蛤蟆，楚人叫作丁子。

⑦轮不蹍地：车轮转动时，只有其中一点在一刹那与地面接触，故说不蹍地。

⑧龟长于蛇：龟有大小，蛇有长短，大龟可以长过短小的蛇。

⑨凿：安榫的凿孔，今叫卯眼。枘：榫头。凿孔是套榫头的，但认真说来，凿孔与榫头还是有空隙的，不能围得完全紧贴，故说“不围”。

⑩镞矢：箭头。

⑪白狗黑：白狗身上有黑，如眼珠。根据毛白可叫白狗，根据眼黑亦可叫黑狗。

⑫捶：木棍。

龟

⑬相应：相对答。

[译文]

惠施认为上述看法是最为博大的了，游观天下并晓谕各处善辩的人，天下一切喜好争辩的人无不津津乐道：卵里面可以说是存在着毛；鸡的脚可以数出三只；郢都内就存在着天下；狗也可命名为羊，马能够说是卵生的；蛤蟆可以说是长有尾巴；火本身并没有热感；山中的回音证明大山也生出了口；车轮永远不会着地；眼睛也可说缺乏看的能力；指认外物永远达不到事物的实际，即使达到实际也会无穷无尽；乌龟比蛇还长；角尺不能画出方形，圆规也不能用来画圆；榫眼与榫头不会完全吻合；飞鸟的身影也可说不曾有过移动；飞出去的箭头有停留，也有不曾停歇的时刻；小狗可以不是狗；黄马、黑牛的称谓可以数出三个；白狗也可以叫它黑狗；称作孤驹应该说它不曾有过母亲；一尺长的棍棒，每天截取一半，一万年也分截不完。喜好争辩的人们用上述命题跟惠施相互辩论，一辈子没完没了。

[原文]

桓团[①]、公孙龙辩者之徒，饰[②]人之心，易[③]人之意，能胜人之口，不能服人之心，辩者之囿也。惠施日以其知与人之辩，特与天下之辩者为怪[④]，此其柢(dǐ)[⑤]也。

[注释]

①桓团：人名，姓桓，名团，赵国辩士。

②饰：蒙蔽。

③易：改变。

④特：专门。为怪：造出各种奇谈怪论。

⑤柢：大略。

[译文]

桓团、公孙龙等善辩之流，蒙蔽人们的思想，改变人们的心意，能够堵住别人的嘴，却不能折服人心，这就是辩者的局限。惠施每天用其心智跟人辩论，独自跟天下的辩者制造出这么多奇谈怪论，而上述就是他们论争的大体情况。

公孙龙

公孙龙，春秋战国时期著名的思想家，名家离坚白派的代表人物。据说他是赵国平原君的门客。

[原文]

然惠施之口谈[1]，自以为最贤，曰："天地其壮乎！"施存雄而无术。南方有倚人焉，曰黄缭[2]，问天地所以不坠不陷，风雨雷霆之故[3]。惠施不辞[4]而应，不虑而对，遍为万物说，说而不休，多而无已，犹以为寡，益之以怪。以反人为实，而欲以胜人为名[5]，是以与众不适也。弱于德[6]，强于物[7]，其涂[8]隩(ào)矣。由天地之道观惠施之能，其犹一蚊一虻(méng)之劳者也。其于物也何庸！夫充一[9]尚可，曰愈贵道，几矣！惠施不能以此自宁，散于万物而不厌，卒以善辩为名。惜乎！惠施之才，骀(tái)荡而不得[10]，逐万物而不反[11]，是穷响以声，形与影竞走也。悲夫！

[注释]

①口谈：口才。

②黄缭：人名，姓黄，名缭，楚国辩士。

③故：指产生的缘故。

④不辞：不辞谢，不表示一下谦让。

⑤胜人：辩赢别人。为名：获取名声。

⑥弱于德：轻视道德修养。德是本，这是舍本。

⑦强于物：重视追逐外物。物是末，这是逐末。

⑧涂：道。

⑨充一：充当一家之说。

⑩骀荡：放荡。不得：不能行于正道。

⑪不反：不知回头。

蚊

[译文]

不过惠施总是说个没完，自以为最有才气，说："天地伟大啊！"他实在是心存压倒他人的雄心而又不真正懂得道术。南方有个奇异的人，名叫黄缭，向他询问天为什么不会坠落、地为什么不会塌陷，询问风雨雷霆形成的原因。惠施一点也不谦逊，立即回应，不假思索就作出答复，广泛阐述事物的规律与原理，说起来滔滔不绝，话多而无休止，还认为说得太少，把许多奇异的东西也添加进去。他处处违反人之常情，却一心求取过人的名声，因此他总是跟众人不合时宜。他内心修养十分薄弱，而追逐外物的欲念却又十分强烈，他所走的道路真是弯曲狭窄。用天地之大道来考察惠施的能耐，不过就像是一只蚊虻在徒劳地嗡嗡作响。他的言论对于万物有什么用处！他充当一家之说还可以，要说比大道还珍贵，那就危险了！惠施不能够在这方面安下心来，离散心神于外界事物又从不知道倦怠，最终只不过得到善辩的美称。可惜啊！惠施的才气，放荡不羁而无所获，驰逐于外物而不知返归本真，这就像用声音来遏止回声，又像是为了使身形摆脱影子而拼命地奔跑，实在是可悲啊！

列子

作者介绍

列子，名御寇，先秦时期思想家，郑国莆田（今河南郑州）人。列子的学说根植于黄老之学，主张清静无为。

《汉书·艺文志》将列子归入道家，《列子》一书是道家重要典籍之一。《列子》有相当一部分内容是后人伪托列子所作，但这部著作文字隽永，意味深长，“愚公移山”“夸父追日”等寓言典故至今仍广为流传。

黄帝

[题解]

本篇通过描写黄帝从“有为”到“无为”的转变过程，阐述了道家最经典的“清静无为”思想，并使这一主导思想遍布全篇的字里行间。“列姑射山”和“朝三暮四”两则寓言在《庄子》中也有记载，分别表现了道家所追求的超然脱俗的理想化生存状态和所谓圣人以融合是非同异的方式治国的政治思想。其中“惠盎见宋康王”一则寓言显然是后人所作，因宋康王生活的时代要晚于列子。

[原文]

黄帝即位十有五年，喜天下戴己，养正命，娱耳目，供鼻口，焦然肌色皯黣(gǎn měi)[1]，昏然五情爽[2]惑。又十有五年，忧天下之不治，竭聪明[3]，进智力，营百姓，焦然肌色皯黣，昏然五情爽惑。黄帝乃喟然赞曰：“朕之过淫[4]矣。养一己其患如此，治万物其患如此。”于是放万机，舍宫寝，去直侍，彻钟悬，减厨膳，退而间居大庭之馆，斋心服形，三月不亲政事。昼寝而梦，游于华胥氏之国。华胥氏之国在弇(yǎn)州之西，台州之北，不知斯齐国几千万里[5]；盖非舟车足力之所及，神游而已。其国无师长，自然而已。其民无嗜欲，自然而已。不知乐生，不知恶死，故无夭殇(shāng)；不知亲己，不知疏物，故无爱憎；不知背逆，不知向顺，故无利害：

都无所爱惜，都无所畏忌。入水不溺，入火不热。斫挞(zhuó tà)[6]无伤痛，指擿(zhì)[7]无痟(xiāo)痒。乘空如履实，寝虚若处床。云雾不硋(ài)[8]其视，雷霆不乱其听，美恶不滑[9]其心，山谷不踬(zhì)其步，神行而已。黄帝既寤(wù)，怡然自得，召天老[10]、力牧、太山稽，告之，曰："朕闲居三月，斋心服形，思有以养身治物之道，弗获其术。疲而睡，所梦若此。今知至道不可以情求矣。朕知之矣！朕得之矣！而不能以告若矣。"又二十有八年，天下大治，几若华胥氏之国，而帝登假[11]。百姓号之，二百余年不辍。

[注释]

①皯：皮肤枯焦黝黑。黣：暗。

②爽：差错，失误。

③竭聪明：指黄帝竭尽自己的精力去关注天下之事。聪，听力。明，视力。

④淫：过分。

⑤斯：劈开，这里引申为距离。齐：通"脐"，指中央，齐国即中国、中原。

⑥斫：用刀砍。挞：鞭打。

⑦擿：搔爬。

⑧硋：同"碍"。

⑨滑：通"汩"，扰乱。

⑩天老：即天姥、天姆，传说中的天神。

⑪登假：古时对帝王死的一种讳称。假，同"遐"。

[译文]

黄帝即位十五年，因全国臣民都拥护和爱戴自己而感到欣喜，就开始刻意保养身体，用优美的乐舞来满足耳目之娱，用美味的食物来满足口鼻之欲，结果却弄得肌肤枯焦、面色晦暗，昏头昏脑，心神恍惚。又过了十五年，黄帝为社会不能安定而担忧，就竭尽精力，增进智慧，想方设

黄帝

黄帝，姓公孙，生于轩辕之丘，故称轩辕氏。他同炎帝并称为中华民族的始祖。

法地管理民众，结果还是弄得肌肤枯焦、面色晦暗，昏头昏脑，心神恍惚。黄帝于是喟然长叹说：“我做得太过分了。保养自己的祸患是这样，治理天下的祸患也是这样。”于是他抛开了繁杂的政务，舍弃了原来居住的宫殿，撤掉了值班的侍从，取消了钟鼓乐器，降低了膳食标准，退隐到宫殿外庭的简屋陋室，独自悠闲地居住，清心反省，消除肉体的欲念，三个月不亲自处理政事。一天，黄帝在白天休息时做了一个梦，梦见自己在华胥氏国漫游。华胥氏国在弇州的西面，台州的北面，距离中原不知有几千万里。不是乘船、坐车、步行能够到达的，只能通过精神游历罢了。这个国家没有老师和官吏，一切顺其自然罢了；人民没有嗜好和欲望，一切顺其自然罢了。他们不知道喜欢生存，不知道厌恶死亡，所以没有夭折早亡；不知道亲近自我，不知道疏远外物，所以没有爱憎情感；不知道违背，不知道顺从，所以没有利害纠纷：他们完全没有偏爱与吝惜，完全没有畏惧与忌讳。他们进入深水里不会淹死，进入烈火中感觉不到灼热。刀砍鞭打没有伤痛，指甲搔抓不觉痛痒。站在云端上就像脚踩平地，睡在虚空里好似躺在床上。云雾不能遮挡他们的视线，雷霆不能搅乱他们的听觉，美丑不能扰乱他们的心绪，山谷不能阻挡他们的脚步，这些都是精神的运行而已。黄帝醒后，感到十分愉快，把大臣天老、力牧和太山稽招来，告诉他们说：“我独自居住了三个月，清心反省，消除肉体欲念，潜心思考保养身体、治理天下的道理，但是没有想出什么头绪。后来我就很疲惫地睡着了，就做了这样一个梦。现在我明白了，最高深的道是不能刻意追求的。我知道了！我明白了！但是我不能把它告诉你们啊！”又过了二十八年，天下大治，几乎比得上梦中的华胥氏国，然而黄帝却去世了。老百姓因为怀念他而痛哭哀号，二百多年来一直没有停止。

山中神人

［原文］

列姑射山在海河洲中，山上有神人焉，吸风饮露，不食五谷；心如渊泉，形如处女；不偎①不爱，仙圣为之臣；不畏②不怒，愿悫③为之使；不施不惠，而物自足；不聚不敛，而已无愆④。阴阳常调，日月常明，四时常若⑤，风雨常均，字⑥育常时，年谷常丰；而土无札⑦伤，人无夭恶，物无疵厉，鬼无灵响⑧焉。

［注释］

①偎：偏爱。

②畏：威。

③愿：谨慎老实。悫：诚笃忠厚。

④愆：匮乏。

⑤若：顺从。

⑥字：养育。

⑦札伤：遭瘟疫而死，这里有损伤、荒废之意。

⑧灵响：鬼神作祟。

［译文］

列姑射山位于海河洲之中，山上住着神人。他吸清风，饮朝露，不吃粮食；他的心境就像深深的泉水，身形就像未出阁的少女；他不偏亲不偏爱，仙人和圣贤都愿做他的臣下；他不威不怒，忠厚老实的人都甘愿受他的驱使；他不施舍不惠赠，但是人们的财物自然富足；他不聚积不征敛，但是自己却什么也不缺乏。阴阳二气永远调和，日月星辰永远明亮，四季更替永远合乎规律，风霜雨雪永远均衡适当，万物生长永远符合时令，五谷杂粮永远丰收充实；而且土地没有荒废，人民没有夭折，万物没有灾祸，鬼神不会作祟。

［原文］

列子师老商氏，友伯高子，进二子之道，乘风而归。尹生闻之，从列子居，数月不省[1]舍。因间请蕲(qí)其术者[2]，十反而十不告。尹生怼(duì)[3]而请辞，列子又不命[4]。尹生退。数月，意不已，又往从之。列子曰："汝何去来之频？"尹生曰："曩(nǎng)章戴有请于子[5]，子不我告[6]，固有憾[7]于子。今复脱然[8]，是以又来。"列子曰："曩吾以汝为达，今汝之鄙至此乎？姬[9]！将告汝所学于夫子者矣。自吾之事夫子友若人也，三年之后，心不敢念是非，口不敢言利害，始得夫子一眄(miàn)[10]而已。五年之后，心庚念是非，口庚言利害，夫子始一解颜而笑。七年之后，从心之所念，庚无是非；从口之所言，庚无利害，夫子始一引吾并席而坐。九年之后，横[11]心之所念，横口之所言，亦不知我之是非利害欤，亦不知彼之是非利害欤；亦不知夫子之为我师，若人之为我友。内外进[12]矣。而后眼如耳，耳如鼻，鼻如口，无不同也。心凝形释，骨肉都融；不觉形

之所倚，足之所履，随风东西，犹木叶干壳，竟不知风乘我邪？我乘风乎？今女居先生之门，曾未浃(jiā)时[13]，而怼(duì)憾者再三。女之片体将气所不受，汝之一节将地所不载。履虚乘风，其可几乎[14]？”尹生甚怍(zuò)[15]，屏息良久，不敢复言。

［注释］

①省：问候，探望。

②间：闲。蕲：祈求。

③怼：怨恨。

④不命：不表态。

⑤曩：以前。章戴：尹生的名。

⑥子不我告：即“子不告我”。

⑦憾：恨。

⑧脱然：疾病痊愈的样子。本文指怨恨被化解。

⑨姬：通“居”，坐下。

⑩眄：斜视。

⑪横：放纵。

⑫进：通“尽”。

⑬浃时：一个时辰。浃，周匝。

⑭其：岂。几：希望。

⑮怍：惭愧。

［译文］

列子拜老商氏为老师，与伯高子结为朋友，学会了他们两个人的本领，乘风返回。有个名叫尹生的人听说了这件事，就跟列子住在一起，好几个月没有回家看看。他找机会向列子请教道术，请教了十次都没有得到列子的传授。尹生一肚子怨气，请求辞去，列子又没有表明什么态度。尹生走了。过了几个月，他希望学习道术的想法始终不能停止，又去跟随列子。列子说：“你为什么来来去去得这样频繁？”尹生回答：“从前我向您请教，您不传授我，我当然对您有些怨恨。现在我又想开了，所以回来。”列子说：“从前我还以为你明白道理，现在你竟然浅薄到这种地步了吗？坐下！我要把跟老师学到的东西传授给你了。自从我侍奉老师，跟伯高子结为朋友开始，三年以后，心里不敢思考是非，嘴里不敢谈论利害，老师才斜着眼瞟了我一下而已。五年之后，心里转而有意识地思考是非，嘴里转而有意识地谈论利害，老师才对我开颜一笑。七年之后，心里要想什么就想什么，反而想不到是非；嘴里要说什么就说什么，反而谈不到利害，老师才让我和他并席坐下。九年之后，我放纵心思去想，放开嘴巴去说，不知道我的是非利害是什么，也不知道别人的是非利害是什么；也不知道老商氏是我的老师，伯高子是我的朋友。这样内心与外物的界限就茫然不存了。从此以后，我的眼睛就跟耳朵一样，耳朵就跟鼻子一样，鼻子就跟嘴巴一样，它们之间没有什么差异。这样就能心神凝聚，形体消散，整个肉体都与自然融为一体；感觉不到身体倚靠的地方、脚下踩踏的地方，随风东西游走，就像一片树叶和干枯的谷皮一样，竟然不知道是风驾驭着我，还是我驾驭着风？如今你在我的门下做学生，竟然连一个时辰还不到就三番两次地表示怨恨不满。这样一来，哪怕你的一小片躯体，也不会被精气所接受，哪怕你的一小节骨头，也不会被大地所承载。你还想凌空乘风，怎么能奢望这种事呢？”尹生十分羞愧，很长时间都不敢大声喘气，也不敢再说话了。

［原文］

列子问关尹①曰：“至人潜行不空②，蹈火不热，行乎万物之上而不慄。请问何以至于此？”关尹曰：“是纯气之守也，非智巧果敢之列。姬！鱼语女③。凡有貌像声色者，皆物也。物与物何以相远也？夫奚(xī)足以至乎先？是色而已④。则物之造乎不形⑤，而止乎无所化。夫得是而穷之者，焉得而正焉？彼将处乎不深⑥之度，而藏乎无端之纪，游乎万物之所终始。壹其性，养其气，含其德，以通乎物之所造。夫若是者，其天守全，其神无郤(xì)⑦，物奚自入焉？夫醉者之坠于车也，虽疾不死。骨节与人同，而犯害与人异，其神全也，乘亦弗知也，坠亦弗知也。死生惊惧不入乎其胸⑧，是故遻(è)物而不慑(shè)⑨。彼得全于酒而犹若是，而况得全于天乎？圣人藏于天，故物莫之能伤也。”

尹喜

［注释］

①关尹：字公文，又名关令尹喜，生卒年不详，先秦道家学派代表人物。

②至人：道德修养最高的人。空：当为“窒”字的讹误。

③鱼：吾，我。女：通“汝”，你。

④是色而已：应为“是形色而已”，“色”字之前脱一“形”字。

⑤物之造乎不形：物质产生于无形之中，即产生于道。《老子》第四十章：“天下万物生于有，有生于无。”

⑥深：当为“淫”字的讹误。淫，过分、过度。

⑦郤：同“隙”，空隙。

⑧胸：心，古人认为人用心来思考。

⑨遻：遇到。慴：害怕。

[译文]

列子问关尹说：“道术和修养达到最高境界的人在水里潜行不会窒息，踩在火上不觉得热，行走在万物之上的高空不觉得害怕。请问他们是凭借什么才达到这种程度的呢？”关尹回答说：“他们凭借的是持守纯真之气，而不是靠耍小聪明、投机取巧和肆意妄为之类的做法。坐下！我跟你说。凡是有容貌、形象、声音、颜色的，都是物质。物质与物质之间为什么相差很大呢？有什么事物能够超越到其他事物的前面呢？都是具有形体颜色的物罢了。而天下万物产生于无形的道，又终止于不被外物所同化的道，掌握了这个道理又企图进行透彻研究的人，外物怎么能阻碍和左右他呢？这种事物将处在适当的状态中，藏匿于无始无终的变化里，遨游在万物的本原与终极之中。统一自己的本性，涵养自己的精气，隐藏自己的品德，依据这些来通向大自然。如果能够如此，这种天性就会持守无缺，精神就会凝聚无间，外物又从哪里侵入呢？喝醉酒的人从车上摔下去，即使受伤却不会死亡。他的骨骼和别人相同，而所受的伤害与别人不同，这是因为他的精神凝聚无缺，所以乘坐在车上不知道，从车上摔下来也不知道。生死惊恐不能进入他的内心，所以遇到意外也不会感到害怕。醉酒的人由于喝醉了酒而得到保全尚且如此，更何况得到天道的保全呢？圣人的心神隐藏在天道之中，所以没有什么东西能伤害他。”

猕猴

[原文]

宋有狙(jū)公[①]者，爱狙。养之成群，能解狙之意，狙亦得公之心。损其家口，充狙之欲。俄而匮焉[②]，

将限其食。恐众狙之不驯于己也，先诳(kuáng)[3]之曰：“与若芧[4]，朝三而暮四，足乎？”众狙皆起而怒。俄而曰：“与若芧，朝四而暮三，足乎？”众狙皆伏而喜。物之以能鄙相笼[5]，皆犹此也。圣人以智笼群愚，亦犹狙公之以智笼众狙也。名实不亏，使其喜怒哉！

［注释］

①狙公：养猴子的人。狙，猕猴。

②俄而：不久。匮：缺乏，贫困。

③诳：骗。

④芧：橡子。

⑤以能鄙相笼：根据下文可知，此处当为“以智鄙相笼”。鄙，否。能鄙，是否拥有智慧。笼，笼络、拉拢、欺骗。

［译文］

宋国有一个养猴子的人，很喜爱猴子。他饲养了成群的猴子，能理解猴子的心思，猴子也知道他的心意。这个人减少了家人的口粮，来满足猴子的食欲。没多久，这个人家里的粮食不多了，准备限定猴子的食量，又怕猴子们不顺从于自己，就先骗它们说：“给你们橡子吃，早上三个，晚上四个，够吗？”猴子们一听，都气得直跳。过了一会儿，他又说：“给你们橡子吃，早上四个，晚上三个，够吗？”猴子们听了，都高兴得趴在地上。物与物之间以才智与否相互笼络，都和这个故事所说的道理一样。圣人用才智来笼络愚蠢之人，也和养猴子的人用智慧笼络群猴一样。名义和实际都没有变化，却使猴子们产生了愤怒和喜悦两种完全不同的反应啊！

周宣王

周宣王，姬姓，名静，周厉王之子。宣王即位后，整顿朝政，使已衰落的周朝一时复兴。他的主要功绩是讨伐侵扰周朝的戎、狄和淮夷。

［原文］

纪渻(shěng)子为周宣王[1]养斗鸡，十日而问：“鸡可斗已乎？”曰：“未也；方虚骄而恃气。”十日又问。曰：“未也；犹应影响。”十日又问。曰：“未也；犹疾视[2]而盛气。”十

日又问。曰：“几矣。鸡虽有鸣者，已无变矣。望之似木鸡矣。其德全矣。异鸡无敢应者，反走耳。”

[注释]

①周宣王：第十一代周天子，姓姬，名静。

②疾视：怒目而视。

[译文]

纪渻子为周宣王训练斗鸡。过了十天，周宣王就问：“鸡可以斗了吗？”纪渻子回答说：“还不行，它还没有什么真本事却很骄傲自负。”过了十天，周宣王又问，纪渻子说：“还不行，它对别的鸡的反应还像影子和回声一样迅疾。”过了十天，周宣王又问，纪渻子说：“还不行，它对别的鸡还是怒目而视且傲气十足。”又过了十天，周宣王再问，纪渻子回答：“差不多了。别的鸡即使鸣叫，它也已经毫无反应了。看上去已经如同木鸡一样了，它的德性已经完备了。别的鸡没有敢应战的，看到它扭头就逃跑了。”

[原文]

惠盎（àng）见宋康王①。康王蹀（dié）足謦欬（qǐng kài）②，疾言曰：“寡人之所说者，勇有力也，不说为仁义者也。客将何以教寡人？”惠盎对曰：“臣有道于此，使人虽勇，刺之不入；虽有力，击之弗中。大王独无意邪？”宋王曰：“善；此寡人之所欲闻也。”惠盎曰：“夫刺之不入，击之不中，此犹辱也。臣有道于此，使人虽有勇，弗敢刺；虽有力，弗敢击。夫弗敢，非无其志也。臣有道于此，使人本无其志也。夫无其志也，未有爱利之心也。臣有道于此，使天下丈夫女子莫不驩然皆欲爱利之。此其贤于勇有力也，四累之上也。大王独无意邪？”宋王曰：“此寡人之所欲得也。”惠盎对曰：“孔、墨是已。孔丘、墨翟无地而为君，无官而为长；天下丈夫女子莫不延颈举踵③而愿安利之。今大王，万乘之主也；诚有其志，则四竟④之内，皆得其利矣。其贤于孔、墨也远矣。”宋王无以应。惠盎趋而出。宋王谓左右曰：“辩矣，客之以说服寡人也！”

[注释]

①宋康王：战国时，宋国末代国君，名偃，篡夺其兄的君位自立，在执

政期间称王，不顾国力有限而大肆对外征伐，公元前286年被齐湣王所灭。

②蹀足：顿足。謦欬：咳嗽。

③延颈举踵：伸长脖子，踮起脚跟，形容殷切地盼望。

④竟：通“境”，边界。

[译文]

惠盎拜见宋康王。宋康王故意顿脚又咳嗽，急迫地说：“我所欣赏的，是勇猛有力，不喜欢搞仁义道德那一套，你想用什么来教导我呢？”惠盎回答说：“我有一种道术，使人即使勇猛，也不能刺伤我；即使有力量，也不能打中我。大王难道无意于此吗？”宋康说：“好！这正是我想听一听的。”惠盎又说：“别人无法刺伤我，无法打中我，这对我来说还是一种耻辱。我这里还有一种道术，使人即使勇猛，却不敢刺我，即使有力量，却不敢打我。他们不敢，并不是说他们本来就没有刺我、打我的想法。我还有一种道术，使人本来就不存在刺人、打人的念头。不存在刺人、打人的念头，也没有爱护他人和帮助他人的打算。我还有一种道术，使天下的男男女女无不高高兴兴地都想爱护他人和帮助他人。这比勇猛有力强得多，也比上面说得四种方法更好，大王难道对这种道术也不感兴趣吗？”宋康王说：“这正是我想要学会的。”惠盎说：“孔子和墨子就是这样。他们两个人没有土地，却被视为君王，没有官爵，却被视为尊长。天下的男男女女无不伸长脖子，踮起脚跟，殷切地盼望得到安宁，获得利益。现在大王是大国的君主，如果真有这样的志向，那么境内的人民都能得到好处。这比孔子和墨子高明多了。”宋康王无言以对。惠盎快步走出去。宋康王对左右说：“真是雄辩啊，他用这样的方式来说服我！”

汤问

[题解]

本篇借夏革之口论述了“无”这一哲学概念。《庄子·养生主》开篇就指出：“吾生也有涯，而知也无涯。以有涯随无涯，殆已；已而为知者，殆而已矣。”列子同样不主张刻意地穷尽一生经历去钻研深奥的问题，这样想虽有消极的一面，但应该肯定的是，这种观点不等于知识无用论，道家推崇的不是小聪小慧，这一点在“愚公移山”的故事中体现得尤为突出。《列子》将自己竭力塑造的理想化人物命名为“愚公”，把耍小聪明、自命不凡的人物命名为“智叟”，可见愚与智在某种程度上是可以互相转化的。

[原文]

殷汤问于夏革曰①：“古初有物乎？”夏革曰：“古初无物，今恶得物？后之人将谓今之无物，可乎？”殷汤曰：“然则物无先后

乎？”夏革曰：“物之终始，初无极已。始或为终，终或为始，恶知其纪[2]？然自物之外，自事之先，朕所不知也。”殷汤曰：“然则上下八方有极尽乎？”革曰：“不知也。”汤固问。革曰：“无则无极，有则有尽[3]；朕何以知之？然无极之外复无无极，无尽之中复无无尽。无极复无无极，无尽复无无尽。朕以是知其无极无尽也，而不知其有极有尽也。”汤又问曰：“四海之外奚(xī)有？”革曰：“犹齐州[4]也。”汤曰：“汝奚以实之？”革曰：“朕东行至营[5]，人民犹是也。问营之东，复犹营也。西行至豳(bīn)[6]，人民犹是也。问豳之西，复犹豳也。朕以是知四海、四荒、四极之不异是也。故大小相含，无穷极也。含万物者，亦如含天地。含万物也故不穷，含天地也故无极。朕亦焉知天地之表不有大天地者乎？亦吾所不知也。然则天地亦物也。物有不足，故昔者女娲氏炼五色石以补其阙；断鳌之足以立四极。其后共工氏与颛顼(zhuān xū)争为帝[7]，怒而触不周之山，折天柱，绝地维[8]；故天倾西北，日月辰星就焉；地不满东南，故百川水潦归焉。”

［注释］

①殷汤：即商汤，商朝开国君主。夏革：又名夏棘，商汤的大臣。《庄子·逍遥游》中也有关于二人谈话的记载。

颛顼

②纪：头绪。

③有则有尽：由上下文可知，此处应作“有则无尽”。

④齐州：与《黄帝》篇中的“齐国”意思相同，都指中原。

⑤营：营州，在今辽宁朝阳。

⑥豳：西周封国名，在今陕西旬邑西，《诗经》国风中有《豳风》。

⑦共工氏：炎帝后裔，是颛顼时代的一个强大部落，其首领共工后来发展为我国古代传说中的水神，与颛顼争夺帝位失利后，头触不周山，导致天地倾斜，引发

洪水。颛顼：黄帝之孙，传说中的五帝之一。

⑧地维：系住大地四角的绳子。

［译文］

商汤问夏革说："太古之初有万物吗？"夏革回答说："如果太古时代没有万物，那么现在怎么能有万物呢？后代人要是说现在没有万物，可以吗？"殷汤又问："像你这样说，那么事物的产生没有先后吗？"夏革回答说："事物的终结和开始，一开始就没有明显的界限。开始也许就是终结，终结也许就是开始，怎么能弄清它们的头绪呢？但是说到物质存在以外还有什么，事情发生以前又是怎样，我就不知道了。"殷汤又问："那么上下八方有极限和尽头吗？"夏革回答说："不知道。"殷汤坚持要问个明白。夏革回答说："'无'就没有极限，'有'就没有尽头，那么我凭什么知道呢？因为无极限之外又没有无极限，无尽头之中又没有无尽头。无极限又没有无极限，无尽头又没有无尽头。因此我知道上下八方是没有极限，没有尽头的，而不知道它们是有极限有尽头的。"殷汤又问道："四海之外有什么呢？"夏革回答说："就像中原地区一样。"殷汤又问道："你用什么来验证这种说法呢？"夏革回答说："我往东到过营州，那里的人民和我们这里一样。我问营州以东的情况，又和营州一样。我往西去到过豳州，那里的人民和我们这里一样。我问豳州以西的情况，又和豳州一样。因此我知道四海、四荒、四极之外的地方都和我们这里没有什么不同。所以，大小互相包含，是没有穷尽和极限的。包含万物之物，也和包含天地之物一样。包含着万物所以没有尽头，包含着天地所以没有极限。我又怎么知道天地之外不存在比天地更大的东西呢？这也是我所不知道的。既然如此，那么天地也是事物。凡是事物都会有所不足，所以从前女娲氏炼五色石来修补天的残缺，斩断巨龟的腿来支撑四极。后来共工氏与颛顼争夺帝位，共工氏一怒之下，头撞不周山，折断了支撑天的柱子，拉断了系着大地的绳子。所以天空向西北方向倾斜，日月星辰也随着到了那里；大地的东南方向下沉，所以河流积水都向那里汇集。"

女娲

女娲，中国上古神话传说中的创世女神。传说她用黄土仿照自己的模样创造了人，还有传说女娲熔炼五色石来修补苍天。

［原文］

太形、王屋二山[①]，方七百里，

高万仞(rèn)。本在冀州②之南，河阳③之北。北山愚公者，年且九十，面山而居。惩④山北之塞，出入之迂⑤也，聚室而谋，曰：“吾与汝毕力平险，指通豫南⑥，达于汉阴⑦，可乎？”杂然相许。其妻献疑曰：“以君之力，曾不能损魁父之丘，如太形、王屋何？且焉置土石？”杂曰：“投诸渤海之尾⑧，隐土之北。”遂率子孙荷担者三夫，叩石垦壤，箕畚(běn)运于渤海之尾。邻人京城氏之孀(shuāng)妻有遗男，始龀(chèn)，跳往助之。寒暑易节，始一反焉。河曲智叟笑而止之，曰：“甚矣汝之不惠！以残年馀力，曾不能毁山之一毛，其如土石何？”北山愚公长息曰：“汝心之固，固不可彻⑨，曾不若孀妻弱子。虽我之死，有子存焉。子又生孙，孙又生子；子又有子，子又有孙。子子孙孙，无穷匮也，而山不加增，何苦而不平？”河曲智叟亡以应。操蛇之神闻之，惧其不已也，告之于帝⑩。帝感其诚，命夸蛾氏二子负二山，一厝(cuò)朔东⑪，一厝雍⑫南。自此，冀之南、汉之阴无陇断⑬焉。

［注释］

①太形：即太行山，在今山西省境内。王屋：山名，在今河南境内。

太行

②冀州：古九州之一，位于现在的河北省一带。

③河阳：古城邑名，位于黄河北岸，在今河南孟县西。

④惩：苦于。

⑤迂：曲折，绕远。

⑥豫南：豫州以南。豫州，古九州之一，位于现在的河南省一带。

⑦汉阴：汉水南岸。汉水，即汉江，主流在湖北省，是长江支流。

⑧渤海之尾：渤海之滨。

⑨彻：通。

⑩帝：天帝、上帝，我国传统神话中的最高天神。

⑪厝：放置。朔：朔方，古地名，在今山西北部、内蒙古自治区一带。

⑫雍：雍州，古九州之一，地处河西，位于现在的陕西、甘肃一带。

⑬陇断：被高山阻隔。

［译文］

太行、王屋两座大山，方圆七百里，高达上万仞，本来位于冀州的南面，河阳的北面。北山有一位叫愚公的老人，年龄接近九十岁了，住在这两座山的对面。苦于山北路途阻塞，出入道路曲折，就把全家人召集在一起商量，他说："我和你们一起拿出全部力量，削平这两座险峻的大山，使道路直通豫州南部，抵达汉水南岸，可以吗？"大家纷纷表示赞成。他的妻子提出疑问说："凭你的力气，连魁父那样的小土丘都挖不掉，怎么能搬走太行、王屋这两座大山呢？再说，把挖掉的泥土石头放到哪儿去呢？"大家都说："把它们扔到渤海的岸边、隐土的北面去。"于是，愚公带领三个挑担子的子孙，凿石头，挖泥土，用土筐把泥土和石头运到渤海的岸边。他的邻居京城氏的寡妇，有一个儿子，才七八岁，也蹦蹦跳跳地跑去帮忙。从寒冬到酷暑，他们才往返一次。河曲有个名叫智叟的老头，看了发笑，劝阻愚公说："你真是愚蠢到了极点！凭你的残年余力，连山上的一根草恐怕都拔不掉，还能把泥土和石头怎么样呢？"愚公长长地叹了口气说："你的思想太顽固了，顽固得不能开窍，竟然不如寡妇和小孩子。即使我死了，还有我的儿子在。儿子又生孙子，孙子又生儿子，孙子的儿子又有儿子，孙子的儿子又有孙子。子子孙孙是没有穷尽的；然而山是不会再增高的，还怕挖不平吗？"河曲智叟听了，无言以对。山神听了，害怕愚公挖山不止，就报告了天帝。天帝被愚公的诚心所感动，就命令大力神夸娥氏的两个儿子背着那两座大山，一座放在朔方的东部，一座放在雍州的南部。从此以后，冀州的南面到汉水的南岸就没有高山的阻隔了。

［原文］

夸父不量力，欲追日影，逐之于隅(yú)谷[1]之际。渴欲得饮，赴饮河渭。河谓不足，将走北饮大泽。未至，道渴而死。弃其杖，尸膏肉所浸[2]，生邓林[3]。邓林弥[4]广数千里焉。

［注释］

①隅谷：传说中的日落之地。

②浸：浸润。

③邓林：桃林，传说中的树林。

④弥：远。

［译文］

夸父不自量力，想要追赶太阳的影子，一直追到日落之处的隅谷边。他口渴

极了，想要喝水，就跑去喝黄河和渭河的水。黄河和渭河的水不够喝，他又想跑到北方去喝大湖里的水。还没有跑到，在半路上就渴死了。他丢弃了自己的手杖，这根手杖受到他尸体脂肪和肌肉的浸润，生长出一片树林。这片树林绵延扩展至方圆几千里。

［原文］

大禹曰：“六合[①]之间，四海之内，照之以日月，经之以星辰，纪之以四时，要（yāo）之以太岁[②]。神灵所生，其物异形；或夭或寿，唯圣人能通其道。”夏革曰：“然则亦有不待神灵而生，不待阴阳而形，不待日月而明，不待杀戮（lù）而夭，不待将迎[③]而寿，不待五谷而食，不待缯纩（zēngkuàng）而衣，不待舟车而行。其道自然，非圣人之所通也。”

［注释］

①六合：指天地与四方。

②要：约定。太岁：即木星，又称岁星，古人曾以木星运行周期纪年，所以称之为“要之以太岁”。

③将迎：调养，保养。

［译文］

大禹说：“天地四方之间，四海之内，以日月的光芒来照耀它，以星辰的运行围绕它，以四季的变化来安排它的秩序，以木星来确定它的纪年。神灵所产生的一切，它们的形态各不相同，有的短命，有的长寿，只有圣人能够通晓它们的规律。”夏革说：“但是也有不需要神灵而产生，不依赖阴阳的运用而成形，不凭借日月照耀而发光，不待杀戮而夭折，不需调养而长寿，不食五谷而能饱，不着絮帛而能穿暖，不乘车船而行走的。这些都是通过效法自然而得到的，这不是圣人所能通晓的。”

夏禹

夏禹是与尧舜并称的中国上古时代的圣王。因治水有功，被尊称为大禹。

［原文］

禹之治水土也，迷而失涂[①]，谬之一国。滨北海之北，不知距齐州几千万里。其国名曰终北，不知

际畔(pàn)之所齐限[2]，无风雨霜露，不生鸟兽、虫鱼、草木之类。四方悉平，周以乔陟(zhì)[3]。当国之中有山，山名壶领，状若甔甀(dān zhuì)[4]。顶有口，状若员[5]环，名曰滋穴。有水涌出，名曰神瀵[6]，臭过兰椒[7]，味过醪醴(láo lǐ)。一源分为四埒(liè)，注于山下。经营一国，亡不悉遍。土气和，亡札厉。人性婉而从物，不竞不争；柔心而弱骨，不骄不忌；长幼侪(chái)居，不君不臣；男女杂游，不媒不聘；缘水而居，不耕不稼；土气温适，不织不衣；百年而死，不夭不病。其民孳阜(zī fù)亡数，有喜乐，亡衰老哀苦。其俗好声，相携而迭谣，终日不辍音。饥惓则饮神瀵，力志和平。过则醉，经旬乃醒。沐浴神瀵，肤色脂泽，香气经旬乃歇。周穆王[8]北游过其国，三年忘归。既反周室，慕其国，惝(chǎng)然自失。不进酒肉，不召嫔御者，数月乃复。管仲勉齐桓公因游辽口，俱之其国，几克举[9]。隰(xí)朋[10]谏曰："君舍齐国之广，人民之众，山川之观，殖物之阜[11]，礼义之盛，章服之美，妖靡盈庭，忠良满朝。肆咤(zhà)[12]则徒卒百万，视㧑(huī)[13]则诸侯从命，亦奚(xī)羡于彼而弃齐国之社稷(jì)，从戎夷之国乎？此仲父之耄(mào)[14]，奈何从之？"桓公乃止，以隰朋之言告管仲。仲曰："此固非朋之所及也。臣恐彼国之不可知之也。齐国之富奚恋？隰朋之言奚顾？"

周穆王八骏巡游

据《穆天子传》记载，周穆王喜欢游历，曾驾八骏之乘驱驰九万里，西行到昆仑山。

[注释]

①涂：通"途"，道路。

②际畔：边界。齐限：定限。

③乔陟：层峦叠嶂。

④甔：为坛子一类瓦器。甀：为小口瓮。

⑤员：通“圆”。

⑥瀵：从地下冒出的泉水。

⑦臭过兰椒：气味比兰椒还要芳香。臭，嗅，气味。兰椒，兰草和花椒。

⑧周穆王：第五代周天子，姓姬，名满，曾长期出游，因此极富传奇色彩。

⑨克：能够。举：行动，起行。

⑩隰朋：齐桓公时的大夫。

⑪殖：繁殖，生长。阜：盛多。

⑫肆咤：当作“叱咤”。

⑬视：通“指”。扐：通“挥”。

⑭耄：昏乱。

[译文]

大禹治理洪水的时候，迷失了道路，误入一个国家。这里濒临北海的北边，不知道距离中原有几千万里。这个国家名叫终北，不知道它的边界在哪里。这里没有风雨霜露的天气变化，没有鸟兽、虫鱼、草木之类生物的生长繁衍。四面八方都很平坦，周围环绕着层层叠叠的高山。国家的正中有一座山，名叫壶岭。山的形状像只口小腹大的瓦罐。山顶上有个洞口，洞口的形状像个圆环，名叫滋穴。洞口有泉水涌出，名叫神瀵，它的气味比兰草和花椒还要芳芳，味道比陈年美酒还要醇香。一个源头分为四股水流，灌注到山下，周流全国，没有流淌不到的地方。那里地气调和，没有瘟疫瘴疠。人民性情温和，顺从自然，不竞逐，不争斗；心地柔顺，品性怯弱，不骄傲，不妒忌；长少共同居住在一起，不分君臣上下；男男女女，一起游玩，男婚女嫁，不通过媒妁，不需要聘礼；在河边居住，不耕种庄稼；气候温和，不织布帛，不穿衣服；百岁而死，不夭折，不生病。那里的人民繁衍兴旺，人口无数，只有喜悦安乐，没有衰老悲痛。那里的人喜欢唱歌，老老少少，成群结队，轮流唱歌，歌声整天不停。饥饿疲倦了就喝神瀵之泉，力量和心神立刻得到恢复。喝多了就会醉，十多天后才醒过来。用神瀵的水洗澡，肤色洁白光滑，芬芳的香气十多天才消失。周穆王到北方巡游时经过这个国家，流连忘返，在那里居住了三年。回到朝廷后，仍旧思慕那个国家，

管仲

管仲，名夷吾，颍上（今安徽颍上）人，春秋时期齐国著名的政治家、军事家。他曾辅佐齐桓公成为春秋时期的第一霸主。

怅然若失，不吃酒肉，不亲近嫔妃，几个月后才恢复常态。管仲劝齐桓公趁巡游辽口的机会，一同到那个国家去，差一点儿成行。隰朋劝谏说："您要舍弃齐国广阔的国土，众多的人民，壮丽的山川，丰富的物产，隆重的礼义，华美的服饰，盈庭的美女，满朝的忠臣吗？您在齐国，一声怒吼就能召集来百万兵卒，任意指挥就可以使诸侯听从命令，还为什么羡慕别的国家而抛弃齐国的江山，到异族的国家去呢？管仲老糊涂了，怎么能听他的呢？"齐桓公听了隰朋的劝谏，就打消了去终北国的念头，又把隰朋的话告诉了管仲。管仲说："这本来就不是隰朋所能理解的。恐怕那个国家您是不能亲眼去看一看了。如果能去的话，齐国的富饶有什么可留恋？隰朋的话又有什么可顾及的呢？"

[原文]

孔子东游，见两小儿辩斗。问其故，一儿曰："我以日始出时去人近，而日中时远也。"一儿以日初出远，而日中时近也。一儿曰："日初出大如车盖，及日中，则如盘盂：此不为远者小而近者大乎？"一儿曰："日初出沧（cāng）沧凉凉，及其日中如探汤①：此不为近者热而远者凉乎？"孔子不能决也。两小儿笑曰："孰为②汝多知乎？"

[注释]

①探汤：把手伸进热水里。汤，热水。

②为：谓。

[译文]

孔子到东方去游历，看见两个小孩在争辩，就问他们争辩的原因。一个小孩说："我认为太阳刚出来的时候距离人近，中午的时候距离人远。"另一个小孩则认为太阳刚出来的时候远，中午的时候近。前一个小孩说："太阳刚出来的时候像车盖那么大，到中午，就只有盘子那么大，这不就是远的看起来小而近的看起来大吗？"后一个小孩又说："太阳刚出来的时候天气冷冰冰的，到中午的时候就像手伸到热水里一样热，这不就是近的感到热而远的感到凉吗？"孔子不能判定谁对谁错。两个小孩笑着说："谁说你知识渊博啊？"

[原文]

伯牙①善鼓琴，钟子期善听。伯牙鼓琴，志在登高山。钟子期曰："善哉！峨峨兮若泰山！"志在流水，钟子期曰："善哉！洋洋兮若江河！"伯牙所念，钟子期必得之。伯牙游于泰山之阴，卒逢暴雨，止于岩下；心悲，乃援琴而鼓之。初为霖雨之操②，

更造崩山之音。曲每奏，钟子期辄穷其趣。伯牙乃舍琴而叹曰："善哉，善哉！子之听夫！志想像犹吾心也。吾于何逃声哉？"

[注释]

①伯牙：春秋时期著名琴师，擅长演奏古琴，樵夫钟子期是他的知音。钟子期死后，伯牙破琴绝弦，发誓不再弹琴。

②操：古琴曲的一种。

[译文]

伯牙擅长演奏古琴，钟子期擅长欣赏琴声。伯牙弹琴，内心想着登临高山。钟子期说："好极了！巍峨庄严就像泰山一样！"伯牙又转而想着流水，钟子期又说："妙极了！浩浩荡荡就像江河一样！"伯牙弹琴的时候心里所想到的，钟子期都能通过琴声听出来。伯牙在泰山北麓游览时，突然遇到暴雨，滞留在岩石下面，心里悲伤，就拿过琴来弹奏。开始时先弹奏表现连绵大雨的曲子，接着又转而营造出高山崩塌的声音。每弹奏一支曲子，钟子期都能完全领悟曲子的旨趣。于是，伯牙放下琴赞叹说："妙极了！您的音乐欣赏能力妙极了！您心里想到的就和我内心想的一样，我怎么能隐匿自己的心声呢？"

[原文]

周穆王西巡狩[1]，越昆仑，不[2]至弇(yǎn)山。反还，未及中国，道有献工人名偃师，穆王荐[3]之，问曰："若有何能？"偃师曰："臣唯命所试。然臣已有所造，愿王先观之。"穆王曰："日以俱来，吾与若俱观之。"越日偃师谒见王。王荐之，曰："若与偕(xié)来者何人邪？"对曰："臣之所造能倡[4]者。"穆王惊视之，趋步俯仰，信人[5]也。巧夫，钦(qìn)[6]其颐，则歌合律；捧其手，则舞应节。千变万化，惟意所适。王以为实人也，与盛姬内御并观之。技将终，倡者瞬[7]其目而招王之左右侍妾。王大怒，立欲诛偃师。偃师大慑，立剖散倡者以示王，皆傅会革、

昆仑山

木、胶、漆、白、黑、丹、青之所为。王谛[8]料之，内则肝、胆、心、肺、脾、肾、肠、胃，外则筋骨、支节、皮毛、齿发，皆假物也，而无不毕具者。合会[9]复如初见。王试废其心，则口不能言；废其肝，则目不能视；废其肾，则足不能步。穆王始悦而叹曰："人之巧乃可与造化者同功乎？"诏贰车载之以归。夫班输[10]之云梯，墨翟[11]之飞鸢(yuān)，自谓能之极也。弟子东门贾[12]、禽滑厘[13]闻偃师之巧，以告二子，二子终身不敢语艺，而时执规矩[14]。

[注释]

①巡狩：天子外出视察，也作"巡守"。

②不：当为衍文。

③荐：应作"进"，召见。

④倡：古时以表演乐舞为职业的人，这里作动词，指表演歌舞。

⑤信人：像真的人。信，确实。

⑥锁：向下按。

⑦瞬：眨眼。

⑧谛：仔细。

⑨合会：聚集。

⑩班输：即公输班，春秋战国之际鲁国著名工匠，又称鲁班，曾为楚王造云梯进攻宋国。

⑪墨翟：即墨子，春秋战国之际的思想家，墨家学派创始人，也是当时的著名工匠。

⑫东门贾：公输班的弟子。

⑬禽滑厘：墨子的弟子。

⑭规矩：圆规和直尺。

[译文]

周穆王到西方去巡视，翻越昆仑山，来到上弇山。在返回的途中，还没有回到中原，路上有个名叫偃师的工匠自愿奉献技艺。穆王召见了他，问道："你有什么本领？"偃师回答说："只要是大王命令的，我都愿意试一试。不过，我已经做好了一件东西，希望大王先看一看。"周穆王说："明天你把它带来，我和你一起看。"第二天，偃师来拜见周穆王。周穆王召见他。周穆王问道："和你一起来的是什么人呀？"偃师回答说："是我造的能够表演歌舞的人。"周穆王惊奇地看着那个人，只见那人疾走缓行，俯仰自如，就像真人一样。太精巧了，那个歌

舞艺人抑低下巴，唱起歌来，歌声完全合乎旋律；抬起双手，跳起舞来，舞步完全合于节拍。千变万化，随心所欲。穆王以为是个真人，就叫来他宠幸的美人盛姬和内宫侍御们一起看他的表演。表演快要结束时，那个表演歌舞的人竟然挤眼挑逗穆王身边的侍女。穆王大发雷霆，马上要杀掉偃师。偃师非常害怕，马上把表演歌舞的人拆散了给周穆王看。原来这个歌舞艺人完全是用革、木、胶、漆和白、黑、红、青等颜料做成的，周穆王仔细检查，只见他身体内部的肝、胆、心、肺、脾、肾、肠、胃和外面的筋骨、四肢、皮毛、齿发等都是假的，却没有一样不具备。把这些东西再重新组装起来，就又和起初看见时一样。周穆王试着取走他的心脏，他的嘴巴就不能说话了；取走他的肝脏，他的眼睛就不能看东西了；取走他的肾，他的脚就不能走路了。周穆王这才高兴地赞叹说：“人的技巧竟能与创造万物的大自然有同样的功能吗？”于是，周穆王下令用副车载着他回国。公输班造的攻城的云梯，墨子造的会飞的木鸢，他们都自认为这是技能所达到的极限。他们的弟子东门贾和禽滑厘听说了偃师的技巧，就告诉了他们的两位老师。从此，公输班和墨子一辈子都不敢再谈论技艺，而经常拿着工具勤学苦练。

［原文］

周穆王大征西戎，西戎献锟铻(kūn wú)之剑，火浣(huàn)之布①。其剑长尺有咫(zhǐ)②，练钢赤刃，用之切玉如切泥焉。火浣之布，浣之必投于火。布则火色，垢则布色，出火而振之，皓然疑乎雪。皇子以为无此物，传之者妄。萧叔曰：“皇子果于自信，果于诬理哉！”

［注释］

①火浣之布：可以用火洗涤的布，也就是石棉布。浣，洗涤。

②咫：周制八寸，合今制市尺六寸二分二厘。

［译文］

周穆王大举征伐西戎，西戎人进献了锟铻宝剑和可以用火洗涤的布。锟铻剑长一尺八寸，用经过千锤百炼的钢锻造而成，剑刃呈赤红色，用它切玉就像切泥一样。可以用火洗涤的布，洗的时候必须要放在火里。当布烧成火红色，污垢烧成布的颜色时，将布从火中取出来抖一抖，布就会变得像白雪一样清洁光亮。皇子认为根本不存在这种东西，传说的人是在胡说八道。萧叔说：“皇子也过于自信，也过于歪曲了事物的客观道理了！”

墨子

作者介绍

墨子，名翟，春秋战国之际的鲁国人，我国古代著名思想家、政治家，墨家学派创始人。墨家在战国中前期影响很大，孟子说：“杨朱、墨翟之言盈天下，天下之言，不归于杨，即归墨。”

《墨子》一书记述了墨子的主要思想，其文字质朴，但逻辑性极强，主张“兼爱”“非攻”，反对儒家的等级观念。

尚贤

[题解]

本文选自《墨子·尚贤上》，探讨了尚贤与治国的关系。尚贤，就是推崇贤能之士。墨子认为，当时很多诸侯国政治腐朽，国力衰败，正是由于各国统治者任人唯亲，贤士得不到用武之地。因此，墨子将尚贤称为“为政之本”。本篇中还提到了“义”这一概念，墨家的爱和义不同于儒家，墨子反对等级制，体现在尚贤的方面，就是“举义不辟贫贱”“举义不辟疏”“举义不辟远”。

[原文]

子墨子言曰：今者王公大人为政于国家者，皆欲国家之富，人民之众，刑政之治①。然而不得富而得贫，不得众而得寡，不得治而得乱，则是本失其所欲，得其所恶。是其故何也？

墨子

[注释]

①治：合理有序。

[译文]

墨子说：现在治理国家的王公大臣，都希望国家富足，人口众多，刑法和政令合理

有序。然而国家没有实现富足，反而变得贫穷，人口没有增加，反而减少，刑法和政令没有实现合理有序，反而变得混乱不堪，这是从根本上失去了他们所希望的，得到的是他们所厌恶的，这是什么原因呢？

［原文］

子墨子言曰：是在王公大人为政于国家者，不能以尚贤事[1]能为政也。是故国有贤良之士众，则国家之治厚，贤良之士寡，则国家之治薄。故大人之务，将在于众贤[2]而已。

［注释］

①事：任用。

②众贤：增加贤能的人。众，这里作动词，即增加。

［译文］

墨子说：这是因为王公大臣在治理国家时，不能推崇贤者，任用能人参与国政的缘故。所以国家拥有的贤能优秀的人才多，治理国家的力量就雄厚；贤能优秀的人才少，治理国家的力量就薄弱。所以，王公大臣的要务，就在于增加贤能之士罢了。

［原文］

曰：然则众贤之术，将奈何哉？子墨子言曰：譬（pì）若欲众其国之善射御之士[1]者，必将富之贵之，敬之誉之，然后国之善射御之士，将可得而众也。况又有贤良之士，厚乎德行，辩乎言谈，博乎道术者乎。此固国家之珍，而社稷（jì）之佐也。亦必且富之贵之，敬之誉之，然后国之良士，亦将可得而众也。

［注释］

①善射御之士：擅长射箭和驾车的人，代指善于统兵打仗的军事人才。御，驾车。

［译文］

有人问：那么增加贤能之人的方法，究

薛仁贵天山三箭

薛仁贵，即薛礼，唐朝名将。他在军事上创造了“三箭定天山”“神勇收辽东”“仁政高丽国”等功勋。

竟是什么呢？墨子说：假如要增加这个国家善于射箭和驾车的人才，就一定要使他们富有和尊贵，还要尊敬和赞美他们，这样以后，国内善于射箭和驾车的人才就能够增多。何况又有贤能优秀的人才，德行敦厚，能言善辩，精通治国的方略。这本来就是国家的珍宝，并且是社稷的栋梁。也一定要使他们富有尊贵，还要尊敬和赞美他们，这样以后，国内的贤能优秀之士，也就能够增多了。

［原文］

是故古者圣王之为政也，言曰：“不义不富，不义不贵，不义不亲，不义不近。”是以国之富贵人闻之，皆退而谋曰：“始我所恃者，富贵也。今上举义不辟①贫贱，然则我不可不为义。”亲者闻之，亦退而谋曰：“始我所恃者，亲也。今上举义不辟亲疏，然则我不可不为义。”近者闻之，亦退而谋曰：“始我所恃者，近也，今上举义不辟远近，然则我不可不为义。”远者闻之，亦退而谋曰：“我始以远为无恃，今上举义不辟远近，然则我不可不为义。”逮至远鄙郊外之臣、阙庭庶子②、国中之众、四鄙之萌③人闻之，皆竞为义，是其故何也？曰：上之所以使下者，一物④也。下之所以事上者，一术⑤也。譬(pì)之富者，有高墙深宫，墙立既谨⑥，上为凿一门，有盗人入，阖(hé)其自入而求之，盗其无自出。是其故何也？则上得要也。

［注释］

①辟：同“避”。

②阙庭庶子：先秦时，公卿大夫的庶子多在天子的宫廷担任侍卫官，故称“阙庭庶子”。

③四鄙之萌：即四野之民。萌，通“氓”，平民，百姓。

④物：指“尚贤”。

⑤术：指“为义”。

⑥谨：通“仅”。

［译文］

所以古代的圣王治理国家，说：“不义之人不要使他富有，不义之人不要使他尊贵，不义之人不要与他亲善，不义之人不要与他接近。”所以国内富贵的人听到后，都私下里商量说：“开始我们所仰仗的，就是富有和尊贵。现在君上推举义士而不回避贫贱之人，这样我就不能不行义。”君主的亲戚听到后，也私下里商量说：“开始我们所依赖的，就是亲戚关系，现在君上选拔义士而不回避关系疏远的人，这样我就不能不行义了。”君主的近臣听到后，也私下里商量说：“开始我所依靠的，就是与君上亲近，现在君上选举义士而不回避关系疏远的人，这样我就不能不行义了。”关系疏远的人听到后，也私下里商量说：“我开始认为关系疏远就无所依靠，现在君上选任义士而不回避关系疏远的人，这样我就不能不行义了。”直到边远的偏僻地方的奴隶、宫廷侍卫、国都内的民众、四野的平民听到后，都争着行义，这是什么原因呢？这就是说：君上役使臣下，仅凭尚贤就可以了。臣下事奉君上，仅凭行义就可以了。比如说有一个富人，有高大的院墙和深邃的宫室，墙已经立好了，仅在上面开凿一道门，如果有盗贼进入，就关闭他所进入的这道门，这样盗贼就出不去了。这是什么缘故呢？就是主人抓住了要领。

［原文］

故古者圣王之为政，列①德而尚贤，虽在农与工肆之人，有能则举之，高予之爵，重予之禄，任之以事，断予之令。曰：爵位不高，则民弗敬；蓄禄不厚，则民不信；政令不断，则民不畏。举三者授之贤者，非为贤赐也，欲其事之成。故当是时，以德就列，以官服事，以劳殿②赏，量功而分禄。故官无常贵，而民无终贱。有能则举之，无能则下之。举公义，辟私怨，此若言之谓也。

［注释］

①列：任用。

②殿：通“奠”，定。

［译文］

所以古代圣王治理国家，任用德者并且推崇贤人，即使是从事农耕和经营工商的人，有才能也选用他，给他高贵的爵位、给他优厚的俸禄、任用他处理实际事务、授予他决断的大权。这就是说：爵位不高，百姓就不尊敬他；俸禄不厚，百姓就不信任他；权力不大，百姓就不畏惧他。将以上这三样东西授予贤能之人，并不是因为他贤能才赏赐，而是要让他的事业成功。所以在这个时候，依照高尚的道德授予官爵，根据官职安排职责，凭借功劳确定奖赏，衡量功勋来分配俸禄。所以官吏就不会永远富贵，而且百姓也不会一直贫贱。有才能的人就任用他，没有才能的人就罢免他。推崇公认的道义，摒除私人的怨恨，说的就是这个意思。

［原文］

故古者尧举舜于服泽之阳①，授之政，天下平。禹举益②于阴方之中，授之政，九州③成。汤举伊尹④于庖（páo）厨之中，授之政，其谋得。

文王举闳(hóng)夭、泰颠于罝罔(wǎng)[⑤]之中，授之政，西土服。故当是时，虽在于厚禄尊位之臣，莫不敬惧而施[⑥]；虽在农与工肆之人，莫不竞劝而尚意[⑦]。故士者，所以为辅相承嗣也。故得士则谋不困，体不劳，名立而功成，美章[⑧]而恶不生，则由得士也。

伯益

［注释］

①服泽之阳：古时候以山南水北为阳。服泽，古地名，相传为尧推举舜的地方。

②益：即伯益，曾辅佐大禹，后为禹之子启所灭。

③九州：指中国。《尚书·禹贡》将中国分为冀、豫、兖、青、徐、扬、荆、梁、雍九州，相传九州为禹所划分。

④伊尹：商汤时的名臣，初为厨房中的奴隶，后来因贤能被汤任用。

⑤罝罔：指狩猎。罝，捕兔的网。罔，同“网”。

⑥施：当作“不施”。施，即“弛”。

⑦意：为“悳”的讹误。悳，同“德”。

⑧章：通“彰”，彰显。

［译文］

所以古时候尧在服泽之北推举舜，交给他国家大政，从而使天下太平。禹在阴方之中，推举伯益，交给他国家大政，从而使九州形成。商汤从厨房之中选拔出伊尹，交给他国家大政，从而计划得以实现。周文王从猎人的行列中选拔出闳夭、泰颠，交给他们国家大政，从而使西方各小国臣服。所以在这个时候，即使是俸禄优厚、地位尊贵的大臣，也没有不敬畏的并且不敢懈怠；即使是从事农耕和经营工商的人，也没有不争相规劝并且崇尚道德的。所以贤能之士，都是凭借这些成为辅佐和接替的人选的。所以得到了贤能之士，计谋就不会困乏，身体也不会劳苦，这样就可以树立美名并且成就功业，美好的得到彰显并且丑恶的不会产生，这都是得到了贤能之士的缘故。

［原文］

是故子墨子言曰：得意，贤士不可不举，不得意，贤士不可

不举，尚欲祖述[1]尧、舜、禹、汤之道，将不可以不尚贤。夫尚贤者，政之本也。

［注释］

①祖述：效法。

［译文］

所以墨子说：得意的时候，不能不选拔贤能之士，不得意的时候，也不能不推举贤能之士，尚且想效法尧、舜、禹、汤的治国之道，就不能不推崇贤能之士。推崇贤能之人，是治国大政的根本。

尚同

［题解］

“尚同”即“上同”，意思是使臣民的意志统一于君主，君主的意志统一于上天，这种政治思想带有专制主义色彩。墨家学派在社会实践中也在实践这一理念，墨者都要统一受墨家首领“巨子”的领导。墨子认为，尚同有利于维护社会安定，既符合天道，又符合国家和百姓的利益。

［原文］

子墨子言曰：知者之事，必计国家百姓所以治者而为之，必计国家百姓之所以乱者而辟[1]之。然计国家百姓之所以治者，何也？上之为政，得下之情则治，不得下之情则乱。何以知其然也？上之为政，得下之情，则是明于民之善非也。若苟明于民之善非也，则得善人而赏之，得暴人而罚之也。善人赏而暴人罚，则国必治。上之为政也，不得下之情，则是不明于民之善非也。若苟不明于民之善非，则是不得善人而赏之，不得暴人而罚之。善人不赏而暴人不罚，为政若此，国众必乱。故赏罚不得下之情，而不可不察者也。然计得下之情，将奈何可？故子墨子曰：唯能以尚同一义为政，然后可矣！何以知尚同一义之可而为政于天下也？然胡不审稽之古之治[2]为政之说乎？古者天之始生民，未有正长也，百姓为人[3]。若苟百姓为人，是一人一义，十人十义，

百人百义，千人千义。逮至人之众，不可胜计也，则其所谓义者，亦不可胜计。此皆是其义，而非人之义，是以厚者有斗，而薄者有争。是故天下[4]之欲同一天下之义也，是故选择贤者，立为天子。天子以其知力为未足独治天下，是以选择其次，立为三公。三公又以其知力为未足独左右天子也，是以分国建诸侯。诸侯又以其知力为未足独治其四境之内也，是以选择其次，立为卿之[5]宰。卿之宰又以其知力为未足独左右其君也，是以选择其次，立而为乡长、家君[6]。是故古者天子之立三公、诸侯、卿之宰、乡长、家君，非特富贵游佚而择之也，将使助治乱刑政也。故古者建国设都，乃立后[7]王君公，奉以卿士师长，此非欲用说[8]也，唯辩[9]而使助治天明也。

［注释］

①辟：通“避”。

②治：当为“始”的讹误。

③百姓为人：意为百姓如同人偶，即各自独立，不相统属。

④下：此字为衍文。

⑤之：与。

⑥家君：春秋时期卿大夫封地的下级官员。

⑦后：古时对帝王的一种称呼。

⑧说：当为“逸”的讹误。

⑨辩：通“辨”，分。

［译文］

墨子说：智慧的人所做的事，一定要考虑如何治理国家和百姓然后才能去做，一定要考虑怎样会导致国家和百姓混乱然后尽量避免。然而考虑如何治理国家和百姓，该怎么做呢？君上执掌国政，获知臣下的具体情况就能治理好，不能获知臣下的具体情况就会出现混乱局面。怎么知道会是这样的呢？君上执掌国政，获知臣下的具体情况，就

谏鼓谤木

帝尧在位时，常恐人不敢当面直言进谏，特在门外设一面鼓，只要有直言敢谏者，即可击鼓求见，这样天下的人就都可以说出他们想说的话。他又恐怕自己有过失，特设一木板在门外，使人将自己的过失写在木板上，让天下的人都可以指出他的过错。如此一来，天下就变得太平了。

是清楚地掌握民众的善恶是非。如果能够明了民众的善恶是非，就可以赏赐善良的人，惩罚凶暴的人。善良的人得到赏赐，凶暴的人得到惩处，国家就一定会实现安定太平。君上执掌国政，不能获知臣下的具体情况，这就是对民众的善恶是非全不了解。如果不能明了民众的善恶是非，这就不能做到赏赐善良的人，惩罚凶暴的人。善良的人得不到赏赐，凶暴的人得不到惩处，像这样处理政事，国家和民众一定会出现混乱。所以赏罚不符合臣下的具体情况，因而不能不明察。然而考虑获知臣下的具体情况，要怎么做呢？墨子说：只要能够用统一于君上这一道理处理政事就可以了。怎么知道用统一于君上这一道理就可以执掌天下的大政呢？然而为什么不考查古代最开始的治国学说呢？古时候上天最开始产生民众的时候，没有官长，百姓彼此都不相统属。如果百姓都不相统属，这样一个人就有一种义，十个人就有十种义，一百个人就有一百种义，一千个人就有一千种义。等到人口繁衍众多的时候，就不能计算出来了，那么通常所说的义，就也不能统计出来了。他们都认为自己的义是对的，并且认为他人的义是错的，因此重则发生打斗，轻则发生争执。所以上天想要统一天下的义的标准，就要选择贤能之人，拥立他做天子。天子因为自己的智慧和力量不足以单独统治天下，所以又选择能力稍微差一些的，封他们做三公。三公又因为自己的智慧和力量不足以单独辅佐天子，所以将国土分封，建立诸侯国。诸侯又因为自己的智慧和力量不足以单独治理他的领地，所以又选择能力稍逊的人，封他们为卿和宰。卿和宰又因为自己的智慧和力量不足以单独辅佐他的国君，所以又选择能力稍差的人，封他们做乡长、家君。所以古时候天子设立三公、诸侯、卿和宰、乡长、家君，并不是为了要使其富贵安逸才选择他们的，而是要使他们帮助整治国家的昏乱局面以及处理刑罚和政务。所以古时候建立国家，设置都城，然后拥立帝王和诸侯，用卿士和师长事奉他们，这并不是要使他们安逸，仅仅是要分配职责，从而使他们帮助上天圣明地治理国家。

四岳举舜图

尧晚年，四岳之臣向尧推荐有才能、有德行的舜为帝。此图即表现了该场景。

[原文]

今此何为人上而不能治其下？为人下而不能事其上？则是上下相贼也，何故以然？则义不同也。若苟义不同者有党，上以若人为善，将赏之，若人唯[1]使得上之赏，而辟百姓之毁，是以为善者必未可使劝，见有赏也。上以若人为暴，将罚之，

若人唯使得上之罚，而怀百姓之誉，是以为暴者必未可使沮[2]，见有罚也。故计上之赏誉不足以劝善，计其毁罚不足以沮暴，此何故以然？则义不同也。

［注释］

①唯：虽然。

②沮：通“阻”，阻止。

［译文］

现在为什么为人之上者却不能管理好他的下属？为人之下者却不能事奉他的上级呢？就是上下相害的缘故，为什么会这样呢？就是因为“义”的标准不统一。如果义不相同的人结成党朋，君上把这样的人看作是行善者，将要赏赐他，这种人即使得到君上的赏赐，因而避开了百姓的诋毁，这种所谓的行善者被赏赐也一定不能受到鼓励。君上把这样的人看作是施暴者，将要惩罚他，这种人即使受到君上的惩罚，却受到百姓的赞誉，这种所谓的施暴者被惩罚也一定不能得到阻止。所以，考虑到君上的赏赐和赞誉不足以鼓励善行，考虑到他的诋毁和惩罚也不足以阻止暴行，这是什么原因造成的呢？是因为义的标准不同。

［原文］

然则欲同一天下之义，将奈何可？故子墨子言曰：然胡[1]不赏[2]使家君试用家君发宪[3]布令其家[4]？曰：“若见爱利家者，必以告。若见恶贼家者，亦必以告。”若见爱利家以告，亦犹爱利家者也，上得且赏之，众闻则誉之。若见恶贼家不以告，亦犹恶贼家者也。上得且罚之，众闻则非之。是以遍若家之人，皆欲得其长上之赏誉，辟其毁罚。是以善言之，不善言之。家君得善人而赏之，得暴人而罚之。善人之赏，而暴人之罚，则家必治矣。然计若家之所以治者，何也？唯以尚同一义为政故也。

［注释］

①胡：何。

②赏：同“尝”，尝试。

③宪：法令。

④家：周朝时大夫的领地。

拒关赐布

一日，汉光武帝出去打猎，至深夜才回来，那时城门已闭。光武帝至上东门，守门官郅恽闭门不开，不放车驾入。光武帝不得已，转从东中门回宫。次日早，郅恽又上书谏说：“陛下远猎山林，夜以继昼，如社稷宗庙何？”光武帝听后深嘉其言，赐布百匹，又将东中门的门官降为参封县尉。

[译文]

既然这样，要统一天下的义，将怎么做才行呢？因此墨子说：这样为何不尝试一下，让家君对其家发布命令呢？家君说：“你们见到爱家利家的，就一定要将情况报告上来。你们见到败家害家的，也一定要将情况报告上来。”如果见到爱家利家的就报告，那就等于爱家利家了，家君得知后就要奖赏，民众听说了就要赞美。如果见到败家害家的不报告，那就等于败家害家。家君得知后就要处罚，民众听说了就要非议。所以全家的人，都希望得到家君的奖赏和赞誉，避免他的诋毁和惩罚。所以好事要说，不好的事也要说。家君赏赐善良的人，惩罚凶暴的人。善良的人得赏，凶暴的人受罚，家就一定会安定了。这样，考虑到家实现安定的原因，是怎样的呢？仅仅是用上下统一义的标准来治理的缘故。

[原文]

家既已治，国[①]之道尽此已邪？则未也。国之为家数也甚多，此皆是其家，而非人之家，是以厚者有乱，而薄者有争。故又使家君总其家之义，以尚同于国君，国君亦为发宪布令于国之众，曰：“若见爱利国者，必以告。若见恶贼国者，亦必以告。”若见爱利国以告者，亦犹爱利国者也，上得且赏之，众闻则誉之。若见恶贼国不以告者，亦犹恶贼国者也，上得且罚之，众闻则非之。是以遍若国之人，皆欲得其长上之赏誉，避其毁罚。是以民见善者言之，见不善者言之。国君得善人而赏之，得暴人而罚之。善人赏而暴人罚，则国必治矣。然计若国之所以治者，何也？唯能以尚同一义为政故也。

[注释]

①国：周朝时诸侯的领地。

[译文]

家已经实现了安定，治国的方法全都像这样就完备了吗？还没有。国是由为数众多的家组成的，这些人都认可自己治家的方法，然而却非议他人治家的方法，于是重则产生混乱，轻则出现争执。所以，又要使家君统一全家的义，用来与国君的意志相统一，国君也对全国民众发布政令，说：“你们见到爱国利国的，就一定要报告上来。你们见到祸国害国的，也一定要报告上来。”如果见到爱国利国的就报告，那就等于爱国利国了，国君得知了将会奖赏，民众听说了就会赞美。如果见到祸国害国的不报告，那就等于祸国害国，国君得知了将会处罚，民众听说了就会非议。所以全国百姓，都希望得到国君的奖赏和赞誉，避免受到诋毁和惩罚。因此，百姓见到好事也报告，见到不好的事也报告。国君赏赐善良的人，惩罚凶暴的人。善良的人得赏，凶暴的人受罚，国家就一定能实现安定了。这样，考虑到国家实现安定的原因，是怎样的呢？仅仅是用上下统一义的标准来治理的缘故。

[原文]

国既已治矣，天下[①]之道尽此已邪？则未也。天下之为国数也甚多，此皆是其国，而非人之国，是以厚者有战，而薄者有争。故又使国君选[②]其国之义，以尚同于天子。天子亦为发宪布令于天下之众，曰：“若见爱利天下者，必以告。若见恶贼天下者，亦以告。”若见爱利天下以告者，亦犹爱利天下者也，上得则赏之，众闻则誉之。若见恶贼天下不以告者，亦犹恶贼天下者也，上得且罚之，众闻则非之。是以遍天下之人，皆欲得其长上之赏誉，避其毁罚。是以见善、不善者告之。天子得善人而赏之，得暴人而罚之，善人赏而暴人罚，天下必治矣。然计天下之所以治者，何也？唯而以尚同一义为政故也。

[注释]

①天下：与家、国对应，指天子的领地，即全国。

②选：齐，同。

[译文]

国已经实现了安定，治理天下的方法全都像这样就完备了吗？还没有。天下是由众多封国组成，这些人都认可自己治国的方法，然而却非议他人治国的方法，于是重则发动战争，轻则相互争斗。所以，又要使国君统一自己国的义，用来与天子的意志相统一。天子也对天下民众发布政令，说：“你们见到爱

纳箴赐帛

唐太宗即位后，张蕴古上奏了一篇《大宝箴》，《大宝箴》把古代帝王容易犯的一些过错都罗列了出来，要唐太宗以此为戒，只要做到这些，对国家和百姓都是有好处的。唐太宗很赞赏这些意见，赏赐给他许多布帛，并授予他大理寺丞。

天下、利天下的，就一定要报告上来。你们见到为祸天下、损害天下的，也一定要报告上来。”如果见到爱天下、利天下的就报告，那就等于爱天下、利天下了，天子得知后将会赏赐，民众听说了就会赞美。如果见到为祸天下、损害天下的却不报告，那就等于为祸天下、损害天下了，天子得知后将会惩罚，民众听说了就会非议。所以，全天下的百姓，都想得到天子的赏赐和赞誉，避免受到诋毁和处罚。因此见到好事、不好的事都会报告。天子赏赐善良的人，惩罚凶暴的人，善良的人受赏，凶暴的人遭罚，天下就一定能实现安定了。这样，考虑到天下实现安定的原因，是怎样的呢？仅仅是用上下统一义的标准来治理的缘故。

[原文]

天下既已治，天子又总天下之义，以尚同于天。故当尚同之为说也，尚用之天子，可以治天下矣；中用之诸侯，可而治其国矣；小用之家君，可而治其家矣。是故大用之治天下不窕①，小用之治一国一家而不横②者，若道之谓也。故曰：治天下之国若治一家，使天下之民若使一夫。意独子墨子有此，而先王无此，其有邪？则亦然也。圣王皆以尚同为政，故天下治。何以知其然也？于先王之书也，《大誓》③之言然，曰：“小人见奸巧乃闻不言也，发罪钧。”此言见淫辟④不以告者，其罪亦犹淫辟者也。

[注释]

①窕：缺损。
②横：充盈。
③《大誓》：即《泰誓》，《尚书》的一篇。
④淫辟：邪恶不正。

［译文］

天下已经实现了安定，天子又统一了天下的义的标准，用来与上天相统一。所以统一于上作为一种学说，上适用于天子，可以用来治理天下了；中适用于诸侯，可以用来治理封国了；下适用于家君，可以用来治理家了。所以对于治理天下这种大的用处，不会有缺损，对于治国治家这种小的用处，也不会充溢，就是这个道理。所以说：治理天下的封国就像治理一个家，役使天下的民众就像役使一个人。难道只有墨子有这样的见解，而古代圣王没有，是吗？都是一样的。圣王都用统一于上来处理政事，所以天下安定。凭什么知道是这样的呢？在古代圣王的书上看到的，《大誓》说的就是这样，书上说："小民见到邪恶奸猾的事不报告，他的罪行就跟奸人一样。"这就是说，见到邪恶的事不按实情报告，他的罪行也就等同于邪恶。

［原文］

故古之圣王治天下也，其所差论[1]以自左右羽翼者皆良，外为之人助之视听者众。故与人谋事，先人得之；与人举事，先人成之；光誉令闻，先人发之。唯信身而从事，故利若此。古者有语焉，曰："一目之视也，不若二目之视也；一耳之听也，不若二耳之听也；一手之操也，不若二手之强也。"夫唯能信身而从事，故利若此。是故古之圣王之治天下也，千里之外有贤人焉，其乡里之人皆未之均闻见也，圣王得而赏之。千里之内有暴人焉，其乡里未之均闻见也，圣王得而罚之。故唯毋[2]以圣王为聪耳明目与？岂能一视而通见千里之外哉？一听而通闻千里之外哉？圣王不往而视也，不就而听也，然而使天下之为寇乱盗贼者，周流天下无所重足[3]者，何也？其以尚同为政善也。

［注释］

①差论：选择。

②毋：无实际意义。

③重足：叠足站立。

［译文］

所以古代圣王治理天下，他所选择的在服侍身边的人都很优秀，在外做事并帮助他打探消息的人也很多。所以，替别人谋划事情，就会比别人率先得到结果；和别人一起做事，就会比别人率先完成；受到广泛赞誉的名声，就会比别人

文王卑服图

周文王，古代圣贤帝王，他的主要功绩是为灭商做好了充分准备。其在位期间勤于政事，重视发展农业生产，礼贤下士。

率先传扬。只以自身的诚信来做事，所以就会得到这样的利益。古时候有句话，说："一只眼睛看到的，不如两只眼睛看到的；一只耳朵听到的，不如两只耳朵听到的；一只手操作，不如两只手操作的力量强大。"只有能以自身的诚信来做事，才能得到这样的利益。所以古代圣王治理天下，千里之外的远方有了贤能之人，他所在的乡里的人都没有完全听说和看见，圣王却已经赏赐了他。千里之内的近处有了凶暴之人，他所在的乡里的人都没有完全听说和看见，圣王就已经处罚了他。仅仅因为圣王耳聪目明吗？他怎么能一看就能看到千里之外呢？怎么能一听就能听到千里之外呢？圣王不会亲自去看，不会贴近去听，然而使天下做盗贼的，走遍天下也没有立足之地，为什么呢？这就是用上下意志统一来处理政务的好结果。

[原文]

是故子墨子曰：凡使民尚同者，爱民不疾，民无可使。曰："必疾爱而使之，致信而持之，富贵以道[①]其前，明罚以率其后。为政若此，唯欲毋与我同，将不可得也。"是以子墨子曰：今天下王公大人士君子，中情将欲为仁义，求为上士，上欲中圣王之道，下欲中国家百姓之利，故当尚同之说而不可不察。尚同，为政之本而治要也。

[注释]

①道：导，引导。

[译文]

所以墨子说：凡是要使百姓的意志统一于上的，如果不尽心尽力爱护民众，百姓就不能被驱使。统治者会说："一定要尽心尽力地爱护百姓从而驱使他们，达到诚信从而控制他们，通过优厚的利益在前引导，采用严明的刑罚在后驱驰。像这样处理政事，即使想不和我统一，也是不可能的事。"所以墨子说：当今天下的王公大臣和士人君子，内心真正想要施行仁义，求得成为高尚的人，君上想要合乎古代圣王的治国理念，臣下想要合乎国家百姓的利益，因此，对统一于上这一学说不能不明察。“尚同”，是治理国政的根本，而且是实现社会安定的要领。

兼 爱

［题解］

“兼爱”是墨子的核心学说，他的一切政治思想都是围绕着这一学说发展出来的。墨子反对儒家所提倡的建立在等级和礼义的基础上的仁爱，他主张消除血缘亲疏的差别，打破等级尊卑的界限，提出了人与人之间要“兼相爱，交相利”的政治主张。“兼爱”具有一定的进步意义，然而在等级观念浓重的古代社会，这种观点难免流于空想，因而难以实现。

［原文］

圣人以治天下为事者也，必知乱之所自起，焉[①]能治之。不知乱之所自起，则不能治。譬(pì)之如医之攻[②]人之疾者然，必知疾之所自起，焉能攻之。不知疾之所自起，则弗能攻。治乱者何独不然？必知乱之所自起，焉能治之。不知乱之所自起，则弗能治。

［注释］

①焉：乃。

②攻：治疗。

［译文］

圣人把治理天下作为事业，一定要知道混乱产生的原因，才能治理。不知道混乱产生的原因，就不能治理。譬如医生给人治病，一定要知道疾病产生的原因，才能治疗。不知道疾病产生的原因，就不能治疗。整治混乱又何尝不是这样呢？一定要知道混乱产生的原因，才能治理。不知道混乱产生的原因，就不能治理。

［原文］

圣人以治天下为事者也，不可不察乱之所自起。当察乱何自起，起不相爱。臣子之不孝君父，所谓乱也。子自爱，不爱父，故亏父而自利。弟自爱，不爱兄，故亏兄而自利。臣自爱，不爱君，故亏君而自利。此所谓乱也。虽父之不慈子，兄之不慈弟，君之不慈臣，此亦天下之所谓乱也。父自爱也不爱子，故亏子而

隋炀帝剪彩为花

隋炀帝是历史上有名的暴君，是隋文帝杨坚的次子。据说他为了得到帝位，害死了自己的父王及兄长。即位后又好大喜功：开凿大运河、三征高句丽，使得民不聊生。

自利。兄自爱也，不爱弟，故亏弟而自利。君自爱也不爱臣，故亏臣而自利。是何也？皆起不相爱。虽至天下之为盗贼[1]者亦然。盗爱其室，不爱异室，故窃异室以利其室。贼爱其身，不爱人，故贼人[2]以利其身。此何也？皆起不相爱。虽至大夫之相乱家、诸侯之相攻国者亦然。大夫各爱其家，不爱异家，故乱异家以利其家。诸侯各爱其国，不爱异国，故攻异国以利其国。天下之乱物，具此而已矣！察此何自起，皆起不相爱。

[注释]

①盗：小偷。贼：强盗。

②贼人：伤害别人，这里的“贼”作动词，意为伤害，劫掠。

[译文]

圣人把治理天下作为事业，就不能不考察混乱产生的原因。尝试着考察混乱产生的原因，发现起因是人与人之间不能相互爱护。臣子对君父不忠不孝，这就是所谓的混乱。子女爱自己，却不爱父亲，所以损害父亲从而自己获利。弟弟爱自己，却不爱兄长，所以损害兄长从而自己获利。大臣爱自己，却不爱君主，所以损害君主从而自己获利。这就是所谓的混乱。即使是父亲对子女不慈爱，兄长对弟弟不慈爱，君主对大臣不慈爱，这也是天下所谓的混乱。父亲爱自己，却不爱子女，所以损害子女从而自己获利。兄长爱自己，却不爱弟弟，所以损害弟弟从而自己获利。君主爱自己，却不爱大臣，所以损害大臣从而自己获利。这是什么缘故呢？都是因为不相互爱护。即使天下做盗贼的也是这样。小偷只爱自己的家，不爱别人的家，所以盗窃别人家来使自家获利。强盗只爱自己，却不爱他人，所以劫掠他人来使自己获利。这是什么缘故呢？都是因为不相互爱护。即使是大夫互相侵扰对方的家、诸侯互相攻打对方的封国的现象也是这样的。大夫各自爱自己的家，却不爱别人的家，所以扰乱他人的家来使自家获利。诸侯各自爱自己的国，而不爱别人的国，所以攻打别国来使自己的国获利。天下的混乱之事，全

是这些罢了！考察其产生的起因，都源于不相互爱护。

［原文］

若使天下兼相爱，爱人若爱其身，犹有不孝者乎？视父、兄与君若其身，恶[1]施不孝？犹有不慈者乎？视弟子与臣若其身，恶施不慈？故不孝、不慈亡[2]有，犹有盗贼乎？故视人之室若其室，谁窃？视人身若其身，谁贼？故盗、贼亡有。犹有大夫之相乱家、诸侯之相攻国者乎？视人家若其家，谁乱？视人国若其国，谁攻？故大夫之相乱家、诸侯之相攻国者亡有。

［注释］

①恶：何、怎么，表疑问。

②亡：无。

［译文］

假使天下人都相互爱护，爱护他人如同爱护自己，还有不忠不孝的人吗？把父亲、兄长和君主看成像自己一样，还怎么会施行不孝呢？还会有不慈不爱的人吗？把子女、弟弟和大臣看成像自己一样，还怎么会施行不慈呢？所以，不孝、不慈没有了，还会有盗贼吗？把别人的家看成像自己的家一样，谁还会去偷窃？把别人的身体看成像自己的身体一样，谁还会去劫掠？所以偷窃、劫掠没有了，还会有大夫相互侵扰对方的家，诸侯相互进攻对方的封国的事情吗？把别人的家看作和自己的家一样，谁还会去侵扰？把别人的封国看作和自己的封国一样，谁还会去进攻？所以像大夫相互侵扰对方的家，诸侯相互攻打对方的封国之类的事情也没有了。

［原文］

若使天下兼相爱，国与国不相攻，家与家不相乱，盗贼无有，君臣、父子皆能孝慈，若此则天下治。故圣人以治天下为事者，恶得不禁恶而劝爱[1]？故天下兼相爱则治，交相恶则乱。故子墨子曰，“不可以不劝爱人”者，此也。

［注释］

①恶得不禁恶而劝爱：怎么能不劝止相互憎恨，并且鼓励相亲相爱呢？第二个“恶”意思是憎恨，厌恶，不同于第一个“恶”。

［译文］

假使天下的人都相互爱护，国与国之间不相互攻打，家与家之间不相互侵扰，

主明臣直

唐太宗李世民是我国历史上一位有作为的皇帝。他在位期间，政清民和，天下太平，百姓得以安居乐业。

盗贼没有了，君主与大臣、父亲与子女都能表现出忠孝与慈爱，像这样天下就能实现安定太平了。所以圣人把治理天下作为事业，怎么能不劝止相互憎恨，并且鼓励相亲相爱呢？因此天下相互爱护就会安定，互相憎恨就会混乱。所以墨子，“不能不鼓励去爱他人”的说法，就是这个道理。

［原文］

子墨子言曰：仁人之所以为事者，必兴天下之利，除天下之害，以此为事者也。然则天下之利何也？天下之害何也？子墨子言曰：今若国之与国之相攻，家之与家之相篡（cuàn）[1]，人之与人之相贼，君臣不惠忠，父子不慈孝，兄弟不和调，此则天下之害也。

［注释］

①篡：掠夺，强取。

［译文］

墨子说：仁慈的人做事的出发点，一定是兴天下的利，除天下的害，把这些作为事业。既然这样，那么天下的利是什么呢？天下的害又是什么呢？墨子说：现在国与国之间相互攻打，家与家之间相互侵扰，人与人之间相互伤害，君主对大臣没有恩惠，大臣对君主没有忠心，父亲对子女没有慈爱，子女对父亲没有孝心，兄长和弟弟的关系不和谐，这就是天下的害。

［原文］

然则察此害亦何用生哉？以不相爱生邪？子墨子言：以不相爱生。今诸侯独知爱其国，不爱人之国，是以不惮举其国，以攻人之国。今家主[1]独知爱其家，而不爱人之家，是以不惮举其家，以篡（cuàn）人之家。今人独知爱其身，不爱人之身，是以不惮举其身，以贼人之身。是故诸侯不相爱，则必野战。家主不相爱，则必相篡。人与人不相爱，则必相贼。君臣不相爱，则不惠忠。父子不

相爱，则不慈孝。兄弟不相爱，则不和调。天下之人皆不相爱，强必执弱，富必侮贫，贵必敖②贱，诈必欺愚。凡天下祸篡怨恨，其所以起者，以不相爱生也，是以仁者非之。

[注释]

①家主：也称家君，指卿大夫。

②敖：同“傲”。

[译文]

既然这样，那么考察这些害又是怎么产生的呢？是由于不相互爱护而产生的吗？墨子说：就是由于不相互爱护而产生的。现在的诸侯仅知道爱自己的封国，不爱他人的封国，所以不担心发动全国的力量，来攻打别国。现在的大夫只知道爱自己的家，不爱别人的家，所以不担心发动全家的力量，来掠夺别家。现在的人只爱自己的身体，不爱他人的身体，所以不担心动用全身的力量，来伤害他人的身体。所以诸侯之间不相互爱护，就一定在郊野发动战争。大夫之间不相互爱护，就一定相互掠夺。人与人之间不相互爱护，就一定相互伤害。君主和大臣不相互爱护，就没有恩惠和忠诚。父亲和子女不相互爱护，就没有慈爱和孝顺。兄弟之间不相互爱护，就没有亲睦与和谐。天下的人都不相互爱护，强者一定控制弱者，富人一定侮辱穷人，高贵的一定歧视卑贱的，狡诈的一定欺骗愚笨的。大凡天下的祸害、掠夺、哀怨、仇恨，它们产生的原因，都是由于不相互爱护，所以仁慈的人非议这些做法。

[原文]

既以非之，何以易之？子墨子言曰：以兼相爱、交相利之法易之。然则兼相爱、交相利之法将奈何哉？子墨子言：视人之国，若视其国。视人之家，若视其家。视人之身，若视其身。是故诸侯相爱，则不野战。家主相爱，则不相篡（cuàn）。人与人相爱，则不相贼。君臣相爱，则惠忠。父子相爱，则慈孝。兄弟相爱，则和调。天下之人皆相爱，强不执弱，众不劫寡，富不侮贫，贵不敖贱，诈不欺愚。凡天下祸篡怨恨，可使毋起者，以相爱生也，是以仁者誉之。

[译文]

既然认为这样不对，那么用什么方法改变呢？墨子说：用相互爱护，相互获利的方法改变。既然这样，那么相互爱护、相互获利的方法要怎么做呢？墨子说：

君臣鱼水

诸葛亮隐居于襄阳隆中时，有兴王定邦的才略，先主刘备听到他的名声后，亲自去探望，并三顾茅庐。诸葛亮对刘备讲述了抗曹，夺荆州，进据蜀中的策略，刘备听从了他的意见。二人感情日益深厚，刘备说："孤之有孔明，犹鱼之有水也。"从此，诸葛亮一心辅佐刘备，帮其成就帝业。

把别人的国，看作是自己的国。把别人的家，看作是自己的家。把别人的身体，看作是自己的身体。所以诸侯之间相互爱护，就不会在郊野发动战争。大夫之间相互爱护，就不会相互掠夺。人与人之间相互爱护，就不会互相伤害。君臣之间相互爱护，就会上有恩惠，下有忠诚。父子之间相互爱护，就会上有慈爱，下有孝心。兄弟之间相互爱护，就会亲睦和谐。天下的人都相互爱护，强者就不会控制弱者，人多的不抢夺人少的，富人不侮辱穷人，高贵的不歧视卑贱的，狡诈的不欺骗愚笨的。大凡天下的祸害、掠夺、哀怨、仇恨，都能够不让它产生，这是由于相互爱护的缘故，所以仁慈的人赞誉它。

[原文]

然而今天下之士君子曰："然，乃若兼则善矣，虽然，天下之难物于故也。"子墨子言曰：天下之士君子，特不识其利、辩[①]其故也。今若夫攻城野战，杀身为名，此天下百姓之所皆难也。苟君说之，则士众能为之。况于兼相爱、交相利，则与此异！夫爱人者，人必从而爱之。利人者，人必从而利之。恶人者，人必从而恶之。害人者，人必从而害之。此何难之有？特上弗以为政、士不以为行故也。

[注释]

①辩：同"辨"。

[译文]

然而现在天下的士人君子说："不错，如果能够做到相互爱护就很好了，即使如此，这也是天下一件很难办到的事情。"墨子说：天下的士人君子，只是不知道它的好处、不明辨它的功效罢了。现在要是进攻一座城池、在郊野发动战争，为了虚名而牺牲自己的生命，这都是天下百姓认为难以办到的事。但是如果君主喜欢，官员和民众也能做得到。何况相互爱护，相互获利，与这些不一样！爱护别人的人，别人一定跟着爱护他。为别人谋利的人，别人一定跟着为他谋利。憎恨别人的人，别人一定跟着憎恨他。伤害别人的人，别人一定跟着伤害他。这样做有什么困难的呢？只是君上没有把它当成执政的措施，士人没有把它应用在行为方面罢了。

勾践

[原文]

昔者晋文公好士之恶衣，故文公之臣皆牂（zāng）羊①之裘，韦②以带剑，练帛③之冠，入以见于君，出以践于朝。是其故何也？君说之，故臣为之也。昔者楚灵王好士细要④，故灵王之臣皆以一饭为节⑤，胁息然后带，扶墙然后起。比期年⑥，朝有黧（lí）⑦黑之色。是其故何也？君说之，故臣能之也。昔越王勾践好士之勇，教驯其臣，和合之，焚舟失火，试其士曰：“越国之宝尽在此！”越王亲自鼓其士而进之，士闻鼓音，破碎⑧乱行，蹈火而死者，左右百人有余，越王击金而退之。

[注释]

①牂羊：母羊。
②韦：牛皮条。
③练帛：质地粗糙的帛。
④要：通“腰”。
⑤节：适当，定量。
⑥比期年：过了一年。
⑦黧：黑色。
⑧碎：当作“阵”。

[译文]

从前晋文公喜欢人们穿着简陋，所以他的大臣都穿着母羊皮做成的衣服，用牛皮条挂佩剑，戴着粗布做的帽子，在内以这个样子进见国君，在外以这个样子进出朝廷。这是什么缘故呢？君主喜欢这样，所以臣子就照着做了。从前楚灵王

喜欢腰细的人，所以大臣都把每天吃一顿饭作为定量，吸气之后再系上腰带，扶住墙壁之后才能站起来。过了一年，满朝臣子都面色发黑。这是什么缘故呢？君主喜欢这样，所以臣子就照着做了。从前越王勾践喜欢人们勇敢，教导训练他的臣子，集合起来，放火烧船，考验他的臣子说："越国的宝物都在这里！"越王亲自击鼓，命令他的臣子前进，人们听到鼓声，就不按队列次序，胡乱前行，踏入火中死掉，大约有一百多人，越王才鸣金命令他们退下。

[原文]

是故子墨子言曰：乃若夫少食恶衣，杀身而为名，此天下百姓之所皆难也。若苟君说之，则众能为之。况兼相爱、交相利，与此异矣！夫爱人者，人亦从而爱之。利人者，人亦从而利之。恶人者，人亦从而恶之。害人者，人亦从而害之。此何难之有焉？特上不以为政，而士不以为行故也。

[译文]

所以墨子说：像少吃饭，穿简陋的衣服，为虚名而牺牲自己的生命，这都是天下百姓认为难以办到的事。假如君主喜欢，众人也就能做到。何况相互爱护，相互获利，与这些不一样。爱护别人的人，别人也跟着爱护他。为别人谋利的人，别人也跟着为他谋利。憎恨别人的人，别人也跟着憎恨他。伤害别人的人，别人也跟着伤害他。这种事做起来有什么困难呢？只是君上不把它当成施政的举措，并且士人不把它用做行为的规范罢了。

[原文]

然而今天下之士君子曰："然，乃若兼则善矣。虽然，不可行之物也。譬(pì)若挈(qiè)太山越河、济也[①]。"子墨子言：是非其譬也。夫挈太山而越河、济，可谓毕劫[②]有力矣。自古及今，未有能行之者也。况乎兼相爱、交相利，则与此异，古者圣王行之。何以知其然？古者禹治天下，西为西河渔窦[③]，以泄渠、孙、皇之水。北为防原、泒，注后之邸[④]、嘑池之窦[⑤]，洒为底柱[⑥]，凿为龙门，以利燕代胡貉与西河之民。东方漏之陆[⑦]，防孟诸之泽，洒为九浍，以楗(jiàn)[⑧]东土之水，以利冀州之民。南为江、汉、淮、汝，东流之，注五湖之处，以利荆楚、干越[⑨]与南夷之民。此言禹之事，吾今行兼矣。昔者文王之治西土，若日若月，乍光于四方，于西

土。不为大国侮小国，不为众庶侮鳏(guān)寡，不为暴势夺穑(sè)人黍稷(jì)狗彘(zhì)。天屑临⑩文王慈，是以老而无子者，有所得终其寿；连独⑪无兄弟者，有所杂于生人之间；少失其父母者，有所放依⑫而长。此文王之事，则吾今行兼矣。昔者武王将事⑬泰山，隧⑭传曰：“泰山，有道曾孙⑮周王有事。大事既获，仁人尚作，以祗⑯商、夏、蛮夷丑貉⑰。虽有周亲⑱，不若仁人，万方有罪，维予一人。”此言武王之事，吾今行兼矣。

龙门

［注释］

①挈：提起。太山：即泰山。

②毕劫：敏捷而强劲。

③西河：指黄河西段南北流向的部分。渔窦：即渭水。

④后之邸：后，为“召”的讹误，召之邸，即昭余祁，古泽薮，在今山西祁县西南、介休东北。

⑤嘑池之窦：即滹沱河。嘑，同“滹”。

⑥底柱：即砥柱山，也被称为三门山。

⑦漏之陆：凿穿大陆，古人认为凿穿大陆可使洪水渗入地下。之，为“大”的讹误。

⑧楗：遏制，堵塞。

⑨干越：即于越，古代南方部族。

⑩屑临：眷顾。

⑪连独：孤独。

⑫放依：依靠。

⑬事：祭祀。

⑭隧：通“遂”，于是。

⑮曾孙：古代贵族在祭祀时的谦称。

⑯祗：同“振”，拯救。

禹娶涂山图

传说大禹治水时，曾娶涂山氏女为妻，涂山氏女生子启。禹为治水，来不及看呱呱坠地的婴孩，三过家门而不入，终于将各地的水患治理好，百姓们也因此得以安稳地生活。

⑰蛮夷丑貉：指四方少数民族。

⑱周亲：至亲。

［译文］

然而现在天下的士人君子说："不错，如果能够做到相互爱护就很好了。即使这样，这也是行不通的事情，就好比搬起泰山越过黄河、济水一样。"墨子说：这种比喻是不对的。搬起泰山越过黄河、济水，可以说是强劲有力了。从古至今，还没有人能做得到。何况相互爱护，相互获利，就和这不一样了，古时候的圣王就曾经做过。凭什么知道是这样的呢？古时候大禹治理天下，在西边疏通了黄河西段和渭水，用来排泄渠水、孙水、皇水。在北边为了防止原水、泒水泛滥，将水注入昭余祁、滹沱河，又分流入砥柱山，凿通龙门山，用来便利燕、代、胡、貉与黄河西段的人民。在东边穿凿大陆，防止孟诸的泽薮泛滥，分流为九条河，用来遏制东方的洪水，以此便利冀州的人民。南边疏通了长江、汉水、淮水、汝水，向东流淌，注入五湖的地方，用来便利荆楚、于越与南夷的人民。这说的是大禹的事，我们现在也要做这样的相互爱护的事情。从前周文王治理西土，光明如同日月，照耀在四面八方以及西土。大国不欺负小国，众人不欺负孤寡，不用暴力手段夺取农夫的粮食和牲畜。上天眷顾文王的仁慈，所以年老没有儿子的，可以寿终；孤独没有兄弟的，得以维持生活；幼小失去父母的，也有所依托从而长大成人。这说的是周文王的事，我们现在就要做这样的相互爱护的事情。从前周武王将要去祭祀泰山，于是传他的祷辞说："泰山，有道的晚辈周王有事相求。大事已成，仁人志士鼎力相助，来拯救商、夏、四夷。即使有至亲，也不如仁人志士，万方之人有罪，都由我一人承担。"这说的是周武王的事，我们现在也要做这样的相互爱护的事情。

［原文］

是故子墨子言曰：今天下之士君子，忠实欲天下之富而恶其贫，欲天下之治而恶其乱，当兼相爱、交相利此圣王之法，天下之治道也，不可不务为也。

［译文］

所以墨子说：现在天下的士人君子，衷心地希望天下富庶，并且厌恶贫穷，希望天下安定，并且厌恶混乱，就应当实行相互爱护、相互获利这种圣王的治国方略，实现天下安定的方法，不能不努力去做。

非　攻

［题解］

“非攻”即非议战争，谴责战争，墨子是个寝兵主义者，反对一切形式的战争。在《兼爱》篇中，墨子抨击了种种损人利己的行为，其中包括诸侯之间互相攻伐。在本篇中，墨子以“兼爱”为出发点，揭露了统治者打着道义的幌子发动战争，而不顾士兵和民众死活的卑劣嘴脸，有着极为深刻的社会批判意义。

［原文］

今有一人，入人园圃，窃其桃李，众闻则非之，上为政者得则罚之。此何也？以亏人自利也。至攘(rǎng)[1]人犬豕鸡豚者，其不义又甚入人园圃窃桃李。是何故也？以亏人愈多，其不仁兹甚，罪益厚。至入人栏厩(jiù)，取人马牛者，其不仁义又甚攘人犬豕鸡豚。此何故也？以其亏人愈多。苟亏人愈多，其不仁兹甚，罪益厚。至杀不辜人也，扡[2]其衣裘、取戈剑者，其不义又甚入人栏厩取人马牛。此何故也？以其亏人愈多。苟亏人愈多，其不仁兹甚矣，罪益厚。当此，天下之君子皆知而非之，谓之不义。今至大为攻国，则弗知非，从而誉之，谓之义。此可谓知义与不义之别乎？

马厩

［注释］

①攘：偷盗。

②扡：同“拖”，夺取。

［译文］

现在有一个人，进入别人的果园，偷窃园中的桃李，众人听说了就会指责

他，上级执掌刑政的人就要惩罚他。这是为什么呢？因为他损害了别人而使自己获利。至于盗取别人的家禽牲畜的人，他的不义又超过了进入果园偷窃桃李的行为。这是为什么呢？因为他损害别人的利益越多，他的不仁不义就越甚，罪行也就越重。至于进入别人的牛栏马厩，偷取别人的牛马的人，他的不仁不义又超过了盗取别人的家禽牲畜的行为。这是为什么呢？因为他损害别人的利益更多。如果他损害别人的利益越多，他的不仁不义就越甚，罪行就越重。至于杀害无辜之人，抢夺别人的皮衣、劫掠戈剑的人，他的不义，又超过了进入别人的牛栏马厩，偷取牛马的行为。这是为什么呢？因为损害别人的利益更多。如果损害别人的利益越多，他的不仁不义就越甚，罪行就越重。对于这些事，天下的君子得知后都会指责他们，说他们不义。现在最严重的行为就是攻打别国，却没人知道这是错误的，反而跟着去赞美这种做法，称之为义。这能说是知道义和不义的区别吗？

［原文］

杀一人谓之不义，必有一死罪矣。若以此说往，杀十人十重不义，必有十死罪矣；杀百人百重不义，必有百死罪矣。当此天下之君子皆知而非之，谓之不义。今至大为不义攻国，则弗知非，从而誉之，谓之义。情①不知其不义也，故书其言以遗后世。若知其不义也，夫奚说书其不义以遗后世哉？

［注释］

①情：确实。

［译文］

杀死一个人叫作不义，一定会有一条死罪了。假如按照这种说法推论下去，杀死十个人，就是十倍的不义，一定会有十条死罪了；杀死一百个人，就是一百倍的不义，一定会有一百条死罪了。对于这些，天下的君子得知后都会指责他们，说他们不义。现在最严重的不义就是进攻别国，却没人知道这是错误的，反而跟着去赞美这种做法，称之为义。看来他们确实不知道这是一件不义的事情，所以他们还要将这些言论记下来传给后世。假如他们知道这样做是不义的，还怎么会记录这些不义的言论来传给后世呢？

［原文］

今有人于此，少见黑曰黑，多见黑曰白，则以此人不知白黑之辩①矣。少尝苦曰苦，多尝苦曰甘，则以此人不知甘苦之辩矣。今小为非，则知而非之。大为非攻国，则不知非，从而誉之，谓

之义。此可谓知义与不义之辩乎？是以知天下之君子也，辩义与不义之乱也。

［注释］

①辩：通“辨”，区别。

［译文］

现在有一个人在这里，看见一点点黑色就说全是黑色的，看见许多黑色却说是白色的，人们就会认为这个人不能分辨黑白了。尝到一点点苦味就说全是苦的，尝到很多苦味却说是甜的，人们就会认为这个人不能分辨甜味和苦味。现在做一件小的坏事，人们知道后就会指责。做一件像进攻别国这样的大坏事，人们就不知道是错的，反而跟着去赞美这种做法，有人将此称之为义。这能说是知道义和不义的区别吗？所以可知天下的君子，确实混淆了义和不义的概念。

［原文］

子墨子言曰：古者[1]王公大人为政于国家者，情欲誉之审[2]，赏罚之当，刑政之不过失。是故子墨子曰：古者有语：“谋而不得，则以往知来，以见知隐。”谋若此，可得而知矣。今师徒唯毋兴起，冬行恐寒，夏行恐暑，此不可以冬夏为者也。春则废民耕稼树艺，秋则废民获敛，此不可以春秋为者也。今唯毋废一时，则百姓饥寒冻馁而死者，不可胜数。今尝计军上[3]，竹箭、羽旄(máo)[4]、幄(wò)幕、甲盾、拨劫[5]，往而靡弊腑[6]冷不反者，不可胜数。又与其矛、戟、戈、剑、乘车，其列住碎折靡弊而不反者[7]，不可胜数。与其牛马，肥而往，瘠(jí)而反，往死亡而不反者，不可胜数。与其涂[8]道之修远，粮食辍绝而不继，百姓死者，不可胜数也。与其居处之不安，食饭之不时，饥饱之不节，百姓之道疾病而死者，不可胜数。丧师多不可胜数，丧师尽不可胜计，则是鬼神之丧其主后，亦不可胜数。国家发政，夺民之用，废民之利。若此甚众，然而何为为之？曰：“我贪伐胜之名，及得之利，故为之。”子墨子言曰：计其所自胜，无所可用也。计其所得，反不如所丧者之多。今攻三里之城、七里之郭，攻此不用锐，且无杀而徒得，此然也？杀人多必数于万，寡必数于千，然后三里之城、七里之郭

且可得也。今万乘之国，虚⑨数于千，不胜而入；广衍数于万，不胜而辟。然则土地者，所有馀也；王民⑩者，所不足也。今尽王民之死，严下上之患，以争虚城，则是弃所不足而重所有馀也。为政若此，非国之务者也。

［注释］

①古者：当为“今者”的讹误。

②誉之审：誉字前脱一“毁”字，当作“毁誉之审”。

③上：为“出”的讹误。

④羽旄：旗帜。

⑤拨：同“韍”，大盾。劫：同“鉣”，刀柄。

⑥腑：通“腐”，腐烂。

⑦其列住碎折靡弊而不反者：应作“其往则碎折靡毙而不反者”，意为，这些用完后都碎折朽坏从而不能带回的。

⑧涂：通“途”。

⑨虚：同“墟”，废墟。

⑩王民：应作“士民”。

［译文］

墨子说：现在为国家处理政事的王公大臣，的确想要褒贬毁誉得以明察，赏罚功过处理得当，刑名政治没有过失。所以墨子又说：有句古语说：“经过谋划却还得不到好结果的，就根据往事推知未来，凭借已知的推断未知的。”像这样谋划，就能够得知了。现在军队要是出征打仗，冬天行军恐怕太冷，夏天行军恐怕太热，这就是说不能在冬夏两季发兵作战。春天征战就会荒废人民的耕种，秋天征战就会荒废人民的收获，这就是说不能在春秋两季发兵作战。现在荒废每一个时令，百姓饥寒交迫、受冻挨饿而死的，数不胜数。现在试计算一下出征作战所用的物资，竹箭、旗帜、帐幕、铠甲、盾牌和刀柄等，用完后都破损腐烂从而不可收回的，数不胜数。再加上战士所用的矛、戟、戈、剑、战车等，用完后都碎折朽坏从而不能带回的，数不胜数。所用的牛马，出征时很肥壮，回来时都瘦弱不堪，至于死亡而不能返回的，数不胜数。作战时因为路途遥远，粮食供应有时中断从而不能接继，百姓因此而饿死的，数不胜数。战时人民都无法安定居住，饮食不应时，饥饱不适度，百姓在路边生病而死的，数不胜数。损失的军队多得数不胜数，将士阵亡的数目不可计算，死者失去后代祭祀的，也数不胜数。国家发动战争，掠夺人民的财产，荒废人民的利益。像这样的事情非常多，然而为什么要这样做呢？统治者回答说：“我贪图在战争中获胜的名声，以及从中所获的利益，所以这样做。”墨子说：计算一下他们自己所取得的胜利，没什么有用处的。计算一下他们在战争中所获得的利益，反而不如他们所丧失的多。现在攻打一个方圆内城三里、外城七里的城郭，进攻这些城不用精锐的军队，而且没有伤亡并白白获得，这样可能吗？死亡的人数多则一定数以万计，少则一定数以千计，在这之后，才能够得到内城三里，外城七里的城郭。现在的大国，荒芜的土地数以千计，超过它所攻占的别国的土地；宽广的平原数以万计，超过它所开辟的土地。既然这样，那么土地就是有余的，人民则是不足的。现在让百姓全都去送死，加重了全国上下的隐患，用来争夺空虚的城池，这就是放弃自己的不足，并且去充实自己所多余的。像这样处理政事，不是治国的要务。

两军交战图

［原文］

饰攻战者言曰："南则荆、吴之王，北则齐、晋之君，始封于天下之时，其土地之方，未至有数百里也，人徒之众，未至有数十万人也。以攻战之故，土地之博，至有数千里，人徒之众，至有数百万人。故当攻战而不可为[1]也。"子墨子言曰：虽四五国则得利焉，犹谓之非行道也。譬(pì)若医之药人之有病者然，今有医于此，和合其祝药[2]之于天下之有病者而药之，万人食此，若医四五人得利焉，犹谓之非行药也。故孝子不以食其亲，忠臣不以食其君。古者封国于天下，尚[3]者以耳之所闻，近者以目之所见，以攻战亡者，不可胜数。何以知其然也？东方有莒之国者，其为国甚小，间于大国之间，不敬事于大，大国亦弗之从而爱利。是以东者越人夹削其壤地，西者齐人兼而有之。计莒之所以亡于齐、越之间者，以是攻战也。虽南者陈、蔡，其所以亡于吴、越之间者，亦以攻战。虽北者且不一著何，其所以亡于燕、代[4]、胡貊(mò)之间者，亦以攻战也。是故子墨子言曰：古者王公大人，情欲得而恶失，欲安而恶危，故当攻

战而不可不非。

[注释]

①不可为：为字前脱一“不”字，当作“不可不为”。

②祝药：施药。祝，通“注”。

③尚：同“上”，久远。

④代：即赵国。

[译文]

为战争辩护的人说：“南方像楚国、吴国的国王，北方如齐国、晋国的君主，最开始受封的时候，他们的领地方圆还没有达到几百里，人口的数量还没有达到几十万。因为攻打别国，所以土地才得以扩充，达到几千里，人口的数量达到几百万。所以，攻打别国是不能不做的事情。”墨子说：即使有四五个国家因战争而获利，我仍然说这是行不通的方法。譬如医生给生病的人用药一样，现在有个医生在这里，调和药剂给天下有病的人服用，一万个人服食了这些药，如果只有五六个人痊愈了，仍然要说这种药方是行不通的。所以孝子不会将这种药给他的双亲服用，忠臣不会将这种药给君主服用。古时候天子分封诸侯，年代久的可以有耳听到，年代近的可以亲眼见到，因为攻伐打仗而灭亡的，数不胜数。怎么知道是这样的呢？东方有个莒国，这个国家很小，处于两大国之间，如果不恭敬地事奉大国，大国也不会跟着保护它的利益。所以东方的越国侵占它的国土，西边的齐国最终将它兼并。考虑莒国被齐、越两国灭亡的原因，就是因为攻伐。即使是南方的陈国、蔡国，它们被吴国、越国灭亡的原因，也是因为攻伐。即使是北方的中山国等国，它们被燕国、赵国、胡貊灭亡的原因，也是因为攻伐。所以墨子说：现在的王公大臣，实在想获得利益，并且厌恶失去利益，想实现安定，并且厌恶发生危难，所以对于攻打别国的事情不能不持反对态度。

[原文]

饰攻战者之言曰：“彼不能收用彼众，是故亡。我能收用我众，以此攻战于天下，谁敢不宾服哉！”子墨子言曰：子虽能收用子之众，子岂若古者吴阖(hé)闾哉？古者吴阖闾教七年，奉甲执兵，奔三百里而舍[①]焉。次[②]注林，出于冥隘之径，战于柏举，中楚国而朝宋与及鲁。至夫差之身，北而攻齐，舍于汶上，战于艾陵，大败齐人，而葆之大山[③]；东而攻越，济三江五湖，而葆之会稽。九夷之国莫不宾服。于是退不能赏孤，施舍群萌[④]，自恃其力，伐其功，誉其智，怠于教。遂筑姑苏之台，七年不成。及若此，

则吴有离罢之心。越王句践[5]视吴上下不相得，收其众以复其仇，入北郭，徙大内[6]，围王宫，而吴国以亡。昔者晋有六将军[7]，而智伯莫为强焉。计其土地之博，人徒之众，欲以抗诸侯以为英名。功战之速，故差论其爪牙之士，皆列其舟车之众，以攻中行氏而有之。以其谋为既已足矣，又攻兹范氏而大败之。并三家以为一家而不止，又围赵襄子于晋阳。及若此，则韩、魏亦相从而谋曰：“古者有语：‘唇亡则齿寒。’赵氏朝亡，我夕从之；赵氏夕亡，我朝从之。诗曰：‘鱼水不务[8]，陆将何及乎？’”是以三主之君，一心戮力[9]，辟门除道，奉甲兴士，韩、魏自外，赵氏自内，击智伯，大败之。

[注释]

①舍：驻扎。

②次：驻扎，与上文“舍”的意思相同。

③葆：通“保”。大山：即泰山。

④萌：通“氓”，平民。

⑤句践：即勾践。

⑥大内：都城的国库。

⑦六将军：指春秋末期掌握晋国朝政的六卿，即韩、赵、魏、智、范、中行六家。

⑧务：通“骛”，急速。“鱼水不务”一句不见于今本《诗经》。

⑨戮力：合力。

吴王夫差

[译文]

为战争辩护的人说：“他们不能笼络和利用自己的部众，所以导致了灭亡。我能笼络和利用我的部众，用这些攻伐于天下，谁敢不臣服于我呢？”墨子说：你即使能笼络和利用你的部众，难道还比得上古时候的吴王阖闾吗？古时候吴王阖闾训练士兵七年，士兵们身穿铠甲，手执兵器，奔跑三百里才停下来驻扎。他们驻军注林，取道冥隘的小路，在柏举作战，占领楚国的中部，并且迫使宋国以及鲁国来朝。到了吴王夫差在位的时候，发兵北上攻打齐国，驻兵汶上，在艾陵作战，大败齐军，迫使他们退保泰山；挥师东进攻打越国，渡过三江五湖，迫使他们退保会稽山。九夷之国没有不臣服的。在这个时候，吴已退兵却不能抚恤阵亡将士的遗孤，也不向民众施以恩惠，反而仗着自己的武力，夸耀自己的功业，卖弄自己的智慧，对教化民众却懈怠了。于是他修筑了姑苏城的高台，历时七年也没有建成。到了这个时候，吴国人就产生了离散之心。越王勾践看到吴国君臣上下不相容，就召集他的部众来报亡国之仇，军队攻入吴国都城北侧外城，搬走了国库的财物，围困了王宫，吴国因此灭亡。从前晋国有六卿，其中以智伯最为强大。他估量自己土地面积广大，人口数量众多，想要凭借这些与诸侯相抗衡来获得英武的美名。他主张速战速决，所以指使他的爪牙，出动全部的车船，用来攻打中行氏，并且消灭了他。智伯以为自己的计谋已经成功了，又去攻打范氏，并且打败了他。他合并三家为一家却仍然不满足，又在晋阳围攻赵襄子。到了这个时候，韩、魏两家一起合谋说："古时候有句话说：'嘴唇消亡了牙齿就会感到寒冷。'赵氏要是在早晨灭亡，我们就会在晚上随之灭亡；赵氏要是在晚上灭亡，我们就会在第二天早晨随之灭亡。《诗经》上说：'鱼在水中不赶快跑，到了陆地上还怎么来得及呢？'"所以赵、韩、魏三家同心协力，清理门户，令战士穿上铠甲，振奋士气，韩、魏在外，赵氏在内，里应外合进攻智伯，打败了他。

[原文]

是故子墨子言曰：古者有语曰："君子不镜[①]于水，而镜于人。镜于水，见面之容。镜于人，则知吉与凶。"今以攻战为利，则盖尝[②]鉴之于智伯之事乎？此其为不吉而凶，既可得而知矣。

[注释]

①镜：作动词，用……当镜子。

②盖尝：何尝，怎么。

[译文]

所以墨子说：古时候有句话说："君子不用水当镜子，而是用别人当镜子。用水当镜子，只能看到自己的面容。用别人当镜子，就能知道一件事是吉利还是凶险。"现在人们把攻伐看成是有利之事，那怎么不用智伯灭亡的事情当成镜子借鉴一下呢？这不是吉利的事而是凶险的事，这我已经很清楚地知道了。

管 子

作者介绍

管仲，名夷吾，字仲，颍上（今安徽颍上）人，春秋时期齐国著名政治家。管仲曾为齐国公子纠家臣，与公子小白争夺国君继承权，后来战败被俘，转投公子小白。小白即齐桓公，在管仲的辅佐下成就了霸业。

管仲有《管子》一书传世，该书内容极其丰富，主张教化和法治，对儒家和法家都产生了一定影响。书中还涉及天文、地理、经济和农业生产等方面的知识。

牧 民

［题解］

“牧民”即统治人民，古代统治者把治理人民视作驱使牛羊，因此有“牧民”的说法。本篇是《管子》一书的总纲，讲述的正是治理国家和统治人民的方法。管仲提出了四维的概念，对于维护礼、义、廉、耻，他认为要通过发展生产、顺乎民意、赏罚分明、禁止文巧等措施来实现，只有这样，君主才能得到人民的拥戴，国家政权才能得到巩固。管仲生活的时代早于孔子，然而其思想中却已产生了儒家思想的萌芽，对孔子学说的形成有一定影响。另外，他所提出的明赏罚、禁文巧的举措，又带有浓厚的法家色彩，这些都是我国思想史上的宝贵财富。本篇的名言“仓廪实则知礼节，衣食足则知荣辱”，曾被《史记》引用，它深刻地指出了物质基础对于社会的道德风尚和国家的安定起着决定性作用。

［原文］

凡有地牧民者，务在四时，守在仓廪(lǐn)。国多财则远者来，地辟举[1]则民留处。仓廪实则知礼节，衣食足则知荣辱。上服度则六亲固，四维[2]张则君令行。故省刑之要，在禁文巧[3]；守国之度，在饰[4]四维；顺[5]民之经，在明鬼神，祇(zhī)山川，敬宗庙，恭祖旧。不务天时则财不生；不务地利则仓廪不盈；野芜旷则民乃菅；上无量则民乃妄；文巧不禁则民乃淫；不璋两原[6]则刑乃繁；不明鬼神则陋民不悟；不祇山川则威令不闻；不敬宗庙则民乃上校[7]；

忙于农事

不恭祖旧则孝悌[8]不备。四维不张，国乃灭亡。

右“国颂”。

[注释]

①辟举：全部开辟。辟，开辟。举，尽，全部。

②四维：四种维护国家的纲领，即礼、义、廉、耻。

③文巧：即奇技淫巧，指过分奇巧而无益于实用的制品。

④饰：通“饬”，整治。

⑤顺：通“训”。

⑥两原：即民妄、民淫的两个源头，也就是“上无量”和“文巧不禁”。

⑦上校：抗拒君上。校，抗拒，对抗。

⑧悌：对兄长的恭顺。

[译文]

凡是拥有一定土地统治人民的君主，必须以四季的农事作为要务，保证国家的粮仓有充足的贮备。国家的经济实力雄厚，远方的人就会自动迁徙而来，荒地全部得到开发，本国的人民就会安心居处。粮食储备充实，人们就会懂得礼节，衣服食物丰足，人们就会知道荣辱。君上行事合乎法度，亲戚之间就可以团结一致，国家的四维能够发扬，君主的法令就能贯彻执行。所以减少刑罚的要领，在于禁止奇技淫巧；巩固国家的法度，在于整顿四维；教化人民的根本，在于敬鬼尊神，祭祀山川，恭恭敬敬地怀念祖先及其旧法。不注重利用天气时令，财富就不会产生；不注重开发土地之利，粮仓就不会充盈；田野荒芜空旷，人民就会懈怠于耕种；君主挥霍无度，人民就会肆意妄为；不禁止奇技淫巧，人民就会放荡不羁；不堵塞人民妄为和放纵这两个根源，刑罚就会繁重；不敬鬼尊神，小民就不会有所感悟；不祭祀山川，威严的政令就不能远播；不恭敬祖先，民众就会犯上作乱；不尊重旧法，孝悌就不会完备。四维得不到发扬，国家就会灭亡。

以上为“国颂”的内容。

[原文]

国有四维，一维绝则倾，二维绝则危，三维绝则覆，四维绝则灭。倾可正也，危可安也，覆可起也，灭不可复错[1]也。何谓

四维？一曰礼，二曰义，三曰廉，四曰耻。礼不逾(yú)节；义不自进；廉不蔽恶；耻不从枉②。故不逾节则上位安；不自进则民无巧诈；不蔽恶则行自全；不从枉则邪事不生。

右“四维”。

［注释］

①错：通“措”，放置。

②枉：邪曲，不正直。

［译文］

国家要有四维，一维缺失国家就会倾斜，二维缺失国家就会有危险，三维缺失国家就会颠覆，四维都缺失国家就会灭亡。倾斜可以扶正，危险可以挽救，倾覆可以恢复，但灭亡就毫无挽救措施了。什么是四维呢？第一个叫作礼，第二个叫作义，第三个叫作廉，第四个叫作耻。有了礼，人们就不会超越应该遵守的规范；有了义，人们就不会妄自求进；有了廉，人们就不会掩饰过错；有了耻，人们就不会趋从邪恶。所以不超越应守的规范，君上的地位就会安稳；不妄自求进，民众就不会巧谋欺诈；不掩饰过错，操行就会自然完善；不趋从邪恶，坏事就不会产生。

以上为“四维”。

［原文］

政之所兴，在顺民心；政之所废，在逆民心。民恶忧劳，我佚乐之；民恶贫贱，我富贵之；民恶危坠，我存安之；民恶灭绝①，我生育之。能佚乐之，则民为之忧劳；能富贵之，则民为之贫贱；能存安之，则民为之危坠；能生育之，则民为之灭绝。故刑罚不足以畏其意②，杀戮(lù)不足以服其心。故刑罚繁而意不恐，则令不行矣；杀戮众而心不服，则上位危矣。故从其四欲，则远者自亲；行其四恶，则近者叛之。故知予之为取者，政之宝也。

右“四顺”。

［注释］

①灭绝：死亡和绝后。

②畏其意：让其心中产生畏惧。

［译文］

政令的兴盛，在于顺应民心；政令的废弛，在于违背民意。人民厌恶忧伤和辛劳，我就使他们安逸和快乐；人民厌恶贫穷和卑贱，我就使他们富贵；人民厌恶危险和困难，我就使他们保全和安定；人民厌恶死亡和绝后，我就使他们繁衍生息。能够使人民安逸和快乐，他们就会为了实现这个目标而承受忧伤和辛劳；能够使人民富足和高贵，他们就会为了实现这个目标而忍受贫穷和卑贱；能够使人民保全和安定，他们就会为了实现这个目标而承担危险和困难；能够使人民繁衍生息，他们就会为了实现这个目标而牺牲自己。所以，刑罚不足以使人民真正感到害怕，杀戮也不足以使人民真正心悦诚服。因此，刑罚繁重而人民不感到畏惧，法令就无法推行了；杀人过多而人民不心悦诚服，君上的地位就危险了。所以，满足上述人民的四种愿望，疏远的人就会自动亲近；推行上述人民厌恶的四种事情，亲近的人也会叛离。由此可知，统治者要懂得给予人民自己想要获取的，是治理国家的法宝。

以上为“四顺”。

[原文]

错国于不倾之地，积于不涸(hé)之仓，藏于不竭之府，下令于流水之原，使民于不争之官。明必死之路，开必得之门，不为不可成，不求不可得，不处不可久，不行不可复。错国于不倾之地者，授有德也。积于不涸之仓者，务五谷①也。藏于不竭之府者，养桑麻育六畜②也。下令于流水之原者，令顺民心也。使民于不争之官者，使各为其所长也。明必死之路者，严刑罚也。开必得之门者，信庆赏也。不为不可成者，量民力也。不求不可得者，不强民以其所恶也。不处不可久者，不偷取一世也。不行不可复者，不欺其民也。故授有德，则国安。务五谷，则食足。养桑麻育六畜，则民富。令顺民心，则威令行。使民各为其所长，则用备。严刑罚，则民远邪。信庆赏，则民轻难。量民力，则事无不成。不强民以其所恶，则诈伪不生。不偷取一世，则民无怨心。不欺其民，则下亲其上。

黍

右“士经”。

[注释]

①五谷：一般指稻、粟、麦、菽、黍，后泛指粮食，这里指农业生产。

②六畜：即马、牛、羊、猪、狗、鸡，后泛指家畜。

桑

[译文]

把国家放置在不会倾覆的稳固基础上，把粮食积存在取之不尽的粮仓里，把财物贮藏在用之不竭的国库中，把政令下达在流水源头上，把民众使用在没有争议的职位上。指明一定行不通的道路，敞开一定有收获的大门，不做不能成功的事情，不追求不能得到的东西，不站在难以持久的地方，不做不能再次实行的事情。把国家放置在不会倾覆的稳固基础上，就要任用有道德的人；把粮食积存在取之不尽的粮仓里，就要以粮食生产作为要务；把财物贮藏在用之不竭的国库中，就要种植桑麻和饲养牲畜；把政令下达在流水源头上，就要使法令顺应民心。把民众任用在没有争议的职位上，就要使人们各自尽其所长；指明一定行不通的道路，就要严明刑罚；敞开一定有收获的大门，就要公正奖赏；不做不能成功的事情，就要根据民力推行政令；不追求不能得到的东西，就是不强迫人民做他们所厌恶的事情；不站在难以持久的地方，就是不贪图一时的小利；不做不能再次实行的事情，就是不欺骗自己的臣民。所以，任用有道德的人，国家就能安定。以粮食生产为要务，食物就会充足。种植桑麻和饲养牲畜，人民就会富足。法令顺应民心，威严的政令就能得以贯彻执行。使人们各自尽其所长，有用的人才就能齐备。严明刑罚，人民就会远离奸邪。公正奖赏，人民就会不畏艰险。根据民力推行政令，事情就没有办不成的。不强迫人民做他们所厌恶的事情，欺诈虚伪的行为就不会产生。不贪图一时小利，人民就不会有抱怨。不欺骗自己的臣民，臣下就会亲近君上。

以上为“士经”。

[原文]

以家为乡，乡不可为也；以乡为国，国不可为也；以国为天下，天下不可为也。以家为家，以乡为乡，以国为国，以天下为天下。毋曰不同生[①]，远者不听；毋曰不同乡，远者不行；毋曰

不同国，远者不从。如地如天，何私何亲？如月如日，唯君之节。御民之辔（pèi）[2]，在上之所贵；道[3]民之门，在上之所先；召民之路，在上之所好恶。故君求之则臣得之；君嗜之则臣食之；君好之则臣服之；君恶之则臣匿之。毋蔽汝恶，毋异汝度，贤者将不汝助。言室满室，言堂满堂，是谓圣王。城郭沟渠不足以固守，兵甲强力不足以应敌，博地多财不足以有众，惟有道者能备患于未形也，故祸不萌。

天下不患无臣，患无君以使之；天下不患无财，患无人以分[4]之。故知时者可立以为长，无私者可置以为政[5]，审于时而察于用，而能备官者，可奉以为君也。缓者后于事，吝于财者失所亲，信小人者失士。

右“六亲五法”。

［注释］

①生：通“姓”。

②辔：辔头，驾驭牲口的缰绳，便于控制方向。

③道：同“导”，引导。

④分：分理，管理。

⑤政：通“正”，官员，与上一句中的“长”意思相同。

［译文］

按照治理家庭的方法治理乡里，乡里不可能治理得好；按照治理乡里的方法治理封国，封国不可能治理得好；按照治封国的方法治理天下，天下也不可能治理得好。应该按照治理家庭的方法治理家庭，按照治理乡里的方法治理乡里，按照治理封国的方法治理封国，按照治理天下的方法治理天下。不能因为不同姓，就不听取外姓人的意见；不能因为不同乡，就不采纳外乡人的建议；不能因为不同国，就不遵从别国人的主张。要像天地对待万物一样，有什么偏私？有什么偏爱？要像日月一般，才称得上是君主的气概。朝什么方向驱使人民，取决于君主重视什么；往哪个门路引导人民，取决于君主提倡什么；以什么途径号召人民，取决于君主的好恶。所以君主追求的东西，臣下就替他得到；君主爱吃的东西，臣下就向他进献；君主喜欢的事情，臣下就为他实行；君主厌恶的事情，臣下就帮他藏匿。不要隐藏你的过错，不要改变你的气概，否则贤能之人就不会帮助你了。在屋子里讲话，就要使全屋子的人都知道，在厅堂上讲话，就要使满厅堂的人都知道，这才称得上是圣王。城郭沟渠不足以巩固防守，强大的武力不足以抵御敌人，地大物博不足以聚合民众。只有掌握了正确统治策略的人，才能做到防患于未然，所以灾祸不会萌发。

天下不怕没有能臣，怕的是没有明君任用他们；天下不怕没有财货，怕的是没有能人管理它们。所以，通晓天时的，可以推举为官长，没有私心的，可以安排做官吏，明辨时势，明智用财，并且能够任用官吏的，就可以把他尊奉为君主了。迟钝的人做事总是落后于人，吝惜财物的人常常失去亲信，偏信小人的人就不会得到人才。

以上为“六亲五法”。

任　法

［题解］

本篇论述了法治的重要性，“任法”即依法治国。管仲认为治国必依法令，法是治国的根本，礼仪、伦理、权术都源于法。君主掌握了法，就能够垂衣拱手而安享太平，任意役使百姓和群臣而不至于使其犯上作乱。管仲提倡法治，主张上下有序，从中不难看到法家和儒家思想的影子。

［原文］

圣君任法而不任智，任数而不任说，任公而不任私，任大道而不任小物，然后身佚(yì)[1]而天下治。失君则不然，舍法而任智，故民舍事而好誉；舍数而任说，故民舍实而好言；舍公而好私，故民离法而妄行；舍大道而任小物，故上劳烦，百姓迷惑，而国家不治。圣君则不然，守道要，处佚乐，驰骋弋猎，钟鼓竽瑟，宫中之乐无禁圉(yǔ)[2]也。不思不虑，不忧不图，利身体，便形躯，养寿命，垂拱[3]而天下治。是故人主有能用其道者，不事心，不劳意，不动力，而土地自辟，囷(qūn)[4]仓自实，蓄积自多，甲兵自强，

春秋第一相——管仲

纵马打猎

群臣无诈伪，百官无奸邪，奇术技艺之人莫敢高言孟行⑤以过其情，以遇⑥其主矣。

［注释］

①佚：安逸。

②禁围：拘束。

③垂拱：垂衣拱手，指明君不亲理政事。

④囷：圆形的谷仓。

⑤高言孟行：浮夸的语言和鲁莽的行为。孟，通“猛”，鲁莽。

⑥遇：抵挡，对抗。

［译文］

圣明的君主凭法度治国而不靠智谋，凭权术治国而不靠议论，凭公正治国而不靠偏私，凭大道治国而不靠小事，在这之后就是自身安逸并且天下太平。失道之君就不是这样，他们舍弃法度而依靠智谋，所以人民就会放弃农作这些正事转而追逐虚名；舍弃权术而依靠议论，所以人民就会放弃追求实际的作风转而喜好空谈；舍弃公正而采取偏私，所以人民就会背离法律而肆意妄为；舍弃大道而注重小事，所以君上就会劳累烦乱，百姓也会迷惑，国家不得安定。圣明的君主就不是这样，掌握着治国方法的要领，居处在安逸享乐的状态，纵马打猎，钟鼓齐鸣，吹竽弹瑟，宫中的娱乐无拘无束。他不用思虑，没有忧愁，使身体受益，使形体轻便，使寿命延长，不亲理政事而使天下安定。所以，君主如果能够运用这个方法，就不会操心，不会劳神，不会费力，从而使土地自然得以开辟，仓廪自然得以充实，财富自然得以丰沛，兵力自然得以强大，群臣没有欺诈和虚伪，百官没有奸佞邪恶，有特殊技艺的人也不敢用浮夸的语言和鲁莽的行为来夸大个人对抗君主。

［原文］

昔者尧之治天下也，犹埴(zhí)①已埏(shān)②也，唯陶之所以为；犹金之在炉，恣冶之所以铸。其民引之而来，推之而往，使之而成，禁之而止。故尧之治也，善明法禁之令而已矣。黄帝之治天下也，其民不引而来，不推而往，不使而成，不禁而止。故黄帝之治也，置法而不变，使民安其法者也。所谓仁义礼乐者，皆出于法。此

先圣之所以一民[3]者也。《周书》[4]曰："国法，法不一，则有国者不祥；民不道法[5]，则不祥；国更立法以典民，则祥；群臣不用礼义教训，则不祥；百官服事者离法而治，则不祥。"故曰：法者不可恒也，存亡治乱之所从出，圣君所以为天下大仪也，君臣上下贵贱皆发[6]焉。

帝尧

［注释］

①埴：黏土。

②埏：和。

③一民：统一民众。

④《周书》：《尚书》的一部分。

⑤道法：守法。

⑥发：通"法"，效法。

［译文］

从前尧治理天下，人民就像黏土在模具里一样，任凭制陶工匠随意制作；又像金属在炼炉中一样，任凭冶炼工匠随意铸造。他统治下的人民招之即来，挥之即去，使唤他们就能完成任务，禁止他们就能立即停下。所以尧统治下的安定局面，是善于明确法令和禁令的结果罢了。黄帝治理天下，他统治下的人民不用招引就来，不用推动就去，不用驱使就能完成任务，不用禁止就能立即停下。所以黄帝统治下的安定局面，就是设置了法令就不改变，让人民习惯于所颁布的法令。人们所说的仁、义、礼、乐之类的，都是从法规中产生的。这是古代圣王用来统一民众的。《周书》上说："国家有法，法令却不统一，这就是治国之人的不祥之事；人民不守法，也是不祥之事；国家改革法度来管理人民，就是吉祥之事；群臣不用礼和义来教化民众，就是不祥之事；百官管理国家大事却背离法度办事，同样是不祥之事。"所以说：法治虽不能永远恒定，但它是国家生存与灭亡、安定与昏乱的根本，是圣明的君主用来治理天下的最高标准，君主、大臣、上层、下层、贵族、庶民都要遵守。

［原文］

故曰法古之法也，世无请谒[1]任举之人，无间[2]识博学辩说之士，无伟[3]服，无奇行，皆囊于法以事其主。故明王之所恒者二：

一曰明法而固守之，二曰禁民私而收使之。此二者主之所恒也。夫法者，上之所以一民使下也；私者，下之所以侵法乱主也。故圣君置仪设法而固守之，然故堪材、习士、闻识、博学之人不可乱也；众强富贵私勇者不能侵也；信近亲爱者不能离也；珍怪奇物不能惑也；万物百事非在法之中者不能动也。故法者，天下之至道也，圣君之实用也。今天下则不然，皆有善法而不能守也。然故堪材、习士、闻识、博学之士能以其智乱法惑上；众强富贵私勇者能以其威犯法侵陵④；邻国诸侯能以其权置子立相；大臣能以其私附百姓，剪公财以禄私士。凡如是而求法之行，国之治，不可得也。

[注释]

①请谒：私下求见。

②间：通“闲”，娴熟，谙熟。

③伟：奇异。

④陵：凌驾。

[译文]

所以说，根据古代的制度行事，社会上没有私下求见请托保举的人，没有谙熟于各种学识、博学多闻和巧言善辩的人，没有特异的服饰，没有奇怪的行动，这些人都被囊括进法律的范畴内来侍奉君主。所以圣明的帝王永远坚持的原则有两条：一是明确法度并且坚定地执行它，二是禁止人民的偏私行为并且控制使唤他们。这两条是君主要永远坚持下去的。法，就是君上用来统一民众和使用臣下的；私，就是臣下用来侵犯法律惑乱君主的。所以，圣明的君主设置礼仪和法度并且坚定地执行，这样，那些所谓的能干之人、饱学之士、谙熟各种知识的人和博学多闻的人，就不能扰乱法度了；人多势重的、富有尊贵的以及偏私好勇的人，就不能侵犯法度了；君主的宠臣、近臣、亲戚和所喜爱的人，就不能违背法度了；珍贵、奇异的宝物，就不能惑乱君主了；对任何不在法律范畴之内的事物，就不能行得通了。所以，法是天下的最高准则，是圣明君主的法宝。现在天下的情况就不是这样，都在于有好的法令却不能坚持。所以能干之人、饱学之士、谙熟各种知识的人和博学多闻的人，能够用他们的智巧来扰乱法度、迷惑君主；人多势众的、富有尊贵的以及偏私好勇的人，能够用他们的威势来触犯法度、凌驾于君主之上；邻国的诸侯能够用他们的权力来肆意废黜太子，设立辅相；大臣能够用他们的偏私行为来笼络百姓，克扣公共财物来豢养私人党羽。凡是像这样来追求法度的通行，国家的安定，都是不可能得到的。

[原文]

圣君则不然，卿相不得剪其私，群臣不得辟[①]其所亲爱，圣君亦明其法而固守之，群臣修通辐凑[②]以事其主，百姓辑睦[③]听令道法以从其事。故曰："有生法，有守法，有法于法[④]。"夫生法者，君也；守法者，臣也；法于法者，民也。君臣上下贵贱皆从法，此谓为大治。故主有三术。夫爱人不私赏也，恶人不私罚也，置仪设法以度量断者，上主也。爱人而私赏之，恶人而私罚之，倍[⑤]大臣，离左右，专以其心断者，中主也。臣有所爱而为私赏之，有所恶而为私罚之，倍其公法，损其正心，专听其大臣者，危主也。故为人主者，不重爱人，不重恶人。重爱曰失德，重恶曰失威。威德皆失，则主危也。故明王之所操者六：生之、杀之、富之、贫之、贵之、贱之。此六柄者，主之所操也。主之所处者四：一曰文，二曰武，三曰威，四曰德。此四位者，主之所处也。藉人以其所操，命曰夺柄。藉人以其所处，命曰失位。夺柄失位，而求令之行，不可得也。法不平，令不全，是亦夺柄失位之道也。故有为枉法，有为毁令，此圣君之所以自禁也。故贵不能威，富不能禄[⑥]，贱不能事，近不能亲，美不能淫也。植固[⑦]而不动，奇邪乃恐，奇革而邪化，令往而民移。故圣君矢度量，置仪法，如天地之坚，如列星之固，如日月之明，如四时之信，然故令往而民从之。而失君则不然，法立

纣王无道造炮烙

商纣王是商朝的末代帝王。他在位时，荒淫无道、偏信奸臣，以致国灭。此图表现了他制造酷刑炮烙时的场景。

而还废之，令出而后反之，枉法而从私，毁令而不全。是贵能威之，富能禄之，贱能事之，近能亲之，美能淫之也。此五者不禁于身，是以群臣百姓人挟其私而幸其主。彼幸而得之，则主日侵；彼幸而不得，则怨日产。夫日侵而产怨，此失君之所慎也。

［注释］

①辟：帝王征召，这里指任用为官。

②辐凑：车轮的辐条凑集于车轴，这里指群臣聚集在君主周围。

③辑睦：和谐，和睦。

④法于法：遵从于法。

⑤倍：通“背”，背离，违背。

⑥禄：施予财富。

⑦植固：心志坚定。植，心志。

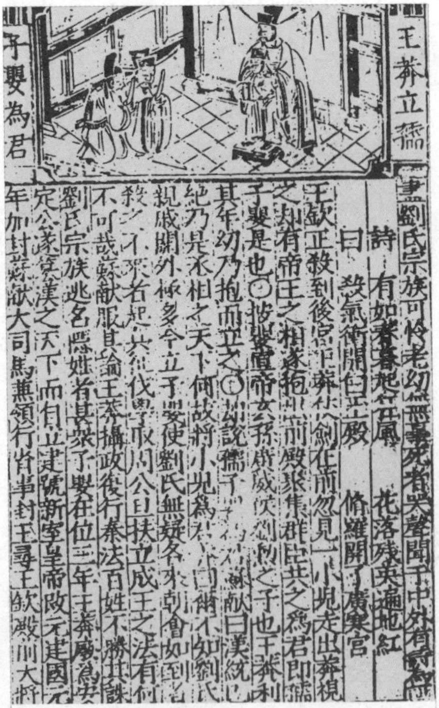

王莽立孺子婴为君

王莽，字巨君，新朝的建立者。王莽称帝后进行了多项改革，但政令烦琐、朝令夕改，改革终告失败，导致新朝覆亡。

［译文］

圣明的君主就不是这样，不允许卿相克扣公共财物，豢养私人党羽，不允许群臣任用自己的亲信为官，圣明的君主也要明确法令并且坚定地执行它，群臣同心协力、凝聚在一起来侍奉君主，百姓和谐亲睦、听令守法来做自己的事情。所以说：“有制定法律的，有执行法律的，有按法律行事的。”制定法律的，是君主；执行法律的，是大臣；按法律行事的，是民众。君主和大臣、上级和下级、贵族和庶民都遵从于法，这就叫作社会得到大治。所以，君主有三种权术。对喜爱的人不进行私下的封赏，对厌恶的人不进行私下的惩罚，制定礼仪、设立法规来衡量决断一切事务的，是上等的君主。对于喜爱的人就进行私下的封赏，对于厌恶的人就进行私下的惩罚，不听从大臣的劝说，脱离与左右的联系，专凭个人意志决断的，是中等的君主。大臣有喜爱的人，就替他进行私下的封赏，大臣有憎恶的人，就替他进行私下的惩罚，违背公共的法令，丧失公正的良心，专门听任大臣摆布的，是面临危亡的君主。所以作为君主，不注重私人的喜好，也不注重私人的厌恶。注重私爱，叫作失掉仁德，注重私恶，叫作失掉威严。威严和仁德都失掉了，君主就要面临危亡了。所以，圣明的帝王要掌握六个方面：使人活命、使人死亡、使人富有、使人贫穷、使人高贵、使人卑贱。这六种权柄，是君主所要掌握的。君主要占据四个方面：第一个是文教，第二个是武力，第三个是威严，第四个是仁德。这四个方面，是君主所要占据的。把自己所掌握的交给别人，叫作被夺去了权柄。把自己所占据的交给别人，叫作失掉了地位。被夺去权柄且失掉了地位，还想追求法令的贯彻执行，是不能办到的。法律不公平，政令不完备，也是导致君主被夺去权柄和失掉地位的原因。所以，有的歪曲法度，有的毁弃政令，这是圣明的君主自己从来不会去做的。所以，贵族不能威胁他，富人不能贿赂他，贱者不能讨好他，近臣不能亲昵他，美色不能迷惑他。心志坚定而不动摇，奇异和邪恶的人就会感到恐惧，奇异的人被改造，邪恶的人受到了教化，法令一经颁布，民众的风气就会随之改变。因此，圣明的君主设立制度，像天地那样坚定，像群星那样稳固，像日月那样明亮，像四季交替那样准确，这样，法令一经颁布，人民就会遵从。失道之君就不是这样，法律设立后很快就会废除，政令颁布后很快就会收回，歪曲法度从而迁就偏私的行为，毁弃政令从而使其残缺不全。这样，贵族就能威胁他，富人就能贿赂他，贱者就能讨好他，近臣就能亲昵他，美色就能迷惑他。这五个方面，君主不能自我控制，所以群臣和百姓就会人人都怀着私心来谗佞于君主。他们谗佞并且得到了好处，君主的权力就日益被侵夺；他们谗佞却没有得到好处，对君主的怨恨就日益产生。日益被侵夺权力，同时又产生怨恨，这就是失道之君应该慎重考虑的。

［原文］

凡为主而不得用其法，不能其意，顾臣而行，离法而听贵臣，此所谓贵而威之也。富人用金玉事主而来焉，主离法而听之，此所谓富而禄之也。贱人以服约卑敬悲色告愬[1]其主，主因离法而听之，此所谓贱而事之也。近者以偪[2]近亲爱有求其主，主因离法而听之，此所谓近而亲之也。美者以巧言令色请其主，主因离法而听之，此所谓美而淫之也。治世则不然，不知亲疏、远近、贵贱、美恶，以度量断之。其杀戮（lù）人者不怨也，其赏赐人不德也。以法制行之，如天地之无私也。是以官无私论，士无私议，民无私说，皆虚其匈[3]以听其上。上以公正论，以法制断，故任天下而不重也。今乱君则不然，有私视也，故有不见也；有私听也，故有不闻也；有私虑也，故有不知也。夫私者，壅（yōng）蔽失位之道也。

上舍公法而听私说，故群臣百姓皆设私立方以教于国，群党比周以立其私，请谒任举以乱公法，人用其心以幸于上。上无度量以禁之，是以私说日益，而公法日损，国之不治，从此产矣。

［注释］

①愬：同“诉”。

②偪：接近。

③匈：同“胸”，心胸。

［译文］

凡是作为君主却不能运用自己的法令，不能满足自己的意志，看着大臣的脸色行事，背离法度而听任贵戚权臣的摆布，这就叫作贵族能够威胁他；富人用金珠宝玉侍奉君主从而提出要求，君主就背离法度并且听从这些要求，这就叫作富人能够贿赂他；贱者装出一副驯服、恭敬和可怜的神色向君主哀告，君主就因此背离法度并且听从他们的哀告，这就叫作贱者能够讨好他；近臣利用君主对他们的宠信亲密的关系向君主恳求，君主就因此背离法度并且听从他们的恳求，这就叫作近臣能够亲昵他；美女用花言巧语和娇媚之态请托于君主，君主就因此背离法度并且听从她的请托，这就叫作美色能够迷惑他。得到大治的社会就不是这样，不分亲疏、远近、贵贱和美丑，一切都用法度来决断。依法定罪杀人也不会招致怨恨，按功进行赏赐也不用感恩戴德。按照法规行事，就像天地那样没有偏私。所以官吏没有私人的观点，士人没有私人的议论，民众没有私人的主张，都虚心听从君上。君上按照公正的原则来考论，凭借法律和制度来决断是非，所以担负着治理天下的大任却不感到沉重。现在的昏君就不是这样，用私心来看待问题，所以视而不见；用私心来听取意见，所以充耳不闻；用私心来考虑事情，所以对事实一无所知。偏私，就是导致阻塞视听、蒙蔽上意、君主失位的原因。君主舍弃公正的法规却去听信偏私的说法，所以，群臣和百姓都将创立自己的一套私人学说和方略主张用来在国内宣扬，各种各样的人结党营私来建立私人势力，私下拜访、请托保举来扰乱国家公共的法律，人人都用尽心机来博取君主的宠信。君上没有法度来禁止这些现象，所

妲己害政

商纣王征服有苏氏，有苏氏献出美女妲己。纣王沉迷于妲己的美色，对她言听计从。并为博她欢颜建造酒池肉林、发明炮烙之刑。商纣王的荒淫无道，导致国灭。

以私人学说一天比一天增多，并且公共的法律一天比一天削弱，国家的不安定，就从这里产生了。

[原文]

夫君臣者，天地之位也；民者，众物之象也。各立其所职以待君令，群臣百姓安得各用其心而立私乎？故遵主令而行之，虽有伤败，无罚；非主令而行之，虽有功利，罪死。然故下之事上也，如响之应声也；臣之事主也，如影之从形也。故上令而下应，主行而臣从，此治之道也。夫非主令而行，有功利，因赏之，是教①安举也；主令而行之，有伤败，而罚之，是使民虑利害而离法也。群臣百姓人虑利害，而以其私心举措，则法制毁而令不行矣。

[注释]

①教：教导，这里引申为鼓励。

[译文]

君主和大臣，就好像天和地的位置；百姓，就好像世间万物的存在形态。他们各自按所属的职责来听候君主的命令，群臣百姓怎么能够各怀心思来谋取私利呢？所以，遵从君主的命令并去执行，即使遭遇到挫折和失败，也不会受到处罚；不遵从君主的命令而去办事，即使取得成功和利益，也要处以死罪。所以下级为上级做事，就像反响回应声音一样；大臣侍奉君主，就像影子跟随着形体一样。所以上级发布命令，下级就贯彻响应；君主做一件事情，大臣就会追随，这是实现大治的方法。不遵从君主的命令而去办事，取得了功劳和利益，从而进行赏赐，这相当于鼓励人们轻举妄动；遵从君主的命令并去执行，遭遇到挫折和失败，因而加以处罚，这相当于使民众思虑利害并且背离法度。群臣百姓人人都思虑利害，并且按照自己的私心行事，法制就会毁灭，同时律令也不能通行了。

明　法

[题解]

本篇紧承上一篇《任法》的主旨，主张通过修明法度来实现以法治国。管仲认为，君臣的等级尊卑是要借助法律来维护的，禁止臣下结党营私、损公肥私也要通过一定的威势和权术来实现。《任法》和《明法》二篇对后世法家提出君主集权理论奠定了重要的基础。

[原文]

所谓治国者，主道明也；所谓乱国者，臣术胜也。夫尊君卑臣，非亲也，以势胜也；百官识，非惠也，刑罚必也。故君臣共道则乱，专授则失。夫国有四亡：令本不出谓之灭；出而道留谓之拥[①]；下情本不上通谓之塞；下情上而道止谓之侵。故夫灭、侵、塞、拥之所生，从法之不立也。是故先王之治国也，不淫意于法之外，不为惠于法之内也。动无非法者，所以禁过而外私也。威不两错，政不二门。以法治国则举错而已。是故有法度之制者，不可巧以诈伪；有权衡之称者，不可欺以轻重；有寻丈之数者，不可差以长短。今主释法以誉进能，则臣离上而下比周矣；以党举官，则民务交而不求用矣。是故官之失其治也，是主以誉为赏，以毁为罚也。然则喜赏恶罚之人，离公道而行私术矣。比周以相为匿，是忘主私交，以进其誉。故交众者誉多，外内朋党，虽有大奸，其蔽主多矣。是以忠臣死于非罪，而邪臣起于非功。所死者非罪，所起者非功也，然则为人臣者重私而轻公矣。十至私人之门，不一至于庭；百虑其家，不一图国。属数虽众，非以尊君也；百官虽具，非以任国也。此之谓国无人。国无人者，非朝臣之衰也。家与家务于相益[②]，不务尊君也；大臣务相贵，而不任国；小臣持禄养交，不以官为事，故官失其能。是故先王之治国也，使法择人，不自举也；使法量功，不自度也。故能匿而不可蔽，

焚金阙董卓行凶

东汉末年，天下混乱，拥兵自重的董卓趁机入京，控制了中央政权。之后关东诸侯又联盟讨伐董卓。权臣的谋私之术导致了国家的混乱。

败而不可饰也；誉者不能进，而诽者不能退也。然则君臣之间明别，明别则易治也，主虽不身下为，而守法为之可也。

［注释］

①拥：通“壅”，堵塞。

②务于相益：致力于相互帮助，即大臣之间相互交换利益。

［译文］

人们所说的安定的国家，是君主治国之道圣明的结果；人们所说的混乱的国家，是臣下谋私之术盛行的结果。使君主尊贵、使臣子卑下，不是因为臣子对君主的亲近和爱护，而是君主利用威势取胜的缘故；百官尽职尽责，不是因为君主对臣子施加了恩惠，而是刑罚坚决的缘故。所以，君主与臣子行事原则一致就会导致国家混乱，把权力专授予人就会使君主失去政权。国家有四种危亡的形式：法令一开始就不颁布，叫作“灭”；颁布了却在途中滞留，叫作“壅”；下面的情况一开始就不能向上传达，叫作“塞”；向上传达却在途中停止，叫作“侵”。所以，灭、侵、塞、壅的产生，都是由于法的权威没有树立起来所造成的。因此，古代圣王治理国家，不在法度的范畴之外浪费心思，不在法度的范畴之内行小恩小惠。行动没有能够离开法度，就是为了禁止过错并且排除私心。威势不能放在两个地方，政令不能由两家制定。按照法律的规定治理国家就是正确的举措。所以，有了法度的决断，人们就不能通过狡诈和虚伪来取巧了；有了权衡的称量，人们就不能在轻重方面搞欺骗了；有了丈尺的测算，人们就不能从长短方面搞差错了。现在的君主放弃法度，按照名誉任用贤能之人，群臣就会背离君主并且结党营私；听信朋党举任官吏，人民就会致力于结交从而不追求工作实效。因此，官吏在工作上失职，就是君主只按照虚名行赏，根据诽谤刑罚的结果。既然这样，那么喜欢受赏而厌恶被罚的人，就会背离公共的法则并且施行偏私的伎俩。结党营私相互隐瞒罪行，所以忘记君主，私下结交，来宣传自己的名声。所以结交人数多的获得的赞誉也多，朝廷内外都有朋党，即使有天大的奸恶，也大多能把君主蒙蔽过去。所以，忠臣往往无罪而遭死，奸臣往往无功而发

岳飞

岳飞，字鹏举，宋朝时著名抗金将领，后被奸臣秦桧陷害，以“莫须有”的罪名被杀。

迹。被处死的无罪，声名鹊起的无功，既然这样，那么作为臣子的就会注重私利并且轻视公道了。十次拜访私人的家门，一次也不到朝廷来；百般考虑自己家的利益，一次也不为国事谋划。朝廷统属的人虽然很多，却没有尊崇君主的；百官虽然职位齐备，却没有来管理国务的。这就叫作国中无人。国中无人，并不是朝中大臣能力衰败。私家之间热衷于相互交换利益，不求尊崇国君；大臣之间致力于相互抬举，却不管理国务；小臣拿着俸禄养士结交，不把公职作为正事，所以官吏就失掉了各自的职能。因此，古代圣王治理国家，用法来选任人才，不亲自推荐；用法衡量功绩，不亲自定度。所以贤能就不能被掩蔽，败类也不能伪装了；徒有虚名的人不能进用，而遭到诽谤的人也不一定被罢免。既然这样，那么君臣之间就明确分别了，明确了分别就容易治理，君主即使不亲自下去办事，但依照法度去做就行了。

小　问

［题解］

本篇以齐桓公和管仲对话的形式，阐述了管仲关于政治、经济、军事等方面的思想主张，展现了管仲一代名相的风采。管仲注重经济的发展，提倡德、刑并举，主张招揽优秀人才，体现了他在治理国家方面的非凡智慧。本篇对齐桓公的描写也较为生动，具有重要的史料价值。

［原文］

桓公问管子曰：“治而不乱，明而不蔽，若何？”管子对曰：“明分任职，则治而不乱，明而不蔽矣。”公曰：“请问富国奈何？”管子对曰：“力地而动于时，则国必富矣。”公又问曰：“吾欲行广仁大义，以利天下，奚(xī)为而可？”管子对曰：“诛暴禁非，存亡继绝，而赦无罪，则仁广而义大矣。”公曰：“吾闻之也，夫诛暴禁非，而赦无罪者，必有战胜之器，攻取之数，而后能诛暴禁非，而赦无罪。请问战胜之器？”管子对曰：“选天下之豪杰，致天下之精材，来天下之良工，则有战胜之器矣。”公曰：“攻取之数何如？”管子对曰：“毁其备，散其积，夺之食，则无固城矣。”公曰：“然则取之若何？”管子对曰：“假①而礼之，厚而勿欺，则天下之士至矣。”公曰：“致天下之精材若何？”管子对曰：“五而六之，九而十之，不可为数。”公曰：“来工若何？”管子对曰：“三

倍，不远千里。”桓公曰：“吾已知战胜之器，攻取之数矣。请问行军袭邑，举错而知先后，不失地利若何？”管子对曰：“用货察图[②]。”公曰：“野战必胜若何？”管子对曰：“以奇。”公曰：“吾欲遍知天下若何？”管子对曰：“小以吾不识，则天下不足识也。”公曰：“守、战、远见，有患。夫民不必死，则不可与出乎守战之难，不必信，则不可恃而外知。夫恃不死之民而求以守战，恃不信之人而求以外知，此兵之三暗也。使民必死必信若何？”管子对曰：“明三本。”公曰：“何谓三本？”管子对曰：“三本者，一曰固，二曰尊，三曰质。”公曰：“何谓也？”管子对曰：“故国父母坟墓之所在，固也；田宅爵禄，尊也；妻子[③]，质也。三者备，然后大其威，厉其意，则民必死而不我欺也。”

[注释]

①假：同“嘉”，嘉奖。

②用货：用财货贿赂敌方以获取情报。察图：了解敌方的意图。

③妻子：妻和子，即妻子和儿女。

[译文]

齐桓公问管仲说：“安定并且不混乱，明察并且不受蒙蔽，怎样才能做到呢？”管仲回答说：“明确名分来安排官职，就会做到安定并且不混乱，明察并且不受蒙蔽了。”桓公说：“请问使国家富裕起来要怎样才能实现呢？”管仲回答说：“努力耕种并且使国家的政治活动合于农时，就一定能使国家富裕了。”桓公又问道：“我要推行大仁大义，用来造福天下，怎样做才可以？”管仲回答说：“惩罚凶暴的行为，禁止违法的行为，使危亡的国家继续存在，使断绝子嗣的家族得以延续下去，并且赦免无辜的人，就是大仁和大义了。”桓公说：“我听说过，惩罚凶暴的行为、禁止违法的行为、赦免无罪的人，一定要有能够战胜敌人的武器，能够攻取敌人的策略，在这之后才能做

耕种

到惩罚凶暴和禁止非法，以及赦免无罪。请问能够战胜敌人的武器是什么？”管仲说：“选任天下的杰出人才，收集天下的精致器材，招来天下的能工巧匠，就有战胜敌人的武器了。”桓公说：“攻取敌人的策略是怎样的呢？”管仲回答说：“摧毁他们的装备，分散他们的积蓄，夺取他们的粮食，就没有什么坚固的城池了。”桓公说：“那么怎样选任杰出的人才呢？”管仲回答说：“嘉奖并且礼遇他，优厚地对待他同时不能欺骗他，天下的杰出人才就会来了。”桓公说：“收集天下的精致器材该怎么做？”管仲回答说：“价值是五却出价为六，价值是九却出价为十，精致的器材就不可胜数了。”桓公说：“招来能工巧匠该怎么做？”管仲回答说：“出三倍的工钱，他们就会不远千里前来投奔。”桓公说：“我已经明白了关于战胜敌人的武器和攻取敌人的策略的问题了，请问出兵袭击城邑，在行动时预知先后，不失掉地形优势，该怎么做？”管仲回答说：“用财货收买情报，还要详细研究敌军的意图。”桓公说：“在郊野作战必胜的方法是什么呢？”管仲回答说：“运用奇兵。”桓公说：“我想掌握全天下的情况，该怎么做？”管仲回答说：“小的方面我们若是不了解，就不能了解天下的情况。”桓公说：“防守，作战，侦察，都有令人担心的地方。人民没有必死的决心，就不能和他们共同承担防守作战的危难，人民不坚守信用，就不能依靠他们进行对外侦察。依靠不肯卖命的人民来求得他们防守和作战，依靠不肯守信的人民来求得他们在外侦察，这是战争中的三种愚昧的做法。要让人民有献身精神并坚决守信，该怎么做呢？”管仲回答说：“要明确三个根本。”桓公说：“什么叫三个根本？”管仲回答说：“三个根本，第一个叫作稳定，第二个叫作尊贵，第三个叫作人质。”桓公说：“什么意思呢？”管仲回答说：“故乡、父母和祖坟都在这里，这就是使他们稳定；赏赐土地、宅院、爵位和俸禄，这就是使他们尊贵；他们的妻子和儿女，就是在国家手中的人质。这三个根本条件具备了，然后再宣扬声威，激励意志，人民就能有现身精神并且不会欺骗我们了。”

[原文]

桓公问治民于管子。管子对曰：“凡牧民者，必知其疾，而忧之以德，勿惧以罪，勿止以力。慎此四者，足以治民也。”桓公曰：“寡人睹其善也，何为其寡也？”管仲对曰：“夫寡非有国者之患也。昔者天子中立，地方千里，四言者该焉，何为其寡也？夫牧民不知其疾则民疾，不忧以德则民多怨，惧之以罪则民多诈，止之以力则往者不反，来者鸷(zhì)距[1]。故圣王之牧民也，不在其多也。”桓公曰：“善，勿已，如是又何以行之？”管仲对曰：“质信极忠，严以有礼，慎此四者，所以行之也。”桓公曰：“请闻其说。”管仲对曰：“信也者，民信之；忠也者，民怀之；严也者，民畏之；

礼也者，民美之。语曰，泽[2]命不渝，信也；非其所欲，勿施于人，仁也；坚中外正，严也；质信以让，礼也。”桓公曰：“善战！牧民何先？”管仲对曰：“有时先事，有时先政，有时先德，有时先恕。飘风暴雨不为人害，涸旱不为民患，百川道，年谷熟，籴(dí)贷贱，禽兽与人聚食民食，民不疾疫。当此时也，民富且骄。牧民者厚收善岁以充仓廪(lǐn)，禁薮(sǒu)泽，此谓先之以事。随之以刑，敬之以礼乐以振其淫，此谓先之以政。飘风暴雨为民害，涸旱为民患，年谷不熟，岁饥，籴贷贵，民疾疫。当此时也，民贫且罢。牧民者发仓廪、山林、薮泽以共[3]其财，后之以事，先之以恕，以振其罢。此谓先之以德。其收之也，不夺民财；其施之也，不失有德。富上而足下，此圣王之至事也。”桓公曰：“善。”

[注释]

①骛距：停滞不前。

②泽：通“释”，发布。

③共：供。

[译文]

桓公问管仲如何治理人民，管仲回答说：“凡是治理人民，一定要知道他们的疾苦，并且要怀着仁德之心为他们担忧，不要用刑罚来恐吓，也不要强行禁止他们做事。在这四个方面注意，就能治理好人民了。”桓公说：“我看到了这几方面的好处了，但是不是太少了呢？”管仲回答说：“少并不是君主该担心的问题。从前天子立于中央，统治的区域方圆千里，只要做到上述四点就行了，怎么会担心少呢？治理人民，不知道他们的疾苦，人民就会产生憎恨；不怀着仁德之心为他们担忧，人民就多有怨言；用刑罚恐吓，人民就会多行欺诈；强行禁止，离去的人就不会再回来，要来的人也会停滞不前了。所以，圣王治理人民，不在于执政方法有多少。”桓公说：“很好，不过，既然如此又该怎

五谷丰登

样具体去做呢？”管仲回答说：“诚信而极仁，严肃而有礼，在这四个方面注意，就可以实行。”桓公说：“请详细加以说明。”管仲问答说：“守信，人民就会产生信任；仁德，人民就会心怀感激；威严，人民就会有敬畏之意；尊礼，人民就加以赞美。常言道，发布命令不轻易改变，就是守信；自己不想要的不强加给别人，就是仁德；内心坚定且仪表端正，就是威严；本质诚信并讲究谦让，就是尊礼。”桓公说：“太好了！治理人民应该把什么事放在第一位？”管仲回答说：“有的时候把办实事放在第一位，有的时候把施政放在第一位，有的时候把仁德放在第一位，有的时候把宽恕放在第一位。狂风暴雨没有对人构成危害，干旱灾害没有对人产生祸患，河流通畅，五谷丰登，粮食价低，禽兽与人同吃粮食，民众没有疾病和瘟疫。在这个时候，人民富足而且骄躁。治理人民的人应该大量征收丰年的农产品，来充实国家仓库，禁止在湖泽附近渔猎，这就叫把办实事放在第一位。随之注重刑法，用礼仪规范来劝诫人们消除放纵的风气，这就叫作把施政放在第一位。狂风暴雨对人构成危害，干旱对人产生祸患，青黄不接，属于荒年，粮食价高，民众多有疾病和瘟疫。在这个时候，人民贫穷而且疲惫。治理人民的人就应该开放仓廪、山林和湖泽，来为百姓供应财物，把政事放在后面，把宽容放在前面，来消除人民的疲困。这就叫作把仁德放在第一位。丰年征收的物品，不属于夺取民众的财富；荒年施舍的物品，又没有什么损失，且体现了仁德。使君上富裕并且使臣下得到了满足，这是圣王所做的最好的事情。”桓公说：“很好。”

［原文］

桓公问管仲曰：“寡人欲霸，以二三子之功，既得霸矣。今吾有欲王，其可乎？”管仲对曰：“公当召易牙①而问焉。”鲍叔至，公又问焉。鲍叔对曰：“公当召宾胥无②而问焉。”宾胥无趋③而进，公又问焉。宾胥无对曰：“古之王者，其君丰④，其臣教⑤。今君之臣丰。”公遵循⑥，缪然⑦远。二三子遂徐行而进。公曰：“昔者大王⑧贤，王季⑨贤，文王贤，武王贤，武王伐殷克之，七年而崩，周公旦辅成王而治天下，仅能制于四海之内矣。今寡人之子不若寡人，寡人不若二三子。以此观之，则吾不王必矣。”

［注释］

①易牙：即鲍叔牙，春秋齐桓公时的大臣，与管仲关系密切。

②宾胥无：齐桓公的大夫。

③趋：小跑，疾走。

④丰：即德丰，道德高深。

⑤教：应为“杀”，与“丰”相反，指德行低下。

⑥遵循：同“逡巡”，退却的样子。

⑦缪然：沉思的样子。

⑧大王：即周太王，又称古公亶父，周朝先祖。

⑨王季：名季历，周太王之子，周文王之父。

[译文]

桓公问管仲说：“我想成就霸业，依靠现有人员的功劳，已经实现称霸的目标了。现在我又想称王，还可以实现吗？”管仲回答说：“您应该召见鲍叔牙来问这个问题。”鲍叔牙到了，桓公又问这个问题。鲍叔牙回答说：“您应该召见宾胥无来问这个问题。”宾胥无快步跑来进见，桓公又问这个问题。宾胥无回答说：“古代称王的，都是君主道德高深，大臣的德望比较低下，现在是您的大臣德望高。”桓公逡巡退却，沉思着离去。三人于是慢慢走上前去。桓公说：“从前周太王贤能，王季贤能，文王贤能，武王也贤能，武王伐商取胜，七年后死去，周公旦辅佐成王治理天下，也仅仅能控制四海之内了。现在我的儿子不如我，我又不如诸位。从这方面看来，我不能称王是注定的了。”

周公旦

[原文]

桓公曰：“我欲胜民，为之奈何？”管仲对曰：“此非人君之言也。胜民为易。夫胜民之为道，非天下之大道也。君欲胜民，则使有司疏狱[①]，而谒[②]有罪者偿，数[③]省而严诛。若此，则民胜矣。虽然，胜民之为道，非天下之大道也。使民畏公而不见亲，祸亟及于身。虽能不久，则人持莫之弑(shì)也，危哉！君之国岌(jí)乎！”

[注释]

①疏狱：逐条写好有关刑狱规定。

②谒：陈述，这里引申为告发，揭发。

③数：屡次。

[译文]

桓公说：“我想制服人民，该怎么做呢？”管仲回答说：“这不是君主应该说的话。制服人民是容易的。制服人民作为一种治国的方法，不是统治天下最好的方法。您想要制服人民，就让有关部门逐条写好刑律，并且给予揭发有罪的人报酬，不断审查而严于诛杀。像这样，人民就会被制服了。虽然这样，但是制服人民作为一种治国的方法，不是统治天下最好的方法。使人民惧怕国君威仪而不敢亲近，灾难很快就会祸及自身。即使能制服人民也不能长久，虽然有人扶持，没人敢伤害您，但您的国家已经很不安全了！”

臣乘马

[题解]

“臣乘马”又作“巨乘马”“匡乘马”，疑为“策乘马”的讹误。乘马意为筹算计划，本篇论述了利用粮价高低和国家贷款来调理财政收支的方法，是管仲经济思想的体现。

[原文]

桓公问管子曰：“请问乘马。”管子对曰：“国无储在令。”桓公曰：“何谓国无储在令？”管子对曰：“一农之量壤百亩也，春事二十五日之内。”桓公曰：“何谓春事二十五日之内？”管子对曰：“日至①六十日而阳冻释，七十日而阴冻释。阴冻释而秇稷(jì)②，百日不秇稷，故春事二十五日之内耳也。今君立扶台，五衢(qú)③之众皆作。君过春而不止，民失其二十五日，则五衢之内阻弃之地也。起一人之繇④，百亩不举；起十人之繇，千亩不举；起百人之繇，万亩不举；起千人之繇，十万亩不举。春已失二十五日，而尚有起夏作，是春失其地，夏失其苗，秋起繇而无止，此之谓谷地数亡。谷失于时，君之衡籍⑤而无止，民食什伍之谷，则君已籍九矣。有衡求币⑥焉。此盗暴之所以起，刑罚之所以众也。随之以暴，谓之内战。”桓公曰：“善哉。”

[注释]

①日至：冬至。

②秇：种植。稷：谷子。

③五衢：东西南北中五方。

④繇：同“徭”，徭役。

⑤衡籍：税收赋敛。

⑥币：货币，现钱。

［译文］

农事

齐桓公问管仲说："请问经济的筹算计划。"管仲回答说："国家没有积蓄的原因出在政令上。"桓公说："为什么说国家没有积蓄的原因出在政令上呢？"管仲回答说："一个农民最多能耕种一百亩土地，而春季农事只能在二十五天内完成。"桓公说："为什么说春季农事只能在二十五天以内完成呢？"管仲回答说："冬至以后六十天地面才会解冻，七十天地下才会解冻。地下解冻了才能够种植谷物，一百天以后就不能再种谷物了，所以春季的农事必须在二十五天内完成。现在您修建扶台，全国各地的民众都来服役。过了春天您还不下令停止，百姓就失去了春耕最好时机的二十五天，全国之内就成为荒废之地了。征发一个人服徭役，一百亩的土地就得不到耕种；征发十个人服徭役，一千亩的土地就得不到耕种；征发一百个人服徭役，一万亩的土地就得不到耕种；征发一千个人服徭役，十万亩的土地就得不到耕种。春天已经失去了关键的二十五天，夏天又有征发民力之举，这就是春天耽误了耕种土地，夏天耽误了照料禾苗，秋天再无休止地征发民力，这就叫作粮食和土地全部丧失。种植谷物误了农时，您的捐税赋敛又没有休止，民众只能吃所收获的十分之五的粮食，而实际上您已经拿走了十分之九。官吏还要征收现钱。这就是盗匪暴乱四起，刑罪越加严重的原因。随即用暴力的方式镇压，就可以称之为内战了。"桓公说："说得很好啊。"

［原文］

管子曰："策乘马之数未尽也。彼王者不夺民时，故五谷兴丰。五谷兴丰，则士轻禄，民简赏[①]。彼善为国者，使农夫寒耕暑耘，力归于上，女勤于纤微而织归于府者，非怨民心伤民意，高下之策，不得不然之理也。"

［注释］

①简赏：轻视赏赐。

［译文］

管仲说："筹算计划的方法没有充分运用。那些成就帝王之业的人，从不侵夺百姓的农时，所以能够五谷丰登。五谷丰登，士人就会轻视俸禄，百姓也不会看重赏赐。那些善于治理国家的人，能使农民努力耕作，寒暑不辍，成果归于君上，妇女勤奋地纺织，而成果归于官府，这并不是伤害民心民意的做法，而是利用了物价高低的策略，不可能不得出这样的结果。"

［原文］

桓公曰："为之奈何？"管子曰："虞国[①]得策乘马之数矣。"桓公曰："何谓策乘马之数？"管子曰："百亩之夫，予之策：'率二十五日为子之春事，资子之币。'泰秋，子谷大登，国谷之重去分[②]。谓农夫曰：'币之在子者以为谷而廪(lǐn)之州里。'国谷之分在上，国谷之重再十倍[③]。谓远近之县、里、邑百官，皆当奉器械备，曰：'国无币，以谷准币。'国谷之櫎(huǎng)[④]，一切什九。还谷而应器，国器皆资，无籍于民。此有虞之策乘马也。"

［注释］

①虞国：指舜，舜又称有虞氏。

②国谷之重去分：国家粮食价格下降一半。

③再十倍：二十倍。

④櫎：放置物品的器具，这里引申为国家专卖的粮食价格。

［译文］

桓公说："应该怎么做呢？"管仲说："舜运用了筹算计划的方法。"桓公说："什么才是运用筹算计划的方法呢？"管仲说："对于耕种一百亩土地的农民，国家为他们下达一个命令：'国家给你们大概二十五天的时间来进行春耕，再发给你们贷款。'到了收获的秋天，粮食大丰收，国内粮价下降了一半。这时再告诉农民说：'你们当中获得贷款的要用粮食偿还，而且把粮食贮藏在州县乡里的仓库中。'国内的粮食有一半控制在君上的手中时，就可使国内粮价提高二十倍。告诉远近各县、里、邑的官吏们，都必须拿着器具准备好，对他们说：'国家没有现钱，用粮食折合成现钱。'国家专卖的粮食，一律获得十分之九的利润。用偿还粮食的方式来支付器具的费用，国家的器具都得到了供应，不用向人民直接征收。这就是舜运用筹算计划的方法。"

商君书

作者介绍

商鞅，战国时期卫国（今河南濮阳）人，本名卫鞅或公孙鞅，著名政治家、思想家，早期法家代表人物，后至秦国主持变法，使秦国由弱变强，被秦孝公封为商君，所以又被称为商鞅。

《商君书》的内容反映了商鞅主张改革、鼓励耕战、以法治国的主要思想，其法治和集权思想被后来的韩非所继承。

更　法

［题解］

本篇记载了商鞅在推行变法之前，在秦孝公面前与守旧派和观望派围绕该不该变法，以及为什么要变法的问题展开的辩论。商鞅列举古往今来的事例，用以阐述不法古的观点，为推行变法铺平道路，终获秦孝公的支持。商鞅此时还没有被封为商君，因此在文中称公孙鞅。

［原文］

孝公平画[1]，公孙鞅[2]、甘龙[3]、杜挚(zhì)[4]三大夫御[5]于君，虑世事之变，讨正法之本，求使民之道。

君曰："代立不忘社稷(jì)，君之道也；错[6]法务明主长，臣之行也。今吾欲变法以治，更礼以教百姓，恐天下之议我也。"

公孙鞅曰："臣闻之：'疑行无名，疑事无功。'君亟定变法之虑，殆(dài)无顾天下之议之也。且夫有高人之行者，固见负于世；有独知之虑者，必见骜于民。语曰：'愚者暗于成事，

商鞅

知者见于未萌。’民不可与虑始，而可与乐成。郭偃[7]之法曰：‘论至德者，不和于俗；成大功者，不谋于众。’法者，所以爱民也；礼者，所以便事也。是以圣人苟可以强国，不法其故；苟可以利民，不循其礼。”

孝公曰：“善。”

［注释］

①孝公：即秦孝公，姓嬴，名渠梁，战国时期秦国国君，在位期间迁都咸阳，并任用商鞅推行变法，使秦国由弱转强。平画：评议谋划。平，通“评”。

②公孙鞅：商鞅的本名。

③甘龙：秦国大臣，历事秦献公、孝公、惠文王，对变法持怀疑观望态度，惠文王时因主张恢复旧制而被杀。

④杜挚：秦国保守派大臣，反对商鞅变法。

⑤御：侍奉。

⑥错：通“措”，实施。

⑦郭偃：春秋时晋国大夫，主张改革。

［译文］

秦孝公与大臣评议谋划强国之策，公孙鞅、甘龙、杜挚三位大夫在孝公身边侍奉，他们分析社会形势的变化，讨论确立法规的根本，探求统治人民的方法。

秦孝公说：“继承先君之位后不能忘记国家，这是作为国君所应当遵守的原则。推行法治必须彰显出国君的威严，这是作为大臣所应该采取的行动。现在我想要通过变革法制来治理国家，变更礼制来教化百姓，却又恐怕天下之人会非议我。”

公孙鞅说：“我听过这样一句话：‘在行动时犹豫不决一定不会取得成就，在做事时迟疑不定必然不会有什么功绩。’您应当尽快下定变法的决心，不要顾忌天下人是如何议论的。况且拥有高明德行之人，本来就会遭到世俗社会的非议；具有独到见解的人，也一定遭到平常百姓的嘲笑。俗话说：‘愚昧的人在事情办成之后还没弄明白，智慧的人在事情没有萌发之时就能预测到。’不可以在事情最开始的谋划阶段跟百姓讨论，然而可以同他们一起欢庆事业的成功。郭偃之法说：‘讲究崇高道德的人，不去附和世俗偏见。成就伟大功绩的人，不去跟众人商量。’法律，是用来爱护百姓的；礼制，是为了便利行事的。所以圣人如果能够令国家强大，就不用去沿袭旧有的制度。如果能够使百姓得到好处，就不用去遵循旧有的礼制。”

秦孝公说：“很好。”

[原文]

甘龙曰："不然。臣闻之：'圣人不易民而教，知者不变法而治。'因民而教者，不劳而功成；据法而治者，吏习而民安。今若变法，不循秦国之故，更礼以教民，臣恐天下之议君，愿孰[1]察之。"

公孙鞅曰："子之所言，世俗之言也。夫常人安于故习，学者溺于所闻。此两者，所以居官而守法，非所与论于法之外也。三代[2]不同礼而王，五霸不同法而霸。故知者作法，而愚者制焉；贤者更礼，而不肖者拘焉。拘礼之人，不足与言事；制法之人，不足与论变。君无疑矣。"

[注释]

①孰：同"熟"，仔细认真。

②三代：指夏、商、周三个朝代。

[译文]

甘龙说："不对，我也听说一句话：'圣人不改变百姓的习俗来施行教化，智者不改变原有制度来治理国家。'顺应百姓的习俗来施行教化的，不用费太多辛苦就能成就功业；依据原有的制度来治理国家的，官吏熟悉礼法，百姓安居乐业。现在如果实施变法，不遵循秦国旧有的制度，更改礼仪来教化百姓，我担心天下人都要非议国君了，希望国君对此能够深思熟虑。"

公孙鞅说："您所说的话，正是社会上庸俗之辈所说的话。平庸之人满足于旧有的习俗，读书之人沉浸在他们所听过的事情中。这两种人只能处于各自官职上遵纪守法，但不能和他们一起来讨论法制以外的事情。夏、商、周礼仪制度各不相同，都能称王于天下，春秋五霸各自的法律制度不同，也能先后称霸于中原。所以智慧的人能创制法律制度；而愚蠢的人只能受制于法律制度。贤能的人变革礼仪制度，无才之人只能受礼仪制度的拘束。受礼仪制度拘束的人，不能够跟他商讨国家大事；被法律制度制约的人，不能够跟他

秦穆公

秦穆公，嬴姓，名任好，春秋时期秦国国君，春秋五霸之一。

讨论变法之事。国君不要犹豫不决了。”

[原文]

杜挚曰：“臣闻之：‘利不百，不变法；功不十，不易器。’臣闻：‘法古无过，循礼无邪。’君其图之。”

公孙鞅曰：“前世不同教，何古之法？帝王不相复，何礼之循？伏羲、神农教而不诛，黄帝、尧、舜诛而不怒[①]，及至文、武，各当时而立法，因事而制礼。礼法以时而定，制令各顺其宜，兵甲器备各便其用。臣故曰：‘治世不一道，便国不必法古。’汤、武之王也，不循古而兴；殷、夏之灭也，不易礼而亡。然则反古者未必可非，循礼者未足多是[②]也。君无疑矣。”

[注释]

①怒：超过，过分。

②是：认为正确，肯定。

[译文]

杜挚说：“我听说过这样的话：‘没有百倍的利益，就不要实施变法；没有十倍的功效，就不要更换工具。’我听说：‘效法古制没有过错，遵循旧礼没有偏差。’请国君认真考虑这件事。”

公孙鞅说：“以前的朝代政教都不一样，应该去效法哪种古制？历代帝王的礼法都不重复，又应该去遵循哪种旧礼呢？伏羲、神农施行教化不采用刑罚，黄帝、尧、舜虽然采用刑罚但不过分，等到了周文王和周武王的时代，他们各自根据所处时代的形势而设立法度，根据国家的具体事务制定礼仪。礼仪和法度要根据时势来制定，制度、命令要顺应特定的社会事宜，武器装备要便利地使用。所以我说：‘治理国家不采用一种固定的方法，对国家有利就不一定要效法古代。’商汤、周武王之所以称王于天下，是因为他们不遵循古法才得以兴旺；商朝和夏朝的灭亡，是因为他们不改变旧礼才导致覆亡。既然如此，违背古法的做法，不一定就应当遭受非议，遵循旧礼的做法，不一定就值得肯定。国君不要迟疑了。”

神农

［原文］

孝公曰："善。吾闻穷巷多怪，曲学多辨，愚者之笑，智者哀焉，狂夫乐之，贤者丧焉。拘世以议，寡人不之疑矣。"于是遂出垦草令。

［译文］

秦孝公说："好。我听说偏僻小巷里的人少见多怪，学识浅陋的人大多强词夺理，愚昧的人所讥笑的事正是聪明人所悲哀的，狂妄的人高兴的事正是贤能的人所担忧的。那些拘泥于世俗偏见的议论，我不会再为此而迟疑了。"于是，秦孝公就颁布了开垦荒地的命令。

农　战

［题解］

商鞅论述农战政策在富国强兵过程中的重要性的同时，还对种种不利于农战的人和现象进行了深刻的抨击，提出要根据民众在农战中的贡献来封爵受禄，饱读《诗》《书》的儒生，趋炎附势的说客，以及工商之民无益于农战，不能加以任用。韩非《五蠹》的主旨对本篇极为相似，农战政策在法家理论中的重要性由此可见一斑。

［原文］

凡人主之所以劝民者，官爵也。国之所以兴者，农战也。今民求官爵，皆不以农战，而以巧言虚道，此谓劳[1]民。劳民者，其国必无力；无力者，其国必削。

善为国者，其教民也，皆作壹[2]而得官爵。是故不作壹，不官无爵。国去言则民朴，民朴则不淫[3]。民见上利之从壹空出也，则作壹，作壹则民不偷[4]营，民不偷营则多力，多力则国强。今境内之民皆曰："农战可避，而官爵可得也。"是故豪杰皆可变业，务学《诗》《书》，随从外权[5]，上可以求显，下可以求官爵；要靡[6]事商贾，为技艺，皆以避农战。具备，国之危也。民以此为教者，其国必削。

［注释］

①劳：懒惰。

②壹：使臣民获利的唯一途径，即农战。“利之从壹空出”也就是“利出一孔”，是商鞅君主集权政治思想的重要内容。

③淫：惑乱，放纵。

④偷：苟且，怠惰。

⑤外权：外国的权势。

⑥要靡：地位卑微之人，与豪杰相对。要，通“幺”。

农耕

[译文]

通常国君用来勉励民众的是官职和爵位。国家得以兴旺的根本是农耕和军事。现在民众谋求官职和爵位的方法，都不是凭借农耕和军事，而是靠花言巧语和空洞的说辞，这就叫作使百姓懒惰。如果百姓懒惰，这个国家就一定没有力量；没有力量，这个国家的实力就一定会被削弱。

善于治国的人，他教化民众都是通过农战这个唯一途径来使之得到官职和爵位的。所以不从事农战，就不会得到官职和爵位。国家废止空洞的说辞，民众就会变得淳朴，民众淳朴就不会放纵。民众看见君上给人们的利益都是从农战这个唯一的途径发出的，就会专心从事于农战，民众专心从事农战就不会懈怠，民众不懈怠不放纵国家就会获得更多实力，获得更多实力国家就会强大。现在国境内的民众都说：“农耕和作战可以逃避，而官职和爵位仍然可以得到。”所以那些有地位有势力的人都能够改变自己的职业，从事对《诗》《书》的研究和学习，追随其他诸侯国的权势，好的可以得到显赫的地位，最差也能得到一官半职；那些社会地位卑微的人便去经商，从事手工业，他们都凭借这种方法来逃避农战。如果以上情况都存在的话，国家就要危险了。如果民众用以上事例作为教令，这个国家的实力就一定会削弱。

[原文]

善为国者，仓廪(lǐn)虽满，不偷于农；国大民众，不淫于言，则民朴壹。民朴壹，则官爵不可巧而取也。不可巧取，则奸不生。奸不生，则主不惑。今境内之民及处官爵者，见朝廷之可以巧言辩说取官爵也，故官爵不可得而常也。是故进则曲主，退则虑所以实其私，然则下卖权矣。夫曲主虑私，非国利也，而为之者，

以其爵禄也。下卖权，非忠臣也，而为之者，以末货[①]也。然则下官之冀[②]迁者皆曰："多货则上官可得而欲也。"曰："我不以货事上而求迁者，则如以狸[③]饵鼠尔，必不冀矣。若以情事上而求迁者，则如引诸绝绳而求乘枉木也，愈不冀矣。二者不可以得迁，则我焉得无下动众取货以事上，而以求迁乎！"百姓曰："我疾农，先实公仓，收余以食亲，为上忘生而战，以尊主安国也。仓虚，主卑，家贫，然则不如索官！"亲戚交游合，则更虑矣。豪杰务学《诗》《书》，随从外权；要靡事商贾，为技艺，皆以避农战。民以此为教，则粟焉得无少，而兵焉得无弱也！

［注释］

①末货：一说为商贾之货，即财货；一说为追逐财富，"末"是"求"之误写。此处取后者的说法。

②冀：希望。

③狸：指猫。

［译文］

善于治国的人，即使粮仓积满了粮食，也不放松农业生产；国家地广人多，也不让空洞的言辞肆意泛滥，这样民众就会淳朴专一。民众淳朴专一，官职和爵位就不能通过投机取巧来获得。不能以投机取巧来获得官职和爵位，奸猾的人就不会产生。奸猾的人不产生，君主就不会受到迷惑。现在国境之内的民众以及为官受爵的人，看见朝廷中能够靠花言巧语和诡辩的说辞来获取官职和爵位，所以官职和爵位就不能通过国家的正常法规获得。因此这些人上朝时就曲意逢迎君主，退朝后就考虑牟取私利的方法，这就是向下面出卖权力。曲意逢迎君主来牟取私利，不是国家的利益所在，他们这样做的目的，是为了得到高官厚禄。向下面出卖权力，不是忠臣，他们这么做的原因，是为追求金钱利益。这样，希望获得升迁的下级都会说："财货多了上级长官就会帮助自己实现目的。"又说："我不用财货侍奉上级来

辛勤农作

谋取升迁的机会，就像用猫做诱饵引老鼠上钩一样，一定没有希望。如果用真情侍奉上级来求得升迁的机会，就像手牵着已经断了的墨线想校正弯曲的木材，更没有希望了。这两种办法都不能用来得到升迁的机会，那我怎么能不到下面去驱使民众搜刮财货来侍奉上级，以此而谋得升迁呢？”百姓说：“我积极从事农作，先充实国家的粮仓，收取余下的粮食供养双亲，替君上舍生忘死去作战，使国君尊贵、国家安定。国家粮仓空虚，君主地位卑微，家庭贫穷，这样还不如谋取个官做。”亲戚朋友在交往相聚中，就会改变以前从事农业生产的想法。有地位的人会专心学习《诗》《书》，追随各诸侯国的权势；地位卑微的人会去经商，从事手工业，都靠这些方法来逃避农战。民众用以上事例作为教令，那么国库的粮食储备怎么能不减少，而军事实力又怎么能不削弱呢？

［原文］

善为国者，官法明，故不任知虑。上作壹，故民不俭营，则国力抟[①]。国力抟者强，国好言谈者削。故曰：农战之民千人，而有《诗》《书》辩慧者一人焉，千人者皆怠于农战矣。农战之民百人，而有技艺者一人焉，百人者皆怠于农战矣。国待农战而安，主待农战而尊。夫民之不农战也，上好言而官失常也。常官则国治，壹务则国富，国富而治，王之道也。故曰：王道作，外身作壹而已矣。

［注释］

①抟：凝聚。

［译文］

善于治国的人，任免官吏的法规严明，所以不任用那些自作聪明，谋取私利的人。君上致力于农战，所以民众就不会懈怠和放纵，国力就会凝聚。国力凝聚国家就会变得强大，国家中崇尚巧言令色之徒的力量就会被削弱。所以说：从事农战的民众有一千人，其中如果出现一个学《诗》《书》的巧言善辩之徒，那么一千人就都会对从事农战懈怠了。从事农耕作战的民众有一百人，其中如果出现一个从事工商业之徒，那么一百人就都会对从事农耕和作战懈怠了。国家依赖农战才获得安定，君主依靠农战才得以尊贵。民众不从事农战，是因为君上崇尚花言巧语，并且任免官吏失去了法律的依据。依法任免官吏，国家就能安定太平，致力于农战，国家就会富足强盛，国家富强而又安定，这就是称王于天下的方法。所以说：王道的兴起，不过是靠人们从事农战来实现罢了。

［原文］

今上论材能知慧而任之，则知慧之人希[①]主好恶，使官制物，

以适主心。是以官无常，国乱而不壹，辩说之人而无法也。如此，则民务焉得无多？而地焉得无荒？《诗》《书》、礼、乐、善、修、仁、廉、辩、慧，国有十者，上无使守战。国以十者治，敌至必削，不至必贫。国去此十者，敌不敢至；虽至，必却；兴兵而伐，必取；按兵不伐，必富。国好力者以难攻，以难攻者必兴；好辩者以易攻，以易攻者必危。故圣人明君者，非能尽其万物也，知万物之要也。故其治国也，察要而已矣。

［注释］

①希：通“睎”，观望。

［译文］

现在的国君以人的才能和智慧为标准来任用他们，这样智慧的人就会观察君主的好恶来迎合他，使官吏在处理政务时，迎合君主的心意。所以国家任免官吏就没有了法规，国家就会混乱，并且民众也不会专心从事农战，巧舌善辩之徒就会更加无法无天了。像这样，民众从事其他职业的怎么能不多，而且土地又怎么能不荒芜呢？学《诗》、习《书》、崇礼、好乐、慈善、修养、仁爱、廉洁、善辩、聪慧，国家有这十种人，君上就不能役使民众守土作战。国家用这十种人来治理，敌人来了，国土就一定被削夺，敌人不来国家也一定会贫穷。国家清除这十种人，敌人就不敢来犯；即使来了，也一定会被打退；如果发兵前去讨伐别国，就一定能取胜；如果按兵不去征伐，也一定会富足。国家崇尚实力的，就是“从难处入手”，从难处入手就一定会兴旺；喜好空谈辩说的，就是“从易处入手”，从易处入手就一定会危亡。所以圣人和明君，并不能驾驭全部万物，而是掌握了世间万物的规律和要领。因此他们治理国家的办法就是辨明规律和要领罢了。

［原文］

今为国者多无要。朝廷之言治也，纷纷焉务相易也。是以其君惛（hūn）于说，其官乱于言，其民惰而不农。故其境内之民，皆化而好辩乐学，事商贾，为技艺，避农战，如此则不远矣。国有事，则学民恶法，商民善化，技艺之民不用，故其国易破也。夫农者寡，而游食者众，故其国贫危。今夫螟（míng）、螣（tè）、蚼蠋（qú zhú）①春生秋死，一出而民数年不食。今一人耕，而百人食之，此其为螟、螣、蚼蠋亦大矣。虽有《诗》、《书》，乡一束，家一员，犹无益于治也，

非所以反之之术也。故先王反之于农战。故曰：百人农，一人居者，王；十人农，一人居者，强；半农半居者，危。故治国者欲民之农也。国不农，则与诸侯争权不能自持也，则众力不足也。故诸侯挠[②]其弱，乘其衰[③]，土地侵削而不振，则无及已。圣人知治国之要，故令民归心于农。归心于农，则民朴而可正也，纷纷则易使也。信，可以守战也。壹，则少诈而重居；壹，则可以赏罚进也；壹，则可以外用也。

[注释]

①螟、螣、蚼蠋：泛指农业害虫。

②挠：侵扰。

③乘其衰：乘其衰败而侵犯。乘，侵犯。

[译文]

现在执掌国政的人大多不得要领。在朝廷谈讨治国的方略时，众人七嘴八舌，都以改变对方的观点为要务。所以，国君被各种各样的学说所迷惑，官吏被各色各类的言论所扰乱，民众变得懒惰而不再从事农作。因此，那些国家的民众，都变得喜好空谈诡辩和乐于钻研不实用的学术了，从事经商，做手工业，逃避农战，如果这样，国家离灭亡就不远了。国家动荡多事，那些有知识的人为害法治，商人善于变化，手工业者没有用处，所以这个国家就容易被攻破。从事农耕的人少，靠巧言游说混饭吃的人多，所以这个国家就会贫穷危亡。那些危害农作物的害虫春天生出，秋天就会死掉，但只要它们出现，民众就会好几年都缺少粮食。现在一个人耕种，却有一百个人吃饭，这些人与农业害虫相比危害岂不是更大了。即使《诗》《书》每个乡只有一捆，每家只有一卷，对治国一点好处也没有，并不是什么使国家由弱变强的办法。所以先代圣王转而致力于农战。所以说：一百个人从事农耕，一个人坐享，这个国家就能称王天下；十个人从事农耕，一个人坐享，这个国家就会变得强大；从事农耕的和坐享其成的各占半数，这个国家就危险了。所以治理国家的人都想让民众从事农耕。国家如果不重视农耕，在跟其他诸侯争夺霸权时就不能掌握自己的命运，这是因为民力不足。所以，其他

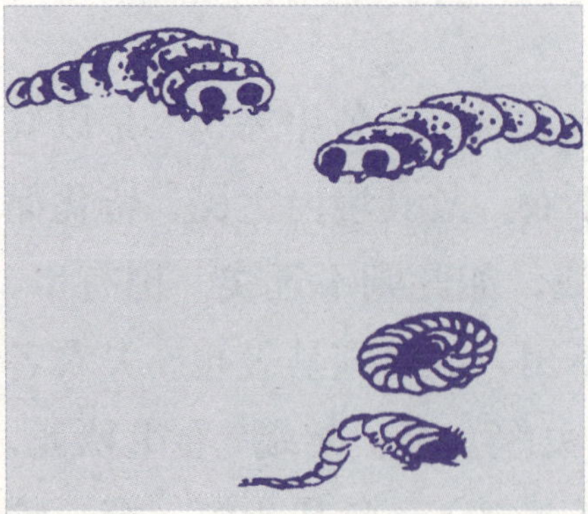

螟、螣

诸侯国就会趁其弱来侵扰，使它更加衰败，土地就会被侵占削夺，从此一蹶不振，到那时就追悔莫及了。圣人懂得治理国家的要领，所以命令民众把心思放在农耕上。把心思放在农耕上，民众就朴实而便于管理，容易驱使。民众有诚信，就可以用来守土作战。民众专心农战，就会少有诈心，看重自己的故居而不轻易迁移；民众专心农战，就能用奖赏和惩罚来刺激他们上进；民众专心农战，就可以将他们用于对外作战。

[原文]

夫民之亲上死制也，以其旦暮从事于农。夫民之不可用也，见言谈游士事君之可以尊身也，商贾之可以富家也，技艺之足以餬口也。民见此三者之便且利也，则必避农。避农则民轻其居，轻其居则必不为上守战也。凡治国者，患民之散而不可抟也，是以圣人作壹，抟(tuán)之也。国作壹一岁者，十岁强；作壹十岁者，百岁强；作壹百岁者，千岁强，千岁强者王。君修赏罚以辅壹教，是以其教有所常，而政有成也。王者得治民之至要，故不待赏赐而民亲上，不待爵禄而民从事，不待刑罚而民致死。国危主忧，说者成伍，无益于安危也。夫国危主忧也者，强敌大国也。人君不能服强敌，破大国也，则修守备，便地形，抟民力以待外事，然后患可以去，而王可致也。是以明君修政作壹，去无用，止浮学事淫之民，壹之农，然后国家可富，而民力可抟也。

范蠡

春秋战国时期，人们极为重视农业生产，商人社会地位最低。春秋时期的范蠡曾帮助越王勾践灭吴，功绩卓越，但由于其后期经商，终无缘与历史名人共同载入史册。

[译文]

民众亲近君上，为法令而牺牲自己，是通过从早到晚地从事农耕来实现的。民众不能够被役使，是因为他们看见有人靠空谈游说来侍奉君主就能够得到尊贵的地位，商人靠经商能够发家致富，手工业者靠技艺也足

够养家糊口。民众看到这三种职业既便捷又有利可图，就一定会逃避农耕。逃避农耕，民众就会轻视自己的故居，轻视自己的故居，就一定不会替君上守土作战。大凡治理国家的人，都担心民众散漫而不能将其牢牢掌控，所以圣人通过发展农战的政策，将民众聚集在自己周围。国家发展农战一年，就能强盛十年；发展农战十年，就能强盛一百年；发展农战一百年，就能强盛一千年，强盛一千年就能称王于天下。君主制定赏罚用来作为教化民众从事农战的辅助手段，所以对民众的教化有常法，并且政治也会有成绩。称王天下的人掌握了统治民众的关键方法，所以不等实行奖赏民众就会自动亲近君上了，不等封爵受禄民众就会自动各司其事了，不等使用刑罚民众就会自动拼死效命了。国家危亡、君主忧虑之时，巧言善辩之徒成群结伙，但对国家的安危没有任何好处。国家危亡、君主忧虑，是因为遇到了强大的敌国。君主不能战胜强敌，攻破大国，就要修整用于防御的设施，考察地形，集中民众力量来应对外患，这样祸患就可以消除了，称王于天下的目的也就可以达到。所以英明的君主治理国家发展农战，清除没有实际功用的东西，禁止研究空洞学问和行事过于放纵的做法在民众中蔓延，让他们专心于农耕，这样国家就能富强，并且民众的力量也可以聚集在君主周围了。

［原文］

今世主皆忧其国之危而兵之弱也，而强①听说者。说者成伍，烦言饰辞，而无实用。主好其辩，不求其实。说者得意，道路曲辩，辈辈成群。民见其可以取王公大人也，而皆学之。夫人聚党与说议于国，纷纷焉，小民乐之，大人说②之。故其民农者寡，而游食者众。众则农者殆，农者殆则土地荒。学者成俗，则民舍农，从事于谈说，高言伪议，舍农游食，而以言相高也。故民离上而不臣者成群。此贫国弱兵之教也。夫国庸③民以言，则民不畜于农。故惟明君知好言之不可以强兵辟土也。惟圣人之治国，作壹，抟之于农而已矣。

［注释］

①强：故意，特意。

②说：通“悦”。

③庸：用，采用。

［译文］

当今之世的君主都担心自己的国家危亡并且兵力薄弱，而特意听游说之徒的言论。游说之徒成群结伙，言辞烦冗而虚假，没有实际用处。君主喜好他们的诡辩，不去探求这些言谈的实用价值。游说之徒得意扬扬，走到哪里都巧言诡辩，一伙又一伙成群结队。民众看到这种方法能够博取王公大人的信任，就都向他们学习。人们结成党羽、高谈阔论，评议国政，七嘴八舌，普通百姓都乐于此道，王公大人对此感到高兴。所以国内从事农耕的人少，而靠游说混饭吃的人多。游说的人多，从事农耕的人便会懈怠，从事农耕的人懈怠，田地就会荒芜。学习这种巧言令色的做法成为一时风气，民众就会放弃农耕，转而以言谈辩说作为职业，高谈阔论、伪心地评议，舍弃农耕，靠游说混饭吃，并且凭花言巧语获取高位。所以疏离君上而不臣服的人成群结队。这就是国家贫穷、兵力薄弱的教训。如果国家靠言谈任用民众，民众就不会从事农耕。所以只有英明的君主知道崇尚言谈不能够用来增强兵力、开拓疆土。只有圣人治理国家，发展农战，将民众聚集在农耕上罢了。

田地

开　塞

［题解］

开塞即开通被壅塞的道路。商鞅主张“不法古”“不修今”，以发展的观点看待历史，把古代圣王的治国之道视为被壅塞的道路。他认为时代已经变化，反对用儒家仁义治国。这种发展的历史观对法家理论影响巨大，在当时无疑是进步的，韩非就曾将儒家追求复古的做法比喻成守株待兔。

然而，商鞅主张以严刑酷法统治天下，提出“刑用于将过”，为执法带来了很大的随意性，破坏了法律的公正，为日后秦的暴政埋下了隐患。

［原文］

天地设，而民生之。当此之时也，民知其母而不知其父，其道亲亲而爱私。亲亲则别，爱私则险，民众而以别险为务，则民乱。当此时也，民务胜而力征[①]。务胜则争，力征则讼[②]，讼而无正，则莫得其性[③]也。故贤者立中正，设无私，而民说仁。当此时也，亲亲废，上贤立矣。凡仁者以爱利为务，而贤者以相出为

道。民众而无制，久而相出为道，则有乱。故圣人承之，作为土地货财男女之分。分定而无制，不可，故立禁。禁立而莫之司，不可，故立官。官设而莫之一，不可，故立君。既立君，则上贤废，而贵贵立矣。然则上世亲亲而爱私，中世上贤而说仁，下世贵贵而尊官。上贤者，以道相出也，而立君者，使贤无用也；亲亲者，以私为道也；而中正者，使私无行也。此三者，非事相反也，民道弊而所重易也，世事变而行道异也。故曰：王道有绳④。

［注释］

①征：争夺，夺取。

②讼：争论，争辩。

③性：生命，这里引申为生活。

④绳：准绳，规律。

［译文］

天地产生之后，人类随之诞生。在这个时候，人们只知道自己的母亲却不知道自己的父亲，他们的处世原则就是亲近自家的亲人，并且喜好偏私。亲近自家的亲人，就会有亲疏之别；喜好偏私，就会心生邪念。人多把亲疏之别和邪恶之念作为要务，民众就会混乱。在这个时候，民众都尽力制服对方并且竭力夺取财物。想制服对方就会产生争斗，竭力夺取就会产生争议，产生了争议并且没有公正的准则，人们就无法生活。所以贤能之人确立了不偏不倚的公正标准，提倡无私的精神，因而民众为“仁”而喜悦。在这个时候，只亲近自家亲人的狭隘思想废弃了，推崇贤能之人的思想被确立了。但凡是仁德之人都把爱护他人、便利他人当作要务，并且贤能之人把相互推举当作原则。人多而且没有制度，长期把推举贤人作为准则，就会发生混乱。所以圣人顺应当时社会的发展形势，制定了关于土地、物资、财物、人口等的归属权。归属权确定了却没有制度，这是不行的，所以设立了法令。法令设立了却没有人来管理，这也不行，因此又设立了官职。官职设立了却没有人统一领导，还是不行，所以设立了君主。已经设立了君主，崇尚贤能之人的思想就被废除了，因而推崇权贵的思想又树立了起来。这样看来，远古之世，人们亲近自家亲人并且喜好偏私，中古之世，人们推崇贤人并且为仁德而喜悦，当今之世，人们推崇权贵并且尊重官吏。崇尚贤能之人，把相互推举当作收获，然而设立了君主之位，导致贤能之人变得没有用处了；亲近自家亲人，是以偏私利己为原则，然而秉持公正之道的人，又使自私自利不能通行了。这三个不同时代，不是所做的事互相违背，而是人们原来遵循的原则有问题，因而人们所重视的价值观就改变了，社会形势变了，并且人们所施行的标准也不一样了。所以说：王道是有准绳的。

[原文]

夫王道一端，而臣道亦一端，所道则异，而所绳则一也。故曰：民愚，则知可以王；世知，则力可以王。民愚，则力有余而知不足；世知，则巧有余而力不足。民之生，不知则学，力尽而服。故神农教耕而王天下，师其知也；汤、武致强而征诸侯，服其力也。夫民愚，不怀知而问；世知，无余力而服。故以知王天下者，并[①]刑；以力征诸侯者，退德。圣人不法古，不修今[②]。法古则后于时，修今则塞于势。周不法商，夏不法虞，三代异势，而皆可以王。故兴王有道，而持之异理。武王逆取而贵顺，争天下而上让；其取之以力，持之以义。今世强国事兼并，弱国务力守；上不及虞、夏之时，而下不修汤、武。汤、武之道塞，故万乘莫不战，千乘莫不守[③]。此道之塞久矣，而世主莫之能废[④]也，故三代不四。非明主莫有能听也，今日愿启之以效。

[注释]

①并：通“屏”，排除，抛弃。

②修今：据守现状，故步自封。

③万乘：泛指大国。千乘：泛指中小国。乘，战车，一车四马。

④废：通“发”。

[译文]

帝王统治天下的原则是一个方面，而大臣辅助君主治理天下的原则又是一个方面，他们所奉行的原则不同，然而所遵行的准绳却只有一个。所以说：民众愚昧，智者就能称王于天下；世人聪明，强者就可称王于天下。民众愚昧，就会力量有余而智慧不足；世人聪慧，就会智巧有余而力量不足。民众的本性，没有智慧就要学习，力量竭尽了就会屈服。所以神农教人们从事农耕从而称王于天下，这是因为人们要

商汤

学习他的智慧；商汤和周武王拥有强大的力量从而征服了诸侯，这是因为人们屈服于他们的实力。民众愚昧，不具备知识而向别人请教；世人聪明，可是当没有剩余力量时就会屈服。所以靠智慧称王于天下的人，会抛弃严刑酷法；凭强力来征服诸侯的人，会废止道德教化。圣人不效法古代，也不拘泥现状。效法古代就会落后于所处的时代，拘泥现状就会阻碍社会的发展形势。周朝不效法商朝，夏朝不效法虞舜，夏、商、周三代社会形势各不相同，却都能够称王于天下。所以建立帝王之业有一定的方法，而守住基业的道理却不相同。周武王靠弑逆的方法夺取政权，却又推崇服从君主的治国理念；用武力夺取天下，又崇尚谦让的思想。他夺取天下靠的是强力，持守基业靠的却是仁义。当今之世的强国致力于用武力吞并别国，弱国把尽力防守作为要务；从远古来说没有学习虞舜、夏朝两个时代，而从近古来说又不固守商汤、周武王的治国方法。商汤、周武王的治国之道已经被阻塞了，所以大国没有不打仗的，小国没有不防守的。商汤、周武王的治国之道已经被阻塞很久了，然而当今的君主没有谁能开启这些道理，因此，没有出现第四个像夏、商、周那样的朝代。不是英明的君主就不能听进去我的这番话，今天我愿意用实际效果来开启这个道理。

［原文］

古之民朴以厚，今之民巧以伪。故效于古者，先德而治；效于今者，前刑而法。此俗之所惑也。今世之所谓义者，将立民之所好，而废其所恶；此其所谓不义者，将立民之所恶，而废其所乐也。二者名贸实易①，不可不察也。立民之所乐，则民伤其所恶；立民之所恶，则民安其所乐。何以知其然也？夫民忧则思，思则出度；乐则淫，淫则生佚。故以刑治则民威，民威则无奸，无奸则民安其所乐。以义教则民纵，民纵则乱，乱则民伤其所恶。吾所谓刑者，义之本也；而世所谓义者，暴之道也。夫正民者，以其所恶，必终其所好；以其所好，必败其所恶。

［注释］

①名贸实易：名实相颠倒。贸，交换，与“易”意思相同。

［译文］

古代的民众淳朴并且宽厚，现在的民众欺诈并且虚伪。所以古代有效的治理方法，是把道德教化放在首位；现在有效的治理方法，是把严刑酷法放在首位。这就是世俗之人所不能理解的。当今之世所说的义，就是建立民众所喜好的，并且废弃他们所厌恶的；这里所说的不义，就是确定民众所厌恶的，废弃民众所喜好的。现在这两者名实相颠倒，不能不弄清楚。确立民众所喜欢的，民众就会被他们所厌恶的东西所伤害；确立民众所厌恶的，民众就会享受他所喜欢的东西。凭借什么知道是这样呢？民众忧虑就会思考，思考之后做事就可能超出法度；快乐就放荡不羁，放荡就会出现安逸散漫之情。所以用刑罚治理，民众就会感到畏惧，畏惧就不会产生奸邪罪恶，没有奸邪，民众就可以享受他们所喜欢的东西了。用仁义来教化，民众就会放纵自己，民众放纵自己就会产生祸乱，如果产生祸乱民众就会被他们厌恶的东西所伤害。我所说的刑罚，就是仁义的根本；而现在社会上所说的仁义，就是导致暴乱产生的途径。治理民众的人，用他们所厌恶的方式去治理，民众一定能得到他们所喜好的结果；用他们所喜好的方式来治理，民众一定会在他们厌恶的事物上走向失败。

严刑酷法

［原文］

治国刑多而赏少，故王者刑九而赏一，削国赏九而刑一。夫过有厚薄，则刑有轻重；善有大小，则赏有多少。此二者，世之常用也。刑加于罪所终，则奸不去；赏施于民所义，则过不止。刑不能去奸，而赏不能止过者，必乱。故王者刑用于将过，则大邪不生；赏施于告奸，则细过不失。治民能使大邪不生，细过不失，则国治，国治必强。一国行之，境内独治；二国行之，兵则少寝①；天下行之，至德复立。此吾以杀刑之反②于德，而义合于暴也。

［注释］

①少：通“稍”。寝：停止，平息。

②反：通“返”。

［译文］

安定太平的国家刑罚多而赏赐少，所以称王于天下的人，刑罚占九成、赏赐占一成；衰亡贫弱的国家，赏赐占九成、刑罚占一成。罪过有厚有薄，所以刑罚也要有轻有重；善行有大有小，所以赏赐也要有多有少。这两种原则，是世人所经常运用的。刑罚施加在罪行既成的时候，奸邪就不会铲除；赏赐使用在民众所认为的仁义之上，过错就不能遏止。刑罚不能铲除奸邪，而赏赐不能遏止过错的做法，一定会使国家走向混乱。所以称王于天下的人，把刑罚用在民众将要犯下过错的时候，大恶就不会产生；把赏赐用在告发作奸犯科的方面，小错就不致疏漏。治理民众能够使大恶不产生，小错不疏漏，国家就会安定太平，国家安定就一定强盛。一个国家这样做，就可以在乱世中独善其身；两个国家这样做，战争就可以稍微平息；天下都这样做，最高的道德就会重新树立起来。这就是我用来证明刑罚能够归于道德，并且仁义反倒合于暴乱的理由。

[原文]

古者民藂（cóng）生[1]而群处乱，故求有上也。然则天下之乐有上也，将以为治也。今有主而无法，其害与无主同；有法不胜其乱，与无法同。天下不安无君，而乐胜其法，则举世以为惑也。夫利天下之民者，莫大于治；而治莫康[2]于立君；立君之道，莫广于胜法；胜法之务，莫急于去奸；去奸之本，莫深于严刑。故王者以赏禁，以刑劝；求过不求善，藉刑以去刑。

[注释]

①藂生：丛生，这里指聚集在一起生活。

②康：安。

[译文]

古时候人们聚集在一起生活，然而群居杂处秩序混乱，所以要求有首领。如此看来，天下的人之所以乐于有首领，是为了追求安定太平。现在有君主而没有法律，其危害程度就跟没有君主一样；有了法律却不能制止混乱，就跟没有法律一样。天下的人都认为没有君主是不稳妥的，然而又喜欢超越君主法律的约束，这样整个世上的人就都会感到迷惑。对天下民众来说，最有益处的没有比国家安定太平更重要的了；而使国家安定，没有比确立君主地位更重要的了；确立君主地位的方法，没有比施行法治更重要的了；施行法治的关键，没有比除掉奸邪更急迫的了；除掉奸邪的根本，没有比严刑酷法更重要的了。所以称王于天下的人用赏赐禁止罪行，用刑罚规劝民众；追究过错，不理会善行，凭借刑罚来除掉应予以施用刑罚的行为。

赏　刑

[题解]

本篇中，商鞅提出了“壹赏”“壹刑”和“壹教”的主张，这有利于树立君主的权威。先秦法家认为，集权有利于令行禁止。其中“刑无等级”的观点具有一定的进步性。商鞅轻罪重罚的法治理念出发点是好的，然而在专制主义的体制下，真正的“刑无等级”是不可能实现的。

[原文]

圣人之为国也，壹赏，壹刑，壹教。壹赏则兵无敌；壹刑则令行；壹教则下听上。夫明赏不费，明刑不戮（lù），明教不变，而民知于民务，国无异俗。明赏之尤①，至于无赏也；明刑之尤，至于无刑也；明教之尤，至于无教也。

[注释]

①尤：至，最。

[译文]

圣人治理国家，就是要统一奖赏的标准，统一刑罚的规定，统一教化的原则。统一奖赏的标准，军队就会没有敌手；统一刑罚的规定，政令就能顺利实行；统一教化的原则，下级就会服从上级的命令。公平的奖赏不等于浪费，严明的刑罚不等于杀戮，修明的教化不等于蜕变，而且民众会因此知道自己的职责，国家也没有异样的风俗。公平的奖赏的极致是可以不用奖赏；严明的刑罚的极致是可以不用刑罚；修明的教化的极致是可以不用教化。

修明教化

[原文]

所谓壹赏者，利禄官爵，抟（zhuān）①出于兵，无有异施也。夫固②知愚，贵贱，勇怯，贤不肖，皆尽其胸臆③之知，竭其股肱（gōng）④之力，出死而为上用也，天下豪杰贤良从之如流水。是故兵无敌，而令行于天下。万乘之国，不敢苏其兵⑤中原。千乘之国，不敢捍城。万乘之国，若有苏其兵中原者，战将覆其军。千乘之国，若有捍城者，攻将凌其城。战必覆人之军，攻必凌人之城，尽城而有之，尽宾而致之，虽厚庆赏，何费匮之

有矣？昔汤封于赞茅，文王封于岐周，方百里。汤与桀战于鸣条之野，武王与纣战于牧野之中，大破九军，卒裂土封诸侯，士卒坐陈⑥者里有书社，车休息不乘，从⑦马华山之阳，从牛于农泽，从之老而不收，此汤、武之赏也。故曰：赞茅、岐周之粟，以赏天下之人，不人得一升；以其钱赏天下之人，不人得一钱。故曰：百里之君，而封侯其臣，大其旧；自士卒坐陈者，里有书社。赏之所加，宽于牛马者，何也？善因天下之货，以赏天下之人。故曰：明赏不费。汤、武既破桀、纣，海内无害，天下大定，筑五库，藏五兵，偃武事，行文教，倒载干戈，搢笏⑧作为乐以申其德。当此时也，赏禄不行，而民整齐。故曰：明赏之犹，至于无赏也。

成汤革夏

夏朝最后一个王桀暴虐无道，成汤革夏，立商朝。

[注释]

①抟：通“专”，专一。

②固：通“故”，因此，所以。

③胸臆：胸中，心中。

④股肱：大腿和上臂。

⑤苏其兵：对抗他的军队。苏，通“傃”，相向。

⑥陈：同“阵”。

⑦从：通“纵”，放。

⑧搢笏：将笏插在腰间。搢，插。笏，古时君臣朝见时均执笏，用来记事备忘，平时插在腰带上。

[译文]

所说的统一奖赏的标准，就是指利益、俸禄、官职、爵位都统一根据作战时的功绩赐予，没有别的恩惠。所以无论聪慧与愚昧、高贵与卑贱、勇敢与怯懦、贤能与不肖的人，都将尽自己的全部智慧、竭自己的全部力量，出生入死替君上效力，天下的杰出人才和贤能之士都将像流水一样追随君主。所以军队天下无敌，并且政令得以在天下贯彻实行。大国不敢在中原跟他的军队抗衡，小国不敢守卫自己的城池。大国如果在中原跟他的军队抗衡，只要开战就会全军覆没。小国如果守卫自己的城池，只要进攻就会登上城池。开战就一定能消灭别人的军队，进攻就一定能占领别人的城池，所有的城池就都能占有，所有的诸侯都能来朝贡，即使对立功者重赏厚赐，又怎么会导致浪费和匮乏呢？从前商汤在赞茅建立国家，周文王在岐周建立国家，方圆仅百里。商汤与夏桀在鸣条的原野上开战，周武王与商纣王在牧野地区交战，他们都大败对方强大的军队，最后划分土地，分封诸侯，凡是坚守阵地的士兵，回到乡里后都登记入册而拥有土地，战车停放不再乘坐，在华山南坡放马，在弘农之泽放牛，一直到老死也不收回放出的牛马，这就是商汤和周武王的奖赏。因此说：赞茅和岐周的粮食，用来奖赏天下的人，每个人还得不到一升；用赞茅和岐周的钱来奖赏天下的人，每个人还得不到一文钱。所以说：统治百里土地的小国之君，却能封自己的大臣为诸侯，他们的封地比原来的国土面积还大；坚守阵地的士兵，回到乡里后都拥有了登记在册的土地。所增加的奖赏，甚至高过牛马，为什么呢？这是因为他们善于分配天下的财物，用来奖赏天下的民众。所以说：公平的奖赏不等于浪费。商汤和周武王已经打败了夏桀和商纣王，四海之内没有什么祸患，天下十分安定，就修建了五种仓库，收藏起各种兵器，停止了征伐之事，推行文化教育，将兵器倒着藏放，君臣上朝时将笏插在腰间，创制了乐舞用来彰显自己的功德。这个时候，封赏和赐禄都不实行，然而民众却仍然很有规矩。所以说：公平奖赏的优点在于，到了一定程度就可以不用奖赏了。

牧野誓师

此图表现的是周武王伐纣前于牧野誓师的场景。

［原文］

所谓壹刑者，刑无等级，自卿相、将军以至大夫、庶人，有不从王令、犯国禁、乱上制者，罪死不赦。有功于前，有败于后，不为损刑。有善于前，有过于后，不为亏法。忠臣孝子有过，必以其数断。守法守职之吏，有不行王法者，罪死不赦，刑及三族[①]。同官之人，知而讦（jié）[②]之上者，自免于罪，无贵贱，尸袭其官长之官爵田禄。故曰：重刑连其罪，则民不敢试，民

不敢试，故无刑也。夫先王之禁，刺杀、断人之足、黥(qíng)人之面，非求伤民也，以禁奸止过也。故禁奸止过，莫若重刑。刑重而必得，则民不敢试，故国无刑民。国无刑民，故曰：明刑不戮(lù)。晋文公将欲明刑以亲百姓，于是合诸卿大夫于侍千宫。颠颉[③]后至，吏请其罪。君曰："用事焉。"吏遂断颠颉之脊以殉。晋国之士，稽[④]焉皆惧，曰："颠颉之有宠也，断以殉，况于我乎！"举兵伐曹，五鹿，及反郑之埤(pì)[⑤]，东卫之亩[⑥]，胜荆[⑦]人于城濮(pú)。三军之士，止之如斩足，行之如流水。三军之士，无敢犯禁者。故一假道重轻于颠颉之脊，而晋国治。昔者周公旦杀管叔，流霍叔[⑧]，曰："犯禁者也。"天下众皆曰："亲昆弟有过不违，而况疏远乎！"故天下知用刀锯[⑨]于周庭，而海内治。故曰：明刑之犹，至于无刑也。

秦始皇

秦始皇，中国第一个封建王朝——秦王朝的建立者。

［注释］

①三族：父族、母族、妻族。

②讦：检举揭发。

③颠颉：春秋时晋国大臣，晋文公为公子时曾流亡在外十九年，颠颉为追随者之一，后因功被封为大夫。

④稽：查看，考证，这里引申为议论。

⑤反郑之埤：即毁坏了郑国的城墙。反，颠倒，这里指推倒。埤，城上呈凸凹状便于守城者瞭望和隐蔽的矮墙。

⑥东卫之亩：迫使卫国的田垄一律改成东西走向，以便于晋国的战车通行。

⑦荆：即楚国。秦王政（秦始皇）的父亲名子楚，为避父讳，秦国典籍中的"楚"都改为"荆"。此处应为秦王政即位后所改。

⑧周公旦杀管叔，流霍叔：西周建国之初，成王年幼，周公辅政，其弟管叔、霍叔不满，遂起兵叛乱，后被平定。

⑨刀锯：古代刑具，这里泛指刑罚。

［译文］

所说的统一刑罚的规定，就是指使用刑罚时不分等级，从卿相、将军到大夫、平民，有不听从君王号令的、违犯国家禁令的、破坏君上的制度的，将处以死刑，绝不赦免。以前立过功勋，但后来触犯法律的人，也不会因此而减轻刑罚。以前做过好事，但后来犯了错误的人，也不会因此而败坏法令。忠臣和孝子犯了罪，也一定根据他们罪行的大小来定刑。奉公执法的官吏，有不实行君王法令的，也要处以死刑，绝不赦免，刑罚还要株连三族。同时为官的人里面，有知道同僚的罪过，并能向上级揭发的人，自己就能免受株连，不分贵贱，都能继承那位官员的官职、爵位、土地和俸禄。所以说：使用重刑，株连他们的亲族，民众就不敢以身试法了，民众不敢以身试法，也就等于没有刑罚了。先代圣王制定的法令，或将人处死，或砍断犯人的脚，或在犯人脸上刺字，这不是为了追求伤害民众，而是用来杜绝奸邪、遏止犯罪。所以杜绝奸邪、遏止犯罪的方法，没有能比得上使用重刑的。刑罚加重并且一定能捕获犯人，民众就不敢以身试法了，所以国家就没有了受刑的民众。正因为国家没有受刑的民众，所以说：严明的刑罚不等于杀戮。晋文公想要通过严明的刑罚来亲近百姓，于是召集各路诸侯及卿相大夫一起到侍千宫。颠颉来晚了，执法官请示晋文公定他的罪。晋文公说："对他用刑吧。"执法官于是将颠颉腰斩来示众。晋国的官员议论起这件事时都感到恐惧，说："颠颉是受宠信的大臣，都被处以腰斩示众之刑，何况我们呢！"晋文公发兵进攻曹国，兵锋触及卫国的五鹿，又毁坏了郑国的城墙，命令卫国的田垄一律改成东西走向，后来又在城濮之战中战胜楚国。晋国的三军将士，命令他们停止前进，他们就像被砍断了脚一样立即停止，命令他们进攻，他们就像流水一样疾速顺畅地行进。三军的将士没有敢于违反禁令的。所以晋文公只借用以重刑惩处犯轻罪的颠颉的办法，晋国就实现了安定太平。以前周公旦杀了管叔，流放了霍叔，说："他们是触犯了禁令的人。"天下的人都说："亲兄弟犯了罪都不能逃脱法律的制裁，更何况我们这些疏远的人呢！"因此天下人都知道周公将刑罚用在了朝廷之上，这样国境内就实现了安定太平。所以说：严明的刑罚的优点在于，到了一定时候就可以不用刑罚了。

［原文］

所谓壹教者，博闻、辩慧、信廉、礼乐、修行、群党、任誉、请谒，不可以富贵，不可以辟刑，不可独立私议以陈其上。坚者被，锐者挫(cuò)。虽曰圣知、巧佞(nìng)、厚朴，则不能以非功罔(wǎng)上[1]利。然富贵之门，要存战而已矣。彼能战者，践富贵之门；强梗(gěng)焉，有常刑而不赦。是父兄、昆弟、知识[2]、婚姻[3]、合同[4]者，皆曰："务之所加，存战而已矣。"夫故当壮者务于战，老弱者务于守；死者不悔，生者务劝。此臣之所谓壹教也。民之欲富贵也，共阖(hé)

韩信登坛拜将

韩信出身没落贵族，早年生活穷困潦倒，初投到刘邦帐下时未受赏识，却受到萧何的器重，后屡立战功，登坛拜将。

棺而后止，而富贵之门，必出于兵，是故民闻战而相贺也。起居饮食所歌谣者，战也。此臣之所谓明教之犹，至于无教也。

［注释］

①周上：欺骗君主。

②知识：相知相识者，即朋友。

③婚姻：指婚姻双方的男女亲家。

④合同：志同道合。

［译文］

我所说的统一教化的原则，就是指那些所谓的见闻广博、聪慧善辩、诚实廉洁、精通礼乐、道德高尚、聚群结党、保举称誉、请谒，不能凭借这些获得富贵，不能凭借这些逃避刑罚，不能凭借这些私下创立个人学说，凌驾于国家法令之上。这样，那些顽固不化的就会被摧垮，那些锋芒毕露的就会被挫败。即使人们所说的圣明睿智、巧言谄媚、忠厚纯朴的人，也不能凭借不立功勋而欺骗君上获利。这样，富足高贵之家，也只能通过作战立功受赏罢了。那些能打仗的人，才能踏进富贵的大门；骄横跋扈的人，触犯了刑法也不能得到赦免。这样，父辈、兄弟、朋友、亲家、志同道合的人都说："我们所要加以努力的要务，不过在战场上罢了。"所以，正值壮年的人都以作战为要务，年老体弱的人则以戍守为要务；死在战场的人不会后悔，活着的人必定互相勉励。这就是我说的统一教化的原则。民众想要得到富贵，都是到死后盖上棺材才停止，然而富贵的大门，一定都是面向作战立功的人，所以民众听说要打仗就会互相庆贺。民众起居饮食时所唱的歌谣全是关于战争的。这就是我所说的修明教化的优点，到了一定阶段就可以不用教化。

［原文］

此臣所谓参教①也。圣人非能通，知万物之要也，故其治国，举要以致万物，故寡教而多功。圣人治国也，易知而难行也。是故圣人不必加，凡主不必废。杀人不为暴，赏人不为仁者，国法明也。圣人以功授官予爵，故贤者不忧。圣人不宥(yòu)②过，不赦刑，故奸无起。圣人治国也，审壹而已矣。

［注释］

①参教：指赏、刑、教三种治国举措。参，通“三”。

②宥：宽恕。

［译文］

这些就是我所说的三种治国举措。圣人并非通晓一切，而是明白万物的要领，所以他治理国家，抓住要领从而兼顾万物，所以只用很简单的治国举措就能取得很多功绩。圣人治理国家的道理，容易明白然而很难实行。所以圣人不一定要获得称赞，平凡的君主也不一定会被废掉。杀掉某人并不是因为残暴，奖赏某人并不是因为仁慈，这是国家法律严明的结果。圣人凭借功勋授官封爵，所以贤能的人不会担忧。圣人不宽恕任何人的罪过，不赦免犯法者的刑罚，所以奸邪的事就无法发生。圣明的人治理国家，就是考虑统一奖赏、刑罚和教化罢了。

定　分

［题解］

“定分”即确定名分，划分职责。本篇是《商君书》的最后一篇，全面地概括了商鞅的法治思想，论述了“置法官”“以为天下师”的可行性及其意义，并主张颁布成文法，给予民众一定程度的监督权，具有相当大的进步意义。商鞅认为，确定名分有利于明确职责，有利于法令在全国范围内的顺利推行，这样就会使人民因畏惧刑罚而自我约束，实现天下大治。

［原文］

公[1]问于公孙鞅曰：“法令以当时立之者，明旦欲使天下之吏民，皆明知而用之如一而无私，奈何？”

公孙鞅曰：“为法令，置官吏，朴足以知法令之谓者，以为天下正[2]，则奏天子。天子若各主法令之，皆降受命发官。各主法令之。民敢忘行法令之所谓之名，各以其所忘之法令名罪之。主法令之吏，有迁徙物故，辄使学读法令所谓，为之程序，使日数而知法令之所谓；不中程，为法令以罪之。有敢剟（duō）[3]定法令，损益一字以上，罪死不赦。诸官吏及民有问法令之所谓也于主法令之吏，皆各以其故所欲问之法令明告之。各为尺六寸之符，明书年、月、日、时、所问法令之名，以告吏民。主法令之吏不告，

皋陶

皋陶，传说为虞舜时期掌管刑法的官，被后人认为是“司法鼻祖”。

及之罪，而法令之所谓也，皆以吏民之所问法令之罪，各罪主法令之吏。即以左券予吏之问法令者，主法令之吏，谨藏其右券木柙（xiá），以室藏之，封以法令之长印。即后有物故，以券书从事。

［注释］

①公：指秦孝公。

②正：官长，这里指主管法令的官员。

③剟：削除，删改。

［译文］

秦孝公问公孙鞅说：“今天创立的法令，明天早晨就想让全天下的官吏和百姓都明确了解并如同一体般地执行，并且没有偏私，怎么办呢？”

公孙鞅说：“为推行法令而设置官吏，朴实守法足够可以使百姓知道法令的具体内容，把这样的人作为主管法令的官吏，推荐给天子。天子应允了，负责执行法令的人，都在下诏书后受命上任。各个负责执行法令的人，有敢忘记遵守法令规定的名目的，就用他所忘记的法令的名目惩罚他。主管法令的官吏，如果发生变故，就要立刻命人学习法令的内容，为他指出准则，让他在几天之内就能通晓法令内容；不能合乎法令准则的，就用法令惩罚他。若有胆敢私自删削篡改法令，并且增减一个字以上的，就要处以死刑，绝不赦免。众官吏和百姓若向主管法令的官吏咨询法令的内容，都要根据他们的问题给予明确的答复。要制作一条长一尺六寸的符券，上面写明年、月、日、时间、所问法令的名目，用来告知众官吏和百姓。主管法令的官吏不告诉人们所咨询的法令内容，都要根据人们所咨询的法令所规定的罪行，惩罚这些主管法令的官吏。在接受咨询时，要把符券的左片交给咨询法令的人，主管法令的官吏，要谨慎地将右片装入木匣，藏在一个屋子里，用主管法令的长官的大印封上。在此之后当事人死了，就要根据符券处理各项事务。

［原文］

“法令皆副，置一副天子之殿中，为法令为禁室，有键钥为禁而以封之，内藏法令一副禁室中，封以禁印。有擅发禁室印，

及入禁室视禁法令，及剟（duō）禁一字以上，罪皆死不赦。一岁受法令以禁令。天子置三法官，殿中置一法官，御史置一法官及吏，丞相置一法官，诸侯、郡、县皆各为置一法官及吏，皆此秦一法官。郡、县、诸侯一受赍来之法令，学问并所谓。吏民知法令者，皆问法官，故天下之吏民，无不知法者。吏明知民知法令也，故吏不敢以非法遇①民，民不敢犯法以干②法官也。遇民不修法，则问法官，法官即以法之罪告之，民即以法官之言正告之吏。吏知其如此，故吏不敢以非法遇民，民又不敢犯法。如此，天下之吏民，虽有贤良辩慧，不敢开一言以枉法；虽有千金，不能以用一铢。故知、诈、贤能者皆作③而为善，皆务自治奉公。民愚则易治也，此所生于法明白易知而必行。

［注释］

①遇：对待。

②干：冒犯。

③作：变化，转变。

［译文］

“法令都要多复制几份存放起来，一份放在天子的宫殿中，另外为存放法令文本建一个密室，用锁钥将密室锁起来，并用封条封住，里面藏放一份法令副本，用禁印封上。有擅自揭开密室的印封，以及进入密室偷看法令，以及篡改禁令一个字以上的，都要处以死刑，绝不赦免。每一年，要将法令颁发给主管法令的官吏。天子设置三个法官，宫殿中设置一个，御史设置一个法官和一个法吏，丞相设置一个法官，诸侯和郡县都分别设置一个法官和一个法吏，全都听从一个法官的命令。诸侯、郡、县一旦接受颁布的法令，同时就会学习和咨询法令的内容。官吏和百姓想了解法令的，都向法官咨询，所以天下的官吏和百姓中，没有不了解法令的人。官吏清楚地知道百姓了解法令，所以官吏就不敢用不合法的手段对待百姓，百姓也不敢触犯法律来冒犯法官。如果官吏对待百姓不遵守法令，民众就可以向法官咨询，法官就会将法令所规定的罪名告诉他们，民众就会用法官的话警告官吏。官吏知道事情是这样的了，所以就不敢用不合法的手段对待百姓，民众也不敢犯法。像这样，天下的官吏和百姓，即使贤能善良、聪慧善辩，也不敢说一句违法的话；即使家有千金，也不能拿出一铢钱做违法的勾当。所以狡猾、奸诈、贤明、能干的人都转而去做好事，都努力自我约束，服从国家的法令。人民愚昧就便于统治，这都是由于法令明白易懂而一定能施行的缘故。

［原文］

“法令者，民之命也，为治之本也，所以备民也。为治而去法令，犹欲无饥而去食也，欲无寒而去衣也，欲东而西行也，其不几[1]亦明矣。一兔走，百人逐之，非以兔为可分以为百，由名之未定也。夫卖兔者满市，而盗不敢取，由名分已定也。故名分未定，尧、舜、禹、汤且皆如骛[2]焉而逐之；名分已定，贪盗不取。今[3]法令不明，其名不定，天下之人得议之，其议人异而无定。人主为法于上，下民议之于下，是法令不定，以下为上也，此所谓名分之不定也。夫名分不定，尧、舜犹将皆折[4]而奸之，而况众人乎！此令奸恶大起，人主夺威势，亡国灭社稷之道也。今先圣人为书，而传之后世，必师受之，乃知所谓之名；不师受之，而人以其心意议之，至死不能知其名与其意。故圣人必为法令置官也，置吏也，为天下师，所以定名分也。名分定，则大诈贞信，巨盗愿悫[5]，而各自治也。故夫名分定，势治之道也；名分不定，势乱之道也。故势治者不可乱，势乱者不可治。夫势乱而治之愈乱，势治而治之则治。故圣王治治不治乱。

［注释］

①几：接近。

②骛：像马一样奔跑。

③今：假使，如果。

④折：曲枉。

⑤愿悫：谨慎诚恳。

兔子

［译文］

“法令是民众的生命，是治国的根本，是用来防备民众犯上作乱的。治理国家而抛弃法令，就像希望不挨饿而抛弃粮食，希望不受冻而抛弃衣服，希望去东方而朝西走一样，二者之间相去甚远也是很明显的了。一只兔子跑了，一百个人追逐，并不是兔子可以分成一百份，而是因为兔子的名分归属没有定。市场上有很多卖兔子的，然而连盗贼都不敢去抢夺，这是由于市场上兔子的名分归属已经确定了。所以当事物的名分没有确定时，像尧、舜、禹、汤这样的圣人也会像马一样奔走追逐；名分确定后，贪婪的盗贼也不敢抢夺。假使法令不明了，其条目不确定，天下百姓都会加以评议，他们评议的观点因人而异没有定论。人君在上制定法令，百姓在下议论纷纷，这就是法令不确定，用下级代替上级的职责，这就是我所说的名分不确定。名分不确定的话，尧、舜尚且都会枉法作奸，更何况普通百姓了！这就会使奸邪罪恶大肆兴起，人君的权威被剥夺，这就是导致国家灭亡的途径。假使古代圣人著书，并且流传于后世，必须由老师传授，才能知道其具体内容；如果没有老师传授，每个人都以自己的想法来评议，直到死的时候也不能知道书的内容和意义。所以，圣人一定会给法令设置相应的官吏，作为天下人的老师，就是用来确定名分的。名分确定了，最奸诈的人也可以变得正直诚实，大盗都谨慎诚恳，而且都能自我约束。所以名分的确定，是天下大势实现安定太平的方法；名分不确定，是天下大势出现昏乱衰败的途径。所以形势安定就不会出现昏乱，形势昏乱就不会实现安定。形势昏乱的情况下国家越治理越昏乱，形势安定的情况下加以治理国家就会更安定。所以圣王在安定的形势下来治国，不在昏乱的形势下来治国。

[原文]

“夫微妙意志之言，上知之所难也。夫不待法令绳墨[1]而无不正者，千万之一也。故圣人以千万治天下，故夫知者而后能知之，不可以为法，民不尽知。贤者而后知之，不可以为法，民不尽贤。故圣人为法，必使之明白易知。名正，愚知遍能知之。为置法官，置主法之吏，以为天下师，令万民无陷于险危。故圣人立天下而无刑死者，非不刑杀也，行法令明白易知，为置法官吏为之师以道之知。万民皆知所避就[2]，避祸就福，而皆以自治也。故明主因治而终治之，故天下大治也。”

[注释]

①绳墨：木工画直线的工具，这里用来比喻准则。

②就：接近，靠近。

[译文]

“微妙地表达思想的言论，上等才智的人也很难理解。不需要法令规范就能事事正确的，在千万人中只有一个。所以圣人针对千万人来治理天下，因此只有成为智慧的人之后才能理解的东西不能够用来作为法令，因为民众不都是智慧之人。只有成为贤能的人之后才能理解的东西，不能够用来作为法令，因为百姓不

都是贤能之人。所以圣人制定法令，一定要使它明白易懂。名分确定了，愚人和智者就都能懂得了。为百姓设置法官，设置主管法令的官吏，作为天下人的老师，使万民不会陷入危险的境地。所以圣人掌管天下，却没有受刑被杀的人，并不是他不使用刑罚杀人，而是法令明白易懂，同时为民众设置法官和官吏做他们的老师，教他们懂得法令的缘故。万民都知道应躲避和接近的东西，躲避祸患，接近幸福，而且都能以此自我约束。所以明君在民众自我约束的基础上来治理国家，因此天下就出现了极为安定的局面。”

慎　子

作者介绍

慎到，战国时期赵国人，齐宣王时曾长期在稷下学宫讲学，在当时极负盛名，并被封为大夫，受到极高的礼遇。

慎到著有《慎子》一书，其哲学思想更接近道家，主张清静无为，但又重视法治，主张因循自然订立法律。在早期法家中，慎到强调“势”的作用，提倡尊君，对韩非影响较大。

威德

［题解］

《威德》是《慎子》的第一篇，在本篇中，慎到通过人善假于物的道理提出了“势”的理论，并指出“势”对于君主和国家的重要性。慎到借用老子的辩证思想提出了他的法治思想，将“法”上升到“道”的高度，这在当时是一种比较进步的观点。

［原文］

天有明，不忧人之暗也；地有财，不忧人之贫也；圣人有德，不忧人之危也。天虽不忧人之暗，辟户牖（yǒu）①必取己明焉，则天无事也；地虽不忧人之贫，伐木刈（yì）②草必取己富焉，则地无事也；圣人虽不忧人之危，百姓准上而比③于下，其必取己安焉，则圣人无事也。故圣人处上，能无害人，不能使人无己害也，则百姓除其害矣。圣人之有天下也，受之也，非取之也。百姓之于圣人也，养之也，非使圣人养己也，则圣人无事矣。

［注释］

①户：门。牖：窗。

②刈：割草。

③比：亲近。

［译文］

天有光明，所以不为人间存在的黑暗而担忧；地有财富，所以不为人间存在的贫穷而担忧；圣人有高尚的品德，所以不为人间存在的危难而担忧。虽然天不为人间的黑暗而担忧，但人们开辟门窗，一定会使自己取得光明，那么天就无事可做了；虽然地不为人间的贫穷而担忧，但人们伐木割草，一定会使自己取得财富，那么地就无事可做了；虽然圣人不为人间的危难而担忧，但人们都以君上长官为准则，对下级晚辈亲近爱护，就一定使自己过上安定的生活，那么圣人就无事可做了。因此，圣人处在至高无上的位置，能够做到不伤害人，却不能使人们消除自身的危害，这样百姓就要除掉他们的祸害。圣人能够统治天下，是接受了百姓的重托，不是从民众那里夺取的。百姓对于圣人，是奉养他，而不是靠圣人来养活自己，这样圣人就可以无为而治了。

［原文］

毛嫱（qiáng）、西施①，天下之至姣也。衣之以皮倛②，则见者皆走；易之以玄緆③，则行者皆止。由是观之，则玄緆色之助也。姣者辞之，则色厌矣。走背跋（bá）踚④穷谷，野走十里，药⑤也。走背辞药则足废。故腾蛇游雾，飞龙乘云，云罢雾霁，与蚯蚓同，则失其所乘也。故贤而屈于不肖者，权轻也；不肖而服于贤者，位尊也。尧为匹夫，不能使其邻家。至南面而王，则令行禁止。由此观之，贤不足以服不肖，而势位⑥足以服不肖，而势位足以屈贤矣。

［注释］

①毛嫱、西施：都是春秋时期越国的著名美女。

越国美女西施

②皮倛：皮革制的面具。倛，古时驱鬼时戴的面具。

③玄：原作元，为避康熙讳改。緆：细麻布。

④踚：同“跃”。

⑤药：通“约”，约束，捆绑。

⑥势位：威势和地位。势，威势、权势，慎到法治理论的重要概念。

［译文］

毛嫱、西施，是天下最美丽的女子。要是让她们戴上皮革制成的面具，那么看见的人都会跑开；要是让她们穿上漂亮的细麻布衣，那么路过的人都会停下来观看。从这一点看来，那就是漂亮的细麻布衣帮助的结果。美女放弃穿好看的衣服，外表就会让人产生嫌恶。背着沉重的东西在山谷中长途跋涉，再跑上十多里路，是因为把东西捆绑在背上的缘故。如果不把东西捆绑好，就无法长途远行。所以，腾蛇驾雾飘游，飞龙乘云往来，如果云消雾散，龙蛇就跟地上的蚯蚓没有什么两样了，这是因为它们失掉了所仰仗的依托的缘故。所以，贤人之所以屈服于不贤之人，是因为他的权力太轻；而不贤之人能服从于贤人，是因为贤人的地位尊贵。尧作为普通老百姓，连他的邻居也不能指使。等到他坐北朝南称王之时，就能做到令行禁止。由此看来，贤能并不能使不贤之人完全服从，威势和地位可以使不肖者屈服，同时威势和地位也能使贤人屈服。

飞龙

[原文]

故无名而断者，权重也；弩(nǔ)弱而缯[①]高者，乘于风也；身不肖而令行者，得助于众也。故举重越高者，不慢于药；爱赤子者，不慢于保；绝险历远者，不慢于御。此得助则成，释助则废矣。夫三王五伯[②]之德，参于天地，通于鬼神，周于生物者，其得助博也。

[注释]

①缯：古代射鸟用的一种拴着丝绳的箭，射程远不如弓弩。

②三王五伯：《荀子》中也曾提到这一概念，但具体指哪些人尚无定论，其中一种说法是，“三王”指商汤、周文王、周武王，“五伯”指“五帝”。

[译文]

所以，没有名望却能决断一切，是由于权重的缘故；强弩力量微弱而射鸟的缯射得高，是凭借风势的缘故；自身不贤而命令却能得到推行，是因为借助了众人的力量。所以，承载重物跨越高处的人，一定不会忽视把东西捆绑好这个问题；喜爱婴儿的人，一定不会忽视保育这个环节；经过艰难险阻长途跋涉的人，一定不会忽视驾车的本领。这就是得到帮助就会成功，失去帮助就会失败的道理。古代三王、五伯的德行，可与天地相合，可与鬼神相通，可以遍及万物，这是因为他们得到了广泛的帮助。

［原文］

古者，工不兼事，士不兼官。工不兼事则事省，事省则易胜；士不兼官则职寡，职寡则易守。故士位可世[①]，工事可常。百工之子，不学而能者，非生巧也，言有常事也。今也国无常道，官无常法，是以国家日缪。教虽成，官不足，官不足则道理匮矣，道理匮则慕贤智，慕贤智则国家之政要在一人之心矣。

［注释］

①士位可世：士是西周贵族阶层的最低等级，宗法制规定，“士之子恒为士”，所以说“士位可世”。除了士之外，工匠也是世袭的。

［译文］

古时候，工匠不兼做其他事情，士不兼任其他官职。工匠不兼做其他事情，事情就十分简捷，事情简捷就容易胜任；士不兼任其他官职，职责就很少，职责少就容易守住职位。所以士的职位可以世代承袭，工匠的职业可以永恒相继。各类工匠的子孙不用学习就能做工，这并不是说他们有与生俱来的精巧技艺，而是他们能够经常从事相应的工作的缘故。现在国家没有恒久稳定的政策，官吏没有长期执行的法令，所以国家政治日趋谬误。实行教化虽然很有成效，可是各级官吏还是不称职，官吏不称职，治国之道就匮乏，治国之道匮乏，就会仰慕渴求贤能智慧的人，仰慕渴求贤能智慧的人，那么国家政治的关键就完全掌控于一个人的心中了。

［原文］

古者，立天子而贵之[①]者，非以利一人也。曰：天下无一贵，则理无由通，通理以为天下也。故立天子以为天下，非立天下以为天子也；立国君以为国，非立国以为君也；立官长以为官，非立官以为长也。法虽不善，犹愈于无法。

［注释］

①贵之：即“以之为贵”。

［译文］

古时候，设立天子之位而使其尊贵，并不是为了让天子一个人获得利益。这是说：世界如果没有一位尊贵的君主，那么治理国家的政令就得不到通行，使政令通行是为了治理好天下。所以设立天子之位是为了治理好天下，并不是使天下来为天子一个人服务；设立国君之位是为了治理好国家，并不是建立国家来为国君一个人服务；设立官职是为了更好地履行职责，并不是设立官职来为长官一个人服务。法律即使不完善，也还是胜过没有法律的。

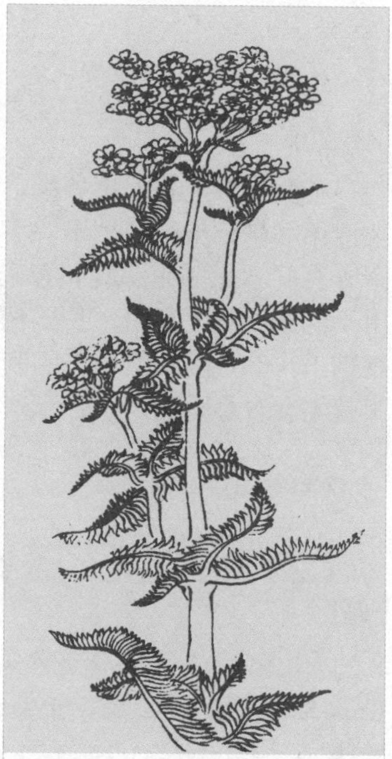

蓍

［原文］

夫投钩[1]以分财，投策以分马，非钩策为均也。使得美者不知所以德，使得恶者不知所以怨，此所以塞愿望也。故蓍(shī)龟[2]所以立公识也，权衡[3]所以立公正也，书契所以立公信也，度量所以立公审也，法制礼籍所以立公义也。凡立公，所以弃私也。

［注释］

①投钩：类似于抓阄、抽签，与下文的投策意思相同。

②蓍龟：占卜。蓍，一种草，古时候常用其茎占卜。龟，龟甲，古人以龟甲作为占卜用具。

③权衡：古代测量物体重量的器具。权，相当于秤砣。衡，相当于秤杆。

［译文］

用抓阄的方式来分配财物，用抽签的方式来分配马匹，不是说抓阄和抽签能够实现平均分配。凭借这种公平的方式，让那些分到好东西的人，不知道对谁感恩，让那些分到坏东西的人不知道对谁抱怨，这样来堵塞人们的愿望。所以用占卜来确立公正的意识，用秤称量物体轻重来确立公认的标准，用文书契约来确立公众的信誉，用度量工具来确立公平的审查标准，用法令制度和礼仪典章来确立公共的道义。凡是确立公共的准则，都是为了摒弃私心。

［原文］

明君动事分功必由慧，定赏分财必由法，行德制中必由礼。故欲不得干[1]时，爱不得犯法，贵不得逾(yú)亲，禄不得逾位，士不得兼官，工不得兼事，以能受事，以事受利。若是者，上无羡赏，下无羡财。

[注释]

①干：冒犯，违背。

[译文]

圣明的君主处理事务论定功绩，一定要凭借智慧；确定奖赏分配财物，一定要遵循法律；施行仁德不偏不倚，一定要符合礼仪。所以君主的欲望不能违背时令，喜好不能触犯法规，尊崇贤才不能任人唯亲，受禄封赏不能超过官职爵位，士不能兼任其他官职，工匠不能兼做其他工作，根据才能的大小分配合适的工作，根据工作的贡献赏给相应的利益。如果能够做到这样，君主就不会滥用赏赐，臣下就不会贪慕财物。

民杂

[题解]

《民杂》的篇名取自开篇前两个字，慎到阐述了“劳心者治人”的道理。他认为，君臣的区别在于，后者负责处理具体事务，而前者负责监督和管理后者。这样，就会“事无不治”，颇有“无为而无不为”的意味。慎到的思想虽然带有集权主义色彩，但他的这种君臣各司其职的观点却极具现实意义。

[原文]

民杂处而各有所能，所能者不同，此民之情也。大君者，太上也，兼畜①下者也。下之所能不同，而皆上之用也。是以大君因民之能为资，尽包而畜之，无能去取焉。是故不设一方以求于人，故所求者无不足也。大君不择其下，故足。不择其下，则易为下矣。易为下则莫不容，莫不容故多下，多下之谓太上。

[注释]

①畜：通“蓄”。

[译文]

百姓混杂地居住在一起，然而各有各的才能，每个人的才能都不一样，这是百姓的实际情况。君主是至高无上的，对下面的所有臣民都能兼收并蓄。虽然臣下的才能都不相同，但是都能为君主所用。这就是君主利用百姓的各种才能作为治理国家的资本，尽力包容和吸纳他们，对他们不能随意加以取舍。所以，君主不在一个方面寻求人才，所以要求没有得不到满足的。君主不挑剔臣下，所以各种人才都能充足。君主不挑剔臣下，臣下就比较容易做事。臣下容易做事，国家的各种人才就没有不被包容的。君主能包容各种各样的人才，他的臣下就很多，正因为臣下很多，君主才称为至高无上。

[原文]

君臣之道，臣事事而君无事，君逸乐而臣任劳，臣尽智力以善其事，而君无与焉，仰成而已。故事无不治，治之正道然也。人君自任[①]，而务为善以先下，则是代下负任蒙劳也，臣反逸矣。故曰：君人者，好为善以先下，则下不敢与君争为善以先君矣，皆私其所知以自覆掩。有过则臣反责君，逆乱之道也。

[注释]

①自任：亲自做事。

[译文]

君臣之间的正确关系是：臣下负责处理实事，而君主用不着做实事，君主只需安逸享乐，而臣下则要不辞辛苦地工作，臣下要穷尽脑力和体力把事情做好，君主不要参与具体事务，只需坐享其成就可以了。这样国家政事没有处理不好的，治理国家的正确方法就是这样。君主如果什么事情都亲力亲为，热衷于抢在臣下之前做具体的事务，这就是代替臣下担负责任，承受劳苦，臣下反而变得安逸了。所以说：君主要是喜欢抢在臣下之前做事，臣下就不敢抢在君主之前去做事，结果臣下都把自己的智慧隐藏起来。如果一旦有了过失，臣下就会反过来责备君主，这是导致臣下叛逆和国家昏乱的做法。

刘邦任用三杰

布衣出身的汉高祖刘邦之所以能够取得天下，主要在于他善于吸纳各方面的人才，对此他曾说："夫运筹帷帐之中，决胜千里之外，吾不如子房。镇国家，抚百姓，给馈饷，不绝粮道，吾不如萧何。连百万之军，战必胜，攻必取，吾不如韩信。此三者，皆人杰也，吾能用之，此吾所以取天下也。"取得天下后，汉高祖善于听取各方面意见，使得国家进一步稳定。

[原文]

君之智，未必最贤于众也，以未最贤而欲以善尽被[①]下，则不赡[②]矣。若使君之智最贤，以一君而尽赡下则劳，劳则有倦，倦则衰，衰则复反于不赡之道也。是以人君自任而躬事，则臣不

事事，是君臣易位也，谓之倒逆，倒逆则乱矣。人君苟任臣而勿自躬，则臣皆事事矣，是君臣之顺。治乱之分，不可不察也。

［注释］

①被：同“披”，覆盖。

②赡：充足，丰沛。

［译文］

君主的才智，不一定在所有人中是最高明的，凭君主不算最高明的才智治理国家，想要用善行完全惠及所有臣下，这就不够了。假使君主的才智是最高明的，仅凭君主一人的力量让臣民富足也会感到劳苦，劳苦就会产生疲倦，疲倦就会导致衰竭，衰竭就无法正常履行职责，这就又回到了不能使臣民富足的老路上。所以，君主如果每件事都亲力亲为，臣下就会什么都不干，这样君主和臣下的地位就颠倒了，这就叫作倒行逆施，倒行逆施就会出现动乱。君主如果能够把具体事务交给臣下去做，而不必自己亲自动手，那么臣下就都会有事可做，这样君臣之间的关系就理顺了。国家安定或混乱的区别就在于此，这是不能不明察的。

德　立

［题解］

在本篇中，慎到借用道家“静”的思想阐述他的法治理论。“动”不利于家国的安定，因此要树立当权者的威势，有了“势”，混乱的局面才会被遏止。在鼓吹“势治”的同时，慎到还强调“法治”，在制度上杜绝“两位”现象的出现，这也是抑制争斗和祸患出现的重要措施。

［原文］

立天子者，不使诸侯疑焉；立诸侯者，不使大夫疑焉；立正妻者，不使嬖（bì）①妾疑焉；立嫡子者，不使庶孽（niè）②疑焉。疑则动，两则争，杂则相伤，害在有与，不在独也。故臣有两位者，国必乱。臣两位而国不乱者，君在也。恃君而不乱矣，失君必乱。子有两位者，家必乱。子两位而家不乱者，父在也。恃父而不乱矣，失父必乱。臣疑其君，无不危之国；孽疑其宗③，无不危之家。

［注释］

①嬖：受宠幸。

②庶孽：庶子，妾所生之子，属于家族的旁支。

③宗：宗子，及家族的宗主，这里指家长、父亲。

［译文］

树立天子的权威，不能使诸侯产生怀疑；树立诸侯的权威，不能使大夫产生怀疑；树立正妻的权威，不能使爱妾产生怀疑；树立嫡子的权威，不能使庶子产生怀疑。怀疑就会出现动荡局面，对立就会导致争斗，互相争斗的结果就是互相伤害，危害产生于参与争斗的双方，而不仅仅在于单独的一方。因此，大臣中如果有两个人职位相同，国家一定会发生祸乱。两个大臣职位相同而国家却没有发生祸乱，是因为君主还在位。正因为君主在位，国家才没有出现祸乱的局面，如果君主失位，国家就一定会出现祸乱。如果有两个地位相同的儿子，家庭就一定会出现祸乱。如果家中有两个地位相同的儿子而没有出现祸乱，是因为父亲还健在。正因为父亲健在，家庭才没有出现祸乱，如果父亲去世，家庭就必然出现祸乱。大臣如果怀疑君主，国家没有不发生危险的；庶子如果怀疑家长，家庭就没有不出现危机的。

韩非子

作者介绍

韩非，韩国贵族，战国末期著名思想家，法家学说之集大成者，与李斯曾共同受业于荀子门下。韩非因为口吃而不善言谈，但文章出众，且著作颇丰，有《韩非子》五十五篇传世。

韩非目睹了战国后期韩国的贫弱衰败，多次上书韩王要求改革，但其主张始终得不到采纳，激愤之下写出了《孤愤》《说难》等著作十万余言，后来辑录成《韩非子》一书。韩非融合法、术、势，且善于用寓言来阐述自己的思想主张。

孤　愤

［题解］

“孤愤”就是孤独和愤慨，本文写于韩非入秦之前。韩非屡次进谏韩王，要求改革，然而不被采纳，并受到“朋党”排挤，因此韩非感到势单力薄，无依无靠，又对当权显贵不思进取的做法感到愤怒。本文在表达愤慨之情的同时，还提出了韩非对国家兴亡的一些看法，“大臣太重”“左右太信”是他所认为的国家最大的隐患。于是，韩非提出君主必须掌握一定的权术和威势，将大权掌握在自己的手中。集权主义是韩非法治思想的核心。

［原文］

朋党比周[①]以弊主，言曲以便私者，必信于重人矣。故其可以功伐借者，以官爵贵之；其不可借以美名者，以外权重之。是以弊主上而趋于私门者，不显于官爵，必重于外权矣。今人主不合参验而行诛，不待见功而爵禄，故法术之士安能蒙死亡而进其说？奸邪之臣安肯乘利而退其身？故主上愈卑，私门益尊。夫越虽国富兵强，中国之主[②]皆知无益于己也，曰：“非吾所得制也。”今有国者虽地广人众，然而人主壅(yōng)蔽，大臣专权，是国为越也。智不类越，而不智不类其国，不察其类者也。人之所以谓齐亡者，非地与城亡也，吕氏[③]弗制，而田氏用之。所以谓晋亡者，亦非地与城亡也，姬氏不制，而六卿[④]专之也。今大臣执柄独断，而

上弗知收，是人主不明也。与死人同病者，不可生也；与亡国同事者，不可存也。今袭迹于齐晋，欲国安存，不可得也。

[注释]

①比周：集结，聚合，结党营私。

②中国之主：中原之主。

③吕氏：即姜姓。齐国始祖姜尚的祖先被封于吕地，所以以吕为氏，又称吕尚。

④六卿：指晋顷公、定公时的范氏、中行氏、智氏、赵氏、韩氏、魏氏，顷公十二年（前514），六卿控制了晋国政权，晋侯名存实亡。

智伯决水灌晋阳

智伯盲目自信，贪婪无度，使得智氏顷刻之间土崩瓦解。赵、韩、魏三家灭了智家，从而也揭开了三家分晋的序幕。

[译文]

结党营私来蒙蔽君主、花言巧语来便利私家的人，一定会受到重臣的信任。所以对那些可以用功绩做借口的人，就封官赐爵使他们显贵；那些不能用好名声做借口的人，就利用其他诸侯国的势力来抬高自己。因此，蒙蔽君主而投奔重臣门下的人，如果没有在官爵上获得显赫的地位，就必定在依靠外界势力以求得重用了。现在君主不验证核查就实行刑罚，不等建立功勋就封爵受禄，因此擅长法治权术的人士怎能冒死去陈述自己的主张？奸佞邪恶的大臣又怎肯放弃利益而自动引退？所以君主地位就越来越低，重臣权势就越来越大。越国虽然国富兵强，中原各国的君主都知道那片土地对自己没有什么好处，说："不是我们所能控制的。"现在的统治者虽然地广人众，然而君主闭塞，大臣专权，这样一来，国家也就变得和越国一样。知道自己的国家与越国不同，却不知道自己统治下的国家因大臣权重已不复是自己的国家了，这是不明察事物类似性的结果。人们之所以说齐国亡了，并不是指土地和城市丧失了，而是指吕氏不能控制它而为田氏所占有。之所以说晋国亡了，也不是指土地和城市丧失了，而是指姬氏不能控制它而为六卿所把持。现在大臣掌权独断专行，而君主不知收回权力，这就是君主不明智。和死人症状相同，无可救药；和亡国之事相同，无法存在。现在因袭着齐、晋的老路，想要国家安然存在，是不可能的。

[原文]

凡法术之难行也，不独万乘，千乘亦然。人主之左右不必智

也，人主于人有所智而听之，因与左右论其言，是与愚人论智也。人主之左右不必贤也，人主于人有所贤而礼之，因与左右论其行，是与不肖[1]论贤也。智者决策于愚人，贤士程行于不肖，则贤智之士羞，而人主之论悖(bèi)矣。人臣之欲得官者，其修士且以精洁固身，其智士且以治辩进业，其修士不能以货赂事人。恃其精洁，而更不能以枉法为治，则修智之士，不事左右，不听请谒矣。人主之左右，行非伯夷也，求索不得，货赂不至，则精辩之功息，而毁诬之言起矣。治辩之功制于近习，精洁之行决于毁誉，则修智之吏废，则人主之明塞矣。不以功伐决智行，不以参伍审罪过，而听左右近习之言，则无能之士在廷，而愚污之吏处官矣。

[注释]

①不肖：不像，指子孙不如先辈贤能，后来引申为品行不端、没有出息。

[译文]

凡是法治权术难以推行的，不单是大国，中小国家也是如此。君主的近臣不一定有才智，君主认为某人有才智而听取他的意见，然后和近臣讨论他说的话，这就是跟愚蠢的人讨论才智。君主的近臣不一定贤能，君主认为某人贤能而礼遇他，然后和近臣讨论他的品行，这是和品德不好的人讨论贤能。智者的计谋由愚蠢的人来评判，贤者的品德由品行不端的人来衡量，那么贤能智慧的人就会感到耻辱，而君主的论断也必然错乱了。想谋得官职的臣子当中，那些道德修养高的人将用精纯廉洁来约束自己，那些才智高的人将用办事分明来推进事业，他们不可能用财物贿赂事奉别人。他们凭借着精纯廉洁和办事分明，更不可能违法办事，那么修养高、才智高的人也就不会奉承君主近侍，不会理睬私下请托了。君主的近臣，品行不像伯夷那么好，索求的东西得不到，财物贿赂不上门，那么精明强干者的功业就要被压制，而诽谤诬陷的话也就出笼了。办事分明的功业受制于君主的近侍，精纯廉洁的品行取决于他人的诋毁或赞誉，那么修养高、才智高的官吏就要被废黜，君主的明察也就被阻塞了。不按功业决定人的才智和品德，不通过事实的多方验证审处人的罪行和过错，却听从左右亲信的话，那么没有才能的人就会在朝中当政，愚蠢腐败的官吏就会占据官位了。

[原文]

万乘之患，大臣太重；千乘之患，左右太信。此人主之所公患也。且人臣有大罪，人主有大失，臣主之利，与相异者也。何

以明之哉？曰：主利在有能而任官，臣利在无能而得事；主利在有劳而爵禄，臣利在无功而富贵；主利在豪杰使能，臣利在朋党用私。是以国地削而私家富，主上卑而大臣重。故主失势而臣得国，主更称蕃臣，而相室剖符①，此人臣之所以谲(jué)主便私也。故当世之重臣，主变势而得固宠者，十无二三。是其故何也？人臣之罪大也。臣有大罪者，其行欺主也，其罪当死亡也。智士者远见，而畏于死亡，必不从重人矣；贤士者修廉，而羞与奸臣欺其主，必不从重臣矣。是当涂者之徒属，非愚而不知患者，必污而不避奸者也。大臣挟愚污之人，上与之欺主，下与之收利侵渔，朋党比周，相与一口，惑主败法，以乱士民，使国家危削，主上劳辱，此大罪也。臣有大罪，而主弗禁，此大失也。使其主有大失于上，臣有大罪于下，索国之不亡者，不可得也。

［注释］

①相室：相国的家室。剖符：古时兵符分为两半，一半在带兵将领手中，一半在国君手中。相室剖符是指大臣掌握了国君的权力。

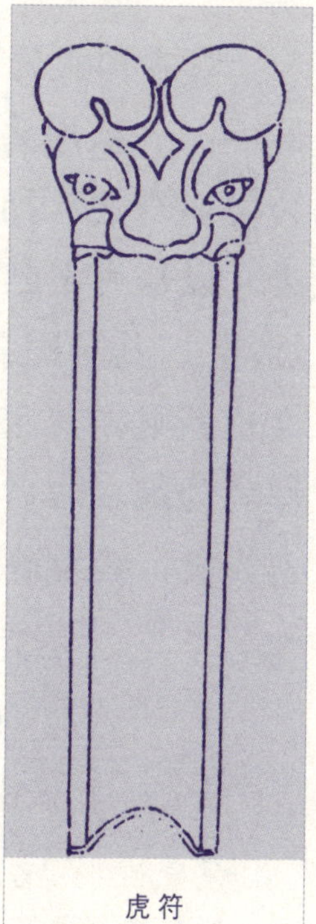

虎符

［译文］

大国的祸患在于大臣权势太重，中小国家的祸患在于近臣太受宠信，这是君主的共同祸患。再说臣下犯了大罪恶，君主有了大过失，臣下和君主的利益是不同的。凭借什么来证明呢？那就是：君主的利益在于具有才能而任以官职，臣下的利益在于没有才能而得到重用；君主的利益在于具有功劳而封爵受禄，臣下的利益在于没有功劳而得到富贵；君主的利益在于任用贤能，臣下的利益在于结党营私。因此，君主的领地减少而私家更富，君主地位卑下而大臣权势更重。所以君主失去权势而大臣控制国家，君主改称藩臣，相国行使君权，这就是大臣欺骗君主谋取私利的情形。所以当代的重臣，君主改变政治情势而仍能保持宠信的，十个里还不到两三个。这是什么原因呢？是这些臣下的罪行太大了。臣有大罪的，他的行为欺骗了君主，他的罪行是当处死刑的。有才智的人深谋远虑，害怕犯死罪，必定不会跟从重臣；贤能的人洁身自爱，耻于和奸臣同流合污，必定不会跟从重臣。这些当权者的门徒党羽，不是愚蠢而不知祸患的人，就一定是腐败而不避奸邪的人。大臣挟持愚蠢腐败的人，对上和他们一起欺骗君主，对下和他们一起掠夺财物，结党营私，串通一气，惑乱君主，败坏法律，以此扰乱官员百姓，使国家危亡衰弱、君主忧劳受辱，这是大罪行。臣下有了大罪而君主却不禁止，这是大过失。假如君主在上面有大过失，臣子在下面有大罪行，要求得国家不灭亡，是不可能的。

说　难

[题解]

“说难”是指向君主进谏之难。韩非认为进说的关键在于揣测君主的心理，体察君主的好恶。本文选择了两则寓言：“郑武公伐胡”和“智子疑邻”说明了臣子进言时，即使说实话也未必能够被认可；“弥子瑕有宠于卫君”说明了君主的主观好恶决定进谏的成败。然而，韩非自己也没能逃脱“说难”的深渊。司马迁说：“余独悲韩子为《说难》而不能自脱耳。”可见，在专制君主面前成功进言简直难于登天了。

[原文]

昔者郑武公①欲伐胡，故先以其女妻胡君以娱其意。因问于群臣：“吾欲用兵，谁可伐者？”大夫关其思对曰：“胡可伐。”武公怒而戮(lù)之，曰：“胡，兄弟之国也，子言伐之何也？”胡君闻之，以郑为亲己，遂不备郑，郑人袭胡，取之。宋有富人，天雨墙坏②，其子曰：“不筑，必将有盗。”其邻人之父③亦云。暮而果大亡其财，其家甚智其子，而疑邻人之父。此二人说者皆当矣，厚者为戮，薄者见疑，则非知之难也，处知则难也。故绕朝④之言当矣，其为圣人于晋，而为戮于秦也。此不可不察。

[注释]

①郑武公：春秋初期郑国君主，郑桓公之子，姓姬，名掘突。

②坏：毁坏。

③父：老人。

④绕朝：人名，春秋时秦大夫。晋大夫士会逃亡在秦，晋人用计诱使归国，绕朝劝秦君不要把士会遣送回国，秦君不听，士会遂归晋。后来士会畏

惧绕朝的才能，又用反间计借秦君之手杀了绕朝。

郑武公

［译文］

从前郑武公想讨伐胡国，故意先把自己的女儿嫁给胡国国君来使他快乐。然后问群臣：“我想用兵，哪个国家可以讨伐？”大夫关其思回答说：“胡国可以讨伐。”郑武公大怒而杀了他，说：“胡国是亲如兄弟的国家，你说讨伐它是何道理？”胡国君主听说了这件事，认为郑国和自己友好，于是不再防备郑国，郑国偷袭了胡国，攻占了它。宋国有个有钱人，天下雨冲毁了他家的院墙，他儿子说：“不修的话，必然会有盗贼来偷东西。”邻居的老人也这么说。到了晚上，果然有大量财物被盗，这个人认为自己的儿子很聪明，却对邻家老人起了疑心。关其思和这位老人的话都没错，而严重的被杀，轻的也被怀疑，那么，不是了解情况有困难，而是处理所了解的情况很困难。因此，绕朝说的话也是对的，但他在晋国被看成圣人，在秦国却遭杀害，这是不能不注意的。

［原文］

昔者弥子瑕[1]有宠于卫君。卫国之法，窃驾君车者罪刖(yuè)[2]。弥子瑕母病，人间[3]往夜告弥子，弥子矫驾君车以出，君闻而贤之曰：“孝哉，为母之故，忘其刖罪。”异日，与君游于果园，食桃而甘，不尽，以其半啖(dàn)君，君曰：“爱我哉，忘其口味，以啖寡人。”及弥子色衰爱弛，得罪于君，君曰：“是固尝矫驾吾车，又尝啖我以余桃。”故弥子之行未变于初也，而以前之所以见贤，而后获罪者，爱憎之变也。故有爱于主则智当而加亲，有憎于主则智不当见罪而加疏。故谏说谈论之士，不可不察爱憎之主而后说焉。夫龙之为虫[4]也，柔可狎(xiá)而骑也，然其喉下有逆鳞径尺，若人有婴[5]之者则必杀人。人主亦有逆鳞，说者能无婴人主之逆鳞，则几矣。

龙

古代称君主为龙的子孙，文中的“逆鳞”比喻君主所忌讳或不喜好的。

[注释]

①弥子瑕：人名，卫灵公宠信的臣子。

②刖：斩脚的酷刑。

③间：暗中。

④虫：动物的泛称。古人将动物分为甲、毛、羽、倮、鳞五类，称为“五虫”。

⑤婴：通“撄”，触动。

[译文]

从前弥子瑕曾受到卫国国君的宠信。卫国法令规定，私自驾驭国君的车子要处以刖刑。弥子瑕的母亲病了，有人暗中连夜通知弥子瑕，弥子瑕假托君命驾驭君车而出，国君听说后，却认为他很贤德，说：“太孝顺了！为了看望母亲，不顾及自己会犯下被处以刖刑的罪。”另一天，他和国君在果园游玩，吃桃子觉得很甜，没有吃完，就把剩下的半个给国君吃，国君说：“多么爱我啊！忘掉是自己口中的食物来给我吃。”等到弥子瑕人老色衰，宠爱衰退时，得罪了国君，国君说：“这人本来就曾假托君命私乘我的车子，又曾将吃剩的桃子给我。”所以，虽然弥子瑕的行为和当初相比并没有改变，但先前被称作贤德，后来却获罪的原因，是卫国国君的爱憎有了变化。所以被君主宠爱时，才智就显得恰当而更受亲近；被君主憎恶时，才智就显得不恰当，容易遭到谴责而更被疏远。所以向君主进言的人不能不先察看君主的爱憎，然后再谈自己的主张。龙作为一种动物，驯服时可以戏弄着骑它，但它咽喉下方有一尺长的逆鳞，如果有人触动它的话，就一定会受到伤害。君主也有逆鳞，进说者能不触动君主的逆鳞，就属于善谏了。

喻老

[题解]

《老子》的思想在先秦时代就已产生了巨大的影响，法家的慎到、申不害都从中汲取了很多营养，以充实自己的学说。韩非也不例外，他撰写了《解老》和《喻老》两篇文章，以法家思想解释道家学说，并注重以寓言故事阐述自己的理论，使《老子》抽象的哲学思想有了具体化的呈现，对我国哲学思想和注释训诂的发展起着非常重要的作用，同时也使他的刑名法术之学有了比较深厚的理论依据。本文选取了韩非对《老子》第二十六章和第三十六章的分析解释，其中“讳疾忌医”的典故颇为著名。

［原文］

制在己曰重，不离位曰静。重则能使轻，静则能使躁。故曰：“重为轻根，静为躁君。”故曰：“君子终日行不离辎(zī)重①也。”邦②者，人君之辎重也。主父③生传其邦，此离其辎重者也。故虽有代、云中之乐，超然已无赵矣。主父，万乘之主，而以身轻于天下，无势④之谓轻，离位之谓躁，是以生幽而死。故曰：“轻则失臣⑤，躁则失君。”主父之谓也。

［注释］

①辎重：部队行军时携带的军械、粮草、被服等军需品，这里引申为至关重要的东西。本句出自《老子》第二十六章。

②邦：国。

③主父：即赵武灵王。赵武灵王在公元前 299 年传位给儿子赵何，是为赵惠文王，而自号“主父”，仍然掌握军事大权。公元前 295 年，赵惠文王发动沙丘宫之变，囚禁武灵王，使之被饿死。因此，韩非说主父离开了他的辎重。

④势：权势、威势，韩非法家理论的重要概念，与法、术并重。

⑤轻则失臣：《老子》原文为“轻则失根”。

赵武灵王

［译文］

控制权掌握在自己手中叫作重，不离开君位叫作静。掌握了重就能役使轻，掌握了静就能驾驭躁。所以《老子》说：“重是轻的根本，静是躁的主宰。”所以说：“君子整天走路而不离开辎重。”国家即是君主的辎重。赵武灵王活着时就传位给儿子，这就是离开了他的“辎重”，所以虽然有代和云中之地的享乐之事，飘飘然中已失去赵国了。赵武灵王是大国之君，却让自己被天下人所轻视，失去威势叫作轻，离开君位叫作躁，因此被囚禁而活活饿死了。所以《老子》

说："轻，就会失去臣下；躁，就会丢掉君位。"说的就是赵武灵王这类情况。

［原文］

势重者，人君之渊也。君人者势重于人臣之间，失则不可复得矣。简公失之于田成[1]，晋公失之于六卿，而邦亡身死。故曰："鱼不可脱于深渊[2]。"赏罚者，邦之利器也，在君则制臣，在臣则胜君。君见[3]赏，臣则损之以为德[4]；君见罚，臣则益之以为威。人君见赏则人臣用其势，人君见罚而人臣乘其威。故曰："邦之利器不可以示人[5]。"

［注释］

①田成：即田成子，名常，田氏齐国先祖，春秋时齐国大臣，公元前481年，杀齐简公，立齐平公，从此田氏掌握齐国大政。

②鱼不可脱于深渊：出自《老子》第三十六章。

③见：通"现"，施行。

④德：根据上下文可知，"德"字应是"势"字的误写。

⑤邦之利器不可以示人：今本《老子》写作"国之利器不可以示人"。

［译文］

威势是君主深厚的凭依。君主的权势落到了臣下手里，失去后就不可能再得到了。齐简公的权力落到田成子手中，晋国君主的权力落到六卿手中，终于国亡身死。所以《老子》说："鱼不能脱离深渊。"赏罚大权是国家的锐利之器，掌握在君主手中就能控制臣下，掌握在臣下手中就能制服君主。君主要行赏，臣子就削减一部分以提高自己的权势；君主表示要处罚，臣子就加重力度来炫耀自己的威风。君主表示要行赏，而臣子利用了他的权势；君主表示要处罚，而臣子凭借了他的威风。所以《老子》说："国家的锐利之器，不可以拿出来给别人展示。"

［原文］

越王入宦于吴[1]，而观之伐齐以弊吴[2]。吴兵既胜齐人于艾陵，张之于江、济[3]，强之于黄池[4]，故可制于五湖。故曰："将欲翕之，必固张之；将欲弱之，必固强之[5]。"晋献公将欲袭虞，遗之以璧马；知伯将袭仇由[6]，遗之以广车[7]。故曰："将欲取之，必固与之。"起事于无形，而要[8]大功于天下，是谓微明。处小弱而重自卑，谓"损[9]弱胜强"也。

[注释]

①越王入宦于吴：指越王勾践被吴王夫差打败，到吴国担任贱职。

②观之伐齐以弊吴：指勾践示意夫差北上讨伐齐国，参与中原争霸，以此削弱吴国实力。

③江：长江。济：济水，古黄河下游支流。

④黄池：宋国地名，在今河南境内。

⑤“将欲”四句：出自《老子》第三十六章。

⑥仇由：春秋时期的蛮族方国，为狄人所建立。

⑦广车：宽大的车子。

⑧要：取。

⑨损：此字似衍文。

伍子胥

伍子胥，春秋末期吴国大夫，军事家、谋略家。吴王夫差灭越国后，伍子胥规劝吴王杀掉越王勾践，吴王不听，以致后来被越国所灭。

[译文]

越王勾践来到吴国担任贱职，却示意吴王夫差北上讨伐齐国，以此来削弱吴国。吴军已在艾陵战胜了齐军，势力扩张到了长江、济水流域，又在黄池会盟逞强，由于常年征战而导致国力衰败，所以才会在太湖地区被越国制服。所以《老子》说：“要收拢的必先张开；要削弱的必先强大。”晋献公想要袭击虞国，就把宝玉良马赠送给虞君；智伯将要袭击仇由国，就把宽大豪华的车子赠送给他们。所以《老子》说：“要夺取的必先给予。”不露形迹地完成事业，以求得在天下获取大功，这就叫微妙的智慧。处在弱小地位而能注重自行谦卑克制，说的是“柔弱战胜刚强”的道理。

[原文]

有形之类，大必起于小；行久之物，族①必起于少。故曰：“天下之难事必作于易，天下之大事必作于细②。”是以欲制物者于其细也，故曰：“图难于其易也，为大于其细也。”千丈之堤以蝼（lóu）蚁之穴溃，百尺之室以突隙之烟焚。故曰：白圭（guī）③之行堤也塞其穴，丈人④之慎火也涂其隙。是以白圭无水难，丈人无火患。此皆慎易以避难，敬细以远大者也。扁鹊⑤见蔡桓公⑥，立有间，扁鹊曰：“君

有疾在腠(còu)理[7]，不治将恐深。”桓侯曰：“寡人无疾。”扁鹊出，桓侯曰：“医之好治不病以为功。”居十日，扁鹊复见曰：“君之病在肌肤，不治将益深。”桓侯不应。扁鹊出，桓侯又不悦。居十日，扁鹊复见曰：“君之病在肠胃，不治将益深。”桓侯又不应。扁鹊出，桓侯又不悦。居十日，扁鹊望桓侯而还走。桓侯故使人问之，扁鹊曰：“病在腠理，汤熨[8]之所及；在肌肤，针石之所及也；而肠胃，火齐[9]之所及也；在骨髓，司命[10]之所属，无奈何也。今在骨髓，臣是以无请[11]也。”居五日，桓侯体痛，使人索扁鹊，已逃秦矣，桓侯遂死。故良医之治病也，攻之于腠理，此皆争之于小者也。夫事之祸福亦有腠理之地，故曰：圣人蚤[12]从事焉。

[注释]

①族：群，多。

②“天下”二句：出自《老子》第六十三章。

③白圭：战国时期著名商人，曾在魏国任职修建水利工程。

④丈人：老人。

⑤扁鹊：本名秦越人，战国初期名医。

⑥蔡桓公：即田齐桓公，姓田名午，因迁都上蔡，所以又称蔡桓公，不同于春秋时的蔡国桓公和春秋五霸之一的齐桓公。

⑦腠理：皮肤表面纹理。

⑧汤：通“烫”，用热药水浸泡。熨：用药物热敷。

⑨火齐：煎药，即汤药。齐，通“剂”。

⑩司命：主管生死的神灵。

⑪请：求见。

⑫蚤：同“早”。

大司命

大司命，传说中掌管人生死的神。

[译文]

有形状的东西，大的必定从小的发展而来；历时长久的事物，多的必定从少的积累起来。所以《老子》说：“天下的难事必定

开始于简易，天下的大事必定开始于微细。”因此要想控制事物，就要从微细时着手，所以《老子》说：“解决难题要从易处着手，想干大事要从小处着手。”千丈长的堤坝，因为蝼蚁筑穴打洞而导致溃决；百尺高的房屋，因为烟囱漏火而导致焚毁。所以说：白圭巡视长堤时堵塞小洞，老人谨防漏火而涂封缝隙，因此白圭不会遇到水灾，老人不会遇到火灾。这些都是谨慎地对待容易的事情来避免难以处理的事情发生，郑重地对待细小的漏洞以避开大祸临头。扁鹊拜见蔡桓公，站了一会儿，扁鹊说：“您有小病在皮肤表面上，不治怕会加深。”桓公说：“我没有病。”扁鹊走后，桓公说：“医生喜欢医治没病的人来作为自己的功劳。”过了十天，扁鹊又拜见桓公说：“您的病到肌肤了，不治就会进一步加深了。”桓公不理睬。扁鹊走了，桓公再次表示不高兴。过了十天，扁鹊又拜见桓公说：“您的病到了肠胃，不治会更加厉害。”桓公再次不予理睬。扁鹊走了，桓公再次表示不高兴。过了十天，扁鹊看见桓公转身就跑。桓公特意派人问他，扁鹊说：“病在表皮，药物浸敷可以治好；病在肌肤，针灸可以治好；病在肠胃，汤药可以治好；病在骨髓，属于主宰生死的神灵管辖的范围，我没有办法了。现在桓公病入骨髓，因此我就不再求见了。”过了五天，桓公身体疼痛，派人找扁鹊，扁鹊已逃往秦国了，于是桓公死了。所以良医治病，趁它还在皮肤表面时就加以治疗，这都是为了抢在事情细小的时候及早处理。事情的祸福也有刚露苗头的时候，所以说：圣人能够及早加以处理。

内储说上

[题解]

韩非擅长借寓言故事阐述自己的理论和学说，这种手法在《储说》几篇中体现得尤为突出。因为韩非的思想极为丰富，选取的故事又特别多，因此《储说》分为内、外篇，内、外又各分上、下，《外储说》又分左、右。

《内储说上》讲的是“七术”，也就是君主驾驭臣下的七种手段。本文节选了篇中《说四》的几则寓言故事，是对第四种术“一听责下”的解释。

[原文]

主之所用也七术[1]，所察也六微[2]。七术：一曰众端参观，二曰必罚明威，三曰信赏尽能，四曰一听责下，五曰疑诏诡使，六曰挟知而问，七曰倒言反事。此七者，主之所用也。

[注释]

①七术：驾驭臣下的七种方法、权术，韩非法家理论的重要概念。

②六微：指不令人注意而有害于君主的六种情况。

感谏勤政

作为人君，应该善于听取臣民的意见。周宣王怠于政事，王后姜氏对他进行劝谏，宣王从此勤于政事，使得周业得以中兴。

[译文]

君主用来驾驭臣子的方法有七种，称为七术，需要明察的隐秘情况有六种，称为六微。七术：一是从各个方面参验、观察；二是坚决惩罚以显示君主的威严；三是对尽力效忠的一定兑现奖赏；四是逐一听取意见，督促他们行动；五是传出可疑的诏令，诡诈地驱使臣子，以检验其忠诚度；六是掌握了事实后反问臣子；七是故意说反话，做逆理的事来刺探臣子。这七种方法是君王所使用的。

[原文]

魏王谓郑王[1]曰："始郑、梁[2]一国也，已而别，今愿复得郑而合之梁。"郑君患之，召群臣而与之谋所以对魏，公子谓郑君曰："此甚易应也。君对魏曰：'以郑为故魏而可合也，则弊邑亦愿得梁而合之郑。'"魏王乃止。

[注释]

①郑王：即韩王，韩国灭郑国后迁都于郑（今河南新郑），所以又称郑国。

②梁：即魏国，魏惠王迁都于大梁（今河南开封），所以又称梁国。韩、赵、魏最初都属晋国，所以说"始郑、梁一国也"。

[译文]

魏王对韩王说："当初韩、魏同属一个国家，不久后分为两国，现在我希望重新把韩国并入魏国。"韩王很为这件事担忧，召集群臣，和他们商量如何答复魏国。韩国公子对韩王说："这很容易回答。您对魏王说：'假如认为韩与魏原属一国而可以合并，那么敝国也希望把魏国并入韩国。'"魏王于是不再提出这种要求了。

[原文]

齐宣王使人吹竽，必三百人，南郭处士[1]请为王吹竽，宣王说[2]之，廪（lǐn）食[3]以数百人。宣王死，湣王立，好一一听之，处士逃。

一曰，韩昭侯曰：“吹竽者众，吾无以知其善者。”田严对曰：“一一而听之。”

[注释]

①处士：没有官职的读书人。

②说：通“悦”，高兴。

③廪食：由官府提供饮食。

[译文]

齐宣王让人吹竽，一定要有三百个人来同时演奏。南郭处士请求为宣王吹竽，宣王很高兴，按照那几百人的标准为他提供饮食。宣王死，湣王继位，湣王喜欢逐个地听他们吹奏，南郭处士便逃跑了。

另一种说法是，韩昭侯说：“吹竽的人多，我无法知道其中吹得好的人。”田严回答说：“不妨逐个地听他们演奏。”

[原文]

赵令人因申子①于韩请兵，将以攻魏，申子欲言之君，而恐君之疑己外市②也，不则恐恶于赵，乃令赵绍、韩沓尝试君之动貌而后言之。内则知昭侯之意，外则有得赵之功。

[注释]

①申子：申不害，郑国人，韩灭郑之后为韩国效力，早期法家代表人物，韩非的“术”理论最早为他所提出。

②外市：与外人做交易，引申为里通外国。市，做生意。

[译文]

赵国派人通过申不害向韩国借兵，准备用来进攻魏国，申不害想对韩昭侯说这件事，又怕昭侯怀疑自己里通外国，不说又怕得罪赵国，于是他就让赵绍、韩沓试探昭侯的态度，然后才去讲了这件事。这样，申不害对内则明白了韩昭侯的意图，对外则有了讨好赵国的功劳。

[原文]

三国兵至韩①，王②谓楼缓③曰：“三国之兵深矣，寡人欲割河东而讲，何如？”对曰：“夫割河东，大费也；免国于患，大功也。此父兄之任也，王何不召公子汜(sì)而问焉？”王召公子汜而告之，对曰：“讲亦悔，不讲亦悔。王今割河东而讲，三国归，王必

曰：三国固且去矣，吾特以三城送之。不讲，三国也入韩，则国必大举矣，王必大悔，王曰：不献三城也。臣故曰：王讲亦悔，不讲亦悔。”王曰：“为我悔也，宁亡三城而悔，无危乃悔。寡人断讲矣。”

［注释］

①韩：同“函”，指函谷关。

②王：秦昭王。

③楼缓：赵国人，为秦昭王效力，战国时期纵横家。

［译文］

韩、魏、齐三国军队开至函谷关，秦昭王对楼缓说：“三国军队就要深入我国了！我想割让河东之地和他们讲和，怎么样？”楼缓回答说：“割让河东，是大代价；免除国家祸患，是大功劳。这是宗室的责任，大王为什么不召见公子汜来征询意见呢？”秦昭王召见公子汜并告知了有关情况，公子汜回答说：“讲和也会后悔，不讲和也会后悔。大王眼下如果割让河东而讲和，三国撤兵，大王一定会说：‘三国本来就会回去了，我白白地把三座城送给了他们。’如果不讲和吧，三国军队进入韩国，那么秦国一定要大动干戈了，大王您一定会非常后悔。您会说：‘这是没有献出三座城的过错。’所以我说，大王讲和也会后悔，不讲和也会后悔。”秦昭王说：“既然都会后悔，我宁可丧失三城而后悔，不能等到国家危亡了才去后悔，我决定讲和了。”

范雎登途遇友

范雎曾为秦国丞相，为秦国的强大起过重要作用。

［原文］

应侯[①]谓秦王曰：“王得宛、叶、蓝田、阳夏，断河内，困梁、郑，所以未王[②]者，赵未服也。弛[③]上党在一而已，以临东阳，则邯郸口中虱也。王拱而朝天下，后者[④]以兵中之。然上党之安乐，其处甚剧，臣恐弛之而不听，奈何？”王曰：“必弛易之矣。”

[注释]

①应侯：即范雎，他对秦昭王献上远交近攻之策，受到重用，被封为应侯。

②王：作动词，称王。

③弛：原意为松弛，这里指放弃。

④后者：没有第一时间朝见秦王的诸侯。

[译文]

应侯范雎对秦昭王说："大王占据了宛、叶、蓝田、阳夏几个地方，拦腰截断了河内，围困了魏、韩，之所以到现在还没有称王于天下，是因为赵还没有顺服。放弃上党不过是丢掉一个郡罢了，用兵逼近东阳的话，邯郸就成了口中之物了。大王以拱手之劳而使天下来朝，后至者就用兵拿下它！但是上党是个安乐之地，它的位置很险要，我怕劝您放弃它不会听从，怎么办呢？"秦王说："我一定放弃上党，改变进攻目标了。"

外储说左上

[题解]

功利主义是韩非政治思想的重要组成部分，本篇使用了大量生动形象的寓言故事把这种学说阐述得有声有色，并以此作为治国之道。本文节选了"郑人买履""齐桓公好服紫"和"曾子杀猪"三则寓言，其中"曾子杀猪"是关于诚信的小故事，宣扬诚信在韩非的著作中是很难得的。

[原文]

郑人有且置履①者，先自度②其足而置③之其坐④，至之市而忘操之，已得履，乃曰："吾忘持度⑤。"反⑥归取之，及反，市罢，遂不得履，人曰："何不试之以足？"曰："宁信度，无自信也。"

[注释]

①置：买。履：鞋。

②度：本义为尺，这里作动词，指用尺量。

③置：放置。

④坐：通"座"，座位。

⑤度：尺，这里为本义。

⑥反：通"返"，返回。

［译文］

郑国有个打算买鞋的人，先自己量好脚的大小，然后把尺放在座位上，等到去集市时却忘了带上。已经挑好了鞋，才说：“我忘记拿尺了。”于是回家里去取，等到再返回来时，集市已经散了，结果没有买到鞋。有人说：“为什么不用脚穿上试试？”他说：“我宁愿相信尺，不能相信自己的脚。”

［原文］

齐桓公[1]好服紫[2]，一国尽服紫，当是时也，五素不得一紫[3]，桓公患之，谓管仲[4]曰：“寡人好服紫，紫贵甚，一国百姓好服紫不已，寡人奈何？”管仲曰：“君欲止之，何不试勿衣紫也？谓左右曰：‘吾甚恶紫之臭[5]。’于是左右适有衣紫而进者，公必曰：‘少却[6]，吾恶紫臭。’”公曰：“诺。”于是日郎中莫衣紫，其明日、国[7]中莫衣紫，三日境内莫衣紫也。

［注释］

①齐桓公：姓姜，名小白，齐国国君，春秋五霸之一。

②服紫：穿紫色的衣服。

③五素不得一紫：五件白衣服都抵不上一件紫衣服。素，素色，白。

④管仲：名夷吾，字仲，春秋时期著名政治家，齐桓公时为相，辅佐桓公成就霸业。

⑤臭：通“嗅”，气味。

⑥少却：稍微退后一点。少，通“稍”。

⑦国：国都，都城。

桓公举火爵宁戚

齐桓公在位期间，知人善任，任用了有贤德的宁戚。

［译文］

齐桓公喜欢穿紫色的衣服，全国的人就都穿紫色衣服，在那个时候，五件白衣服的价格还抵不上一件紫衣服，桓公为此事担忧，对管仲说：“我喜欢穿紫色衣服，紫色衣料又特别贵，全国百姓越来越喜欢穿紫色的衣服，我该怎么办？”管仲说：“您想要制止这种状况，为何不尝试着自己不去穿紫色衣服呢？您就对近侍说：‘我特别厌恶紫色染料的气味。’如果在这个时候近侍中恰巧有穿紫色衣服进见的人，您一定要说：'稍微退后一点，我厌恶紫色染料的气味。'”桓公说："好吧。"在这一天，侍从官没有一个人穿紫色衣服的；第二天，国都中没有一个人穿紫色衣服的；第三天，齐国境内没有一个人穿紫色衣服的。

［原文］

曾子[1]之妻之市[2]，其子随之而泣，其母曰："女[3]还，顾反为女杀彘(zhì)[4]。"适市来，曾子欲捕彘杀之，妻止之曰："特与婴儿戏耳。"曾子曰："婴儿非与戏也。婴儿非有知也，待父母而学者也，听父母之教，今子[5]欺之，是教子欺也。母欺子，子而不信其母，非以成教也。"遂烹彘也。

［注释］

①曾子：曾参，孔子的弟子。

②之市：去集市。

③女：通"汝"，你。

④彘：猪。

⑤子："你"的尊称。下一个"子"是儿子的意思。

曾子

曾子是孔子的弟子，他勤奋好学，积极传播儒家学说。

［译文］

曾子的妻子去集市，儿子跟在后面哭泣，孩子的母亲说："你回去，等我回来给你杀头猪吃。"她去集市后回来，曾子打算捉一头猪来杀，妻子阻止他说："不过是和小孩开玩笑罢了。"曾子说："可不能跟小孩开玩笑。小孩没什么心智，要靠父母做出样子才会跟着学，完全听从父母的教诲，现在你欺骗了他，就是教孩子骗人。做母亲的欺骗孩子，孩子就不相信母亲了，这不是实施教育的方法。"于是就把猪杀掉煮了。

难　一

［题解］

"难"就是辩难，是韩非对前人各派学说的反驳，共分四篇，本篇是第一篇。这几篇的驳文都有论有据，可读性很强。本文节选的段落是韩非对儒家道德教化、推己及人思想的批判，由此提出以威势治人的主张。

[原文]

历山之农者侵畔(pàn)[1]，舜[2]往耕焉。期年[3]甽[4]亩正。河滨之渔者争坻(chí)[5]，舜往渔焉，期年而让长[6]。东夷之陶者器苦窳(yǔ)[7]，舜往陶焉，期年而器牢。仲尼[8]叹曰："耕、渔与陶，非舜官也，而舜往为之者，所以救败也。舜其信仁乎！乃躬藉处苦而民从之。故曰，圣人之德化乎！"

[注释]

①畔：田界。

②舜：又称虞舜，五帝之一，黄帝后裔，名重华，接替尧即帝位，为儒家推崇的古代圣王之一。

③期年：一年后。

④甽：田边水沟，也指田界。

⑤河：黄河。坻：水中高地。

⑥让长：礼让长者。

⑦窳：粗劣。

⑧仲尼：孔子的字。

舜耕历山

[译文]

历山一带的农民相互侵占田界，舜到那里种田。一年后，农田的归属问题都得到了解决。黄河边的渔夫相互争夺水中的小沙洲，舜到那里打鱼，一年后，大家都学会了礼让年长的人。东夷的陶工制出的陶器质量粗劣，舜到那里制陶，一年后，大家制出的陶器很牢固。孔子赞叹说："种田、打鱼和制陶，都不是舜的职责，而舜前去干这些活的目的，就是为了挽救败坏的风气。舜确实仁厚啊！竟然能够亲自吃苦操劳而使民众都听从他。所以说，圣人的道德能感化人啊！"

[原文]

或问儒者曰："方此时也，尧[1]安在？"其人曰："尧为天子。""然则仲尼之圣尧[2]奈何？圣人明察在上

位，将使天下无奸也。今耕渔不争，陶器不窳（yǔ），舜又何德而化？舜之救败也，则是尧有失也。贤舜，则去尧之明察；圣尧，则去舜之德化：不可两得也。楚人有鬻（yù）③盾与矛者，誉④之曰：‘盾之坚，莫能陷⑤也。’又誉其矛曰：‘吾矛之利，于物无不陷也。’或曰：‘以子之矛陷子之盾，何如？’其人弗能应也。夫不可陷之盾与无不陷之矛，不可同世而立。今尧、舜之不可两誉，矛盾之说也。且舜救败，期年已一过，三年已三过。舜有尽，寿有尽，天下过无已者，有尽逐无已，所止者寡矣。赏罚使天下必行之，令曰：‘中程者赏，弗中程者诛。’令朝至暮变，暮至朝变，十日而海内毕矣，奚（xī）待期年？舜犹不以此说尧令从已，乃躬亲，不亦无术乎？且夫以身为苦而后化民者，尧、舜之所难也；处势而骄⑥下者，庸主之所易也。将治天下，释⑦庸主之所易，道⑧尧、舜之所难，未可与为政也。”

［注释］

①尧：又称唐尧，五帝之一，黄帝后裔，名放勋，与舜同为儒家推崇的理想化圣人。

②圣尧：以尧为圣，与下文的“贤舜”句式相同。

③鬻：卖。

④誉：夸赞。

⑤陷：在这里指刺破。

⑥骄：通“矫”，纠正。

⑦释：放弃。

⑧道：遵行。

［译文］

有人问儒者说：“在这个时候，尧在哪里？”儒者说：“尧在做天子。”“既然这样，孔子说尧是圣人又该如何解释呢？圣人明察一切，居于至高无上的地位，可以使天下没有坏风气。如果种田的、打鱼的没有争执，陶器也不粗劣，舜又何必用道德去教化他们呢？舜去挽救败坏的风气，就是证明尧有过失。认为舜贤能，就是否定尧的明察；认为尧圣明，就是否定舜的德化：不可能二者都对。楚国有个卖盾和矛的人，夸赞他的盾说：‘我的盾最坚固，没有什么东西能够刺穿它。’又夸耀他的矛说：‘我的矛最锐利，没有什么东西刺不穿的。’有人说：‘用你的矛

来刺你的盾，会怎么样呢？’卖盾和矛的人就无法回答了。不能被刺穿的盾和没有什么刺不穿的矛，是不可能同时存在的。现在尧和舜不能同时称赞，与上面讲到的盾和矛的故事是同样的道理。再说舜挽救了败坏的风气，一年纠正一个过错，三年纠正三个过错。像舜一样的人为数有限，人的寿命有限，而天下的过错却没有休止，以有限的寿命对待没有休止的错误，能纠正的就很少了。赏罚能使天下人必须遵行，法令说：‘符合章程的赏，不符合章程的罚。’法令早上下达，过错傍晚就纠正了；法令傍晚下达，过错第二天早上就纠正了；十天之后，全国都可以纠正完毕，何苦要等上一年？舜还不据此说服尧让天下人听从自己，却要亲自操劳，不也是没有统治办法吗？况且那种自身受苦感化民众的做法，是尧、舜也难以做到的；据有威势而纠正臣民的做法，是庸君也容易做到的。要想治理天下，放弃庸君都容易成功的方法，遵行尧、舜都难以做到的办法，是不能说他懂得治国之道的。”

[原文]

管仲有病，桓公往问之，曰：“仲父[1]病，不幸卒于大命[2]，将奚以[3]告寡人？”管仲曰：“微[4]君言，臣故[5]将谒之。愿君去竖刁[6]，除易牙[7]，远卫公子开方[8]。易牙为君主味，君惟人肉未尝，易牙烝[9]其子首而进之。夫人情莫不爱其子，今弗爱其子，安能爱君？君妒而好内，竖刁自宫以治内。人情莫不爱其身，身且不爱，安能爱君？开方事君十五年，齐、卫之间不容数日行，弃其母，久宦不归。其母不爱，安能爱君？臣闻之：‘矜伪[10]不长，盖虚[11]不久。’愿君久去此三子者也。”管仲卒死[12]，而桓公弗行。及桓公死，虫出户不葬。

[注释]

①仲父：齐桓公对管仲的尊称。

②大命：寿数。

③奚以：就是“以奚”。奚，何。

④微：通“无”。

⑤故：通“固”，本来。

⑥竖刁：齐桓公近臣，善于谄媚，桓公年老时，干预立嗣问题，导致齐国发生内乱。

⑦易牙：齐桓公的厨师，为讨好齐桓公，曾将自己的儿子杀死做成菜肴献上。

⑧开方：卫国公子，齐桓公宠臣，擅长逢迎，后来参与发动政变，引发齐国内乱。

⑨烝：通“蒸”。

⑩矜伪：弄虚作假。矜，根据《管子·小称》，当是“务”的误写。

⑪盖虚：蒙骗。

⑫卒死：最后死了。卒，最后。

[译文]

管仲生病了，齐桓公前去慰问，说：“您病了，万一不幸寿终离去，还有什么话打算对我说？”管仲说：“不用您说，我本来也要告诉您的。希望您赶走竖刁，除掉易牙，远离卫公子开方。易牙为您主管伙食，您只有人肉没吃过，易牙就把自己儿子的头蒸了献给您。人之常情没有不喜爱自己儿子的，现在易牙不爱自己儿子，又怎么能爱您呢？您容易生嫉妒之心而喜欢女色，竖刁就自己施行宫刑，以便管理后宫。人之常情没有不喜爱自己身体的，竖刁连自己的身体都不爱，又怎么能爱您呢？开方侍奉您十五年，齐国和卫国之间要不了几天的行程，开方却丢下自己的母亲，做官很久也不回家。他连自己的母亲都不爱，又怎么能爱您呢？我听说：‘作假、蒙骗的行为是不能持久的。’希望您能远离这三个人。”最后管仲死了，桓公却没有按他的话去做。等到桓公死后，即使尸体腐烂，蛆虫爬出门外，他也不能被埋葬。

五　蠹

[题解]

“蠹”就是蛀虫，“五蠹”指的是韩非所认为的危害社会的五种人，即儒者、纵横家、权贵豢养的门客、游侠、工商之民。法家强调耕战，这五种人无益于耕战，因此被韩非看作蛀虫。本篇以发展的历史观进行论述，将儒家复古的思想主张比作守株待兔。本文选取的最后一段是对“儒以文乱法”的解释。

[原文]

上古之世，人民少而禽兽众，人民不胜①禽兽虫蛇。有圣人作②，构木为巢以避群害，而民悦之，使王天下，号曰有巢氏。民食果蓏（luǒ）蚌蛤，腥臊恶臭而伤害腹胃，民多疾病。有圣人作，钻燧（suì）取火以化腥臊，而民说③之，使王天下，号之曰燧人氏。中古

燧人氏教民熟食

之世，天下大水，而鲧(gǔn)、禹决渎[④]。近古之世，桀、纣暴乱，而汤、武征伐。今有构木钻燧于夏后氏[⑤]之世者，必为鲧、禹笑矣；有决渎于殷、周之世者，必为汤、武笑矣。然则今有美尧、舜、汤、武、禹之道于当今之世者，必为新圣[⑥]笑矣。是以圣人不期修古[⑦]，不法常可[⑧]，论世之事，因为之备。宋人有耕田者，田中有株，兔走触株，折颈而死，因释其耒而守株，冀复得兔。兔不可复得，而身为宋国笑。今欲以先王之政，治当世之民，皆守株之类也。

[注释]

①胜：承受。

②作：兴。

③说：通“悦”。

④决渎：疏通河道。

⑤夏后氏：夏朝。“后”是夏朝对帝王的称呼，不同于后来的王后、皇后之意。

⑥新圣：现实社会中实行法治的统治者。

⑦期：指望。修古：时间久远的古代。

⑧法：效法。常可：永远合适的方法。

[译文]

在上古时代，人口稀少，鸟兽众多，人们无法承受禽兽虫蛇的侵害。这时候出现了一位圣人，他在树上搭建巢穴，用来躲避各种动物的侵害，人们因此很高兴，推举他做天下之主，称他为有巢氏。当时人们吃的是生的蔬果和蚌蛤，腥臊腐臭，伤害肠胃，许多人得了疾病。这时候又出现了一位圣人，他钻木取火来烧烤食物，以除掉腥臊腐臭的气味，人们因而很高兴，推举他做天下之主，称他为燧人氏。到了中古时代，天下洪水泛滥，鲧和他的儿子禹先后负责疏通河道。近古时代，夏桀和商纣的统治残暴昏乱，于是商汤和周武王起兵讨伐。如果到了夏朝，还有人在树上搭建巢穴和钻木取火，那一定会被鲧、禹耻笑了；如果到了商周时代，还有人要把疏通河道作为要务的话，那就一定会被商汤、周武王所耻笑。既然如此，那么在今天要是还有人推崇尧、舜、禹、汤、武的政治并加以实行，定然要被当代的圣人耻笑了。因此，圣人不指望照搬古法，不死守陈规旧俗，而是根据当前社会的实际情况，进而制定相应的政治措施。有个宋国人在田里耕作，田中有一个树桩，一只兔子奔跑时撞在树桩上折断了脖子死了，从此这个人便放下手中的农具，守在树桩旁边，希望再次捡到死兔子。他再也没有得到兔子，自己倒成了宋国的一个笑话。现在还用先代圣王的政治，来治理当代的民众，那就都属于守株待兔之类的做法了。

应龙佐禹治水

［原文］

儒以文乱法，侠以武犯禁，而人主兼礼之，此所以乱也。夫离法者罪，而诸先生[1]以文学取；犯禁者诛，而群侠以私剑养[2]。故法之所非，君之所取；吏之所诛，上之所养也。法、趣[3]、上、下，四相反也，而无所定，虽有十黄帝不能治也。故行仁义者非所誉，誉之则害功；文学者非所用，用之则乱法。楚之有直躬，其父窃羊，而谒之吏。令尹[4]曰："杀之！"以为直于君而曲于父，报而罪之。以是观之，夫君之直臣，父之暴子也。鲁人从君战，三战三北[5]。仲尼问其故，对曰："吾有老父，身死莫之养也。"仲尼以为孝，举而上之。以是观之，夫父之孝子，君之背臣也。故令尹诛而楚奸不上闻，仲尼赏而鲁民易降北。上下之利，若是其异也，而人主兼举匹夫之行，而求致社稷之福，必不几矣。

［注释］

①诸先生：指儒家。

②以私剑养：凭借为私人充当刺客为生。

③趣：同"取"。

④令尹：楚国最高官职，掌管军政大权，相当于相国。

⑤北：败。

[译文]

儒家利用文化扰乱法治，游侠使用武力违犯禁令，而君主对他们都要加以礼遇，这就是国家混乱的原因。背离法律的就是犯罪，而那些儒生却凭借文章学说得到任用；犯禁的本该处罚，而那些游侠却依靠为私家充当刺客得到豢养。所以，法令反对的，成了君主采用的；官吏处罚的，成了权贵豢养的。法令反对的、君主采用的、权贵豢养的、官吏处罚的，四者互相矛盾，而没有确立一定标准，即使有十个黄帝，也不能治理好天下。所以对于宣扬仁义的人不应当加以称赞，如果称赞了，就会损害功业；对于从事文章学术的人不应当加以任用，如果任用了，就会破坏法治。楚国有个叫直躬的人，他的父亲偷了一只羊，他便到官吏那里告发，令尹说：“杀掉他！”认为他对君主忠直而对父亲却属不孝，结果判了他死罪。由此看来，君主的忠臣倒成了父亲的逆子。鲁国有个人跟随国君去打仗，屡战屡败。孔子向他询问原因，他说：“我家中有年老的父亲，我死后就没人养活他了。”孔子认为他很孝顺，便推举他做了官。由此看来。父亲的孝子恰恰是君主的叛臣。所以令尹杀了直躬，楚国的坏人坏事就没有人再向上告发了；孔子奖赏懦夫，鲁国人作战就要轻易地投降或失败。君和臣的利益是如此不同，而君主却既赞成小人的行为，又想求得国家的繁荣富强，这一定是不可能的。

孙子

作者介绍

孙子，名武，字长卿，后人尊称其为孙子或孙武子，春秋末期齐国人，我国古代著名的军事家，曾受伍子胥推荐，效力于吴王阖闾。

《孙子兵法》是我国古典军事文化遗产中的瑰宝，内容丰富，思想深邃，逻辑缜密。《孙子》一书涉及计谋、战略、战术、布阵、形势、后勤、谍报等与作战相关的一系列问题，这些宝贵的思想至今仍在很多领域被广泛运用。

计[1]

[题解]

《计》是《孙子》的第一篇，就是计算、庙算。庙算是指兴师为国家大事，在政祭一致的古代，君臣必先谨告于祖庙，关在庙内讨论军事：一为求祖先的佑助，二为统一君臣的意志，三为提防谋略的外泄。基于彼方、我方的考虑与比较，而定出作战的基本计划。孙子以“庙算”作为军事谋策，受到历代君王的重视。

[原文]

孙子曰：兵[2]者，国之大事[3]，死生之地，存亡之道，不可不察[4]也。

[注释]

①计：预计、计算的意思。这里指战前通过对敌我双方客观条件的分析，对战争的胜负做出预测、谋划。

②兵：本义为兵械。后逐渐引申为兵士、军队、战争等。这里作战争解。

③国之大事：指国家的重大事务。

④不可不察：指不可不仔细审察，谨慎对待。察，考察、研究。

[译文]

孙子说：战争是国家的大事，关乎到人

孙武子

民生死、国家存亡的重要方面和根本问题，是不能不加以认真研究的。

［原文］

故经之以五事[①]，校之以计，而索其情[②]：一曰道[③]，二曰天，三曰地，四曰将[④]，五曰法[⑤]。道者，令民与上同意也[⑥]，故可以与之死，可以与之生，而不畏危[⑦]也。天者，阴阳[⑧]、寒暑[⑨]、时制[⑩]也。地者，远近、险易[⑪]、广狭[⑫]、死生[⑬]也。将者，智、信、仁、勇、严也[⑭]。法者，曲制[⑮]、官道[⑯]、主用[⑰]也。凡此五者，将莫不闻[⑱]，知之者胜，不知之者不胜[⑲]。故校之以计，而索其情。曰：主孰有道[⑳]？将孰有能[㉑]？天地孰得[㉒]？法令孰行？兵众孰强[㉓]？士卒孰练[㉔]？赏罚孰明？吾以此知胜负矣[㉕]。

［注释］

①经之以五事：此句指要从五个方面分析、预测。经，度量、衡量。五事，指下文的“道、天、地、将、法”。

②校之以计，而索其情：此句指要通过比较双方的谋划，来探索战争胜负的情势。校，衡量、比较。计，指筹划。索，探索。情，情势，这里指敌我双方的实情、战争胜负的情势。

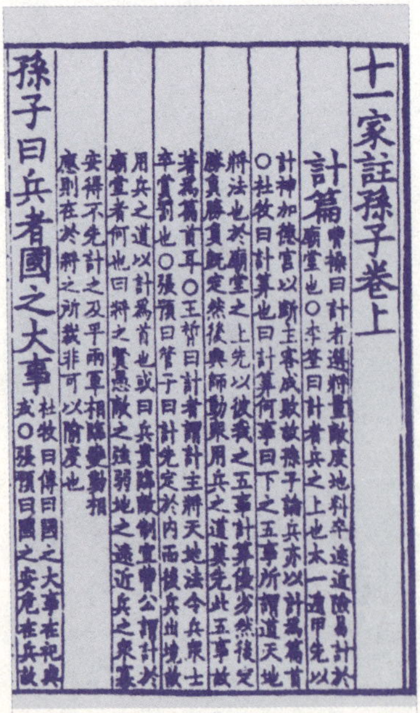
十一家註孫子卷上
計篇 曹操曰計者選將量敵度地料卒遠近險易計於廟堂也○李筌曰計者兵之上也太一遁甲先以計神加德宫以斷主客成敗故孫子論兵亦以計爲篇首○杜牧曰計算也曰計算何事曰下之五事所謂道天地將法也於廟堂之上先以彼我之五事計算優劣然後定勝負勝負既定然後興師動衆用兵之道莫先此五事故著爲篇首耳○王晳曰計者謂計主將天地法令兵衆士卒賞罰也○張預曰管子曰計先定於內而後兵出境故用兵之道以計爲首也或曰兵貴臨敵制宜曹公謂計於廟堂者何也曰將之賢愚敵之強弱地之遠近兵之衆寡安得不先計之及乎兩軍相臨變動相應則在於將之所裁非可以隃度也
孫子曰兵者國之大事 杜牧曰傳曰國之大事在祀與戎○張預曰國之安危在兵故

《孙子》书影

③道：本义为道路、途径，引申为政治主张。

④将：将领。

⑤法：法制。

⑥令民与上同意也：指使民众与国君统一意志，拥护君主的意愿。令，使、让。民，普通民众。上，君主、国君。意，意愿、意志。

⑦不畏危：不害怕危险。

⑧阴阳：指昼夜、晴雨等不同的气象变化。

⑨寒暑：指寒冷、炎热等气温差异。

⑩时制：指春、夏、秋、冬四季时令的更替。

⑪远近：指作战区域的距离远近。险易：指地势的险要或平坦。

⑫广狭：指作战地域的广阔或狭窄。

⑬死生：指地形条件是否利于攻守进退。

死，即死地，进退两难之地。生，即生地，易攻能守之地。

⑭智、信、仁、勇、严：智，智谋才能。信，赏罚有信。仁，爱抚士卒。勇，勇敢果断。严，军纪严明。此是孙子提出的作为优秀将帅所必须具备的五种品德。

⑮曲制：有关军队的组织、编制、通讯联络等具体制度。

⑯官道：指各级将吏的管理制度。

⑰主用：指各类军需物资的后勤保障制度。主，掌管。用，物资费用。

⑱闻：知道、了解。

⑲知之者胜，不知之者不胜：此句指对五事（道、天、地、将、法）有深刻的了解，对这些条件掌握得好，就能胜，掌握得不好，则不能胜。知，知晓，这里含有深刻了解、确实掌握的意思。

⑳主孰有道：指哪一方国君政治清明，拥有民众的支持。有道，指政治清明。

㉑将孰有能：哪一方的将领更有才能。

㉒天地孰得：哪一方拥有天时、地利。

㉓兵众孰强：哪一方的兵械锋利，士卒众多。兵，此处指的是兵械。

㉔士卒孰练：哪一方的军队训练有素。练，娴熟。

㉕吾以此知胜负矣：我根据这些情况来分析，即可预知胜负的归属了。

[译文]

因此，要从五个方面进行仔细地比较分析，从而探察了解敌我双方的实际情况。这五个方面，一是政治，二是天时，三是地利，四是将帅，五是法制。所谓政治，指的是能使人民与君主同心同德的政治路线和政策方针，让人民心甘情愿与君主同生共死，而不惧怕任何危难。所谓天时，指的是用兵时的昼夜晴雨、严寒酷暑、春夏秋冬等气候情况。所谓地利，指的是用兵打仗时距离的远与近，地势的险峻与平坦，地域的宽阔与狭窄，是死地还是生地等地理条件。所谓将帅，指的是要考察他是否具有足智多谋、言而有信、关爱部下、勇猛果断、治军严明等素质和能力。所谓法制，指的是军队的组织编制、军事训练、管理教育、军令法规、武器装备、军需供应等情况。以上这五个方面的情况，

李广

李广，西汉著名将领。他以勇猛果断、治军严明著称，曾做过骁骑都尉、郡太守等，镇守边郡多年，使得匈奴不敢犯边。对此司马迁称赞他说："勇于当敌，仁爱士卒。号令不烦，师徒向之。"

将帅们没有不了解的，但只有真正通晓和掌握这些情况的人才能取得战争的胜利。所以说，必须从以下几个方面认真计算比较，从而探索敌我双方胜败的情况。也就是说比较敌我：哪一方的君主政治清明，路线政策正确？哪一方的将帅有才能？哪一方占有天时与地利？哪一方的军纪严明、法令能严格执行？哪一方的兵力比较强大？哪一方的士兵训练有素？哪一方的军队管理有方、赏罚分明？根据这些情况就可以判断谁胜谁负了。

［原文］

将听吾计[1]，用之必胜[2]，留之；将不听吾计，用之必败，去[3]之。计利以听[4]，乃为之势[5]，以佐其外[6]。势者，因利而制权[7]也。

［注释］

①将听吾计：此句指如果能听从、采纳我的计谋。将，作助动词，表示假设，如果。

②用：实行，即用兵。之：语助词，无义。

③去：离开。

④计利以听：有利的计谋就采纳、听从。计利，计谋有利。听，听从、采纳。

⑤乃为之势：此句指造成一种积极的军事态势。乃，于是、就的意思。为，创造、造就。之，虚词。势，态势。

⑥以佐其外：用来辅佐他对外的军事活动。

⑦因利而制权：指根据利害关系采取灵活的对策。因，根据、凭依。制，制定、采取。权，权变，灵活处置。

［译文］

如果君主听从、采纳我的计谋，运用它指导战争，就一定能取得胜利，我就留下来；如果他不听从我的计谋，贸然用兵便必然招致失败，那么，我就应该辞别离去。如果经过对利害的权衡，君主采纳了我的计谋策略，就要设法造成有利的态势，用它辅助军事行动外部条件的形成。所谓有利的态势，就是根据对我有利的情况而采取灵活机动的措施和行动。

［原文］

兵[1]者，诡道[2]也。故能而示之不能[3]，用而示之不用[4]，近而示之远，远而示之近[5]，利而诱之[6]，乱而取之[7]，实而备之[8]，强而避之[9]，怒而挠之[10]，卑而骄之[11]，佚而劳之[12]，亲而离之[13]。攻

其无备，出其不意。此兵家之胜[14]，不可先传[15]也。

[注释]

①兵：用兵打仗。

②诡道：诡诈之术。诡，欺诈、诡诈。

③能而示之不能：即言能战但装作不能战的样子。此句至“亲而离之”的十二条作战原则，即著名的“诡道十二法”。能，有能力、能够。示，显示。

④用而示之不用：实际要打，却装作不要打。用，用兵。

⑤近而示之远，远而示之近：实际要进攻近处，却装作要进攻远处；实际要进攻远处，却装作要进攻近处，致使敌人无法防备。

⑥利而诱之：指敌人贪利，则以利来引诱，伺机打击之。利，此处作动词用，贪利的意思。诱，引诱。

⑦乱而取之：指对处于混乱状态的敌人，要抓住时机进攻他。乱，混乱。

⑧实而备之：指对待实力雄厚之敌，需严加防备。实，实力雄厚。

⑨强而避之：面对强大的敌人，当避其锋芒，不可硬拼。

⑩怒而挠之：指敌人易怒，就设法激怒他，使他丧失理智，临阵指挥做出错误的抉择，导致失败。怒，易怒而脾气暴躁。挠，挑逗、扰乱。

⑪卑而骄之：指敌人卑怯谨慎，应设法使其骄傲自大，然后伺机破之。卑，小、怯。

⑫佚而劳之：指敌方安逸，就设法使他疲劳。佚，同“逸”，安逸、自在。劳，作动词，使之疲劳。

⑬亲而离之：指如果敌人内部团结，则设计离间、分化他们。亲，亲近。离，离间、分化。

⑭兵家之胜：此句言上述“诡道十二法”乃军事家指挥若定的奥妙之所在。兵家，军事家。胜，奥妙。

袁崇焕

袁崇焕，字元素，号自如，明朝崇祯年间的一员猛将。在宁远之战中他曾打败努尔哈赤，功绩卓著。但后来崇祯皇帝中了后金的反间计，将袁崇焕凌迟处死，使得明朝的军事实力更加薄弱，从而加快了后金灭明的进程。

⑮不可先传：指在战争中应根据具体情况做出决断，不能事先呆板地做出规定。先，预先、事先。传，传授，规定。

[译文]

用兵打仗本是一种诡诈之术，需要运用种种方法欺骗敌人。所以，明明能征善战，却向敌人装作软弱无能的样子；本来准备用兵，却伪装成不准备打仗的假象；要攻打近处的目标，却给敌人造成准备攻击远处的假象；要攻打远处的目标，相反却要装作准备要在近处攻击。敌人贪心就用小利来引诱他上当；敌人混乱就乘机攻取他；敌人实力雄厚就要谨慎防备他；敌人强大就暂时避开其锋芒；敌人容易激动发怒，要设法挑逗他，使其失去理智；对于小心谨慎的敌人，要千方百计让他骄纵，丧失警惕；敌人安逸就设法骚扰他，搞得他疲惫不堪；对内部团结的敌人，要设法离间他，让他分裂。在敌人没有准备时突然发起进攻，在敌人预想不到的情况下采取行动。凡此种种，是军事家用兵取胜的奥妙所在，这只能随机应变，灵活运用，是无法事先规定刻板传授的。

[原文]

夫未战而庙算①胜者，得算多也②；未战而庙算不胜者，得算少也。多算胜，少算不胜，而况于无算乎③！吾以此观之，胜负见矣④。

[注释]

①庙算：古代兴师作战之前，通常要在庙堂里商议谋划，分析战争的利害得失，制定作战方略。这一作战准备程序，就叫作“庙算”。

②得算多也：指取得胜利的条件众多。算，计数用的筹码，此处引申为取得胜利的条件。

③多算胜，少算不胜，而况于无算乎：胜利条件具备多者可以获胜，反之，则无法取胜，更何况未曾具备任何取胜条件？而况，何况。于，至于。

④胜负见矣：指胜负结果显而易见。见，同“现”，显现。

[译文]

开战之前，在庙堂策划谋算时就能预知胜利的，是因为筹划周密，胜利的条件充分；开战之前就预计不能取胜的，是因为谋划不周，缺少获胜的条件。筹划周密，条件充分，就能取胜；筹划不周，缺少条件，就难以取胜；更何况那些根本不作筹划、毫无胜利条件的呢？我们依据这些方面来考察，谁胜谁负便一目了然了。

作战

[题解]

本篇以速战速决思想为中心，反复陈述久战之害。军粮，主张“因敌”。“军以粮为本，兵以奇正为始，器械为用，委积为备”(诸葛亮语)。作战贵在速战速决，中外不乏其例：俄国著名的军事统帅苏沃洛夫把军队的迅速机动和闪电般的突击，说成是真正的战争灵魂，“一分钟决定战斗结局，一小时决定战局胜负，一天决定帝国的命运”。战国时期，燕昭王在大将军乐毅辅佐下，用二十八年时间励精图治，复国报仇，在攻下齐国首都临淄以后，采取速战战术，仅用半年就攻取了齐国七十余城。

[原文]

孙子曰：凡用兵之法[1]：驰车千驷[2]，革车千乘[3]，带甲[4]十万，千里馈(kuì)粮[5]，则内外[6]之费，宾客之用[7]，胶漆之材[8]，车甲之奉[9]，日费千金[10]，然后十万之师举[11]矣。

其用战也胜[12]，久则钝兵挫(cuò)锐[13]，攻城则力屈[14]，久暴师则国用不足[15]。夫钝兵挫锐、屈力殚(dān)货[16]，则诸侯乘其弊而起[17]，虽有智者，不能善其后矣[18]。故兵闻拙(zhuō)速，未睹巧之久也[19]。夫兵久而国利者，未之有也[20]。故不尽知[21]用兵之害[22]者，则不能尽知用兵之利[23]也。

[注释]

①法：规律、法则。

②驰车千驷：战车千辆。驰车，快速轻便的战车。驰，奔、驱的意思。千驷，千辆粮秣、军械等军需物资。驷，原指一车套四马，这里作量词。

③革车千乘：用于运载粮草和军需物资的辎重车千辆。革车，用皮革缝制的篷车，是古代重型兵车，主要用于运载辎重。乘，辆。

④带甲：穿戴盔甲的士兵，此处代指军队。

诸葛亮

郭嘉

郭嘉足智多谋，受到曹操的信任和重用。在行军打仗方面，郭嘉提倡兵贵神速。

⑤千里馈粮：指跋涉千里辗转运送粮食。馈，馈送、供应。

⑥内外：内，指后方。外，指军队所在地，即前方。

⑦宾客之用：指与各诸侯国使节往来的费用。

⑧胶漆之材：指制作和维修弓矢等军用器械的材料。

⑨车甲之奉：代指武器装备的保养、补充开销。车甲，车辆、盔甲。奉，同“俸”，指费用。

⑩日费千金：每天都要花费大量财力。千金，即千镒，代指开支巨大。金，古代计算货币的单位，一金为一镒（二十两或二十四两）。

⑪举：出动。

⑫其用战也胜：指在战争耗费巨大的情况下用兵打仗，就要求做到速战速胜。胜，取胜，这里作速胜解。

⑬久则钝兵挫锐：指用兵旷日持久就会造成军队疲惫，锐气挫伤。钝，疲惫、困乏的意思。挫，挫伤。锐，锐气。

⑭力屈：力量耗尽。屈，竭尽、穷尽。

⑮久暴师则国用不足：长久陈师于外就会给国家经济造成损失。暴，同“曝”，露在日光下，文中指在外作战。国用，国家的开支。

⑯屈力殚货：此言力量耗尽、经济枯竭。殚，枯竭。货，财货，此处指经济。

⑰诸侯乘其弊而起：其他诸侯国便会利用这种危机前来进攻。弊，疲困，此处作危机解。

⑱虽有智者，不能善其后矣：指即便智慧超群的人，也无法挽回既成的败局。后，后事，此处指败局。

⑲兵闻拙速，未睹巧之久也：此句指用兵打仗宁肯指挥笨拙而求速胜，而没见过为求指挥巧妙而使战争长期拖延的。拙，笨拙、不巧。速，迅速取胜。巧，工巧、巧妙。

⑳夫兵久而国利者，未之有也：长期用兵而有利国家的情况，从未曾有过。

㉑不尽知：不完全了解。

㉒害：危害、害处。

㉓利：利益、好处。

［译文］

孙子说：大凡用兵作战，一般的规律是要动用战车千辆、辎重车千辆，集结军队十万，还要长途运送军粮。那么，前方后方的经费，招待使节宾客的开支，维修作战器材的消耗，车辆兵甲保养补充的开支，方方面面每天都需要耗费数目庞大的资金，然后十万大军方能出动。

动用如此庞大的军队作战，就需要力争速胜，旷日持久就会使军队疲惫，锐志受挫，攻打城池就会使战斗力耗损，军队长期在外作战，将会使国家财力难以维持。如果军队疲惫，锐气受挫，战斗力耗损，国家经济枯竭，那么，别的诸侯国就会乘此危机而发起进攻，到那时，即使有再高明的人，也无法挽回危局了。所以，用兵作战只听说过宁可指挥笨拙而但求速战速胜的事，还没有见过为讲究指挥精巧而使战争旷日持久的现象。战争久拖不决而对国家有利的情形，从来未曾有过。因此，不完全了解用兵的弊害的人，也就不可能真正认识到用兵的益处。

［原文］

善用兵者，役不再籍①，粮不三载②。取用于国③，因粮于敌④，故军食可足也。

国之贫于师者远输⑤，远输则百姓贫。近于师者贵卖⑥，贵卖则百姓财竭，财竭则急于丘役⑦。力屈、财殚（dān），中原内虚于家⑧。百姓之费，十去⑨其七；公家之费⑩，破车罢马⑪，甲胄（zhòu）矢（shǐ）弩（nǔ）⑫，戟（jǐ）楯（dùn）蔽橹（lǔ）⑬，丘牛大车⑭，十去其六。

故智将务食于敌⑮，食敌一钟⑯，当吾二十钟；萁（qí）秆一石⑰，当吾二十石。

［注释］

①役不再籍：指不二次从国内征集兵员。役，兵役。籍，本义为名册，此处用为动词，即登记、征集。再，二次。

②粮不三载：即不多次从本国运送军粮。三，多次。载，运送。

③取用于国：指武器装备等从国内取用。

④因粮于敌：粮草给养依靠在敌国就地解决。因，依靠、凭借。

⑤国之贫于师者远输：此句指国家之所以因用兵而导致贫困，是由于军粮的远道运输。之，虚词，无实义。师，指军队。远输，远道运输。

⑥近于师者贵卖：指临近军队驻扎点地区的物价会飞涨。近，临近。贵卖，指物价飞涨。

⑦急于丘役：急，在这里有加重之意。丘役，军赋，古代按丘为单位征

集军赋，一丘为一百二十八家。

⑧中原内虚于家：此句指国内百姓之家因远道运输而变得贫困、空虚。中原，此处指国中。

⑨去：耗去、损失。

⑩公家之费：公家，国家。费，费用、开销。

⑪罢马：疲惫不堪的马匹。罢，同“疲”。

⑫甲胄矢弩：甲，护身铠甲。胄，头盔。矢，箭。弩，弩机，一种依靠机械力量射箭的弓。

⑬戟楯蔽橹：是对当时攻防兵器与装备的泛指。戟，古代戈、矛功能合一的兵器。楯，同“盾”，盾牌，用于作战时防身。蔽橹，用于攻城的大盾牌。

⑭丘牛大车：丘牛，从丘役中征集来的牛。大车，指载运辎重的牛车。

⑮智将务食于敌：指明智的将帅总是务求就食于敌国。智将，明智的将领。务，务求、力图。

⑯钟：古代的容量单位，每钟六十四斗。

⑰萁秆一石：萁秆，泛指马、牛等牲畜的饲料。石，古代的容量单位，三十斤为一钧，四钧为一石。

[译文]

善于用兵的人，兵员绝不一再征集，粮草不会多次运送。武器装备由国内取用，粮食饲料则在敌国补充，这样，军队的武器粮草供应就可满足作战需求了。

胄

战争致使国家陷于贫穷的主要方面是向出征部队远程运送物资，远程运输必然导致百姓的贫穷。临近军队驻地的地区，物价必然高涨，物价高涨就会使百姓财力枯竭，国家财力枯竭，就必然导致加重徭役赋税的征用。军力耗尽，财力枯竭，国内便会出现十室九空、普遍贫穷，人民群众的财产将因战争而耗去十分之七；国家的财富也会由于车辆的损坏，马匹的疲劳生病，盔甲服装、箭羽弓弩、枪戟盾牌、车蔽大橹的制造补充而耗去十分之六。

所以，高明的将帅总是力求在敌国解决粮草的供应问题，吃掉敌国的一钟粮食相当于从本国运送二十钟粮食；耗费敌国的一石草料等于从本国运送二十石草料。

[原文]

故杀敌者，怒也[①]；取敌之利者，货也[②]。故车战得车十乘已上[③]，赏其先得者。而更其

jīng
旌旗[④]，车杂而乘之[⑤]，卒善而养之[⑥]，是谓胜敌而益强[⑦]。

[注释]

①杀敌者，怒也：指军队英勇杀敌，关键在于激励部队的士气。怒，激励士气。

②取敌之利者，货也：指若要使军队勇于夺取敌人的财物，就要先依靠财货奖赏。利，财物。货，财货，此处指用财货奖赏的意思。

③已上：即“以上”。已，同“以”。

④更其旌旗：指在缴获的敌方车辆上更换上我军的旗帜。更，更换。

⑤车杂而乘之：指将缴获的敌方战车和我方车辆混杂在一起，用于作战。杂，掺杂、混合。乘，驾、使用。

⑥卒善而养之：指优待被俘的敌军士兵，使之为已所用。卒，俘虏、降卒。

⑦是谓胜敌而益强：这就是说在战胜敌人的同时使自己更加强大。

[译文]

要使士兵英勇杀敌，就应该激起他们对敌人的仇恨；要想夺取敌人的军需物资，就要对争先的士卒进行物质奖励。所以，在车战中，凡是缴获敌人战车十辆以上的，就要奖励最先夺得战车的人。并且将被缴敌车换上我军的旗帜，混合编入自己的战车行列，对于被俘虏的敌军士卒，要善待他们且保证给予他们充足的供养，为我所用。这就是所谓的战胜敌人也使自己更为强大了。

乐毅

乐毅喜好兵法，是战国后期杰出的军事家，曾拜燕上将军，辅佐燕昭王振兴燕国。其主张在作战后善待被俘虏的士兵，保证他们的给养。

[原文]

故兵贵[①]胜，不贵久。

故知兵之将[②]，生民之司命[③]，国家安危之主[④]也。

[注释]

①贵：重在、贵在。

②知兵之将：指深刻理解用兵之法的优秀将帅。知，认识、了解。

③生民之司命：生民，代指一般民众。司命，星名，传说主宰生死，此处引申为命运的主宰。

④国家安危之主：国家安危存亡的主宰者。主，主宰之意。

[译文]

所以，用兵打仗贵在速战速决，而不宜久拖不下。

懂得用兵之道的将帅，是民众生死的掌握者，是关乎国家安危最重要的角色。

谋攻

[题解]

谋攻，“谋”可作“议”，曹操作注说“欲攻战，必先谋”。古人称为“先谋”。汉代刘向说：“谋先则事昌。”事先设谋，预测出事物的变化趋向，以便做出科学的决策，导致事物的成功。所以诸葛亮说，“用兵之道，先定其谋，然后可施其事”。岳飞也说过“勇不足恃，用兵在先定谋”。本篇以提倡“不战而屈人之兵”的全存主义为用兵的最高原则，即是说运用外交解决胜于武力攻取，另外，力言统率权的独立与知己知彼的重要性。

[原文]

孙子曰：凡用兵之法：全国为上，破国次之①；全军为上，破军次之；全旅为上，破旅次之；全卒为上，破卒次之；全伍为上，破伍次之②。是故百战百胜，非善之善者也③；不战而屈人之兵，善之善者也④。

曹操

[注释]

①全国为上，破国次之：此句说以实力为后盾，迫使敌方城邑完整地降服为上策，而通过战争交锋，攻破敌方城邑则稍差一些。全，完整。国，春秋时，主要指都城，或者还包括外城及周围的地区。破，攻破、击破。

②军、旅、卒、伍：春秋时军队编制单位。一万二千五百人为军，五百人为旅，一百人为卒，五人为伍。

③非善之善者也：不是最好的。

④不战而屈人之兵，善之善者也：此句说不战而使敌人屈服，才能说是高明中

最高明的。屈，屈服、降服。

[译文]

孙子说：衡量战争胜多胜少的一般原则是：以能使敌国完整无损地降服于我为上策，而攻破敌国使其残缺受损便略逊一筹了；能使敌人一军一万二千五百将士完整无损全员降服为上策，而用武力击败敌人一个军便略逊一筹了；能使敌人一旅五百将士完整无损全员降服为上策，而用武力击败敌人一个旅便略逊一筹了；能使敌人一卒官兵全员降服为上策，击溃一卒兵众就差一等了；能使敌人一伍士卒全员降服为上策，击溃一伍士卒就差一等了。所以，百战百胜，虽然高明，但不是最高明的；不用武力进攻就能使敌人降服，才是高明之中最高明的。

[原文]

故上兵伐谋①，其次伐交②，其次伐兵③，其下攻城。攻城之法④为不得已⑤，修橹(lǔ)轒(fén)辒(wēn)⑥，具器械⑦，三月而后成；距闉(yīn)⑧，又三月而后已⑨。将不胜其忿而蚁附之⑩，杀士三分之一，而城不拔者⑪，此攻⑫之灾也。

[注释]

①上兵伐谋：此句指用兵的最高境界是用谋略战胜敌人。上兵，上乘用兵之法。伐谋，以谋略攻敌赢得胜利。伐，进攻、攻打。谋，谋略。

②其次伐交：指当时的外交战争，主要表现为运用外交手段瓦解敌国的联盟，扩大、巩固自己的盟国，孤立敌人，迫使其屈服。伐交，即进行外交战争以争取主动。交，交合，此处指外交。

③伐兵：通过军队之间的交锋一决胜负。兵，军队。

④法：办法、做法。

⑤为不得已：指事出无奈而为之。

⑥修橹轒辒：制造大盾和攻城的四轮大车。修，制作、建造。橹，藤革等材料制成的大盾牌。轒辒，攻城用的四轮大车，用桃木制成，外蒙生牛皮，可以容纳兵士十余人。

⑦具器械：指准备攻城用的各种器械。具，准备。

诸葛亮智取汉中

诸葛亮是我国古代伟大的谋略家，他在三国纷争中发挥了不可估量的作用。此图表现了诸葛亮智取汉中的场景。

⑧距闉：为攻城做准备而堆积的土山。距，通“具”，准备。闉，通“堙”，土山。

⑨已：完成、竣工之意。

⑩将不胜其忿而蚁附之：胜，克制、制服。忿，愤懑、恼怒。蚁附之，指驱使士兵像蚂蚁一般爬梯攻城。

⑪杀士三分之一，而城不拔者：杀士三分之一，使三分之一的士卒被杀。士，士卒。拔，攻占城邑或军事据点。

⑫攻：此处指攻城。

［译文］

所以说，用兵作战的最高追求是用谋略战胜敌人，其次是运用外交手段取得胜利，再次是用军事手段去夺取胜利，攻打敌国城池是最差的选择。采用强攻城池的战术，是不得已而为之。要攻打敌人城池，先得制造攻城用的大盾牌和大型战车，准备好各种攻城用的器具，需要数月才能完成；而堆筑攻城用的小土山，又需要几个月的时间才能结束。然后，将领也许难以抑制自己的愤怒，驱逐士兵像蚂蚁一样爬云梯攻打敌城，结果可能是士兵死伤三分之一，而敌城尚未能攻破。这就是攻城所造成的灾难。

［原文］

故善用兵者，屈人之兵而非战也①，拔人之城而非攻也②，毁人之国而非久也③，必以全争于天下④，故兵不顿而利可全⑤，此谋攻之法也⑥。

［注释］

①屈人之兵而非战也：不采用直接交战的办法而迫使敌人屈服。

②拔人之城而非攻也：指夺取敌人的城池而不靠硬攻的办法。

③毁人之国而非久也：指灭亡敌人之国无须旷日持久。非久，不是旷日持久。

④必以全争于天下：指一定要根据全胜的战略争胜于天下。全，即上文“全国”“全军”“全旅”“全卒”“全伍”之“全”。

⑤故兵不顿而利可全：顿，同“钝”，指疲惫、挫折。利，利益。全，保全、万全。

⑥此谋攻之法也：指以谋略胜敌的最高标准。法，标准、准则。

［译文］

所以，善于指挥战争的人，降服敌人的军队不是通过战场厮杀的方式，夺取敌人的城池不用强攻的手段，毁灭敌人的国家也不需要旷日持久的征战讨伐，他

们一定要用“全胜”的策略称霸于天下，这样自己的军队不至于疲顿折损就已经全面地获得了胜利。这就是以谋略克敌制胜的基本准则。

［原文］

故用兵之法：十则围之[①]，五则攻之，倍则分之[②]，敌则能战之[③]，少则能逃之[④]，不若[⑤]则能避之。故小敌之坚，大敌之擒也[⑥]。

［注释］

①十则围之：兵力十倍于敌就包围敌人。

②倍则分之：有一倍于敌人的兵力，就设法分散敌人，造成局部上的更大优势。倍，加倍。分，分散。

③敌则能战之：如果敌我力量相当，则当敢于抗击、对峙。敌，指兵力相等，势均力敌。能，乃、则，此处与“则”合用以加重语气。

④少则能逃之：少，兵力少。逃，逃跑、躲避。

⑤不若：不如，指实际力量不如敌人。

⑥小敌之坚，大敌之擒也：弱小的部队坚持硬拼，就会被强大的敌人所俘虏。小敌，弱小的军队。之，助词。坚，坚定、强硬，此处指固守硬拼。大敌，强大的敌军。擒，捉拿，此处指俘虏。

［译文］

因此用兵打仗的战术方法是：我方的兵力十倍于敌人时，便把敌军围困起来加以聚歼或威逼其投降；我军的兵力五倍于敌人时，便对敌军发起猛烈攻击；我军的兵力一倍于敌人，就要设法将敌军分散，以优势兵力各个击破；敌我双方的兵力相当时，可以与敌交战；我军兵力比敌军少时，就应该设法摆脱敌人；我军的实力不如敌人时，就应当尽量避免与其交战。因为，弱小的军队如果坚守硬拼，就必然被实力强大的军队制服擒获。

［原文］

夫将者，国之辅也[①]。辅周则国必强[②]，辅隙则国必弱[③]。

［注释］

①国之辅也：国，指国君。辅，辅助、助手。

②辅周则国必强：指辅助周密、相依无间国家就强盛。周，周密。

③辅隙则国必弱：辅助有缺陷则国家必弱。隙，缝隙，此处指有缺陷、不周全。

［译文］

将帅是国君的辅佐。辅佐得周详严密，国家就必定强盛；辅佐得有缺陷漏洞，

魏徵

魏徵是唐朝著名的贤臣，他辅佐唐太宗，成就了“贞观之治”的繁荣盛世。

国家就必然衰弱。

［原文］

故君之所以患于军者三[①]：不知军之不可以进而谓[②]之进，不知军之不可以退而谓之退，是谓縻(mí)军[③]；不知三军之事而同三军之政者[④]，则军士惑矣[⑤]；不知三军之权而同三军之任[⑥]，则军士疑矣。三军既惑且疑，则诸侯之难至矣，是谓乱军引胜[⑦]。

［注释］

①君之所以患于军者三：指国君给军队造成的危害有三个方面。君，国君。患，危害。

②谓：使，即命令。

③是谓縻军：这叫作束缚军队。縻，束缚、羁縻。

④不知三军之事，而同三军之政者：不了解军事而干预军队的政令。三军，代指军队。春秋时一些大的诸侯国设三军，有的为上、中、下三军，有的为左、中、右三军。同，参与、干预。政，政务，这里专指军队的行政事务。

⑤军士惑矣：军士，指军队的士卒。惑，迷惑、困惑。

⑥不知三军之权，而同三军之任：不知军队行动的权变灵活性质，而直接干预军队的指挥。权，权变、机动。任，指挥、统率。

⑦是谓乱军引胜：指自乱军队，失去了胜机。乱军，扰乱军队。引，招致，导致。

［译文］

国君给军事行动造成危害的情况有三种：不了解军队不能够进攻而强迫军队进攻，不了解军队不能够撤退而命令军队撤退，这说的是对军队的束缚；不懂得军队的管理而干预军队的管理政务，就会使将士们不知所从；不懂得军队作战的权宜机变而参与军队的指挥，就会使将士们疑虑重重。全军上下既迷惑不知所以，又疑虑不明就里，其他诸侯国进犯的机会就到来了，这就是所谓的自乱军队而招致敌国取胜。

［原文］

故知胜有五：知可以战与不可以战者胜，识众寡之用者胜①，上下同欲者胜②，以虞待不虞者胜③，将能而君不御者胜④。此五者，知胜之道也⑤。

［注释］

①识众寡之用者胜：能善于根据双方兵力对比情况而采取正确的战略，就能取胜。众寡，指兵力多少。

②上下同欲者胜：上下同心协力的能够获胜。同欲，意愿一致、齐心协力。

③以虞待不虞者胜：自己有准备对付没有准备之敌则能得胜。虞，准备。

④将能而君不御者胜：将帅有才能而国君不加掣肘的能够获胜。能，有才能。御，原意为驾驭，这里指牵制、制约。

⑤知胜之道也：认识、把握胜利的规律。道，规律、方法。

［译文］

所以，要预测胜利必须具备五个条件：清楚地知道什么情况下可以与敌作战、什么情况下不可以与敌作战的人，最终就能够获胜；懂得根据兵力的多少而采取不同战略战术的人，最终就能够获胜；将帅与士兵同心同德、同仇敌忾就能够获胜；以充分周密的准备去对付毫无准备的敌人的人，最终就能够获胜；将帅有组织指挥才能而国君不加掣肘，最终就能够获胜。这五条，是认识、把握胜利的方法。

［原文］

故曰：知彼知己者，百战不殆(dài)①；不知彼而知己，一胜一负②；不知彼不知己，每战必殆。

［注释］

①殆：危险、失败。

②一胜一负：即胜负各半，指没有必胜的把握。

［译文］

所以说：既了解敌方情况，又了解己方情况，便能百战百胜，不会有失败；不了解敌方情况，只了解己方情况，胜败可能平分；既不了解敌方情况，又不了解己方情况，那么每次战斗都注定会失败。

吕氏春秋

作者介绍

吕不韦，卫国濮阳（今河南濮阳西南）人，战国末期著名大商人、政治家、思想家。他曾往来于各地之间，买贱卖贵，以囤积居奇闻名于世，后来因辅佐秦始皇的父亲登上王位，而出任秦国相国。

吕不韦是杂家思想的重要代表人物，曾组织门客编写《吕氏春秋》，在文化事业上做出了不小的贡献。《吕氏春秋》是一部百科全书性质的包揽“天地、万物、古今”的奇书。

去 私

[题解]

《去私》选自《吕氏春秋》第一篇《孟春纪》。从题目可知，本文讲的是对无私精神的赞颂和提倡。《吕氏春秋》是战国末期杂家的名著，《去私》正反映了杂家“兼儒墨”的特点。

[原文]

天无私覆也，地无私载也，日月无私烛①也，四时无私行也。行其德而万物得遂长②焉。

黄帝言曰：“声③禁重，色禁重，衣禁重，香禁重，味禁重，室禁重。”

尧有子十人，不与其子而授舜；舜有子九人，不与其子而授禹：至公也。

晋平公问于祁（qí）黄羊曰：“南阳无令，其谁可而为之？”祁黄羊对曰：“解狐可。”平公曰：“解狐非子之雠邪？”对曰：“君问可，非问臣之雠也。”平公曰：“善。”遂用之，国人称善焉。居有间，平公又问祁黄羊曰：“国无尉，其谁可而为之？”对曰：“午可。”平公曰：“午非子之子邪？”对曰：“君问可，非问臣之子也。”平公曰：“善。”又遂用之，国人称善焉。孔子闻之曰：“善哉！祁黄

羊之论也，外举不避雠，内举不避子。”祁黄羊可谓公矣。

墨者有巨(jù)子④腹䵍，居秦，其子杀人，秦惠王曰：“先生之年长矣，非有他子也，寡人已令吏弗诛矣，先生之以此听寡人也。”腹䵍对曰：“墨者之法曰：‘杀人者死，伤人者刑。’此所以禁杀伤人也。夫禁杀伤人者，天下之大义也。王虽为之赐而令吏弗诛，腹䵍不可不行墨者之法。”不许惠王，而遂杀之。子，人之所私也，忍所私以行大义，巨子可谓公矣。

庖(páo)人调和而弗敢食，故可以为庖。若使庖人调和而食之，则不可以为庖矣。王伯之君亦然，诛暴而不私，以封天下之贤者，故可以为王伯。若使王伯之君诛暴而私之，则亦不可为王伯矣。

[注释]

①烛：照明。

②遂长：成长。

③声：音乐。

④巨子：墨家对其学派中学有成就的人称“巨子”。他本或作“钜子”。

[译文]

吕不韦

天覆遍万物，没有偏私；地遍载万物，没有偏私；日月普照万物，没有偏私；四季循环更替，没有偏私。它们都是无私地布施恩德，养护万物生长。

黄帝说：“音乐禁止过度，色彩禁止过度，衣服禁止过度，香料禁止过度，口味禁止过度，宫室禁止过度。”

尧有十个儿子，但是临死前没有传位给自己的儿子而是传给舜；舜有九个儿子，但是临死前也没有传位给自己的儿子而是传给禹：他们都是大公无私的人。

晋平公向祁黄羊问道：“南阳没有地方官，那有谁可以担任呢？”祁黄羊回答说：“解狐可以担任。”晋平公说：“解狐不是你的仇敌吗？”祁黄羊回答说：“君王问的是谁可以担任南阳的地方官，不是问我的仇敌啊。”晋平公说：“好

舜受禅让

此图表现的是舜接受尧的禅让，登坛祭天的场景。

啊。”于是就让解狐做了南阳的地方官，国内的人民都称赞解狐。过了不久，晋平公又问祁黄羊说：“国家没有管军事的官，那有谁能担任呢？”祁黄羊回答说：“祁午可以担任。”晋平公说：“祁午不是你的儿子吗？”祁黄羊回答说：“君王问的是谁可以担任管军事的官，不是问我的儿子呀。”晋平公说：“好啊。”于是又让祁午做了管军事的官，国内的人民也都称赞祁午。孔子听到了这件事说：“祁黄羊说的话，太好了！推荐外人不回避仇敌，推荐家里人不回避自己的儿子。”祁黄羊可以称得上大公无私了。

墨家有个很有成就的人叫腹䵍，客居在秦国，他的儿子杀了人，秦惠王说：“先生的年岁大了，也没有别的儿子，我已经命令官吏不杀他了，先生在这件事情上要听我的。”腹䵍回答说：“墨家的法规规定：‘杀人的人要处死，伤害人的人要受刑。’这是用来禁绝杀人伤人的，是天下的大义。君王虽然为这事加以照顾，让官吏不杀他，但我不能不施行墨家的法规。”腹䵍没有答应秦惠王，就杀掉了自己的儿子。儿子，是人们所偏爱的了，忍心割去自己所偏爱的而推行大义，腹䵍可称得上大公无私了。

厨师调味而不敢自食，因而成为厨师。如果厨师在调味时吃了食物，就不能做厨师了。成就霸王大业的人也是如此，诛除暴虐而无所偏私，重用天下的贤能之人才能够称王成就霸业，如果想成就霸王大业的君主诛除残暴却心存偏私，那么他就不能称王成就霸业了。

审 己

［题解］

孙子说：“知己知彼，百战不殆。”老子说：“知人者智，自知者明。”可见，自我审视和反思对人们的工作和生活都是非常重要的。本文中的列子和柳下季都因自知而得到很多收获，齐湣王和越王授则因不自知而败亡。

［原文］

凡物之然也，必有故。而不知其故，虽当与不知同，其卒必困。先王名士达师之所以过俗者，以其知也。水出于山而走于海，

水非恶山而欲海也，高下使之然也。稼生于野而藏于仓，稼非有欲也，人皆以之也。故子路掩雉(zhì)而复释之。

子列子尝射中矣，请之于关尹子。关尹子曰："知子之所以中乎？"答曰："弗知也。"关尹子曰："未可。"退而习之三年，又请。关尹子曰："子知子之所以中乎？"子列子曰："知之矣。"关尹子曰："可矣，守而勿失。"非独射也，国之存也，国之亡也，身之贤也，身之不肖也，亦皆有以。圣人不察存亡、贤不肖，而察其所以也。

齐攻鲁，求岑(cén)鼎[1]，鲁君载他鼎以往。齐侯弗信而反之，为非，使人告鲁侯曰："柳下季以为是，请因受之。"鲁君请于柳下季，柳下季答曰："君之赂，以欲岑鼎也，以免国也？臣亦有国于此，破臣之国以免君之国，此臣之所难也。"于是鲁君乃以真岑鼎往也。且柳下季可谓此能说矣，非独存己之国也，又能存鲁君之国。

齐湣王亡居于卫，昼日步足，谓公玉丹曰："我已亡矣，而不知其故。吾所以亡者，果何故哉？我当已。"公玉丹答曰："臣以王为已知之矣，王故尚未之知邪？王之所以亡也者，以贤也。天下之王皆不肖，而恶王之贤也，因相与合兵而攻王，此王之所以亡也。"湣王慨焉太息曰："贤固若是其苦邪？"此亦不知其所以也，此公玉丹之所以过也。

柳下季

柳下季，即柳下惠，姓展，名获，字禽，春秋时期鲁国人。

越王授有子四人。越王之弟曰豫，欲尽杀之，而为之后。恶[2]其三人而杀之矣，国人不说，大非上。又恶其

一人而欲杀之，越王未之听。其子恐必死，因国人之欲逐豫，围王宫。越王太息曰："余不听豫之言，以罹③此难也。"亦不知所以亡也。

［注释］

①岑鼎：鲁国的宝鼎。小而高的山曰岑，岑鼎是取宝鼎之形像岑而名。

②恶：诬蔑，毁谤。

③罹：遭受。

［译文］

事物之所以这样，一定有它的原因。如果不知道它形成的原因，即使碰巧做好了，也和不知道原因的盲目行动一样，最终必陷入困境。先代君王、知名之士、造诣通达之师之所以能有出众的地方，就是因为他们知道事物之所以这样的原因。水源于山中而流出奔向大海，并不是水讨厌高山而向往大海，而是地势结构的高低使它这样的。庄稼生长在田野而贮藏在粮仓中，并不是庄稼想要这个样子，而是人们的需要。之所以子路捕捉到野鸡却又放了它，那是因为他不知道为何要抓野鸡的缘故。

列子有一次射中了箭靶，就去向关尹子报告。关尹子问："你知道你是怎么射中的吗？"列子回答说："不知道。"关尹子说："那不行。"列子就告辞出来了，回去又练习了三年，又去请教。关尹子问："你知道你是怎么射中的吗？"列子说："知道了。"关尹子说："这就可以了，你要牢记你所知道的原因而不要忘掉了。"不仅射箭如此，国家的生死存亡，人的贤与不肖，也都有其原因。圣人不考察存与亡、贤与不肖的现象，而是考察这些现象形成的原因。

齐国进攻鲁国，想要索取岑鼎，鲁君把其他的鼎装在车上派人送到齐国。齐君不相信鼎是真的，就把它送回了鲁国，并派人告诉鲁君说："如果柳下季认为这是真的岑鼎，我就接受它。"鲁君向柳下季求助来证明这是真的，柳下季回答说："您向齐君贿赂，是想要真的岑鼎还是想借此使国家免于灾难呢？我在此也有信誉，也就是自己的'国'，毁坏我的信誉来使鲁国免于灾难，这是我难以做到的。"于是鲁君就把真的岑鼎送给齐国。像柳下季这样可称得上善于言辞了，不仅保全了自己的信誉，也挽救了鲁国。

齐湣王逃亡到卫国居住，有一天白天去散步时，对公玉丹说："我已经流亡国外了，却不知道流亡的原国。我之所以流亡，究竟是什么原因呢？如果你能告诉我，我一定纠正自己的过失。"公玉丹回答说："我以为您已经知道流亡的原因了，您真的还不知道吗？您之所以流亡，是因为您太贤明了。天下的君主都不贤明，因而憎恶您的贤明，因此他们合兵进攻您，这就是您流亡的原因啊！"湣王感叹地说："君主贤明就要遭受这样的苦难吗？"这也是不知道自己流亡原因的君主啊！这也是公玉丹之所以犯下罪过的原因。

越王授有四个儿子。越王的弟弟名叫豫，想把越王的四个儿子全都杀掉，以便使自己成为越王的继承者。豫毁谤其中的三个儿子，唆使越王把他们杀掉了，越国的人民很不满，严厉指责越王。豫又毁谤剩下的一个儿子，想让越王杀掉他，越王没有同意。越王的儿子害怕自己会被杀掉，于是利用国人的不满把豫驱逐出国，并包围了王宫。越王叹息说："我没有听从豫的活，所以才遭受这样的灾难。"这也是不知道国家为何败亡的君主啊。

孝 行

[题解]

本篇主要论述了孝道的重要性，认为孝道是治国之本，是社会、人事、道德等赖以存在的基础，是治理天下、国家的根本原则。同时，文章还阐述了行孝对于齐家治国平天下的重要意义。

[原文]

凡为[1]天下，治国家，必务本而后末。所谓本者，非耕耘种植之谓，务其人也。务其人，非贫而富之，寡而众之，务其本也。务本莫贵于孝。人主孝，则名章荣，下服听，天下誉；人臣孝，则事君忠，处官廉，临难死；士民孝，则耕芸疾[2]，守战固，不罢北[3]。夫孝，三皇五帝之本务，而万事之纪也。

夫执一术而百善至，百邪去，天下从者，其惟孝也！故论人必先以所亲，而后及所疏；必先以所重，而后及所轻。今有人于此，行于亲重，而不简慢于轻疏，则是笃谨孝道。先王之所以治天下也。故爱其亲，不敢恶人；敬其亲，不敢慢人。爱敬尽于事亲，光耀加于百姓，究于四海，此天

卖身葬父

卖身葬父为我国古代二十四孝之一，讲述的是东汉时期千乘（今山东高青北）人董永为埋葬父亲，卖身至一富家为奴，上工路上遇一女子，二人结为夫妇。女子一月间织成三百匹锦缎，为董永抵债赎身，返家途中，行至槐荫，女子辞别董永而去。

子之孝也。

曾子曰："身者，父母之遗体也。行父母之遗体，敢不敬乎？居处不庄，非孝也；事君不忠，非孝也；莅(lì)官[4]不敬，非孝也；朋交友不笃，非孝也；战陈[5]无勇，非孝也。五行不遂，灾及乎亲，敢不敬乎？"

《商书》曰："刑三百，罪莫重于不孝。"

曾子曰："先王之所以治天下者五：贵德、贵贵、贵老、敬长、慈幼。此五者，先王之所以定天下也。所谓贵德，为其近于圣也；所谓贵贵，为其近于君也；所谓贵老，为其近于亲也；所谓敬长，为其近于兄也；所谓慈幼，为其近于弟也。"

曾子曰："父母生之，子弗敢杀；父母置之，子弗敢废；父母全之，子弗敢阙(quē)[6]。故舟而不游[7]，道而不径[8]，能全支[9]体，以守宗庙，可谓孝矣。"

养有五道：修宫室、安床笫、节饮食，养体之道也；树五色，施五采，列文章，养目之道也；正六律，和五声，杂八音，养耳之道也；熟五谷，烹六畜，和煎调，养口之道也；和颜色，说言语，敬进退，养志之道也。此五者，代进而厚用之，可谓善养矣。

乐正子春下堂而伤足，瘳(chōu)[10]而数月不出，犹有忧色。门人问之曰："夫子下堂而伤足，瘳而数月不出，犹有忧色，敢问其故？"乐正子春曰："善乎而问之！吾闻之曾子，曾子闻之仲尼：父母全而生之，子全而归之，不亏其身，不损其形，可谓孝矣。君子无行咫(zhǐ)步而忘之。余忘孝道，是以忧。"故曰，身者非其私有也，严亲之遗躬也。

民之本教曰孝，其行孝曰养。养可能也，敬为难；敬可能也，安为难；安可能也，卒为难。父母既殁，敬行其身，无遗父母恶名，可谓能终矣。仁者，仁此者也；礼者，履此者也；义者，宜此者也；信者，信此者也；强者，强此者也。乐自顺此生也，刑自逆此作也。

［注释］

①为：治。

②芸：通“耘”，除草。疾：用力。

③罢：通“疲”，困乏。北：败北。

④莅官：居官。莅，临。

⑤陈：同“阵”，军阵。

⑥阙：通“缺”，损，坏。

⑦舟：作动词，乘舟。游：游涉。

⑧道：行道。径：小路，此处作动词用，走小路。

⑨支：通“肢”。

⑩瘳：病愈。

鹿乳奉亲

鹿乳奉亲为我国古代二十四孝之一，讲述的是春秋时期郯国国王郯子因父母年老，患眼疾，急需饮鹿乳疗治，便披鹿皮进入深山，钻进鹿群中，挤取鹿乳，供奉双亲。一次郯子取乳时，看见猎人正要射杀一只鹿，便急忙上前，将挤取鹿乳为双亲医病的情况告知猎人，猎人敬他孝顺，以鹿乳相赠，并护送他出山。

［译文］

凡是统治天下、治理国家，必定要首先致力于根本，其次推及枝节。这里讲的根本，不是说耕种五谷，而是说致力于治人。治人，不是说让贫穷的人富裕起来，让稀少的人口增多起来，而是说致力于做人的根本。确定做人的根本，重要性没有比得上孝道的了。君主孝敬父母，就会声名显赫，民众归服，天下称赞；人臣孝敬父母，就会忠诚侍奉君主，清正为官，在危难时刻能够挺身而出；士民孝敬父母，就会勤劳耕耘，坚守力战，不会临阵脱逃。孝道，这是三皇五帝的治国之策，是处理万事的原则。

掌握了一种方法，从而可以带来各种好事，去除各种恶事，并且能够使天下人服从的，大概只有孝道了吧。所以，在评价人物时，应该先察看他对自己所亲近的人的态度，其次再察看他对自己所疏远的人的态度；必须先察看他对自己所敬重的人的态度，然后再察看他对自己所忽视的人的态度。如果有这样一个人，他孝敬父母，对自己所疏远忽视的人没有粗鲁无礼，那么这个人就是谨慎地遵守孝道的。古代圣王就是用这种方法来治理天下的。因此，对自己的亲人热爱就不会嫌弃他人；对自己的亲人敬重就不敢轻慢他人。竭尽全力地敬爱自己的亲人，民众就会受天子这种孝道的影响，以至遍及四海，这就是天子的孝道啊！

曾子说：“人的身体是父母身体的延续。对待父母所延续下来的躯体，怎么敢不敬畏？如果坐立行止不庄重，那就是对父母不孝；侍奉君主不忠，就是对父母不孝；为官不谨慎，就是对父母不孝；交朋友不诚心，就是对父母不孝；临阵脱逃，就是对父母不孝。这五种要求如果不能做到，就会殃及父母，所以怎么能不谨慎呢？”

《商书》说：“刑法三百条，没有比不孝更重的罪名了。”

曾子说：“古代圣王用来治理天下的措施有五条：崇尚有德者，崇尚尊贵者，尊敬老者，尊重年长者，爱护年幼者。这五条就是先王用来安定天下的办法。崇尚有德者是因为他们接近于圣贤；崇尚尊贵者是因为他们接近于君主；尊敬老者是因为他们接近于自己的父母；尊敬年长者是因为他们接近于自己的兄长；爱护年幼者是因为他们接近于自己的兄弟。”

曾子说：“父母生下了儿子，儿子不敢杀死；父母设立的规矩，儿子不敢废除；父母保护的东西，儿子不敢毁坏。所以，在渡水时乘船而不游涉，走大路而不抄小路，如果能保全身体，守卫宗庙，那么就可以算是个孝子了。”

养身之道有五种方法：修建房屋，安稳卧具，节制饮食，这是养护身体的方法；设置各种颜色，摆放各种图案，区分五颜六色，这是养护眼睛的方法；规定六律，调和五声，协调八音，这是养护耳朵的方法；烹饪五谷，煮熟六畜，调配味道，这是养护口的方法；和颜悦色，言语流畅，举止恭敬，这是养护心志的方法。这五种方法，随机更换并且尽力实施，就可以说是善于养护身体了。

戏彩娱亲

戏彩娱亲为我国古代二十四孝之一，讲述的是春秋时期楚国隐士老莱子为避乱世，自耕于蒙山南麓。他孝顺父母，尽拣美味供奉双亲，并常穿五色彩衣，手持拨浪鼓以博得父母开心。此图表现的是他为双亲送水，假装摔倒，躺在地上学小孩哭，二老大笑的场景。

乐正子春下堂时伤了脚，痊愈之后好几个月还是没有出门，脸上呈现忧愁面容。有学生询问他：“先生您伤了脚，但痊愈之后都很长时间了还是没有出门，仍然面带忧愁，请问这是什么原因呢？”乐正子春说：“你这个问题问得好！我听曾子说过，曾子听孔子说：父母生下你时是完整无缺的，你必须完整地归还，不能有所残缺，不能毁伤某个地方，这样就算得上是孝敬父母了。作为君子，什么时候都不能忘记这一点。我忘记了孝道，所以感到忧虑不安啊。”所以说，身体不是自己一个人所私有的，而是父母所给予的。

百姓的基本修养在于孝顺，实施孝道就要奉养父母。奉养父母是不难做到的，敬爱父母就比较难了；即使能够做到敬爱父母，让父母感到安逸就是比较难的了；即使能够做到让父母安逸，始终如一地做到就是比较困难的了。父母过世后，要谨慎小心地使用父母所给予的身体，不能给父母留下坏的名声，这样就可以称得上是善始善终了。所谓的仁，就是体现在自觉地遵循孝道；所谓的

礼，就是体现在积极地履行孝道；所谓的义，就是体现在符合于孝道；所谓的信，就是体现在信奉孝道；所谓的强，就是体现在强化孝道。快乐产生于实行孝道，刑罚产生于违背孝道。

察今

［题解］

“察今”有反思当今之世的意思，本文带有明显的法家色彩，反对效法古代圣王之法。商鞅说：“治世不一道，便国不法古。”韩非说：“圣人不期修古，不法常可。”法家认为时代在发展，没有恒久不变的真理，死守先王之法的做法就如同守株待兔。本文也持同样的观点，并把法古比作刻舟求剑，舟一直在行进，而剑早已被抛在后面。

［原文］

上胡不法先王之法[1]，非不贤也，为其不可得而法。先王之法，经乎上世而来者也，人或益之，人或损之，胡可得而法？虽人弗损益，犹若不可得而法。东、夏之命，古今之法，言异而典殊，故古之命多不通乎今之言者，今之法多不合乎古之法者。殊俗之民，有似于此。其所为欲同，其所为欲异。口惛之命不愉[2]，若舟车衣冠滋味声色之不同。人以自是，反以相诽。天下之学者多辩，言利辞倒，不求其实，务以相毁，以胜为故。先王之法，胡可得而法？虽可得，犹若不可法。

凡先王之法，有要于时也，时不与法俱至。法虽今而至，犹若不可法。故择先王之成法，而法其所以为法。先王之所以为法者何也？先王之所以为法者人也。而己亦人也，故察己则可以知人，察今则可以知古，古今一也，人与我同耳。有道之士，贵以近知远，以今知古，以益所见，知所不见。故审堂下之阴，而知日月之行、阴阳之变；见瓶水之冰，而知天下之寒、鱼鳖之藏也；尝一脟（luán）[3]肉，而知一镬（huò）[4]之味、一鼎之调。

荆人欲袭宋，使人先表[5]澭水。澭水暴益，荆人弗知，循表而夜涉，溺死者千有余人，军惊而坏都舍。向其先表之时可导也，

今水已变而益多矣，荆人尚犹循表而导之，此其所以败也。今世之主，法先王之法也，有似于此。其时已与先王之法亏矣，而曰“此先王之法也”而法之，以此为治，岂不悲哉？

故治国无法则乱，守法而弗变则悖（bèi），悖乱不可以持国。世易时移，变法宜矣。譬（pì）之若良医，病万变，药亦万变。病变而药不变，向之寿民，今为殇（shāng）子矣。故凡举事必循法以动，变法者因时而化。若此论则无过务矣。

夫不敢议法者，众庶也；以死守法者，有司也；因时变法者，贤主也。是故有天下者七十一圣，其法皆不同，非务相反也，时势异也。故曰良剑期乎断，不期乎镆铘（mò yé）；良马期乎千里，不期乎骥骜（jì áo）。夫成功名者，此先王之千里也。

楚人有涉江者，其剑自舟中坠于水，遽（jù）契其舟曰：“是吾剑之所从坠。”舟止，从其所契者入水求之。舟已行矣，而剑不行，求剑若此，不亦惑乎？以此故法为其国与此同。时已徙矣，而法不徙，以此为治，岂不难哉？

马

有过于江上者，见人方引婴儿而欲投之江中，婴儿啼，人问其故，曰：“此其父善游。”其父虽善游，其子岂遽善游哉？以此任物亦必悖矣。荆国之为政，有似于此。

［注释］

①法：第一个“法”作动词用，取法，效法。第二个“法”作名词用，指法令制度。

②愉：同“谕”，理解。

③脬：切成小块的肉。

④镬：无足的鼎。

⑤表：做标记。

[译文]

国君为什么不效法古代圣王的法令制度呢？不是它不好，而是因为后人无从效法它。先王的法令制度，是经历了漫长的时间流传下来的，人们有的增补它，有的删减它，怎么能够效法它呢？即使人们没有增减它，也还是无从效法它的。东夷和华夏对事物的名称，古代和现代的法度之间，言语不同，典制各异，所以，古代事物的名称和现代有很多不同，现在的法令和古代的法令也有很多不同。不同习俗的民众，与这种情形类似。他们所有的欲望是相同的，但是表达满足欲望的方式是不同的。不同的地域有不同的方言，所以相互之间不懂对方的意思，比如，舟车、衣冠、滋味、声色，不同风俗的民众所称谓的并不一样。各人都认为自己是对的，因而相互指责攻击。天下有学问的人都能言善辩，是非颠倒，一味地相互攻击非难，以驳倒对方为能事。古代圣王的法令制度怎么可以得到并且实施呢？即使能够得到，还是不可以实施效法的。

政术谕下

此图表现的是君主向臣下下达政令的场景。本篇认为先王的法令制度是适应当时的需要的。古代的法令制度即使现在还保存着，还是不能效法它。

凡是先王的法令制度，是适应当时的需要的，过去的时代不能与法令制度的条文一同存在下来。古代的法令制度即使现在还保存下来，还是不能效法它。因此要抛弃先王现成的法令制度，而效法他制定法令制度的根据。先王制定法令制度的根据是什么呢？那就是从人出发。自己本来也是人，所以明察自己就可以推知别人，明察现在就可推知古代，古代和现在是一样的，别人和自己也是相同的。明白事理的人，可贵的地方就在于他能够根据近的推知远的，根据现在的推知古代的，根据看到的推知未见到的。所以观察房屋下面的光影，就知道太阳、月亮的运行，早晚和寒暑季节的变化；看到瓶子里的水结的冰，就知道天气已经寒冷，鱼鳖已经潜伏了；尝一块肉，就知道一锅里的味道和全鼎中调味的好坏。

楚国人想偷袭宋国，派人先去测量澭水的深浅做好标记。澭水突然暴涨，楚国人不知道，仍然照着旧标记在深夜中涉渡，结果淹死了一千多人，三军惊恐就像都市中的房屋倒塌一样。原先做标记的时候本是可以渡过去的，现在水位已经发生变化，上涨得多了，楚国人却仍然照着旧标记渡河，这就是他们失败的原因啊。现在的君主效法古代圣王的法度，就有些像这种情况。他所处的时代已经与古代圣王的法度不适应了，却还说“这是古代圣王的法度”，并且效法它，以它作为治理国家的依据，难道不是很可悲吗？

所以说治理国家没有法令制度就会混乱，死守古老的法令制度而不改变就会行不通，混乱和不合时宜都不能治理好国家。社会不同了，时代改变了，改变法令制度是应该的。比如好的医生，病症千变万化，下药也要千变万化。病症变了而药不变，本来可以长寿的人，现在也变短命了。所以做事情一定要根据法令制度来进行，修订法令制度要随时代的变化而变化。如果懂得这个道理，那就没有错误的事了。

不敢议论法令的，都是一般的民众；死守法令的，是各种官吏；顺应时代而变法的，是贤明的君主。因此，统治过天下的七十一位帝王，他们的法令制度都各不相同，不是一定要有所不同，而是时代形势不一样了。所以说：好剑只要求它能斩断东西，不要求它一定是镆铘；好马只要求它一天能跑千里，不要求它一定是骥骜。成就功名，这才是古代帝王追求的目标啊。

楚国有个渡江的人，他的宝剑从船上掉到水里，就急忙用刀在船上刻个记号，说：“这里是宝剑掉下去的地方。”船停了，他就从他刻着记号的地方下水去打捞宝剑。船已经走了，但剑没有动，这样寻找宝剑，不也是很糊涂吗？用旧的法令制度治理国家，正和这个故事相同。时代已经变了，而法令制度不变，用这种方法治理国家，岂不太难了吗？

有个从江边上走过的人，看见一个人拉着个婴儿想把他投到江里去，婴儿啼哭起来，旁人问他为什么这么做，他说：“这孩子的父亲很会游泳。”孩子的父亲尽管很会游泳，那孩子难道就一定也很会游泳吗？用这种方法处理事情，也必然是荒谬的。楚国人治理国家，就有点像这种情况。

公孙龙子

作者介绍

公孙龙，战国中后期赵国人，哲学家、思想家、逻辑学家，名辩学派代表人物，曾为赵国公子平原君的门客，也曾游说燕昭王偃兵。

《公孙龙子》共有六篇，《迹府》是门人记录的公孙龙的生平事迹，其他五篇则基本反映了公孙龙的主要思想。“白马非马”“离坚白”“鸡三足”“火不热”等都是公孙龙的主要论题，在逻辑学上有很高的价值，但往往步入诡辩的歧途。

白马论

[题解]

“白马论”是战国时期的一个著名辩题，公孙龙立足于“离”，着重分析事物在名词、概念上的差异，“白马非马”和“离坚白”都是以此作为出发点的。“白马非马”强调“白”和“马”是两个不同的概念，公孙龙从物种的角度看待这一问题，并回避白马是马的一种这个问题，因此，他常被人认为是一个诡辩之徒。

[原文]

“白马非马”，可乎？

曰：可。

曰：何哉？

曰：马者，所以命①形也；白者，所以命色也。命色者非命形也。故曰：“白马非马。”

平原君

平原君，名赵胜，赵武灵王之子，战国四公子之一。

[注释]

①命：命名，规定。

[译文]

“白马不是马”，可以这样说吗？

主：可以。

客：为什么？

主："马"是对"形"的命名，"白"则是对"色"的命名，对"色"的命名与对"形"方面的命名是不同的。所以说："白马不是马。"

［原文］

曰：有白马不可谓无马也。不可谓无马者，非马也？有白马为有白马之非马，何也？

曰：求马，黄、黑马皆可致①；求白马，黄、黑马不可致。使白马乃马也，是所求一也。所求一者，白者不异马也。所求不异，如黄、黑马有可有不可，何也？可与不可，其相非②明。故黄、黑马一也，而可以应有马，不可以应有白马，是白马之非马，审③矣！

［注释］

①可致：可以到达，这里指可以符合要求。

②相非：相互矛盾。

③审：清楚。

［译文］

客：有白马就不能说没有马。既然不能说没有马，那么白马不就是马了？既然有白马称为有马，那么为什么白色的马就不是马呢？

主：如果要得到"马"，黄马、黑马都符合要求；如果要得到"白马"，黄马、黑马就不符合要求了。假使白马就是马，那么得到马与得到白马的要求就完全一致了。如果所要求一致的话，那么白马与马就没有区别了。但是，如果得到马与得到白马的要求没有区别的话，那么为什么黄马、黑马有时符合要求而有时又不符合要求呢？符合要求和不符合要求，这是相互矛盾的，再明显不过了。所以，黄马和黑马可以符合要马的要求，而不能符合要白马的要求，这就是白马不是马的原因所在，这是再清楚不过的道理了。

［原文］

曰：以马之有色为非马，天下非有无色之马也，天下无马，可乎？

曰：马固有色，故有白马。使马无色，有马如已耳，安取白马？故白者非马也。白马者，马与白也，马与白，马也，故曰：白马非马也。

曰：马未与白为马，白未与马为白。合马与白，复名白马。是相与以不相与为名①，未可。故曰：白马非马未可。

曰：以有白马为有马，谓有白马为有黄马，可乎？

曰：未可。

［注释］

①是相与以不相与为名：指“马”和“白”是两个不相合的概念，公孙龙认为，把它们放在一起就认为是这两个概念相合了，这种观点是错误的。相与，相合。

［译文］

客：按照你“马有了颜色就不是马”的逻辑来看，世界上没有无颜色的马，那么能说世界上没有马了吗？

主：马本来就有颜色，所以才有白马。假使马没有颜色，就只有“马”这一形体，怎么能有“白马”呢？所以白色不是马。白马，是“马”和“白”两者的结合，或者说是“马”与“白马”的结合，所以说白马不是马。

客：“马”不和“白”相合是马，“白”不和“马”相合是白。把“马”和“白”结合起来，用复合的名字叫作“白马”。把结合成一体的白马，用不能结合成一体的“白”和“马”两个名称来称呼它，才有白马不是马的说法，这是不可以的。所以，不能说，白马不是马。

主：用有白马就是有马，来解释有白马就是有黄马，可以吗？

客：不可以。

［原文］

曰：以有马为异有黄马，是异黄马于马也，异黄马于马，是以黄马为非马。以黄马为非马，而以白马为有马，此飞者入池而棺椁异处，此天下之悖(bèi)言乱辞也。

白马

曰：有白马不可谓无马者，离白之谓也。不离者，有白马不可谓有马也。故所以为有马者，独以马为有马耳，非有白马为有马。故其为有马也，不可以谓“马马”也。

曰：白者不定所白，忘之而可也。白马者，言白定所白也。定所白者，非白也。马者，无去取于色，故黄、黑马皆所以应；白马者，有去取于色，黄、黑马皆以所色去，故唯白马独可以应耳。无去者非有去也，故曰，白马非马。

[译文]

主：有马不同于有黄马，就是把黄马与马也区别开来了，把黄马和马区分开来，这就是说黄马不是马。认为黄马不是马，而认为有白马就是有马，这不就相当于飞鸟沉进入水池飞翔而让棺与椁相分离吗？这是世界上最大的胡言乱语。

客：认为有白马不能说是没有马，是排除白色来说的。分开来说，有白马不能说是有马。因此，之所以说是有马，仅仅是从“马”这一形体出发来说有马的，不是从白马颜色与形体结合的角度来说有马的。所以称其为马，而不能称之为“马马”。

主：白色并不限定于哪一种事物上，可以对它忽略不计。白马，则是有所限定的白。限定于具体事物的白，就不是原来的“白”了。“马”，是不限定于某一种颜色的，所以黄马、黑马都符合要求；白马，有了限定的颜色，黄马、黑马都因颜色不同而不符合“白马”的要求，所以仅仅只有白马才符合“白马”的要求。符合这一要求的不同于不符合这一要求的，所以说，白马不是马。

坚白论

[题解]

“坚”是物质的硬度属性，“白”是物质的颜色属性。战国时期，“坚”和“白”的关系是辩论家们经常谈论的话题，有人认为“坚白相盈”，而公孙龙则持“离坚白”的观点。公孙龙认为，眼睛看到物体的颜色时，就感觉不到它的硬度，但硬度并非不存在，而是隐藏了起来。同理，手能感觉到物体的硬度，却不能感知它的颜色。因此，公孙龙提出了“坚白相离”的观点。“坚白论”和“白马论”虽然夸大了事物的特殊性，而忽视了其内在联系，但却对我国古代逻辑学的发展做出了不小的贡献。

[原文]

“坚白[①]石三”，可乎？

曰：不可。

曰：二，可乎？

曰：可。

曰：何哉？

曰：无坚得白，其举也二；无白得坚，其举也二。

曰：得其所白，不可谓无白；得其所坚，不可谓无坚。而之石也，之于然也，非三也？

曰：视不得其所坚，而得其所白者，无坚也。拊（fǔ）不得其所白，而得其所坚者，无白也。

［注释］

①坚：硬度。白：泛指颜色。公孙龙以人不能凭某一种知觉同时感受石头的硬度与颜色，因此提出“离坚白”的观点。

［译文］

“坚、白、石是三种东西”，可以这么说吗？

主：不可以！

客：那么看成两样，可以吗？

主：可以。

客：为什么呢？

主：感觉不到“坚”而能看到“白”，得到的就是“白”“石”两者；看不到“白”而摸到“坚”，得到的是“坚”“石”两者。

客：既然看到了“白”，就不能说没有白；既然摸到了“坚”，便不能说没有坚。而这块“石”，同时具有“坚”和“白”这两种性质，难道不是三样吗？

主：通过视觉得不到“坚”，但是能得到“白”。只看到了“白”，也就没有“坚”。通过触觉得不到“白”，而摸到石的坚。只摸到了“坚”，也就没有“白”。

［原文］

曰：天下无白，不可以视石；天下无坚，不可以谓石。坚、白、石不相外，藏三可乎？

曰：有自藏①也，非藏而藏也。

曰：其白也，其坚也，而石必得以相盛盈②，其自藏奈何？

曰：得其白，得其坚，见与不见离；不见离，一一③不相盈，故离。离也者，藏也。

［注释］

①自藏：将自己隐藏起来。视觉只能感知“白”，而不能感知“坚”，所以，“坚”自然隐藏起来了。由于“坚”并不是被外物遮蔽而被隐藏起来的，“非藏而藏”，也就是“自藏”。

②盈：充盈，满。这句话是说，“白”充盈于“坚石”中，“坚”充盈于“白石”中，“坚”“白”“石”相互充盈，所以叫作“得以相盛盈”。

③一一：指“坚”和“白”。

［译文］

客：如果世界上没有“白”，就不能看到石头；世界上没有“坚”，就不能称其为石头。“坚”“白”“石”三者，并不互相排斥，怎么能将第三者隐藏起来呢？

主：这都是“坚”或“白”自己对于视觉或触觉隐藏起来的缘故，并不是别人要藏它们才被藏起来的。

客：“白”和“坚”这两种性质与石头相互融合、相互充盈，怎么能说是自己把自己隐藏起来呢？

主：看见“白”，摸到“坚”，一个性质能感知到而另一个感知不到，这就叫作“离”。不能感知到的性质离开了另一种性质，这也就是第一种性质与第二种性质不能相互充盈，所以说是“离”。所谓“离”，就是隐藏。

［原文］

曰：石之白，石之坚，见与不见，二与三。若广修①而相盈也，其非举乎？

曰：物白焉，不定其所白；物坚焉，不定其所坚，不定者兼，恶②乎其石也？

曰：循石③，非彼无石，非石无所取乎白石。不相离者，固乎然，其无已！

曰：于石，一也；坚白，二也，而在于石。故有知焉，有不知焉；有见焉，有不见焉。故知与不知相与离，见与不见相与藏。藏故，孰谓之不离？

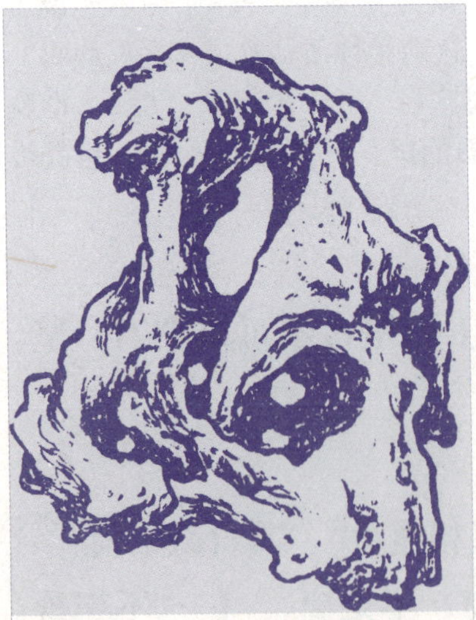

石头

[注释]

①广：宽。修：长。

②恶：何。

③循石：从石头说起。循，因循，沿着。

[译文]

客：石头的“白”和“坚”，只因为有时能感知到而有时感知不到，就有了二和三的差别。坚、白、石三者相互充盈就像物体的长度与宽度相互充盈一样，难道不能这样举例吗？

主：万物都具有“白”，没有限定是哪一物的“白”；万物都具有“坚”，没有限定是哪一物的“坚”，这两种性质属于哪种物体都不能确定，为什么把它们只限定于石头特有的呢？

客：从石头说起吧，没有“坚”“白”就谈不上石头，没有头石也就谈不上有“坚”“白”。“坚”“白”“石”不相分离，本来就是这样，永远都是这样。

主：“石”，是一；“坚石”“白石”都属于“二”。所以，有的感知得到，有的感知不到；有看得见的，有看不见的。因此，感知得到与感知不到相互分离，看得见与看不见相互隐藏。既然有相互隐藏，怎么能说它们不是分离的呢？

[原文]

曰：目不能坚，手不能白，不可谓无坚，不可谓无白。其异任①也，其无以代也。坚白域②于石，恶乎离？

曰：坚未与石为坚而物兼，未与为坚而坚必坚。其不坚石、物而坚，天下未有若坚③，而坚藏。

白固不能自白，恶能白石、物乎？若白者必白，则不白石、物而白焉。黄、黑与之然。

石其无有，恶取坚白石乎？故离也。离也者，因是。力与知果，不若，因是。且犹白以目，而目以火④见，而火不见，则火与目不见，而神⑤见，神不见⑥，而见离。坚以手，而手以捶，是捶与手知而不知，而神与不知。神乎！是之谓离焉。离也者，天下故独而正。

[注释]

①异任：职能不一样。

②域：居住，寓居。

③若坚：像这样的“坚”，指的是独立存在的“坚”。

④火：这里指光。

⑤神：精神。

⑥神不见：指精神感知物体要通过感觉器官，不能独立感知，所以说“神不见”。上文的“火与目不见”也是这个意思。

[译文]

客：视觉不能感知到“坚”，触觉不能感知到“白”，不能说没有“坚”，也不能说没有“白”。这是由于不同的感觉器官有不同的职能，它们之间又不能相互代替。“坚”“白”存在于石头中，怎么能说相互分离呢？

主：当“坚”未与“石”相合时可以存在于很多物体上，而当“坚”未和其他物体结合时就是独立存在的“坚”，它是隐藏的。

“白”本来就不能独立存在，又怎么能单独存在于石头或其他事物中呢？如果“白”一定是独立存在的，那么它就不用通过具体事物来显示“白”的性质了。黄、黑也是一样。

如果连具体的石头也没有，哪里还会有“坚”“白”“石”呢？所以它们是相分离的。之所以是相分离，就是因为这个原因。感觉与思维相比较，总是不如思维来得深刻而全面，也是这个原因。而且就像“白”是用眼睛才能看见的，而眼睛必须通过光才能看见东西，而光本身并不等同于视觉，这样眼睛与光都不能独立地看见东西，然而精神可以感知事物，但精神也不能独立看见东西，因而视觉、光、精神也是相互分离的。“坚”必须通过手而感知，而手要通过叩击才能感知，叩击和手的感知都不是独立的感知，精神也不能独立感知。精神啊！这就是所谓的相分离。正是由于对世间万物的深入分析，这个世界才能分辨清楚，从而使人们产生正确的认识。

名实论

[题解]

“名”就是事物的名称和概念，“实”则是指具体事物。春秋战国时期，社会发生巨变，旧有制度下的名与实产生了尖锐的矛盾，因此，名实关系成为当时社会上的热点问题。以诡辩著称的公孙龙在论述“名实论”时并非空谈，而是希望以此为现实政治服务。

[原文]

天地与其所产焉，物也。物以物其所物而不过焉，实①也。实以实其所实而不旷②焉，位③也。出其所位非位，位其所位焉，

正也。

以其所正，正其所不正；不以其所不正，疑其所正④。其正者，正其所实也；正其所实者，正其名⑤也。

大自然

[注释]

①实：本篇主要哲学概念之一，指物质实体、客观存在、事物的本质属性。

②旷：空缺，这里可以理解为超出范围。

③位：位置，这里指符合事物正确概念的状态。

④疑其所正：因为有“不正”的存在，所以要通过“不正”来重新审视“正”是否为“正”。疑，怀疑，审察。

⑤名：本篇主要哲学概念之一，指物质的名称、概念。

[译文]

大自然所产生的一切，都属于物质。物质凭借它所具有的本质属性而不超出这种属性的实际范围，这就是“实”。物质的本质属性凭借它所具有的实际功用而不超出这种功用的实际范围。超出了物质所具有的属性和功用的范围，它的概念就处在了不正确的位置上，不超出实际范围，才是正确的。

用正确的概念，来更正不正确的概念；用不正确的概念，来审视正确的概念。要使概念正确，就必须正确反映事物的本质属性；若要正确反映事物的本质属性，就必须确定事物的概念。

[原文]

其名正则唯乎其彼此焉。谓彼而彼不唯乎彼，则彼谓不行；谓此而此不唯乎此，则此谓不行。其以当不当也。不当而当，乱也。

故彼彼①当乎彼，则唯乎彼，其谓行彼；此此当乎此，则唯乎此，其谓行此。其以当而当也。以当而当，正也。

[注释]

①彼彼：用“彼”为“彼”命名，前一个“彼”是动词。

[译文]

“名”的正确必须使事物的概念与该事物的本质相符。称呼“彼”，然而“彼”与“彼”不相应，就是这个名称不适用于“彼”；称呼“此”，然而“此”与“此”不相应，就是这个名称不适用于“此”。这是因为事物的概念不恰当。用不恰当的概念来称呼事物，属于逻辑的错乱。

所以，用“彼”的名称来称呼“彼”并且恰当，就是与“彼”相符，这个名称适用于“彼”；用“此”的名称来称呼“此”并且恰当，就是与“此”相符，这个名称适用于“此”。这是因为事物的概念恰当。用恰当的概念来称呼事物，属于正确的逻辑。

[原文]

故彼彼止于彼，此此止于此，可。彼此而彼且此，此彼而此且彼，不可。

夫①名，实谓也。知此之非也，知此之不在此也，明不谓也；知彼之非彼也，知彼之不在彼也，则不谓也。

[注释]

①夫：句首的发语词，表议论。

[译文]

所以，用“彼”的名称来称呼“彼”仅限于“彼”，用“此”的名称来称呼“此”仅限于“此”，这是可以的。用“彼”的名称来称呼“此”，或用“此”的名称来称呼“彼”，这是不可以的。

“名”是“实”的称谓。知道“此”不是“此”，知道“此”的本质属性已经不在“此”的内部了，就不能这样称呼了；知道“彼”不是“彼”，知道“彼”的本质属性已经不在“彼”的内部了，就不能这样称呼了。

[原文]

至①矣哉，古之明王！审其名实，慎其所谓。至矣哉，古之明王！

[注释]

①至：大，伟大，这里指探讨名实关系是最重要的事情。

[译文]

伟大啊，古时的贤明君王！考察事物的名实关系，慎重地给事物下定义。对于古代英明的帝王来说，这是至关重要的啊！

鬼谷子

作者介绍

鬼谷子，相传姓王名诩，战国初期卫国人，因隐居于云梦山中的鬼谷，故自称鬼谷子。鬼谷子神秘莫测，行踪不定，但其门徒不乏知名者，苏秦、张仪、孙膑、庞涓都是他的弟子。

《鬼谷子》一书是一部研究社会政治斗争的权术谋略的书，因此也被人称为“治人兵法”。《鬼谷子》以介绍谈判游说的谋略为主，与军事问题也有密切的联系，因此也被当作兵书，它讲述了作为弱者的一无所有的纵横家们，如何利用谋略口才进行游说，进而控制握有一国政治、经济、军事等大权的诸侯国君主。

捭　阖

［题解］

本篇文章吸收了先秦时代的哲学成果，以阴阳学说作为“捭阖”之术的理论基石，把所有阳刚的、进取的行动和事物都称为“捭”，也就是哲学上的“阳”；把所有阴柔的、退让的行为和事物都称为“阖”，也就是哲学上的“阴”。因此，《鬼谷子》的首篇文章具有明显的哲学意义，从纵横游说的角度来说，文章把游说实践提高到了哲学的高度；从另外一个方面来说，文章是把阴阳学说的应用范围扩大了，扩大到了具体的政治活动领域。本篇所反映的阴阳捭阖思想是总领全书的纲领，以下各篇都体现了这一思想。

［原文］

粤若稽古①，圣人②之在天地间也，为众生之先。观阴阳之开阖(hé)以命物③，知存亡之门户④，筹策万类之终始，达人心之理，见变化之朕焉，而守司其门户。故圣人之在天下也，自古至今，其道一⑤也。

［注释］

①粤若：语首助词，没有实际意义。稽：考察，审察。这句话模仿了《尚书·尧典》的开头。

②圣人：古代指道德高尚、才华出众的人物。

③阴阳：古代的一种哲学观念，代表世界对立而统一的性质，以及万事

鬼谷子

万物。阳性象征雄性、阳刚，阴性象征阴性、阴柔。命物：为世间万物命名，从而达到辨别万物、役使万物的目的。

④门户：道理。

⑤一：同一，一样。

[译文]

纵观上古历史，我们可以知道圣人生活在天地之间，是大众的先导者。他们通过观察阴阳二气的开启闭合来对事物命名，并进一步洞悉万物兴衰存亡的道理。预测万物发展变化的全过程，通晓人类思维的规律，发现事物变化之前的征兆，从而掌握控制事物发展变化的趋势。因此，圣人处在天地之间，从古到今，他们所信守的大自然中万事万物的变化规律始终是同一的。

[原文]

变化无穷，各有所归①。或阴或阳，或柔或刚，或开或闭，或弛或张②。是故圣人一③守司其门户，审察其所先后，度权量能，校其伎巧短长④。夫贤、不肖、智、愚、勇、怯，有差⑤，乃可捭，乃可阖(hé)，乃可进，乃可退，乃可贱，乃可贵，无为⑥以牧之。

[注释]

①所归：归属，归宿。

②或：有的。弛：松弛，放松。张：拉紧。

③一：专一，专心致志。

④校：考察校定。伎巧：技巧，技能。

⑤贤：这里指有德行的人。不肖：没有德行的人。差：差别，等级。

⑥无为：道家的一种哲学概念，指顺应自然变化规律。

[译文]

事物的变化虽然没有尽头，但是都有各自的归属。有的属阴，有的属阳；有的柔弱，有的刚强；有的开放，有的封闭；有的松弛，有的紧张。因此，圣人要自始至终掌握万事万物发展变化的趋势。认真审视考察事物发展变化的先后次序，揣度人们的权谋，测量人们的才能，再比较双方在技巧方面的优劣长短。至于贤人和不肖者，聪明人和蠢人，勇者和懦夫，这些都是有差别的。所有这些，根据

不同的情况，或开放，或闭合，或进升，或黜退，或轻视，或尊重，都要顺应天性来处理。

[原文]

审定有无①与其实虚②，随其嗜欲以见其志意③。微排④其所言，而捭反之，以求其实，实得其指⑤。阖(hé)而捭(bǎi)之，以求其利。或开而示之，或阖而闭之。开而示之者，同其情⑥也；阖而闭之者，异其诚⑦也。可与不可，明审其计谋，以原⑧其同异。离⑨合有守，先从⑩其志。

[注释]

①有无：指有无才能。

②实虚：指表现的真假。

③志意：志向和思想。

④微排：稍微地、试探性地反驳对方。

⑤指：通“旨”，旨意，主张。

⑥同其情：使双方的思想或者观点相同。

⑦异其诚：分辨出对方的真实心意。

⑧原：探究，追究。

⑨离：背离，不相合。

⑩从：跟从。

[译文]

审察确定对方有没有真正的才能，以及其表现的虚实，根据他们的嗜好和欲望来了解他们的志向和意愿。对对方所说的话稍加贬斥，当他们完全打开心垒后，再反驳诘问，这样就能得出真实情况，重要的是把握对方言行的实质。先是沉默不语，而后再开口说话，这样来寻求有利时机。有时要开放胸怀显现自己的真实想法，有时要封闭内心隐藏自己的真实想法。之所以要敞开心扉，显现出自己的真实想法，是为了获取自己与对方情感上的一致；之所以封闭内心使自己的想法隐藏起来，是为了了解对方的心意。至于什么行得通，什么行不通，就需要把那些计谋研究清楚，要搞清楚对方计谋与自己的计谋不相同的地方和相同的地方，无论双方的主张是相背还是相合，必须坚持自己的主张，同时要注意顺应对方的志向意愿，区别对待。

[原文]

即欲捭(bǎi)之贵周①，即欲阖(hé)之贵密②。周密之贵微，而与道相追。

捭之者，料其情③也；阖之者，结其诚也。皆见其权衡④轻重，乃为之度数⑤，圣人因而为之虑。其不中⑥权衡度数，圣人因而自为之虑⑦。

［注释］

①周：周详，详细。

②密：严密，缜密。

③料其情：探测对方的真假虚实。

④权衡：这里指测量重量的工具。

⑤度数：标准的意思。

⑥中：符合。

⑦自为之虑：为自己再作打算。

［译文］

如果采取开启的方法，最重要的是周详；如果采取闭合的方法，最重要的是缜密。周详缜密的关键在于精微，而且要合乎自然规律。开启是为了了解对方的感情，闭合是为了了解对方的诚意。这些做法都是为了让对方的实力和计谋全部暴露出来，相应地探测出对方计谋的性质以及谋划的程度，为此圣人要认真思考。如果探测结果不符合对方的真实情况，圣人就会为此而再作打算。

［原文］

故捭(bǎi)者，或捭而出之，或捭而纳①之；阖(hé)者，或阖而取之，或捭而去②之。捭阖者，天地之道③。捭阖者，以变动阴阳④，四时开闭⑤，以化万物。纵横、反出、反覆、反忤(wǔ)⑥，必由此⑦矣。

［注释］

①纳：收藏起来而不使用。

②去：离开的意思。

③天地之道：自然万物的发展变化规律。

④变动阴阳：使阴阳发生转变。

⑤四时开闭：一年四季的运行更替。

⑥忤：抵触，触犯。

⑦必由此：一定要遵循捭阖的规律。

［译文］

所以，所谓开启，或者是要自己通过开启展示出去，或者是通过开启接纳别人进来；所谓闭合，或者是通过闭合获取，或者是通过闭合阻挡。开启与闭合是天地间万事万物发展变化的规律。开启和闭合都是通过事物阴阳面的转化，一年四季的轮替促使万物发生变化。由此可知，天地间万物的纵横交错，互相斗争，反复变化，互相抵触，都必须通过开启和闭合的运行来实现。

冻苏秦衣锦还乡

苏秦，字季子，战国时期著名的纵横家。他出身农家，曾随鬼谷子学习纵横捭阖之术。他主张发动韩、赵、燕、魏、齐诸国合纵，共同抵抗强秦。此图表现的是苏秦得到重用后，衣锦还乡的场景。

［原文］

捭(bǎi)阖(hé)者，道之大化①，说之变也。必豫审其变化。口者，心之门户也。心者，神之主②也。志意、喜欲、思虑、智谋，此皆由门户出入，故关之以捭阖，制③之以出入。捭之者，开也，言也，阳也；阖之者，闭也，谋也，阴也。阴阳其和④，终始其义⑤。

［注释］

①大化：自然界最根本的变化。

②心者，神之主：古人认为心是主管人体思维与精神的器官。

③制：控制。

④和：和谐，平衡。

⑤义：通“宜”，适宜的意思。

［译文］

开启和闭合是万物运行的规律所在，是游说之术变化的根本原则。游说者必须预先审慎地考察对方的变化。口是人心灵的门窗，心是精神的主宰。人的志向与意念、喜好与欲望、思想和谋虑都要通过这个门户来表达。所以，用开启和闭合来把守住这个关口，来控制话语的进出。所谓“捭之”，就是开启，就是开口说话，这是阳的一面；所谓“阖之”，就是闭合，就是沉默不言，这是阴的一面。阴阳两方谐调一致，开启与闭合才能有节度，才能始终恰当适宜。

［原文］

故言长生、安乐、富贵、尊荣①、显名②、爱好③、财利、得

意、喜欲为阳，曰“始”。故言死亡、忧患、贫贱、苦辱、弃损[4]、亡利、失意、有害、刑戮(lù)、诛罚为阴，曰“终”。诸言法阳之类者，皆曰“始”，言善以始其事[5]；诸言法阴之类者，皆曰“终”，言恶以终其谋[6]。

［注释］

①尊荣：指地位尊贵荣耀。

②显名：名声远扬。

③爱好：嗜好。

④弃损：被丢弃、被损害。

⑤言善：谈论事情给人带来的好处、利益，也就是从积极的方面谈论事情。始其事：策划谋略的开端。

⑥言恶：谈论事情给人带来的坏处、危害，也就是从消极的方面谈论事情。终其谋：停止谋略的实施。

［译文］

所以说长生、安乐、富贵、尊荣、显名、嗜好、财货、得意、欲望等，属于“阳”类事物，被称作“始”。所以说死亡、忧患、贫贱、羞辱、毁弃、损伤、失意、灾害、刑戮、诛罚等，属于“阴”类事物，被称作“终”。凡是那些遵循“阳道”运行的一派事物，都可以被称为“始”，可以通过谈论积极的事物来开始谋划；凡是那些遵循“阴道”运行的一派事物，都可以称为“终”，可以通过谈论消极的方面来终结谋略。

［原文］

捭阖(bǎi hé)之道，以阴阳试[1]之，故与阳言者依崇高[2]，与阴言者依卑小[3]。以下求小[4]，以高求大[5]。由此言之，无所不出，无所不入，无所不可[6]。可以说人[7]，可以说家[8]，可以说国[9]，可以说天下[10]。

［注释］

①试：试探，测试。

②崇高：高大，指内容雅正高远。

③卑小：卑下。

④求：适应，适合。小：志向卑微的人。

⑤大：志向高远的人。

⑥无所不可：指任何地方、任何情况下都可以。

⑦人：指普通的人。

⑧家：古代指有封地的士大夫。

⑨国：指诸侯国。

⑩天下：指当时周王朝统治下的中国。

［译文］

关于捭阖术运用的规律，要从阴阳两方面来考察，因此，与遵循阳道的人交谈，必须根据崇高的原则来引导对方，与遵循阴道的人交谈，必须根据卑下的原则来引导对方。用低下来探求微小，用崇高来探求博大。这样看来，没有什么是不能沟通交流的，也没有什么不可以被说服的。根据这个道理，人们可以游说一人，可以游说一家，可以游说一国，甚至可以游说整个天下。

诸葛亮舌战群儒

此图表现的是诸葛亮为说服孙权与刘备联合抗曹，前往江东，在大殿上舌战东吴群儒的场景。由于双方的联合，使得曹操的势力逐渐削弱。这次游说可看作是我国历史上成功运用捭阖术游说天下的典型。

［原文］

为小无内，为大无外[①]。益损[②]、去就[③]、倍反[④]，皆以阴阳御[⑤]其事。阳动而行，阴止而藏；阳动而出，阴随而入。阳还终始，阴极反阳。以阳动者，德相生[⑥]也；以阴静者，形相成[⑦]也。

［注释］

①无内、无外：指人的能力不受限制，可以无限地发挥出来。

②益损：增加或者减少。

③去就：离开或者靠近。

④倍反：背离或者返回。倍，通“背”。反，通“返”。

⑤御：控制，主宰。

⑥德相生：德与之相生。

⑦形相成：形与之相成。

［译文］

从小的方面入手，可以小得不能再小；从大的方面入手，可以大得不能再大。增加或者减少，离开或者接近，背叛和返回等行为，都用阴、阳变化之道来控制。

如果阳的方面运动前进，阴的方面就会静止隐藏。如果阳的方面活动外露，阴的方面就会隐藏在内。阳的方面反复运动，最后转化为阴；阴的方面发展到了极点就转化为阳。循阳道运行者，德与之相生；循阴道而运行者，形就会凝聚而成。

[原文]

以阳求阴，苞以德[①]也；以阴结阳，施以力[②]也；阴阳相求[③]，由捭阖（bǎi hé）也。此天地阴阳之道，而说[④]人之法也，为万事之先，是谓“圆方[⑤]之门户”。

[注释]

①苞以德：用道德去包容别人。苞，通“包”，包容的意思。

②施以力：依靠力量去施行。

③相求：互相追求。

④说：说服，劝说。

⑤圆方：指天地。古人认为天圆地方，故称。

[译文]

因此，如果想用“阳”来求得“阴”，就要用德去包容对方；如果想用“阴”来求得“阳”，就要用力量去办事。“阳”与“阴”相互追求，互相结合，必须通过开启与闭合的途径。这是天地运行的阴阳之道，也是游说他人的基本方法，是解决万事的先决条件，因而被称作天地万物运行的门户。

反应

[题解]

反，在这是反复试探的意思；应，指对方的回应。本篇阐述了推测别人意图的方法：通过反复观察、了解、辩说，准确地把握对方的反应，包括心理、语言等方面的变化，目的就是紧紧抓住对方，制定出正确的策略。这篇文章的旨意就是要求把自知和知人紧密地结合起来，运用周密的计谋，沉着应对，最大限度地了解对方，掌握事情的真相。

[原文]

古之大化者[①]，乃与无形[②]俱生。反以观往，覆以验来[③]；反以知古[④]，覆以知今[⑤]；反以知彼，覆以知己。动静虚实[⑥]之理，不合来今，反古而求之。事有反而得覆[⑦]者，圣人之意也，不可不察[⑧]。

［注释］

①大化者：指教化众人的先哲圣人。

②无形：指事物的本原，也就是“道”，阴阳变化所遵循的法则。

③反：翻过来。覆：翻过去。反、覆这两个字，互文成义，有翻来覆去的意思，指从正反两个方面来考虑事物。

④古：过去，以前。

⑤今：今天，现在。

⑥动静：运动与静止。虚实：真实与虚伪。

⑦覆：验证。

⑧察：观察，考察。

［译文］

古代教化众生的圣人，是与无形大道共生共存的。回顾过去，展望将来；反观历史，检视现在；了解对方，认识自己。根据事物动、静、虚、实的道理，如果跟现在或者将来发生的事情不相符合，便返回去研究古代的历史去寻求前人的经验，从而找出正确的答案。事情往往需要通过研究古代来验证现在的情况，这是圣人的见解，我们现在的人不可不认真考察。

［原文］

人言者，动[1]也；己默者，静[2]也。因[3]其言，听其辞。言有不合者，反而求[4]之，其应[5]必出。言有象[6]，事有比[7]。其有象比，以观其次。象者象其事，比者比其辞也。以无形求有声[8]，其钓语[9]合事，得人实也。若张罝网而取兽也，多张其会而司之。道[10]合其事，彼自出之，此钓人之网也。

［注释］

①动：运动的状态。

②静：静止的状态。

③因：遵循，沿着。

④求：探索，探求。

⑤应：反应，应和。

⑥象：象征，用象征的言辞来说明事情的道理。

⑦比：类比，可供比较的例子。

⑧有声：这里指语言。

⑨钓语：诱导对方说出真实想法或者事情真实情况的具有启发性、试探性的语言。

垂钓

钓鱼要以食物为诱饵，而钓人则要静观其变，投其所好，用语言去诱导，这就是鬼谷子所谓的“钓人之道”。

⑩道：这里指方法。

[译文]

别人说话，是运动的状态；自己沉默不语，是静止的状态。要顺着别人的话，了解他的言辞中流露出来的思想感情。如果对方的言辞中有不符合真实情况的话语，要反复地追问他，对方一定会应和你的提问，把真实情况说出来。说话可以用象征的手法，描述事物可用比喻的手法。因为使用了象征与比喻的手法，所以，我们就要观察隐藏在这些修辞手法下面的真正含义。象征手法可以模拟所要描述的某种事物，比喻可以用言辞反映可供类比的先例。根据“无形”的道理来探求有声的言辞，启发诱导的话如果合乎事理，就可以使对方作出回答，从而了解到他的真实情况。这就好像张开网捕捉野兽一样，只要在野兽频繁出现的地方多张一些网，在附近观察等候，就一定能捉到野兽。如果把捕野兽的方法用在人事上，只要方法适合，对方自己就会把一切都说出来，这就是钓人的“网”。

[原文]

常持其网驱之，其言无比，乃为之变。以象动之，以报①其心，见其情，随而牧②之。己反往，彼覆来③，言有象比，因而定基④。重之袭之，反之复之⑤，万事不失其辞，圣人所诱⑥愚智，事皆不疑。古善反听⑦者，乃变鬼神⑧以得其情。其变当⑨也，而牧之审⑩也。牧之不审，得情不明。得情不明，定基不审。变象比，必有反辞，以还⑪听之。欲闻其声反⑫默，欲张反敛⑬，欲高反下，欲取反与。欲开情⑭者，象而比之，以牧其辞，同声相呼，实理同归。

[注释]

①报：回报，适应。

②牧：饲养，引申为控制的意思。

③反往、覆来：这里指反复交谈以了解对方。

④定基：确定基本策略。

⑤重、袭、反、复：这几个词都是反复的意思。

⑥诱：诱惑，诱导。

⑦反听：反复了解。

⑧变鬼神：指像鬼神一般飘忽不定地变化。

⑨当：适当，适宜。

⑩审：确切，实在。

⑪还：返回。

⑫反：相反的，反而。

⑬敛：收敛。

⑭开情：了解对方的真实想法。

诸葛亮七擒孟获

东汉末年，南蛮又来犯蜀，诸葛亮首战便大获全胜，擒住了南蛮的首领孟获。但孟获不服，诸葛亮下令放了孟获。如此反复了七次，孟获终于心悦诚服，之后诸葛亮便委派孟获掌管南蛮之地，从而使自己得以专心对付魏国。诸葛亮之所以每次将孟获放走，就是因为他对孟获和自己的实力有了相当的了解，从而达到了控制对方的目的。

[译文]

经常拿着这个“网”驱使对方上网，如果对方出言不合自己的想法，那就要改变应付方法。用形象生动的语言来打动对方，迎合他的内心想法，了解他的真实情感，从而达到控制他的目的。彼我双方，一来一往，反复交谈，双方的言辞都有象征、比喻的修辞手法，于是，在反复的交谈中可以判断出对方的基本情况，确定基本的应对策略。反复交谈，没有任何事情不由言辞表现出来，圣人诱导愚人与智者的方法不同，但是都可以确定无疑地取得成功。古人善于反复了解别人的言辞，往往像鬼神般变化莫测，探究到真实情况。他们的变化适当合理，他们对对方的控制也非常周密。如果控制不周密，得到的情况就不清楚明了。得到的情况不清楚明了，决定的基本策略就不周详。象征和类比的手法变化莫测，对方一定会反问，自己回过头来再听取。想要听别人讲话，自己就要保持沉默；想要张开，就要先收敛；想要升高，就要先降低；想要获得，就要先给予。要想了解对方的真实想法，就要运用象征性的语言探试对方，并且说出类比的例子，从而诱使对方说出自己的想法，同类的声音可以彼此呼应，同类的事物必然会导致共同的结果。

[原文]

或因此，或因彼，或以事上①，或以牧下②，此③听真伪、知

同异、得其情诈[4]也。动作[5]言默，与此出入，喜怒由此以见其式，皆以先定[6]为之法则。以反求复，观其所托。故用此者，己欲平静，以听其辞，察其事，论万物，别雄雌[7]。虽非其事，见微[8]知类。若探人而居其内[9]，量其能射[10]其意也。符应不失，如螣(téng)蛇[11]之所指，若羿(yì)[12]之引矢(shǐ)。故知之始己[13]，自知而后知人也。其相知[14]也，若比目之鱼。其伺言也，若声之与响；见其形也，若光之与影也。其察言也，不失若磁石之取针，舌之取燔(fán)骨[15]。

[注释]

①上：上级，这里指君主。

②下：下级，这里指民众。

③此：指上述方法。

④情诈：真诚与欺诈。

⑤动作：行为举止。

⑥先定：预先的决定。

⑦雄雌：这里指高低、强弱。

⑧微：细微、微小的征兆。

⑨内：内心，心中。

⑩射：原意为射击，引申为猜测的意思。

⑪螣蛇：传说古代一种会飞的蛇。

⑫羿：指后羿，善射，传说中的射日英雄。

⑬始己：从自己开始。

⑭相知：相互了解。

⑮燔：指烧烤。

[译文]

是因此而发，还是由彼而议，是用来侍奉君主，还是用来管理百姓，这就是分辨话语的真伪，了解彼此之间的异同，分辨对方是真诚还是欺诈的基本法则。行为、举止、言语、沉默都要通过这些途径表现出来，喜怒哀乐也都要借助这些基本的法则模式体现出来，以上所有的方面，都要把事先的决断作为准则，不能掉以轻心。通过反复的言辞上的试探，得到对方的回应，以观察分析言辞所表达的真实意义。因此，使用这种反复试探的方法，自己要保持平静，以便听取对方的言辞，考察其所表达的事理，谈论万事万物，分辨实力的强弱。即使对方所说的事情并不是自己当前想了解的，也可以根据微小的征兆，推知同类情况。就像为了打探敌情就要深入敌人内部，衡量敌人的能力，再摸清敌人的想法。如果这

样做了，就会像验合符契一样真实，像螣蛇一样神速，指向哪里接着就飞向哪里，分毫不差；像后羿一样，只要张弓射箭，就会百发百中。因此，要想掌握对方的真实情况，就要先从自己开始，只有真正了解了自己，然后才能了解别人。双方相互了解，就好像比目鱼一样形影相随。能够及时掌握对方的言辞，就像发出声音就有回声一样；能够及时掌握对方的行迹，就像有光线就会出现影子一样；考察对方的言辞时也不会出现失误，就像用磁石来吸引钢针，又好像用舌头来剥食已经烤熟的肉一样。

后羿

后羿是上古时期有名的神射手，传说他曾射下天上的九个太阳。

[原文]

其与人也微[①]，其见[②]情也疾。如阴与阳，如阳与阴；如圆与方[③]，如方与圆。未见形圆以道[④]之，既见形方以事[⑤]之。进退左右[⑥]，以是司之。己不先定，牧人不正，事用不巧，是谓“忘情失道[⑦]”；己审先定以牧人，策而无形容[⑧]，莫见其门，是谓“天神[⑨]”。

[注释]

①微：微妙，巧妙。

②见：发现。

③圆：指灵活的方法。方：指方正率直的方法。

④道：引导。

⑤事：从事，做。

⑥进退：出任和隐退。左右：贬职和升职。

⑦忘情：忘记了真实情况，也就是没有掌握真实情况。失道：偏离正道。

⑧形容：外在的表现。

⑨天神：自然神妙的最高境界。

[译文]

他与别人交往的方式非常微妙，他发现情况后的反应非常快。他的方法有时候阴柔，有时候阳刚，阴柔与阳刚互相转化；有时候圆转，有时候方正，圆转与方正互相转化。在事情还没有明朗的情况下，用圆通灵活的手法来诱导；在情况

明朗后，用方正率直的手法来处理。或进或退，或左或右，都可以应用上述方法。如果自己事先没有确定策略，支配别人就没有规范，处理事情就不会巧妙，这叫作“忘情失道”；自己首先认真确定策略，再去统领众人，策略巧妙得不露痕迹，别人都不知道其中的诀窍，这就达到了自然神妙的最高境界，这被称为“天神”。

权 篇

[题解]

本篇主要阐述、分析游说对象的实际情况从而决定游说方法的问题。“权”的本义是秤锤，在本篇中引申为衡量的意思，意思是说对别人进行游说时所使用的措辞要反复衡量，善于变化。本篇文章比较透彻地从游说角度讨论了游说言辞的修饰问题。文中所讲的“饰言”就是人们通常所说的“修辞”，饰言的目的就是借助语言的力量说服对方接受自己的观点，饰言的内容就是对语言加以调整，达到自己的目的。

[原文]

说者，说之①也。说之者，资之②也。饰言③者，假之④也；假之者，益损⑤也。应对⑥者，利⑦辞也。利辞者，轻论⑧也。成义⑨者，明⑩之也。明之者，符验⑪也。难言⑫者，却论⑬也。却论者，钓几⑭也。

[注释]

①说之：说服对方。说，说服，游说。

②资之：取得对方的资助。

③饰言：修饰所用的言辞，即“修辞”。

④假之：借助于言辞。

⑤益损：增加与减少。即增加或者减少语言，对语言进行调整，以达到修饰的目的。

⑥应对：应和与对答，即回答对方提出的问题，与对方进行交谈。

⑦利：流利，通顺。

⑧轻论：灵活地讨论问题。

⑨成义：言辞要符合事理。

⑩明：阐明，表明。

⑪符验：符合事实情况，得到了验证。

⑫难言：对其诘难的言辞。

⑬却论：反驳对方观点的言论。

⑭钓几：引诱对方说出自己内心的真实感受。

[译文]

“游说”就是说服别人。说服别人的目的是凭借对方的力量成就一番事业。对游说的言辞进行修饰是借助言辞的力量说服别人。借助言辞的力量说服别人，必然要对言辞进行一番增减，以顺应对方的心理。应对别人的言辞一定要流利通顺。所谓流畅的言辞就是灵活机动地讨论问题。饱含义理的言论，必须要阐述明白。而把义理阐明，就是要验证义理是否正确。诘难对方的言辞就是反驳对方的主张，反驳对方的目的，是引诱对方说出自己心里隐藏的意图。

冰雪堂张仪用智

张仪，苏秦的同窗好友，此图表现的是张仪激励苏秦发奋图强的故事。张仪与苏秦曾一同拜于鬼谷子门下。张仪采用连横之术，游说六国亲秦，拆散合纵，从而使得秦国逐渐强大，并由此实现了自己的政治抱负。

[原文]

佞(nìng)言①者，谄(chǎn)而于忠②；谀(yú)言③者，博而于智④；平言⑤者，决而于勇⑥；戚言⑦者，权而于信⑧；静言⑨者，反而于胜⑩。先意⑪承欲者，谄也；繁种文辞⑫者，博也；策选进谋⑬者，权也；纵舍⑭不疑者，决也；先分不足而窒(zhì)非者⑮，反也。

[注释]

①佞言：花言巧语，巧妙的语言。

②谄：谄媚。于：在这里作动词用，显示的意思。下文的“于智”“于信”“于勇”“于胜”中的“于”都是显示的意思。

③谀言：阿谀奉承的言辞。

④博而于智：炫耀知识的渊博而显示出智慧。

⑤平言：平实的言辞。

⑥决而于勇：行动果断而显示出勇敢。

⑦戚言：充满忧愁色彩的语言。

⑧权而于信：运用谋略而显示出诚信。

⑨静言：镇定的言辞。

⑩反而于胜：改正原来的弱点，以取得成功。

⑪先意：在对方没有说出自己的想法之前，就已经揣摩清楚了，以便顺从对方的愿望。

⑫繁种文辞：夸大吹嘘的言辞。

⑬策选进谋：选择计策与谋略，然后向对方进言。

⑭纵：放纵。舍：舍弃，舍掉。

⑮先分不足：原先的决定存在不足之处。窒非：掩饰错误。

[译文]

善于花言巧语的人，因为向别人谄媚讨好而显得忠诚；善于阿谀奉承的人，因为向别人炫耀自己知识渊博而显得有智慧；善于使用平实言辞的人，由于果敢决断而显得勇敢；善于使用充满担忧色彩话语的人，由于善于运用计谋而显示出真诚；镇定的言辞，改正了原来的不足，目的是为了取得成功。所谓“谄媚”，就是预先揣摩到对方的真实想法，顺从他的意愿，博取对方的欢心；所谓“渊博”，是指堆砌华丽的辞藻，以炫耀自己知识的丰富；所谓“权变”，是指善于选择谋略，选好策略之后再开口说话；所谓“果敢”，是指说话时态度坚决，摒弃疑虑；所谓“反”，是指改正原来的缺点与不足，掩饰错误，以求取得成功。

[原文]

故口者，机关[1]也，所以关闭情意也。耳目者，心之佐助[2]也，所以窥瞷奸邪[3]。故曰：参[4]调而应，利道而动[5]。故繁言[6]而不乱，翱（áo）翔[7]而不迷，变易而不危者，观要得理[8]。故无目者，不可示以五色[9]；无耳者，不可告以五音[10]。故不可以往者，无所开[11]之也。不可以来者，无所受之也。物有不通者，故不事[12]也。古人有言曰：“口可以食，不可以言。”言有讳忌[13]也。“众口铄金[14]”，言有曲故[15]也。

[注释]

①机关：微妙之情的闸门。

②佐助：辅佐。

③窥：窥视，偷看。瞷：窥视。

④参：通“叁”，这里指心、耳、目三个器官。

⑤利道而动：遵循有利于自己的途径行动。

⑥繁言：言辞繁杂。

⑦翱翔：在空中自由飞翔，这里指四处活动。

⑧观要得理：观察事物的关键，掌握事物发展的规律。

⑨五色：原来指青、赤、黄、白、黑五种颜色，这里泛指各种颜色。

⑩五音：原来指宫、商、角、徵、羽五个基本音阶，这里泛指各种声音。

⑪开：开通，开明。

⑫不事：不从事，不理会。

⑬讳忌：指不能说、不敢说或者不愿意说的话。

⑭众口铄金：众人的言论连金属都可以被熔化掉，形容人言可畏。

⑮曲故：有私心从而歪曲了事情的真相。

曾参

曾参，字子舆，孔子的得意弟子，有孝行。传说有一次一个和曾参同姓名的人杀了人。有人告诉曾子的母亲："曾参杀了人。"曾参的母亲不相信。过了一会儿，又有人说："曾参杀了人。"曾子的母亲仍不相信。又过了一会儿，又有人对她说："曾参杀了人。"曾子的母亲听后害怕地逃走了。由此可见人言可畏，众口铄金。

[译文]

所以，"口"就是人的各种情感的闸门，人们靠它来封锁或者宣扬信息。耳目是心的辅助器官，人们靠它来窥探破绽，发现奸邪。因此，只要口、耳、目三者呼应，然后选择有利的途径，就会走向成功。这样就能做到：言语烦琐但是并不混乱；语言纵横，但是不会迷失方向；局势千变万化，但是并不会发生危险，最关键的一点在于能够掌握要害和规律。由此可知，没有眼睛的人，没有必要向他们显示各种色彩；同样的道理，没有耳朵的人，就没必要让他们听音乐。因此，对于有些人，我们是没有办法说服的。因为对方过于愚钝，无法开导。有些人不能应召前来，这是由于对方过于浅薄，不必勉强。有些行不通的事，就不要理会。古人说："嘴巴可以用来吃饭，却不可以随便说话。"这就是说，讲话是有忌讳的。俗话说：众人的言论可以使金属熔化。这就是说，人们说话往往出于私心而歪曲了事情的真相，人言可畏。

[原文]

人之情[1]，出言则欲听[2]，举事则欲成[3]。是故智者不用其所短[4]，而用愚人之所长[5]；不用其所拙[6]，而用愚人之所工[7]，故不困[8]也。言其有利者[9]，从其所长也；言其有害者，避其所短也。故介虫[10]之捍也，必以坚厚，螫虫[11]之动也，必以毒螫。故禽兽知

用其所长，而谈者知用其所用也。

［注释］

①情：常情。

②出言：说话。欲听：希望让对方听从自己。

③举事：做事情。欲成：想取得成功。

④智者：聪明的人。所短：所不擅长的，短处。

⑤所长：所擅长的，长处。

⑥拙：笨拙，不擅长的。

⑦工：擅长。

⑧困：陷于困境。

⑨言其有利者：说出对对方有利的情况。

⑩介虫：有坚硬厚重甲壳的动物，如龟、蚌等。

⑪螫虫：身上长有毒腺的动物，如蜂、蝎等。

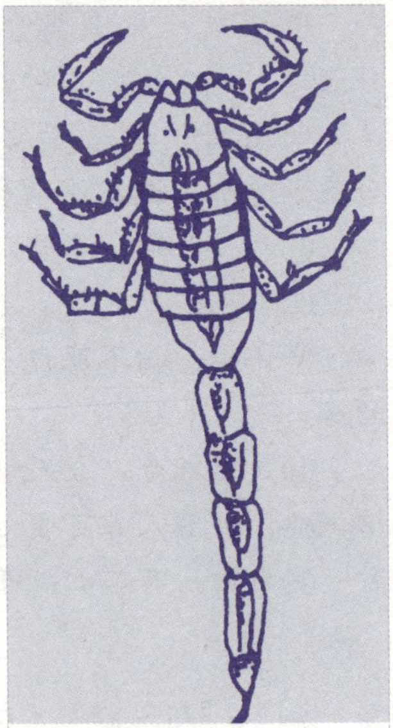

蝎

［译文］

人之常情是，自己说出话来就希望别人听从，做事情就希望取得成功。因此，聪明人决不用自己的短处，而是利用愚者的长处；决不利用自己笨拙的一面，而是利用愚人巧工的一面，这样就不至于使自己陷于困难的境地。说出对对方有利的情况，就是要发挥对方的长处；说出对对方不利的情况，就是要避开其短处。所以，长有坚厚甲壳的动物在进行自我防卫时，必定凭借自己又硬又厚的甲壳，身上长有毒螫的动物在活动的时候，必定用毒螫来刺伤对方。由此可见，连禽兽都懂得使用自己的长处，更何况游说的谋士，更应该懂得使用自己应该使用的长处。

［原文］

故曰：辞言五，曰病、曰怨、曰忧、曰怒、曰喜①。故曰：病者，感衰气而不神也②；怨者，肠绝而无主也③；忧者，闭塞④而不泄也；怒者，妄动⑤而不治也；喜者，宣散而无要也⑥。此五者，精⑦则用之，利⑧则行之。

［注释］

①辞言：应对时的辞令。“曰病”“曰怨”“曰忧”“曰怒”“曰喜”这五类辞言是按照说话时的表情划分的。

②衰气：衰弱的气息。神：精神。

③肠绝：肠断，形容极度伤悲。无主：没有主见，因为伤心到了极点。

④闭塞：精神闭塞，不舒畅。

⑤妄动：胡乱发泄自己的情绪。

⑥宣散：散漫，松散。要：重点，关键。

⑦精：精通。

⑧利：有利，利处。

[译文]

因此，我们说，在外交场合应对的言辞可以分为五种情况：一是病态之言，二是哀怨之言，三是忧郁之言，四是愤怒之言，五是喜悦之言。通常说来，病态之言是气息衰弱、没有精神的言语；哀怨之言是说话人伤心到极点而失去了主见的言语；忧郁之言是感情抑郁而且思路不顺畅的言语；愤怒之言是胡乱发泄自己的情绪、不能控制自己的言语；喜悦之言是随意倾诉，自由散漫而没有重点的言语。以上五种外交辞令，只有精通了才能使用，只有在情况有利于自己时才能施行。

谋　篇

[题解]

谋就是谋略的意思。本篇与《权篇》可以说是姊妹篇，人们在现实中往往权谋并提，因为权是为了谋作铺垫，其目的就是为了谋。但是这两篇文章也是各有侧重，《权篇》主要讨论了对游说对象要仔细衡量，《谋篇》主要讨论通过对对方的权衡，如何策划谋略，以期说服别人。

[原文]

为人凡谋有道，必得其所因①，以求其情②。审得其情，乃立三仪③，三仪者曰上、曰中、曰下。参以立焉④，以生奇⑤。奇不知其所拥⑥，始于古之所从⑦。

[注释]

①因：依靠的东西。

②情：真实情况与真实思想。

③仪：标准。

④参以立焉：三个等级已经确立后。参，通“叁”。以，通“已”，已经。

⑤生奇：想出奇妙的计谋。

⑥拥：拥有。

⑦所从：所遵循的方法。

赤壁之战

东汉建安十三年（208），蜀吴两军鉴于曹军战船连接，短于水战的特点，采取了火攻的战略，结果大败曹军。由此可见，要想有好的计策，必须探听到对方的实情。

［译文］

只要给别人出谋划策就有一定的法则可以遵循，必须要了解事情的原委，从而探得实情。要想探求出对方的真实想法，就要确立三个标准，这三个标准就是：上、中、下。这三个标准确立之后，就能反复斟酌从而想出奇妙的计谋。这样产生的计谋遵循事理，拥有无所不在的力量，但是这样的计谋也是遵循古代的道理而形成的。

［原文］

故郑人之取玉①也，必载司南之车②，为其不惑也。夫度材、量能、揣情者③，亦事之司南也。故同情而俱相亲者④，其俱成⑤者也；同欲而相疏者⑥，其偏成⑦者也；同恶⑧而相亲者，其俱害⑨者也；同恶而相疏者，其偏害⑩者也。故相益则亲⑪，相损则疏⑫，其数⑬行也，此所以察同异之分，其类一也。故墙坏于其隙⑭，木毁于其节⑮，斯盖其分⑯也。

［注释］

①取玉：指采玉。

②载：乘坐。司南之车：指南车。

③度材：度量才能。量能：估量能力。揣情：揣测内心感情。

④同情：相同的思想感情。相亲：彼此之间互相亲近。

⑤俱成：双方都有所收获。

⑥同欲：共同的欲望。相疏：彼此之间互相疏远。

⑦偏成：偏向一方，指对一方有利。

⑧同恶：双方都被人厌恶。

⑨俱害：双方的利益都受到损害。

⑩偏害：只有一方受到伤害。

⑪亲：亲近。

⑫疏：疏远。

⑬数：屡次，多次。

⑭隙：缝隙。

⑮节：树木的枝干交结处。

⑯分：分界处。

[译文]

所以，郑国人进山采玉的时候，都要乘坐指南车，目的就是保证在山中不会迷失方向。度量人的才干、估量人的能力、揣测人的内心真实想法就是办事时所用的指南车。凡是观点和欲望都相同而互相亲近的人，是因为双方都能受益；凡是志向相同而感情互相疏远的两方，是因为只有一方受益；凡是同时被别人憎恨而感情又非常亲密的两方，是因为双方的利益都受到了损害；凡是同时被别人憎恨而感情又疏远的两方，是因为一方的利益受到了损害。因此，彼此双方有利就相互亲近，彼此双方损害就相互疏远，每一次都如此，这也是一种考察同异分界的根本方法。因此，墙壁都是由于墙上有裂缝才倒塌的，树木都是由于树身上长有疖疤才枯萎的。裂缝与疖疤就是墙和树木分裂的地方。

[原文]

故变生事，事生谋①，谋生计②，计生议③，议生说④，说生进⑤，进生退⑥，退生制⑦，因以制于事。故万事⑧一道，而百度一数也⑨。

[注释]

①谋：计谋，谋略。

②计：计划。

③议：商议，议论。

④说：游说言辞。

⑤进：进取，此处指意见被采纳。

⑥退：退却，此处指摈弃主张。

⑦制：制约，此处指形成制度。

⑧万事：指各种事物。

⑨百度：指各种制度。数：规律，规则。

[译文]

因此，变化产生事端；在事端中产生谋略；有谋略，就会形成计划；要计划，就必须议论；在议论中就产生了游说；有游说就有采纳；有

王司徒巧使连环计

董卓把持朝政后，弄得上下怨声载道。司徒王允看到董卓、吕布皆是好色之徒，于是巧使计谋，让美女貂蝉离间董卓和吕布，使得二人水火不容。最后王允、吕布联手杀死董卓，才使汉朝天下暂时安宁。

采纳就有摈弃；有摈弃就产生制度，用以制约事端。由此可见，各种事情表现了同一个道理，各种制度都遵循同一个规律。

［原文］

夫仁人轻货①，不可诱以利②，可使出费③；勇士轻难④，不可惧以患，可使据危⑤；智者达于数⑥、明于理，不可欺以诚，可示⑦以道理，可使立功，是三才⑧也。故愚者易蔽⑨也，不肖者易惧⑩也，贪者易诱也，是因事而裁⑪之。故为强者，积⑫于弱也；有余者，积于不足也：此其道术行也。

［注释］

①轻货：轻视财物。

②诱：引诱。利：利益。

③出费：提供财物。

④轻难：轻视困难。

⑤据危：据守在险要的地方。

⑥数：这里指规律。

⑦示：明示，展示。

⑧三才：指三种类型的人才。

⑨蔽：蒙蔽，隐蔽。

⑩惧：使对方恐惧。

⑪裁：剪裁，处理。

⑫积：积累。

［译文］

通常来说，品德高尚的人轻视财货，所以不可以用财货来引诱他们，却可以让他们提供财货；勇敢的人轻视困难，所以不能用祸患去吓唬他们，却可以让他们据守在险要之处；聪明的人通晓事物发展规律、明晓事理，不可以用诡计欺骗他们，却可以向他们讲明道理，使他们能够建功立业，这是三种不同类型的人才。可见，愚蠢的人非常容易被蒙蔽，不肖的人容易被吓唬住，贪婪的人容易被引诱，所有这些都是根据具体的情况处理事情。但是，强大是由弱小不断积累而

李广冥山射虎

李广，西汉大将，为人勇武，多次率兵攻打匈奴，被誉为“飞将军”。汉武帝曾派他镇守边关，使得匈奴多年不敢犯边。这就是所谓的“勇士轻难，不可惧以患，可使据危”。

成的；富裕是由贫困积累发展起来的。这是道术实行的结果！

［原文］

故外亲而内疏者①，说内②；内亲而外疏者，说外③。故因其疑以变之④，因其见以然之⑤，因其说以要之⑥，因其势以成之，因其恶以权之⑦，因其患以斥⑧之。摩而恐之⑨，高而动之，微而证⑩之，符而应之，拥而塞⑪之，乱而惑之，是谓计谋。

［注释］

①外：外部，外表。内：内心，内部。

②说内：通过游说使对方改变其内心的想法。

③说外：通过游说使对方改变其表面态度。

④因：顺应，顺从。变之：使对方改变态度。

⑤然之：顺应对方的看法。

⑥要之：掌握游说的要点。

⑦权之：权衡自己的游说内容。

⑧斥：排斥，排除。

⑨摩：揣摩。恐之：使对方恐惧。

⑩证：证实，证明。

⑪塞：堵塞。

［译文］

因此，对于那些表面亲近而内心疏远的人，在游说他们的时候，要从内心入手；对于那些内心亲近而表面疏远的人，在游说他们的时候，要从表面入手。因此可以根据对方感到困惑的问题来改变自己游说的内容，可以根据对方的外在表现来顺应对方，可以根据对方的答辞来确定自己游说的要点，可以根据事态的发展来征服对方。可以根据对方所讨厌的事物来对游说内容进行权衡，将对方所忧虑的事情加以排除，揣摩对方的心思，然后对其施以恐吓；抬高对方，使之触动；略设根据，加以证实；露出表现，加以响应；拥堵对方，加以阻塞；使对方混乱，然后对其加以迷惑。这些就是所谓的计谋。

［原文］

计谋之用，公不如私①，私不如结②，结而无隙者也。正不如奇③，奇流而不止者也。故说人主者，必与之言奇；说人臣者，必与之言私。其身内、其言外者疏④；其身外、其言深者，危。无以人之所不欲⑤，而强之于人；无以人之所不知，而教之于人。

人之有好[⑥]也，学而顺之[⑦]；人之有恶[⑧]也，避而讳[⑨]之。故阴道而阳取之[⑩]也。故去之者，纵之[⑪]；纵之者，乘[⑫]之。貌者不美[⑬]，又不恶[⑭]，故至情托焉[⑮]。可知[⑯]者，可用也；不可知者，谋者所不用也。

[注释]

①公：公开。私：保密。

②结：结成盟党。

③正：正常，普通。奇：奇妙，神奇。

④内：亲近。外：疏远。

⑤无：通“勿”，不要的意思。人之所不欲：别人所不喜欢的东西。

⑥好：爱好，喜好。

⑦学：学习。顺：顺应，顺从。

⑧恶：厌恶，讨厌。

⑨讳：忌讳，避讳。

⑩阴道而阳取之：私下行事而在公开场合收到成效。

⑪去：去除，除掉。纵：放纵。

⑫乘：利用，趁机。

⑬貌：外表，外形。美：兴奋，高兴。

⑭恶：厌恶。

⑮至情：最深的感情。托：寄托。

⑯可知：使……明白，使……知道。

张良

张良，字子房，汉初三杰之一，著名的谋略家、政治家。刘邦曾赞其“运筹帷幄之中，决胜于千里外，子房功也”。

[译文]

运用计谋的时候，将计谋公开不如将其保密；将其保密不如与人结盟；结盟以后，计谋就不会存在疏漏。普通的计谋不如奇妙的计谋；施行奇谋可以使自己无往不胜。因此，我们说，游说君主的时候，必须与他谈论奇策；游说人臣的时候，必须与他谈论私交。如果是自己人，说一些见外的话，也会被疏远。如果是自己的对手，对他过多地说自己的情况会有危险。不要把对方所不想要的东西强加给对方；不要把对方不知道的事情强教给对方。如果对方有某种喜好，可以向对方学习，顺应他的喜好；如果对方有某种讨厌的事情，要对其所讨厌的事情加以避讳，以免引起对方的反感。因此，我们说，虽然所做的事情是在秘密状态下进行的，但是成效却是公开获取的。所以，想要除掉某个人，可以先放纵他，让他犯错误，然后趁机除掉他。不将内心真实想法流露于外表的人，既不喜形于色，也不怒目相视，就可以把重要的事情托付给他。能让别人了解的人，我们可以对其使用计谋；不能让别人了解的人，我们不能对其使用计谋。

［原文］

故曰：事贵制①人，而不贵见②制于人。制人者，握权③也；见制于人者，制命④也。故圣人之道阴，愚人之道阳；智者事易⑤，而不智者事难⑥。以此观之，亡不可以为存，而危不可以为安，然而无为而贵智⑦矣。

［注释］

①制：控制，制约。

②见：被。

③握权：掌握大权。

④制命：掌握别人的命运。

⑤事易：行事容易。

⑥事难：行事困难。

⑦无为而贵智：顺应自然变化发展规律，才是很高的智谋。

［译文］

因此，我们说，做事情的时候，贵在能控制别人，而不是被别人控制。控制别人的人，手中握有大权；被别人控制的人，命运就掌握在别人手里。所以，圣人的处世之道是隐而不显的。愚人的处世之道是公开张扬的。聪明的人行事容易，而愚鲁的人很难成事。由此可见，面临死亡的人很难生存，面临危险的人很难安定，然而遵循自然的发展变化规律是最高的智慧了。

图书在版编目(CIP)数据

图解诸子百家/孔子等著.崇贤书院释译.—合肥:黄山书社,2015.11

(经典传家系列丛书)

ISBN 978-7-5461-5310-0

Ⅰ.①图… Ⅱ.①孔… ②崇… Ⅲ.①先秦哲学-通俗读物

Ⅳ.①B223.1-49

中国版本图书馆CIP数据核字(2015)第286440号

总 策 划 李 克
选题策划 汤吟菲 白剑峰
编辑统筹 刘 春
责任编辑 程 景
装帧设计 未 氓
责任印制 戚 帅
出版发行 时代出版传媒股份有限公司(http://www.press-mart.com)
黄山书社(http://www.hspress.cn)
地址邮编 合肥市政务文化新区翡翠路1118号出版传媒广场7层 230071
印 刷 安徽联众印刷有限公司
版 次 2016年3月第1版
印 次 2019年6月第4次印刷
开 本 700mm×1000mm 1/16
字 数 400千
印 张 25.5
书 号 ISBN 978-7-5461-5310-0
定 价 29.80元

服务热线 0551-63533706

销售热线 0551-63533761

官方直营书店(http://hsssbook.taobao.com)